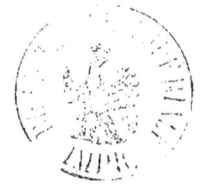

DESCRIPTION
GÉOLOGIQUE ET MINÉRALOGIQUE

DU DÉPARTEMENT

DE

LA MOSELLE

DESCRIPTION
GÉOLOGIQUE ET MINÉRALOGIQUE
DU DÉPARTEMENT
DE
LA MOSELLE

PAR
M. E. JACQUOT
INGÉNIEUR EN CHEF DES MINES

AVEC LA COOPÉRATION DE
MM. O. TERQUEM ET BARRÉ

PARIS
IMPRIMERIE SIMON RAÇON ET COMPAGNIE
RUE D'ERFURTH, 1
—
1868

AVANT-PROPOS

Les cartes géologiques départementales ont pour objet de faire connaître la constitution du sol à laquelle est liée, d'une manière si intime, la richesse agricole et minérale de la contrée. Elles l'expriment au moyen de signes et de teintes conventionnels. Ces signes, toutefois, ne peuvent tout indiquer, et, pour être complétement intelligibles, non-seulement pour le public, mais encore pour le monde savant, il est nécessaire qu'ils soient interprétés et commentés dans un mémoire descriptif.

C'est en 1835 que l'attention des Conseils généraux a été appelée sur la confection des cartes départementales. A cette époque, la Carte géologique de la France au $\frac{1}{500 000}$, exécutée par MM. Dufrénoy et Élie de Beaumont, sous la direction de M. Brochant de Villiers, était bien près d'être terminée. Mais elle n'avait pu faire qu'une sorte de triangulation générale des terrains et arrêter les grands traits de la constitution géologique du sol français. La tâche réservée aux cartes départementales était d'indiquer les limites des subdivisions des terrains, leurs contours, leurs accidents locaux, d'exprimer les variations principales que présentent, sur les divers points, les roches qui les composent et surtout la position et l'étendue de tous les gîtes de substances minérales utilement exploitables.

Le Conseil général de la Moselle comprit bien vite l'utilité d'un semblable travail; dans sa session de 1837, il vota, en principe, l'exécution de la carte géologique du département et il alloua des fonds pour les premières études. Celles-ci furent confiées à M. Reverchon, alors ingénieur des mines en résidence à Metz.

M. Reverchon est décédé à Troyes, au commencement de l'année 1866, laissant son œuvre inachevée, en ce sens que quelques indications indispensables ont dû être ajoutées à la carte, avant sa publication, et que le mémoire descriptif réclamé par le Conseil général, à plusieurs reprises, notamment dans les sessions de 1856 et 1857, n'a pu être produit par son héritier.

En 1861, l'Académie de Metz avait offert son concours au Conseil pour mener à bonne fin l'exécution du texte explicatif de la carte. C'est à elle qu'il s'est adressé dans cette occurrence, en lui demandant d'obtenir, des auteurs des mémoires les plus importants publiés sur la géologie de la Moselle, l'adhésion nécessaire à la réimpression de ces mémoires et d'en composer un recueil.

Cette œuvre sans unité et sans lien aurait-elle bien rempli le but à atteindre? L'Académie ne l'a pas pensé, et, d'accord avec l'administration départementale, elle m'a proposé, par l'organe de son président, de donner mon consentement à la réimpression de l'*Esquisse géologique et minéralogique de la Moselle*, insérée dans le premier volume de la Statistique générale du département, jugeant cette notice suffisante pour faciliter l'intelligence de la carte. Je n'ai point partagé, à cet égard, l'avis de l'Académie. Il m'a paru que, pour servir de texte explicatif à la carte, le mémoire descriptif devait contenir plus de détails que l'*Esquisse*, et, tout en refusant catégoriquement l'assentiment qui m'était demandé, j'ai offert de me charger de rédiger ce mémoire ; mission dont j'ai été officiellement investi par arrêté préfectoral du 13 février 1867.

Le volume que je publie sous le titre de *Description géologique et minéralogique de la Moselle* est le résultat de cette mission. En le parcourant, on reconnaîtra facilement le plan de l'*Esquisse ;* mais j'ose espérer qu'on trouvera, en même temps, dans les développements que toutes les parties de cette notice ont reçus, dans les remaniements opérés sur quelques-unes d'entre elles, assez de motifs pour le faire considérer comme en étant autre chose qu'une seconde édition. Il me paraît inutile de faire ressortir la distance qui sépare les deux ouvrages. Les chapitres qui ont le plus gagné, sont ceux qui concernent la constitution physique et la structure du sol. Je me suis attaché, dans ce dernier, à justifier l'admission du pays Messin au nombre des régions naturelles entre lesquelles la France se divise et à montrer son indépendance par rapport à la Lorraine. Une amélioration qui sera sans doute appréciée, résulte de l'introduction de nombreuses planches gravées au milieu du texte, dont elles facilitent l'intelligence. Enfin, j'ai cru devoir répondre au vœu du Conseil général en faisant suivre le texte descriptif d'un index bibliographique de toutes les publications géologiques et minéralogiques relatives à la Lorraine et au pays Messin dont j'ai pu découvrir la trace. Cet inventaire n'est certainement pas complet. Pour qu'il fût tel, il aurait fallu entreprendre, dans les bibliothèques locales et les recueils périodiques, des recherches longues et minutieuses que je n'ai pas eu le loisir de faire. Je suis toutefois à peu près certain de n'avoir omis aucune publication importante se rapportant aux trente dernières années, et c'était là l'essentiel.

Étranger à la confection de la carte, j'ai gardé, en rédigeant le texte explicatif, une entière liberté d'appréciation et n'ai suivi ce document que là où il m'a paru être dans le vrai. De là des dissentiments inévitables, les uns plus apparents que réels, parce qu'ils tiennent à des questions purement théoriques, les autres au contraire profonds, résultant de ce que je crois être des erreurs. Chaque fois qu'ils se sont produits, j'ai dû, pour l'intelligence de la carte aussi bien que du texte, les signaler dans le cours de l'ouvrage et, le plus souvent, dans des notes placées au bas des pages.

J'ai eu, pour rédiger la *Description géologique de la Moselle*, une double collaboration bien précieuse : d'une part, M. Terquem, dont les persévérantes et laborieuses recherches sur les fossiles de la Moselle sont connues et appréciées par tous les géologues, a bien voulu me communiquer les listes disposées par ordre méthodique qui sont insérées à la suite de la description de chaque terrain; de l'autre, M. Barré, ingénieur des mines à Metz, a mis à ma disposition son infatigable activité. Il a entrepris, soit seul, soit avec M. Darguies, de nombreuses explorations dans la plaine de Briey, en vue d'y relever les failles et de constater la composition du sol de la Moselle vers les confins de la Meuse, qui n'était pas bien connue. On lui doit, indépendamment des chapitres relatifs à l'oolithe moyenne et à l'hydroxyde oolithique, qu'il a rédigés en entier, de nombreuses et bonnes observations sur le terrain houiller, le nouveau grès rouge et l'oolithe inférieure. C'est également M. Barré qui a recueilli et mis en ordre tous les renseignements relatifs à la situation de l'industrie qui a pour objet l'exploitation des substances minérales dans le département. En inscrivant les noms de ces deux excellents collaborateurs à côté du mien, dans le titre de la *Description géologique de la Moselle*, je n'ai donc fait que consacrer la part qu'ils ont prise à sa rédaction.

J'ai eu une autre collaboration qui, pour être moins directe, n'a pas été moins appréciée. MM. les ingénieurs des ponts et chaussées du département, dans les attributions desquels rentrent le service hydraulique et celui de la navigation, m'ont fourni, sur l'hydrographie du département, des documents très-utiles qui ont pris place dans la partie de l'ouvrage consacrée à la description physique du sol. J'ai pu également, grâce à l'obligeance de mon camarade et ami M. Raillard, ingénieur en chef des ponts et chaussées à Saint-Quentin, donner de précieuses indications sur la composition des eaux de sources du département.

La *Description géologique et minéralogique de la Moselle* clôt, définitivement, la série des études que j'ai entreprises sur le département, et elle les résume toutes. Puisse cette nouvelle publication, en justifiant son titre, me récompenser des soins que je lui ai donnés !

E. J.

Montbron, le 16 août 1868.

INTRODUCTION

Définition et but de la géologie. — La partie de l'écorce du globe terrestre accessible à l'observation de l'homme, bien qu'elle ne constitue qu'une fraction presque insignifiante de sa masse, est néanmoins composée de matériaux très-variés. Il suffit, en effet, de parcourir une contrée de quelque étendue pour remarquer des différences notables dans les matières solides ou molles qui en forment le sol. Ces variations se produisent non-seulement à la superficie ; elles ont encore lieu dans la profondeur, comme on peut s'en convaincre en jetant les yeux sur une carrière ou en examinant les déblais extraits d'un puits ou d'un trou de sonde. La terre végétale qui se trouve quelquefois en connexité avec le sous-sol, rend également ces différences manifestes, car sa composition et sa fertilité se modifient d'une région à l'autre.

La géologie a pour objet la connaissance de ces matériaux de nature variée, qui constituent l'écorce terrestre. Elle ne se borne pas toutefois à rechercher l'ordre dans lequel ils sont disposés ; elle a, comme toutes les sciences, une partie spéculative, consacrée à l'étude des changements successifs qui se sont produits dans l'état primitif du globe et dans les créations animées, aujourd'hui éteintes qu'il renferme. En recherchant les causes de ces changements, la géologie touche aux problèmes les plus élevés de la philosophie naturelle.

L'étude des faits géologiques est féconde en applications. C'est elle qui guide le mineur dans la recherche et l'exploitation des gîtes de substances minérales. Elle fournit à l'art des constructions, des données utiles sur la manière dont sont disposés et sur l'étendue qu'occupent les matériaux qui y sont employés. La recherche des sources et celle des eaux jaillissantes tirent également un précieux secours des observations géologiques, car l'hydrographie souterraine d'une contrée est intimement liée à la constitution du sol. La géologie, enfin, prête un utile concours à l'agronomie, en lui fournissant des méthodes d'observation pour étudier la terre végétale et les amendements minéraux.

Roches. — Les substances qui entrent dans la composition de l'écorce terrestre, n'y sont point confusément mêlées; elles constituent des masses distinctes qui s'étendent sur des espaces plus ou moins considérables sans changer de nature; c'est ce que l'on nomme des *roches*. Les roches sont simples, quand elles ne se sont formées que d'une seule substance, comme cela a lieu dans les calcaires qui sont exclusivement composés de carbonate de chaux; elles sont dites, au contraire, composées, lorsqu'elles résultent de l'association de plusieurs minéraux; un exemple de ce genre de roche nous est offert par le granite qui est un mélange de quartz, de feldspath et de mica à l'état cristallin.

Envisagées sous le rapport de leur origine et de leur mode de formation, les roches peuvent être divisées en quatre grandes classes.

Roches aqueuses. — A la première classe appartiennent les roches dont la formation peut être rapportée à l'action de l'eau, à cause de l'analogie qu'elles présentent avec celles qui, de nos jours, se déposent près de l'embouchure des rivières ou dans le fond des vallées à la suite des inondations. Elles renferment fréquemment des galets arrondis et du sable qui prouvent qu'elles ont été formées par voie de sédiment ou de transport. Leur origine est également attestée par les corps organisés fossiles qui y sont enfouis. Les plus communs parmi ces corps appartiennent à des testacés marins; quelques-uns rappellent, au contraire, les formes propres aux espèces qui vivent dans les lacs ou dans les rivières; d'où l'on conclut que certaines de ces roches ont été formées dans le sein de la mer, tandis que d'autres se sont déposées dans des lacs ou à l'embouchure des fleuves.

Les roches dues à l'action de l'eau ont reçu le nom d'*aqueuses* ou de *neptuniennes*. Elles sont de beaucoup les plus répandues à la surface du globe. La plupart de ces roches sont distinctement *stratifiées*, c'est-à-dire qu'elles se divisent en grandes plaques à faces parallèles et équidistantes. Ces plaques sont ce que l'on nomme des *couches*.

Les couches s'étant déposées sous l'eau ont toutes été primitivement horizontales; on en trouve néanmoins, et surtout dans le voisinage des montagnes, qui sont redressées sous des angles considérables. La *direction* de ces couches relevées est la ligne résultant de l'intersection d'une des faces de la couche par un plan horizontal; on la désigne par l'angle qu'elle fait avec le méridien. L'*inclinaison* est l'angle que la couche forme avec l'horizon; elle est normale à la direction.

Roches volcaniques. — Une seconde grande division naturelle comprend les *roches volcaniques*. On désigne, sous ce nom, les roches pour la plupart non stratifiées et constamment dépourvues de fossiles qui, par leur texture cristalline, rappellent les produits des volcans actuels. Elles sont fréquemment associées à des tufs et à des brèches. Quelques-unes de ces roches sont d'origine moderne; d'autres, au contraire, remontent à des époques reculées. Tout indique que la matière dont elles sont formées a été originairement en fusion et s'est solidifiée à la suite d'un refroidissement lent, comme cela a lieu pour les laves des volcans en activité. Leur origine peut être aussi incontestablement rapportée à l'action ignée ou de la chaleur souterraine que celle des roches neptuniennes est due à l'action de l'eau.

Roches plutoniques. — Les *roches plutoniques* présentent quelques caractères communs avec les roches volcaniques ; comme ces dernières, elles ne sont point stratifiées et sont dépourvues de débris organiques : mais elles s'en différencient par leur texture plus largement cristalline et par l'absence de brèches ou de tufs. Ces roches, qui ont leur type dans le granite, paraissent également résulter de l'action ignée; mais elles ont dû se refroidir et cristalliser dans des conditions particulières, encore peu définies, et certainement avec une extrême lenteur. Leur gisement habituel est dans les chaînes de montagnes.

Roches métamorphiques. — Ce gisement est aussi celui des roches dites *métamorphiques*. On désigne sous ce nom des roches généralement cristallisées comme le granite et ne contenant pas plus que lui des débris organiques, mais qui se rattachent aux roches sédimentaires par le caractère essentiel de la stratification qu'elles présentent toujours. L'idée la plus vraisemblable que l'on puisse concevoir, au sujet du mode de formation de ces roches manifestement altérées ou transformées, est qu'elles se sont déposées sous les eaux et qu'elles ont ensuite été modifiées sous l'influence de l'action ignée. Elles se trouvent donc placées sur la limite des roches plutoniques et des roches neptuniennes et leur servent en quelque sorte de passage.

Trois classes de roches neptuniennes. — Le département de la Moselle ne renfermant que des roches neptuniennes, il a paru de quelque intérêt de faire connaître les matériaux qui entrent le plus fréquemment dans leur composition. A cet égard, elles peuvent être partagées en trois grands groupes dans la constitution de chacun desquels les éléments dominants sont le *quartz*, l'*argile* ou le *calcaire*.

Roches arénacées. — Le quartz est l'élément constitutif essentiel des roches aqueuses auxquelles on a donné le nom d'*arénacées*. On le rencontre fréquemment sous forme de sable peu ou point agrégé. Il prend le nom de *grès*, quand ses grains sont réunis par un ciment qui peut être quartzeux, calcaire ou ferrugineux. Il y a des variations considérables dans la grosseur des grains; quand ceux-ci deviennent très-volumineux, les grès passent aux *poudingues* et aux *conglomérats*.

Roches argileuses. — Les argiles sont des silicates d'alumine hydratés, de composition variable, quant aux proportions de leurs éléments constitutifs. On admet assez généralement qu'elles résultent de la trituration des roches feldspathiques. Elles se trouvent dans un grand nombre de terrains et souvent en masses puissantes. Elles prennent le nom de *marnes*, lorsqu'elles renferment en mélange du carbonate de chaux. Les *ocres* sont des argiles chargées d'hydroxyde de fer.

Roches calcaires. — Le carbonate de chaux, l'une des espèces minérales les plus répandues, est la base des *roches calcaires* que l'on rencontre dans tous les terrains. Quand elles sont sans vacuoles et assez dures pour recevoir un beau poli, elles prennent le nom de *marbres*. Le calcaire dit *oolithique* est une roche composée de petits grains ovoïdes ressemblant à des œufs de poissons et formée de couches concentriques enroulées autour d'un corps étranger. La *craie* ou *chaux carbonatée terreuse* est un calcaire tendre, tachant les doigts. Le carbonate de chaux est souvent mélangé d'une certaine proportion d'argile qui lui communique des propriété hydrauliques; c'est notamment le cas des bancs de calcaire à gryphées arquées, exploités dans les environs de Metz et avec lesquels on fabrique la chaux estimée de ce nom.

La *dolomie*, corps dans lequel un atome de carbonate de chaux est associé à un atome de carbonate de magnésie, est beaucoup moins répandue, dans la nature, que le calcaire. Toutefois il est peu de terrains qui ne renferment quelques couches de ce minéral, car il existe une série de dégradations et de nombreux passages de l'une des roches à l'autre.

Terrains, formations, étages. — Les roches, quel que soit leur mode de formation, se trouvent réunies, dans l'écorce terrestre, par groupes naturels, présentant des caractères communs d'âge, d'origine ou de composition ; ces groupes constituent ce que l'on nomme des *terrains*. L'expression de *formation* que l'on emploie quelquefois pour désigner ces groupes, a un sens un peu plus large ; celle d'*étage* a au contraire une acception moins étendue et n'est guère d'usage que pour mentionner les subdivisions de terrains.

C'est surtout dans les roches aqueuses ou neptuniennes qu'il est facile d'observer de pareils groupes. Rien, en effet, de plus commun que de voir une série de couches s'étendre, sur des espaces souvent considérables, en conservant les mêmes caractères minéralogiques et avec des débris organisés identiques. Ces derniers fournissent même une base pour rapprocher les assises séparées par la vaste étendue des mers. On remarque, en effet, que les changements qui se produisent dans les corps organisés fossiles, végétaux ou animaux, en passant d'un groupe de couches à un autre, suivent un ordre déterminé et invariable, quels que soient les points du globe que l'on envisage ; d'où l'on est fondé à induire qu'à un ensemble de formes organiques identiques correspondent des couches ou des formations qui se sont déposées en même temps.

Les modifications que la paléontologie relève dans les faunes ou dans les flores, celles que la géologie constate dans la position relative des couches, permettent de partager la masse énorme des assises qui composent la croûte terrestre en un certain nombre de terrains qui sont disposés partout dans le même ordre.

Il existe également, pour les formations plutoniques et volcaniques, des points de rapprochement qui permettent de les classer et d'assigner leur âge.

Terrains d'alluvion et de transport. — Parmi les formations aqueuses figurent, comme appendice, des terrains qui ne présentent qu'une stratification confuse et paraissent avoir été déposés par les eaux courantes à la manière des alluvions des rivières. Ces terrains sont généralement composés de matériaux incohérents ou meubles, et ils n'existent jamais sur une grande épaisseur à la surface du globe. On les désigne sous le nom de *terrains de transport* ou *d'alluvion*.

Classification des terrains neptuniens. — Il existe un assez grand nombre de terrains neptuniens, et l'on s'accorde généralement pour les rapporter à quatre grandes périodes désignées sous les noms de *paléozoïque* ou *primaire*, *secondaire*, *tertiaire*, *quaternaire* et *moderne*.

Failles. — On remarque quelquefois dans les divers terrains des fractures à peu près verticales qui entament une partie de l'écorce terrestre. Ces fractures, qui se manifestent par des différences de niveau dans les couches d'un même système ou par leur rejet, ont reçu le nom de *failles*. Les failles sont fréquemment accusées par le relief du sol.

Filons. — L'intervalle peu considérable que les failles laissent entre leurs parois est habituellement rempli de matériaux empruntés aux roches fracturées. Toutefois, dans quelques cas, l'ouverture qu'elles ont produite a été comblée postérieurement par diverses substances qui paraissent y avoir été introduites, soit à l'état gazeux, soit en dissolution dans l'eau portée à une température élevée. Ces fractures, remplies après coup, sont ce que l'on appelle des *filons*; elles constituent le gisement habituel d'un grand nombre de substances métallifères.

Discordance de stratification. — Dans les pays de plaines, les formations neptuniennes sont en général disposées horizontalement; mais dans les montagnes ou dans leur voisinage, il arrive fréquemment qu'elles présentent une inclinaison prononcée; elles sont même quelquefois reployées sur elles-mêmes, et offrent de nombreux contournements.

On dit que deux systèmes de couches, ou deux terrains, reposent l'un sur l'autre à stratification concordante, lorsqu'ils ont la même direction et la même inclinaison. Il y a, au contraire, discordance dans la stratification, quand il y a défaut de parallélisme ou de continuité entre les strates des couches en contact.

Toute discordance de stratification entre deux groupes de couches implique l'idée d'une modification profonde survenue à la surface du globe dans l'intervalle qui s'est écoulé entre leur dépôt. Aussi les observations de discordance peuvent-elles servir à diviser l'ensemble des couches qui composent l'écorce terrestre en systèmes indépendants ou en terrains, et à marquer avec précision leurs limites.

Systèmes de soulèvement. — Il existe un rapport manifeste entre les discordances de stratification ou les démarcations établies entre les terrains et le soulèvement des montagnes dans le voisinage desquelles on les observe ; c'est celui qui rattache l'effet à la cause. Quand, au pied d'une chaîne, on voit des couches redressées sous des angles considérables, s'étendre sous d'autres qui sont restées horizontales, on ne saurait mettre en doute que l'accident qui a donné à cette chaîne son relief, ne se soit produit dans l'intervalle qui a séparé le dépôt des deux groupes d'assises. Les soulèvements sont rarement locaux ; ils affectent en général une étendue plus ou moins considérable du sphéroïde terrestre, le long de laquelle la séparation se maintient entre les couches redressées et celles qui ne le sont point. L'ensemble de ces redressements, fractures ou dislocations parallèles qui s'intercalent entre les dépôts des terrains sédimentaires et déterminent leurs limites, forme ce que l'on appelle un *système de soulèvement*. Pour désigner les différents systèmes, on a emprunté des dénominations aux lieux où chacun d'eux se trouve le mieux développé.

Le tableau suivant qui est extrait de l'explication de la carte géologique de France, fait connaître, dans l'ordre descendant, c'est-à-dire en allant des plus nouvelles aux plus anciennes, les diverses formations qui entrent dans la composition de l'écorce terrestre. Entre chacune d'elles se trouvent intercalés les soulèvements qui en ont marqué la limite; ils y sont indiqués, suivant l'usage, non seulement par leur direction, mais encore par les noms des principales chaînes auxquelles ils correspondent.

ORDRE.	SOUS-GROUPE de FORMATIONS.	NOMS DES FORMATIONS.
ALLUVIONS.	L'homme existe sur la surface du globe.	*Terrains d'alluvion*, volcans modernes éteints et brûlants; les grands volcans des Andes ont été soulevés pendant cette période.
TERRAINS TERTIAIRES.	Les mammifères commencent à paraître à la partie inférieure de ce groupe et deviennent très abondants vers son milieu.	SYSTÈME DE LA CHAINE PRINCIPALE DES ALPES. DIRECTION E. 16° N. *Terrains tertiaires supérieurs*. Terrains subapennins, sables des Landes, alluvions anciennes de la Bresse, tuf à ossements de l'Auvergne. Les éruptions de trachyte et de basalte correspondent en grande partie à cette époque. SYSTÈME DES ALPES OCCIDENTALES. DIRECTION N. 26° E. à S. 26° O. *Terrains tertiaires moyens*. Faluns de la Touraine. — Calcaire d'eau douce avec meulières; contient beaucoup de lignites dans le midi de la France et de l'Allemagne.—Grès de Fontainebleau. SYSTÈME DES ILES DE CORSE ET DE SARDAIGNE. DIRECTION N. S. *Terrains tertiaires inférieurs*. Marnes avec gypse, ossements de mammifères. — Calcaire grossier, pierre de taille de Paris. — Argile plastique, lignites du Soissonnais.

ORDRE.	SOUS-GROUPE de FORMATIONS.	NOMS DES FORMATIONS.
TERRAINS SECONDAIRES.	Terrains ou formations crétacées.	SYSTÈME DE LA CHAINE DES PYRÉNÉES ET DE CELLE DES APENNINS. DIRECTION E. 18° S. à O. 18° N. *Craie supérieure.* Couches avec silex, couches sans silex. SYSTÈME DU MONT VISO. DIRECTION N. N O à S. S. E. *Craie inférieure.* Craie tuffeau. — Grès vert. — Grès et sables ferrugineux, terrain néocomien, formation wéaldienne.
	Terrains de calcaire du Jura (abondance considérable de sauriens).	SYSTÈME DE LA CÔTE-D'OR. DIRECTION E. 40° N. à O. 40° S. *Étage supérieur.* Calcaire de Portland. — Argile de Kimmeridge, argile de Honfleur. *Étage moyen.* Oolithe d'Oxford, calcaire de Lisieux, coralrag. — Argile d'Oxford, argile de Dives. *Étage inférieur.* Corn-brash et Forest-marble (calcaire à polypiers). — Grande oolithe (calcaire de Caen). — Fullers-earth (banc bleu de Caen). — Oolithe inférieure. — Marnes et calcaires à bélemnites; marnes supérieures du lias, lignites dans les départements du Tarn et de la Lozère. *Lias ou calcaire à gryphées.* Calcaire à gryphées arquées. — Grès du lias ou infraliasique, dolomies.
	Trias.	SYSTÈME DU THURINGERWALD. (*Les serpentines du centre de la France appartiennent à ce système.*) DIRECTION O. 40° N. à E. 40° N. *Marnes irisées* avec amas de gypse et de sel. Exploitation de lignites en Alsace, en Lorraine et dans la Haute-Saône. *Muschelkalk.* *Grès bigarré.*

ORDRE	SOUS-GROUPE de FORMATIONS.	NOMS DES FORMATIONS.
TERRAINS SECONDAIRES.	Terrain pénéen.	SYSTÈME DU RHIN. DIRECTION N. 21° E. à S. 21° O. *Grès des Vosges.* SYSTÈME DES PAYS-BAS ET DU SUD DU PAYS DE GALLES. DIRECTION E. 5° S. à O. 5° N. *Zechstein* (calcaire magnésien des Anglais). Schistes à poissons du Mansfeld, riches en cuivre. *Grès rouge*, contient des masses de porphyres et des rognons d'agate.
TERRAINS DE TRANSITION.	Ce groupe est caractérisé par la grande abondance des cryptogames vasculaires et par l'absence presque complète des plantes dicotylédones; les animaux vertébrés n'y sont représentés que par quelques empreintes de poissons.	SYSTÈME DU NORD DE L'ANGLETERRE. DIRECTION S. 5° E. à N. 5° O. *Terrain houiller.* Grès, schistes avec couches de houille et fer carbonaté. — Calcaire carbonifère ou calcaire bleu avec couches de houille. SYSTÈME DES BALLONS (*Vosges*) ET DES COLLINES DU BOCAGE, DE LA NORMANDIE. DIRECTION E. 15° S. à O. 15° N. *Terrain de transition supérieur.* Vieux grès rouge des Anglais (système dévonien). — Anthracite de la Sarthe et des environs d'Angers. *Terrain de transition moyen.* Calcaire des environs de Brest, calcaire de Dudley. — Schistes (ardoises d'Angers). — Grès quartzite, caradoc-sandstone des Anglais (système silurien). SYSTÈME DU WESTMORELAND ET DU HUNDSRUCK. DIRECTION E. 25° N. à O. 25° S. *Terrain de transition inférieur.* Calcaire compacte esquilleux. — Schiste argileux (système cambrien).
	Terrains granitiques.	Granite formant la base principale de la croûte du globe.

DESCRIPTION
GÉOLOGIQUE ET MINÉRALOGIQUE
DU DÉPARTEMENT
DE LA MOSELLE

PREMIÈRE PARTIE

CONSTITUTION PHYSIQUE

SITUATION, LIMITES, CONFIGURATION, ÉTENDUE DU DÉPARTEMENT

Situation. — Le département de la Moselle est compris entre les 48° 54′ et 49° 34′ de latitude septentrionale, et les 3° 6′ et 5° 18′ de longitude à l'ouest du méridien de l'Observatoire de Paris.

Les positions géographiques des villes chefs-lieux d'arrondissement sont donnés par le tableau suivant, déduit des triangulations effectuées pour l'exécution de la carte de France, publiée par le Dépôt de la guerre.

NOMS et DÉSIGNATION DES LIEUX.	LATITUDE.	LONGITUDE.	ALTITUDE des SOLS.
Metz (flèche de la cathédrale).......	49° 7'14"	3°50'23" E.	177m,00 [1]
Thionville (tour de l'église).......	49°21'30"	3°49'55" E.	155m,00 [2]
Briey (sommet du clocher).......	49°14'59"	3°56' 8" E.	257m,00 [3]
Sarreguemines (tour du clocher)......	49° 6'42"	4°45'48" E.	202m,00 [4]

Limites. — Le département de la Moselle est un des départements frontière de la France. Il a pour limites : au nord, le royaume de Belgique, le grand duché de Luxembourg ; à l'est, le grand duché du Rhin, la Bavière rhénane ; au sud, la Meurthe ; à l'ouest, la Meuse.

Configuration. — Sa forme, conséquence des anciennes divisions territoriales, est excessivement irrégulière et ne saurait être définie. La seule chose saillante que l'on y remarque est le développement extraordinaire qu'acquiert, dans la partie méridionale, la largeur mesurée de l'est à l'ouest, comparée à la longueur prise parallèlement au méridien. Entre la limite du Bas-Rhin près de Stürtzelbronn et celle de la Meuse à l'ouest de Xonville la distance est de 130 kilomètres ; c'est la plus grande largeur du département. Sa longueur est très-variable.

Sous le méridien de Longuion, elle est de 11 kilomètres : sous celui de Metz, entre Évrange et Saint-Jure, elle est de 62 kilomètres ; mais elle diminue considérablement, à me-

[1] Pavé de l'intérieur à l'aplomb de la flèche.
[2] Seuil de la porte d'entrée de la tour.
[3] Seuil de la grande porte de l'église.
[4] Seuil de la porte de l'église.

sure que l'on s'avance vers l'est ; sous le méridien de Sarguemines, elle se réduit à 5 kilomètres, et elle reste communément entre cette limite minima et 14 kilomètres dans la bande étroite qui termine le département du côté de l'est.

Superficie. — La surface du département, d'après l'évaluation de l'annuaire du bureau des longitudes, est de 5,372 kil. c. 31, ou de 537,231 hectares ; il occupe, pour l'étendue, le 68ᵉ rang parmi les 89 départements entre lesquels se divise le territoire de l'Empire. Son périmètre est de 775 kilomètres ainsi distribués : le long de la frontière avec le royaume de Belgique, 41 kilomètres ; avec le duché de Luxembourg, 89 kilomètres ; avec le grand duché du Rhin, 120 kilomètres ; avec la Bavière rhénane, 69 kilomètres ; limite commune avec le département du Bas-Rhin, 98 ; avec celui de la Meurthe, 200 ; avec celui de la Meuse, 158 kilomètres.

Origine. Division administrative. — Le département de la Moselle a été formé, en 1790, de parties des anciennes provinces des Trois-Évêchés, de la Lorraine et du Barrois. Son territoire a été, depuis lors, l'objet de plusieurs remaniements.

En 1795, il a été agrandi du canton de Tholey, provenant du bailliage de Schaumbourg et de quelques enclaves dépendant des comtés de Créhange et de Hanau, qui appartenaient à l'empire d'Allemagne.

Par le traité du 20 novembre 1815, le département a perdu ce dernier canton, ceux de Sarrelouis et de Rheling, dont la plus grande partie avait été cédée à la France, en 1697, par le traité de Ryswick, enfin ceux de Sarrebruck et de Saint-Jean qu'il avait conservés, en 1814, de l'ancien département de la Sarre ; et sa frontière, privée de l'appui de la place de Sarrelouis, et rejetée à quelques kilomètres à l'ouest de la Sarre, est devenue de ce côté complétement artificielle.

Il est divisé en quatre arrondissements, vingt-sept cantons et six cent vingt-neuf communes.

OROGRAPHIE

§ 1. — Régions naturelles.

Grandes divisions orographiques. — Sous le rapport de la configuration du sol, le département de la Moselle peut être partagé en deux régions d'étendue très-inégale. La pointe orientale extrême, à l'est du méridien de Bitche, appartient au prolongement septentrional de la chaîne des Vosges, et, bien que ces montagnes n'offrent déjà plus dans la Moselle l'élévation et les accidents qu'elles présentent vers le sud, la contrée sur laquelle elles s'étendent se différencie néanmoins assez nettement de celle qui l'avoisine pour constituer une région naturelle distincte, c'est la région montagneuse ; ou, suivant une désignation toute locale, mais que l'usage a consacrée, le pays de Bitche.

Le reste du département, comprenant tout le pays Messin et quelques portions de la Lorraine et du Barrois, est une contrée de plateaux étagés présentant un sol assez inégal, mais offrant, en définitive, dans sa configuration, un ensemble de caractères communs et une uniformité qui rendent toute démarcation illusoire. Cette contrée a, avec l'ancienne Lorraine, beaucoup d'affinité; elle s'en distingue toutefois, comme on le verra plus loin, par quelques traits essentiels qui justifient sa séparation et la dénomination de pays Messin, sous laquelle elle est connue. La partie occidentale du pays Messin renferme une plaine élevée aussi remarquable par son étendue que par son absence de relief. Cette plaine, dont la ville de Briey occupe à peu près le centre, forme une subdivision naturelle de la région des plateaux. Sur les confins de la Meuse, elle porte le nom de Woëvre, désignation qui, par extension de la partie au tout, est souvent appliquée à l'ensemble du plateau, et que nous emploierons fréquemment dans ce sens.

Pays de Bitche ou région montagneuse. — La région montagneuse n'occupe dans le département qu'une étendue de 234 kilomètres carrés, formant 4,55 pour 100 de la surface de ce dernier; elle est tout entière située à l'est d'une ligne passant par Walschbronn, Bitche, Lemberg et Meisenthal. Elle reproduit les caractères propres à toute la partie septentrionale des Vosges; les montagnes y ont des formes aplaties; les vallées y sont profondes et très-nombreuses, ce qui produit dans le relief du sol une foule d'accidents de détail. Bien que ces accidents soient loin de rappeler ceux que l'on observe dans les grandes chaînes, telles que les Alpes et les Pyrénées, ou même dans la partie méridionale des Vosges, le pays de Bitche, couvert de vieilles forêts, arrosé par de belles eaux, est néanmoins une contrée d'un effet assez pittoresque.

On y trouve les points les plus élevés du département; ce sont dans un ordre décroissant :

	Hauteurs au-dessus du niveau de la mer.
La frontière bavaroise au nord de Stürtzelbronn.	523^m
Montagne au nord-est de Philippsbourg.	486
Au nord-est d'Haspelscheidt.	478
Le Muhlberg dans la forêt de Bœrenthal.	454
Le Raùncck au nord-ouest de Stürtzelbronn.	451
Le Schlangenberg au sud de Philippsbourg.	443
Le Hohe Kopf au sud de Bitche.	438

Pays Messin ou région des plateaux. — A l'ouest des Vosges s'étend la région des plateaux. Dans la plus grande partie de la Lorraine, le relief de cette région est d'une grande simplicité. Elle se compose en effet d'une série de plateaux placés en recouvrement les uns au-dessus des autres, terminés uniformément du côté de l'est par des escarpements alignés suivant l'axe de cette chaîne de montagnes, et qui s'abaissent au contraire par une pente douce dans le sens opposé. Cette loi n'a pas d'exceptions dans les départements de la Meurthe et des Vosges. Rien n'est plus simple d'ailleurs que de concevoir un pareil arrangement ; après le soulèvement des Vosges, les divers terrains qui entrent dans la composition du sol de ces départements, se sont successivement déposés dans une mer dont le rivage a d'abord baigné le pied de ces montagnes et s'est reporté de plus en plus vers l'ouest, à mesure que les sédiments s'y accumulaient. De là vient qu'on voit leurs affleurements traverser la contrée sous forme de bandes parallèles, dirigées à peu près du nord vers le sud, chacune d'elles étant accusée, à la surface de celle à laquelle elle succède, par un ressaut qui correspond à un ancien rivage.

Dans la partie de l'ancienne Lorraine qui comprend le département de la Moselle, la configuration du sol est plus complexe. En effet, les bandes qui dessinent les affleurements des diverses formations, après avoir pénétré dans le sud, suivant l'orientation N. 21° E., qui est celle du soulèvement des Vosges, et s'être avancées vers le nord à une distance plus ou moins considérable, s'infléchissent brusquement vers le sud-ouest, et traversent toute la partie médiane du département, parallèlement à cette direction, pour reprendre ensuite leur orientation primitive. Les crêtes terminales des plateaux reproduisent, dans la Moselle, ces inflexions ; au lieu d'être rectilignes, elles sont deux fois brisées et affectent, en définitive, la forme d'un Z renversé. Cette disposition, qui sera expliquée, lorsque nous traiterons de la structure du sol, est ce qui distingue le département de la Moselle du reste de la Lorraine ; elle en fait une région naturelle bien définie, et que l'usage a consacrée sous le nom de pays Messin.

Si ce pays se différencie de la Lorraine méridionale par quelques-uns des grands traits de sa structure orographique, il s'en rapproche d'un autre côté par les caractères généraux de sa configuration. C'est, à l'envisager dans son ensemble, une contrée de collines peu élevées, aux contours mous et arrondis, lesquelles sont entrecoupées de loin en loin par des vallées peu profondes et fortement évasées. Quand on la considère du sommet des Vosges, elle paraît notablement déprimée ; les accidents nombreux que l'on y remarque sont à peine sensibles ; l'horizon y est uni et le paysage singulièrement plat. Ce caractère de la région des plateaux est particulièrement prononcé sur la rive droite de la Moselle et sur les bords des deux Nieds. Mais sur la rive gauche de cette rivière, aussi bien que dans le pays arrosé par la Sarre, les ondulations de cette grande plaine qui s'appuie sur le revers occidental des Vosges, deviennent plus marquées, les accidents du sol finissent même par prendre des proportions qui se rapprochent de celles de la région montagneuse. Les plus considérables de ces accidents sont deux saillies qui correspondent aux affleurements de deux formations presque exclusivement calcaires, le muschelkalk et l'oolithe. Ils s'élèvent, à la surface de la plaine ondulée, à peu près comme les récifs autour de certaines côtes, et on peut les suivre dans toute l'étendue du département. De part et d'autre de la crête qu'ils déterminent, la plaine s'abaisse d'une manière très-sensible, fortement du côté de l'est ou du nord-ouest, par une pente douce au contraire dans le sens opposé.

Pour mettre en évidence ce caractère de la configuration du sol dans la région des plateaux, nous donnons ici quelques cotes qui sont prises sur l'une des lignes de faîte, celle que déterminent les affleurements du muschelkalk, et nous plaçons en regard deux séries prises de chaque côté parmi les points de la plaine les plus élevés, en ayant soin de choisir, autant que possible, des localités qui se correspondent :

	Mètres.		Mètres.		Mètres
Plateau formé par le grès bigarré au Creutzberg.	328	Le Kelschberg près d'OEtingen.	389	Marnes irisées près de Bousbach.	317

	Mètres.		Mètres.		Mètres.
Plateau de grès bigarré au Hartbuch.	275	Arbre signalé de Bening-les-Saint-Avold.	346	Marnes irisées près de Seingbousse.	318
Plateau au-dessus de Hombourg bas.	308	Le Sielberg entre Hombourg et Hellering.	361	Marnes irisées à Guenwiller.	300
Les Quatre-Vents sur la route de Château-Salins.	348	Hauteur près Laudrefang.	424	Marnes irisées à Folschwiller.	280
Plateau de grès bigarré au-dessus de Porcelette.	549	Signal de Boucheporn.	416	Marnes irisées à Helstroff.	246
Plateau au-dessus de Guerting.	329	Côte au-dessus de Coume.	370	Commencement des marnes irisées à droite de la route de Boulay à Teterchen.	288
Tuilerie de Remering.	292	Côte de Tromborn.	385	Brettnach.	262

La région des plateaux s'étend, dans la Moselle, sur 5,498 kilomètres carrés, et comprend par conséquent 65,12 p. 100 de la surface du département.

Woëvre ou plaine de Briey. — La Woëvre n'est autre chose que le plateau formé par l'étage oolithique inférieur ; mais beaucoup plus étendu et moins découpé que ceux qui correspondent aux autres terrains du département ; il offre, à un plus haut degré que ces derniers, les caractères d'une plaine élevée.

Cette plaine est surtout remarquable par sa platitude. Quand, par un temps clair, on s'élève sur la crête de l'escarpement qui la termine vers l'est et vers le nord, on est frappé de l'immensité de l'horizon que l'œil embrasse. A peine distingue-t-on les faibles ondulations qui se dessinent à sa surface. Cette platitude du sol imprime, au paysage de la plaine de Briey, un cachet de monotonie que ne rachète point sa fertilité. En revanche, les vallées profondément encaissées qui la sillonnent, présentent des effets variés et pittoresques ; les côtes de la Moselle, les vallées du Rupt-de-Mad, de l'Orne, de la Chiers et de la Crusnes jouissent, sous ce rapport, d'une réputation bien méritée.

La plaine de Briey a une étendue de 1,640 kilomètres carrés, formant 30,53 p. 100 de la superficie du département.

Malgré sa platitude, elle est bien loin de présenter partout une élévation égale ; elle atteint sa plus grande hauteur dans les environs d'Aumetz, là précisément où la falaise qui la termine, après avoir couru du sud au nord, se dirige brusquement vers l'ouest. Elle a une déclivité très-marquée vers le sud-ouest, et elle va, en plongeant dans cette direction, se perdre sous les côtes de la Meuse. Quelques chiffres feront connaître avec précision la configuration de cette partie du département.

Le point culminant de la contrée est le sommet de la butte que forment les bois d'Ottange ; il est à 460 mètres environ au-dessus du niveau de la mer. On trouve, dans le voisinage, les altitudes suivantes, que nous empruntons à la carte du Dépôt de la guerre :

Signal au nord de Kanfen	432^m
Au sud-est d'Audun-le-Tiche.	424
Près de la ferme d'Hirps.	421
Hameau de Cantebonne.	427
Sur le chemin de Cantebonne à Crusnes	439
Au nord-ouest de Thil.	437
Près de Tiercelet.	443
Fermes de Brehain-la-Cour	434
Entre Brehain-la-Ville et Crusnes.	451

Dans les environs de Longuyon, vers les confins de la Meuse, l'élévation moyenne de la plaine est déjà moindre, comme le prouvent les cotes suivantes :

Tuilerie de Tellancourt.	406ᵐ
La Malmaison.	381
Au-dessus de la ferme de Vilancy.	348
Ferme de Bouillon.	346
Signal du Grand-Failly.	306
Arbre des Failly.	290

Près de Metz, on a des altitudes qui se rapprochent beaucoup de celles des environs de Longuyon :

Sommet de la côte de Saulny sur la route de Briey.	386ᵐ
Carrières d'Amanvillers.	364
Mont Saint-Quentin.	350
Ruines de Châtel-Saint-Germain.	313
Bois de Vaux.	356
Carrières d'Ancy.	348
Arbre signalé au-dessus de Dornot.	330

Mais c'est sur les confins de la Meuse, dans les cantons de Conflans et de Gorze, que le plateau est le plus déprimé; les points les plus élevés de cette région n'atteignent même jamais l'altitude de 300 mètres, comme cela résulte des cotes qui correspondent à ces points :

Ancien télégraphe près de Gondrecourt.	281ᵐ
Mouaville.	248
Bechamp.	227
Coteau au nord d'Olley.	223
Bois de Puxe.	214
Bois de Brainville.	214
Hannonville au Passage.	230
Sponville.	225
Près de Xonville.	230
Butte à l'ouest de Dampvitoux.	252

§ 2. Bassins hydrographiques.

Division du département en bassins hydrographiques. — Le département de la Moselle est traversé, dans sa partie médiane et dans une direction qui s'éloigne peu du sud au nord, par le cours d'eau qui lui donne son nom. C'est la rivière de beaucoup la plus importante du département; elle reçoit même, par trois de ses principaux affluents, la Seille, l'Orne et la Sarre, et, par quelques autres moins considérables, les eaux de la plus grande partie de la surface qu'il embrasse. Toutefois, du côté de l'est, la région montagneuse presque entière est parcourue par la Zinzel et les ruisseaux de Niederbronn et de Stürtzelbronn, qui se déversent directement dans le Rhin par la Moder. A l'extrémité opposée du département, la partie nord-ouest de la Woëvre, comprenant les cantons de Longuyon, Longwy et Audun-le-Roman, appartient au bassin de la Meuse, fleuve auquel elle envoie ses eaux par la Chiers, qui réunit la Crusnes et l'Othain.

On peut donc distinguer, dans le département, trois bassins hydrographiques principaux, dont les limites ne coïncident pas exactement avec celles des régions naturelles que nous y avons reconnues : le bassin du Rhin vers l'extrémité est, celui de la Moselle au centre, et celui de la Meuse au nord-ouest. Le second peut lui-même être divisé en un certain nombre de bassins secondaires, correspondant aux affluents principaux de la Moselle : la Sarre, l'Orne et la Seille. En poussant plus loin la division, on ne manquera pas de remarquer que le bassin de la Sarre est très-étendu dans le département, et qu'il comprend les bassins de troisième ordre, des Nieds, de la Bisten, de la Rosselle, de la Bliese, de l'Eichel et de l'Albe.

Étendues comparées des divers bassins. — Le tableau suivant résume les étendues de chacun de ces bassins :

Bassin hydrographique du Rhin.	Bassin de 2ᵉ ordre de la Moselle.	Bassin de la Sarre.	Bassin des Nieds . . . 1,218 — de la Bisten. . 121 — de la Rosselle. 177 — de la Blicse . . 307 — de la Sarre moyenne. . . 271 — de l'Eichel. . . 104 — de l'Albe. . . . 216	Kil. carr. 2,314=0,44
		Bassin de l'Alzette . . . . 135 Bassin de l'Orne . . . . 628 Bassin de la Moselle, comprenant la Bibiche, la Canner, la Fensch, le Rupt-de-Mad, etc. 1,113 Bassin de la Seille 310		2,186=0,31
	Bassin de 2ᵉ ordre de la Moder.	Bassin de la Zinzel et des ruisseaux de Niederbronn et de Stürtzelbronn 161		161=0,03
Bassin hydrographique de la Meuse.	Bassin de 2ᵉ ordre de la Chiers.	Bassin de l'Othain. . . . . 61 Bassin de la Chiers. . . . . . 294 Bassin de la Crusnes 255		610=0,12

La Moselle reçoit, comme on le voit, soit directement, soit par ses affluents, les eaux des $\frac{85}{100}$ de la surface du département. Au nord-ouest, les $\frac{12}{100}$ de cette même surface se trouvent compris dans le bassin de la Meuse, et le reste, soit seulement 3 p. 100, envoie ses eaux au Rhin. Dans la première région, il faut surtout remarquer le bassin des Nieds, le plus étendu de ceux entre lesquels le département se décompose ; il occupe près du quart de sa superficie.

HYDROGRAPHIE

§ 1. Eaux courantes.

Aperçu général. — Dans la partie du département qui appartient au bassin du Rhin, on ne compte qu'une seule grande rivière, la Moselle; on y trouve en outre une rivière de moindre importance, la Sarre, et quatre petites, l'Orne, la Seille, la Nied et la Bliese. Les autres cours d'eau ne sont que des ruisseaux. Parmi ceux qui ont le plus d'importance, soit à raison du volume de leurs eaux, soit à cause de l'étendue de leur cours, il faut distinguer la Bisten, la Rosselle, l'Eichel, l'Albe, la Bibiche, la Canner, la Fensch, le Woigot et le Rupt-de-Mad.

La Zinzel et le Galkensteinerbach, qui se rendent directement au Rhin par la Moder, sont également de gros ruisseaux.

Le bassin de la Meuse, beaucoup moins étendu dans le département, ne renferme que deux petites rivières, la Chiers et la Crusnes, et seulement deux ruisseaux ayant assez d'importance pour être cités, l'Othain et la Moulaine.

Composition de l'eau des rivières. — M. Langlois a entrepris, en 1847, à la demande de l'administration municipale de Metz, des recherches très-intéressantes sur la composition des eaux que l'on avait projeté de distribuer dans cette ville. Parmi les eaux analysées dans ce travail figurent celles de la Moselle. C'est, à notre connaissance, la seule rivière du département dont l'analyse ait fixé la composition des eaux. M. Langlois donne les résultats suivants qui représentent la moyenne de plusieurs expériences faites à des époques différentes.

10 litres d'eau de Moselle fournissent :

Produits gazeux.	Acide carbonique . . 40 cent. cubes.
	Oxygène . . . . 78 —
	Azote . . . . 115 —

Produits solides.	Carbonate de chaux . . . . . . 0^{gr},60
	Sulfate de chaux 0 26
	Nitrate de chaux 0 05
	Chlorure de calcium 0 03
	Carbonate de magnésie 0 04
	Sulfate de magnésie 0 03
	Sulfate d'alumine 0 01
	Chlorure de potassium 0 04
	Silicate de potasse 0 02
	Chlorure de sodium 0 03
	Carbonate de fer 0 01
	Matières organiques 0 04
	1^{gr},16

Moselle. — La Moselle a sa source dans la région méridionale des Vosges, près de Tay, à 26 kilomètres au sud-est de Remiremont; elle entre dans le département à la Lobe, commune d'Arry, et elle en sort un peu au-dessous d'Apach, après l'avoir parcouru sur une longueur de 80 kilomètres. Elle arrose le territoire de quarante-cinq communes, parmi lesquelles les plus importantes sont : Ars, Metz, Uckange, Thionville, Cattenom et Sierck. La direction générale de son cours, qui est assez sensiblement du sud vers le nord jusqu'à Thionville, incline, à partir de ce point, vers le nord, 50° est.

Quoique le lit de la Moselle soit généralement formé de sable et de gravier mobiles, et qu'elle coule, sur une grande partie de son cours, à travers des terrains meubles, n'opposant à l'érosion qu'une assez faible résistance, le régime de cette rivière paraît aujourd'hui bien établi, grâce aux travaux de défense des rives exécutés sur les points les plus exposés à l'attaque des eaux, et sa longueur mesurée suivant la ligne de thalweg ne semble pas éprouver de variations notables. Elle présente, en divers points de son cours, un certain nombre de bras secondaires ; les uns communiquent avec la rivière à leurs deux extrémités ; les autres sont fermés à l'amont et ne servent à l'écoulement des eaux qu'à l'époque des crues. Les plus importants de ces bras sont :

1° En amont de Metz, les bras de Jouy et d'Ars,
— — de Vaux,
— — de Moulins,
— — de Longeville,
— — de Montigny,
2° A Metz, le bras de décharge de la digue de Wadrineau,
— le bras des Pucelles,
— et les canaux usiniers du Therme et de la Préfecture,
3° En aval de Metz, le bras des fortifications de Thionville.

Les travaux exécutés sur la Moselle ont eu pour résultat de supprimer certains bras secondaires et d'empêcher qu'il s'en forme de nouveaux, en défendant les rives sur les divers points où se jette le courant à l'époque des crues.

Le bras de Moulins est traversé par un pont fort ancien, sous lequel il ne passe plus d'eau en temps ordinaire, et dont les dimensions font supposer que ce bras était autrefois le bras principal de la Moselle.

Le bras des Pucelles qui réunit, à l'intérieur de la ville de Metz, le bras navigable au bras de décharge, a été creusé de mains d'hommes dans la seconde moitié du quinzième siècle pour servir de complément aux fortifications de la ville.

Nous citerons, parmi les îles qui sont semées, dans le département, sur le cours de la Moselle, par le fait de cette division en bras :

Celles d'Ars. . . . . } formées par les bras
— de Vaux. . . . . } de ce nom.
L'île Saint-Symphorien formée par le bras de Montigny.
Les îles du Saulcy ou de la } formées par le bras de décharge
    Poudrerie . . . { de la digue de Wadrineau et
— de la Préfecture. . { les bras des Pucelles et des
— de Chambière. . . } Thermes.

Les détails dans lesquels nous venons d'entrer sur le cours de la Moselle font comprendre combien sa largeur est variable ; les limites extrêmes sont 60 mètres et 200 mètres ; la largeur moyenne est de 120 mètres environ.

Sa pente. — La cote d'entrée à l'étiage au-dessus du niveau de la mer est. . . . . 170^m,50
La cote de sortie à l'étiage au-dessus du niveau de la mer est. . . . . 141^m,37
           Pente totale. . . . . 29^m,21

d'où il ressort une pente moyenne de 0^m,000363 par mètre.

La pente totale de 29^m,21 se répartit de la manière suivante :

	PENTE TOTALE.	PENTE PAR MÈTRE.
De la Lobe à l'écluse de Metz . .	5^m,62	0,000278
Chute de l'écluse.	2^m,38	»
De l'écluse à la frontière. . . .	21^m,21	0,000354
Total égal.	29^m.21	»

Ces pentes ne sont pas distribuées d'une manière uniforme ; la Moselle présente en effet une série de parties profondes où la pente est généralement très-faible, séparées par des hauts-fonds où la pente est beaucoup plus forte, et atteint une valeur triple et même quadruple de la pente moyenne.

Oscillations de niveau. — Le niveau de la Moselle subit des oscillations d'une assez forte amplitude, car elles atteignent 5 à 6 mètres en différents points ; la crue de 1824 s'est élevée à Sierck à $6^m,70$ au-dessus de l'étiage ; celle de 1778 y a dépassé 7 mètres. Les crues ont lieu principalement du commencement de novembre à la fin de mars ; les eaux sont généralement basses pendant les mois de juin, juillet août et septembre. Elles commencent à déborder dès qu'elles ont atteint $1^m,80$ de hauteur au-dessus de l'étiage en amont de Metz et $2^m,30$ à l'aval. Ces hauteurs correspondent au niveau des chemins de halage et à celui des plus hautes eaux de navigation.

Les échelles mosellométriques sont établies sur toute la longueur de la Moselle dans la traversée du département à des distances qui ne dépassent pas 8 kilomètres ; leur zéro correspondant à l'étiage de 1832. Ces échelles sont observées chaque jour depuis 1834.

TABLEAU DES HAUTEURS D'EAU PAR RAPPORT A L'ÉTIAGE DE 1832
POUR LES ÉPOQUES REMARQUABLES DE BASSES EAUX.

ANNÉES.	MOIS.	HAUTEUR INDIQUÉE par l'échelle d'Uckange.	ANNÉES.	MOIS.	HAUTEUR INDIQUÉE par l'échelle d'Uckange.
1834	Octobre.	−0,11	1848	Août.	+0,05
1835	Août.	+0,04	1854	Septemb.-octobre.	+0,05
1838	Août.	+0,01	1857	Août.	−0,08
1839	Août.	+0,02	1858	Août.	−0,08
1840	Juillet-août.	+0,05	1859	Août.	−0,12
1842	Juillet.	−0,07	1861	Septembre.	−0,03
1846	Août-septembre.	0,00	1863	Août.	+0,05
1847	Juillet.	0,00	1865	Octobre.	−0,07

TABLEAU DES HAUTEURS D'EAU AU-DESSUS DE L'ÉTIAGE POUR LES ÉPOQUES REMARQUABLES DE HAUTES EAUX.

ANNÉES	MOIS	HAUTEUR DES CRUES			
		A Jouy.	Au pont des Morts à Metz.	A Uckange.	A Sierck.
1833	12 décembre.	4,31	4,17	4,74	5,88
1844	28 février.	4,66	4,57	4,61	5,97
1856	1er juin.	3,54	2,88	3,88	4,05
1860	29 février.	3,75	2,78	4,02	4,43
1860	28 décembre.	4,12	3,52	4,37	5,11

Débit. — Le tableau suivant fait connaître le débit de la Moselle, par seconde, sur divers points de son cours.

NOMS des LOCALITÉS	DÉBIT DE LA MOSELLE PAR SECONDE	
	A l'étiage, c'est-à-dire à la hauteur des zéros des échelles de Jouy et d'Uckange établis au niveau des plus basses eaux de 1832.	A la hauteur de 0m,50 au-dessus de l'étiage (moyennes eaux).
	Mètres cubes.	Mètres cubes.
A Ancy, en aval du Rupt-de-Mad et du ruisseau de Gorze, ci en amont de Metz	18,10	68,00
A Hauconcourt, en aval de Metz et de la Seille.	20,45	75,50
A Cattenom, en aval de l'Orne, de la Fensch et de la Bibiche.	24,31	82,04
A la frontière, au delà de Sierck.	24,50	85,70

D'après M. l'inspecteur général des ponts et chaussées Le Joindre, le débit minimum de la Moselle, à l'époque des plus grandes sécheresses, est de 16m,50r.

Le débit, à l'époque des plus hautes eaux, est estimé à 2,000 mètres cubes.

Vitesse. — La vitesse de la Moselle est, lors des hautes eaux, de $1^m,80$ à 2 mètres par seconde.

Lors des basses eaux la vitesse est loin d'être uniforme; très-faible dans les parties profondes, elle est considérable sur les hauts-fonds et y atteint en certains points $1^m,80$ et même 2 mètres par seconde.

La vitesse moyenne à l'étiage est d'environ $0^m,60$ par seconde.

Tirant d'eau. — Le tirant d'eau minimum à l'étiage était, avant les travaux d'amélioration qui ont été faits à l'aide des digues submersibles :

En amont de Metz, de. . . . . $0^m,30$
En aval de Metz, de. . . . . $0^m,40$

Depuis l'exécution de ces travaux, il est :

En amont de Metz. . . . . $0^m,70$
En aval de Metz, de. . . . . $0^m,80$

Navigation. — La navigation de la Moselle dans le département, très-active il y a quelques années, est aujourd'hui presque nulle par suite de la concurrence des chemins de fer de l'Est.

Un projet d'amélioration de cette rivière, à l'aide de barrages mobiles, paraît devoir être mis prochainement à exécution.

Le tirant d'eau se trouverait porté à $1^m,60$ à l'étiage, depuis le canal de descente en rivière par lequel la Moselle est mise en communication avec le canal de la Marne au Rhin à Frouard, jusqu'à Thionville, sur une longueur de 90 kilomètres.

Le tonnage sur la rivière améliorée, rapporté au parcours

total de 90 kilomètres, atteindrait, d'après les évaluations produites à l'appui du projet, 370,000 tonnes, savoir :

A la remonte	110.000 tonnes
A la descente	260,000
	370,000 tonnes

Affluents reçus dans le département. — La Moselle reçoit, dans la traversée du département, un assez grand nombre de rivières et de ruisseaux. Nous donnons les noms des principaux affluents de cette rivière dans l'ordre où ils se présentent, quand on en remonte le cours.

Ruisseau de Manderen, R. D.
Ruisseau de Montenach, R. D.
L'Albach, R. G.
Ruisseau d'Oudren, R. D.
Ruisseau de Gavisse, R. G.
La Canner, R. D.
La Bibiche, R. D.
Le Kisselbach, R. G.
La Fensch, R. G.
L'Orne, R. G.
Ruisseau de Vallieres, R. D.
La Seille, R. D.
Ruisseau de Longeau, R. G.
Ruisseau de Mance, R. G.
Ruisseau de Gorze, R. G.
Le Rupt-de-Mad, R. G.

Orne. — L'Orne a sa source au pied des côtes de la Meuse dans le village de ce nom; elle entre dans le département au sud d'Olley, et se jette dans la Moselle en face de Guenange. Son cours dont l'étendue entre Olley et Guenange est d'environ 55 kilomètres, est très-sensiblement dirigé du sud-ouest au nord-est. Cette rivière arrose les territoires de 24 communes, parmi lesquelles il y a lieu de citer Conflans, Auboué et Moyeuvre-la-Grande.

Elle reçoit dans le département :

Le Conroi, R. G.
Le Woigot qui, dans sa partie supérieure, porte le nom de ruisseau de Mance, R. G. ;
L'Yron grossi du Longeau et de la Seigneulle, R. G. ;
Le ruisseau de Mouaville, R. D.

L'Orne présente cette circonstance remarquable qu'elle coule en sens inverse de la pente générale de la plaine de Briey. Après avoir circulé à la surface de cette plaine dans une vallée qui a peu de relief, elle rencontre un peu au-dessus d'Auboué, la partie rocheuse de l'oolithe inférieure, et elle y pénètre par une échancrure étroite et profonde ; son cours devient alors extrêmement sinueux et ne reprend son allure première qu'à Moyeuvre, lorsqu'elle débouche dans la vallée de la Moselle.

Seille. — La Seille est formée de deux branches ayant, l'une son point de départ dans l'étang de Lindre et l'autre sa source près de Morhange. Elle entre dans le département près de Cheminot, et après l'avoir parcouru sur une longueur de 37 kilomètres, elle se jette dans la Moselle, au-dessous de Metz. La Seille arrose les territoires de 16 communes et ne reçoit, dans son parcours, qu'un seul affluent de quelque importance : le ruisseau de Bérupt.

Pente et volume des principaux affluents de la Moselle. — Le tableau suivant fait connaître la longueur et la largeur moyennes, ainsi que la pente et le débit approximatif des affluents de la Moselle.

On reconnaîtra, en le parcourant, que, de tous les affluents reçus par la Moselle dans le département, la Seille, qui parcourt une région constituée par des roches tendres, généralement marneuses, est celui qui présente la pente la plus faible. Les ruisseaux qui arrosent les vallées du plateau oolithique et entament des terrains rocheux, ont, au contraire, des chutes très-fortes qui s'élèvent pour la Fensch, à $4^m,30$, et pour le Conroi à $5^m,6$ par kilomètre.

NOMS DES AFFLUENTS.		LONGUEUR du parcours dans le département.	MOYENNE LARGEUR du cours d'eau.	PENTE MOYENNE par mètre dans le département.	VOLUME APPROXIMATIF débité EN EAUX ORDINAIRES par le cours d'eau au point le plus voisin de l'embouchure où ce volume soit connu.
RIVE DROITE.	RIVE GAUCHE				
		mètres.	m. c.	m.	nombre de m.c. par seconde
»	Le Rupt de Mad . .	5730	10.0	0.0022	0.450
»	Le ruisseau de Gorze	7580	3.50	»	0.180
»	Le ruisseau d'Ars-sur-Moselle (ou de Mance	11800	2.50	»	0.130
La Seille		37870	17.0	0.00029	6.20
AFFLUENT DE LA SEILLE					
Le ruisseau de Bérupt	x	19350	3.0	»	»
Le ruisseau de Vallières	»	6500	6.5	»	»
»	L'Orne	55400	17.45	0.00075	0.690 [1]
AFFLUENT DE L'ORNE					
»	Le Conroi	1600	»	0.0050	»
»	La Fensch . . .	18000	5.0	0.0043	0.515
»	Le Kissel	9850	5.0	»	0.146
La Bibiche . . .	»	23500	4.0	»	»
La Canner . . .	»	29500	6.50	»	»
Le ruisseau de Sierck .	»	6600	7.0	»	»
Le Manderen . . .	»	1900	2.90	»	»

[1] Ce chiffre peu élevé s'applique aux basses eaux et à un point voisin de l'entrée de ce plus considérable ; ainsi lorsque cette rivière coule à pleins bords, elle donne à Puxe 9ᵐ,00

USINES mises en mouvement par cours d'eau.		OBSERVATIONS.
BRE.	FORCE.	
5	Chev. Vap. 22.14	Le Rupt de Mad, qui entre dans la Moselle un peu après Rembercourt et en sort à Wandelainville, n'a qu'une très-faible portion de son cours dans le département.
4	14.79	
1	34.88	
1	60.39	La Seille entre dans le département avant Cheminot et se jette dans la Moselle immédiatement en aval de Metz, où l'un de ses bras coule dans certains fossés des fortifications. Son cours est remarquablement sinueux et divisé. Sa pente est très-notablement variable; elle est la plus grande à Sillegny, où elle atteint 0^m,0009 et la plus petite à Louvigny, où elle n'est que de 0^m,00013.
2	5.77	Le ruisseau de Bérupt, qui est l'affluent principal de la Seille dans le département, se jette dans cette rivière au point même où il atteint la frontière du côté de la Meurthe et contribue, comme elle, à former la limite séparative sur une certaine étendue.
5	25.35	
1	185.31	Cette rivière entre dans le département un peu avant Olley et se jette dans la Moselle en face de Guénange. Elle est très-remarquable par la distance considérable qu'elle parcourt sur le plateau qui forme la région occidentale de la Moselle et dans les plaines de la Woëvre qui en sont, dans le département de la Meuse, la continuation. Aucun autre affluent de la Moselle n'est dans ce cas.
»	»	
0	353.20	
6	23.54	
7	16.85	
2	66.30	
»	»	
5	11.62	

rs d'eau dans le département. Le débit de l'Orne près de son embouchure est beaucoup seconde et à Labry 49^m,03

Affluents de la Moselle reçus en dehors du département. — Il n'y a à mentionner qu'un seul ruisseau du département déversant ses eaux dans la Moselle, sur la rive gauche de cette rivière, au delà de la frontière ; c'est l'Alzette, qui n'est qu'un sous-affluent. Sa longueur dans le département est de 5,585 mètres et sa moyenne largeur de 2 mètres. Elle débite par seconde 0^{mc},222, et dessert deux usines d'une force totale de 15,80 chevaux.

Sarre. — La Sarre prend sa source, au pied du Donon, sur le revers occidental des Vosges. Après avoir traversé, sur une faible longueur, le territoire de Sarralbe, elle entre dans le département un peu au-dessus de Weidesheim et elle le quitte près du moulin de Simbach qui dépend de Grossbliederstroff. Elle arrose, dans la Moselle, 10 communes, notamment Sarreguemines. Les principaux affluents qu'elle reçoit, dans le département, sont :

Le Lixingerbach ou ruisseau de Lixing, R. G.
Le ruisseau d'Ippling, R. G.
La Bliese, R. D.
L'Eichel, R. D.
L'Albe grossie du Rode, R. G.

La Sarre se compose d'abord de deux branches distinctes : la Sarre rouge et la Sarre blanche, qui descendent des Vosges dans deux petites vallées voisines et se réunissent au village d'Hermelange.

La longueur totale de son cours, depuis ses sources jusqu'à son confluent dans la Moselle, est de 237 kilomètres sur lesquels 35 appartiennent au département.

La Sarre présente sur son parcours les largeurs suivantes :

Vers Hermelange (Meurthe), après la réunion
   de la Sarre rouge et de la Sarre blanche. . 10 à 15 mètres.
Vers Harskirchen (Bas-Rhin) . . . . 20 à 25 »

Vers Sarralbe (Moselle). . . . . 25 à 30 »
Vers Sarreguemines (Moselle) avant le confluent de la Bliese. . . . . 30 à 35 »
Sarre canalisée après le confluent de la Bliese (partie mitoyenne entre la France et la Prusse). . . . . 45 à 50 »

Sa pente. — La chute totale, depuis la réunion des deux Sarres à Hermelange jusqu'à la frontière prussienne (rive gauche), est de $75^m,13$, ce qui donne, sur cette étendue une pente moyenne de $0^m,00072$. La chute est utilisée par 34 moulins ou usines.

Son débit. — Le tableau suivant donne les débits de la Sarre en quelques points importants de son cours.

	DISTANCES EN KILOMÈTRES, A PARTIR DES SOURCES	DÉBITS PAR SECONDE EN MÈTRES CUBES			
		MOYEN ANNUEL OU MODULE	MAXIMUM	MINIMUM	
				à l'étiage ordinaire.	aux étiages exceptionnels.
A Hermelange, après la réunion de la Sarre rouge et de la Sarre blanche.	24 »	2 20	11 80	0 70	0 50
A Sarrebourg.	33 »	3 10	27 »	0 80	0 60
A Sarre-Union.	75 »	»	»	1 40	1 20
A Sarreguemines, avant le confluent de la Bliese	117 10	»	»	2 40	1 80
Au-dessous de Sarreguemines, à Welferding, après le confluent de la Bliese.	118 60	»	»	5 30	4 »
A Sarrebrück.	136 05	54 »	364 »	8 40	6 50

Ses crues. — Les hauteurs d'eau atteintes par les crues de 1824 et de 1851 sont indiquées dans le tableau ci-dessous.

	HAUTEUR AU-DESSUS DE L'ÉTIAGE			OBSERVATIONS
	EN AMONT DE L'USINE DE SARRALBE	EN AMONT DE L'USINE DE NIEDERAU	EN AMONT DE L'USINE DE WITTRING	
Hautes eaux extraordinaires de 1824...	3 »	4 10	4 10	Les hautes eaux ordinaires dépassent les berges en beaucoup de points.
Hautes eaux ordinaires de 1851......	0 80	0 80	1 50	

Canal des houillères ou de la Sarre. — L'année 1866 a vu achever la construction du canal de la Sarre qui établit une jonction entre cette rivière canalisée de Sarreguemines à Sarrebrück et le canal de la Marne au Rhin. Cette voie navigable, nommée à juste titre aussi canal des houillères, est appelée à rendre de grands services à l'industrie des contrées de l'Est, en transportant pour elle à bon compte les combustibles du pays de Sarrebrück. Elle servira également à porter, dans les forges prussiennes, les minerais de fer oolithique qui se trouvent, en si grande abondance, dans les environs de Nancy. Le canal dans les sept mois qui ont suivi son ouverture, a donné lieu, tant à la montée qu'à la descente, à un trafic de 272,585 tonnes, sur lesquelles près des deux tiers ont été fournis par la houille et le coke.

La longueur totale du canal des houillères, depuis le canal de la Marne au Rhin jusqu'à la frontière prussienne, est de 75 kil. 55, qui se décomposent ainsi :

Depuis le canal de la Marne au Rhin jusqu'à Sarreguemines, 65 kilomètres.

Depuis Sarreguemines jusqu'à la frontière prussienne (partie mitoyenne entre la France et la Prusse), 10 kil. 55.

La profondeur d'eau du canal est de 1^m,80.

Bliese. — La Bliese qui a sa source dans les collines élevées des environs de Tholey, entre dans le département près de Bliesbrücken et elle se jette dans la Sarre près de Sarreguemines, après un parcours de 17 kilomètres. Elle forme, dans la plus grande partie de cette étendue, la limite de la Moselle vers la Bavière et la Prusse rhénanes.

Nied allemande. — La Nied, l'un des principaux affluents de la Sarre a son cours presque entier compris dans le département. Elle est formée de deux branches dont l'une sort de l'étang de Bischwald et l'autre prend sa source entre Marienthal et Seingbousse ; après avoir décrit un circuit qui la rapproche de son point de départ, elle déverse ses eaux dans la Sarre au-dessous de Rehling. Elle arrose 41 communes et notamment Pontpierre, Faulquemont, Bionville, Freistroff et Bouzonville. Dans la traversée du département, elle reçoit :

La Remel, R. G.
L'Anzelingerbach, R. G.
Le Kalbach, R D.
La Nied française, R. G.

Pente et volume des principaux affluents de la Sarre. — Le tableau suivant donne quelques indications sur les affluents de la Sarre qui arrosent le département et qui déversent leurs eaux, soit en dedans, soit en dehors des frontières.

Il confirme l'observation déjà faite pour les affluents de la Moselle. La Nied basse et ses deux branches, qui parcourent une région essentiellement marneuse, ne présentent qu'une chute très-faible. Les pentes sont, au contraire, assez fortes pour les ruisseaux, tels que la Rosselle, le Schwalbach et la Bisken-Alb, qui ont leurs lits dans les sables des grès vosgien et bigarré ; toutefois elles n'atteignent point celles des vallées du plateau oolithique.

NOMS DES AFFLUENTS.		LONGUEUR du parcours dans le département.	MOYENNE LARGEUR dans le département.	PENTE MOYENNE par mètre dans le département.	VOLUME APPROXIMATIF débité EN EAUX ORDINAIRES par le cours d'eau au point le plus voisin de l'embouchure où ce volume soit connu.
RIVE DROITE.	RIVE GAUCHE.				
		mètres.	m. c.		nombre de m.c. par seconde
»	L'Albe	19200	10.0	»	»
La Bliese	»	17052	30.0	0.00053	4.510
AFFLUENT DE LA BLIESE					
»	Le Hornbach . . .	24780	4.52	»	0.380
AFFLUENTS DU HORNBACH					
»	La Bisken-Alb . . .	12700	1.75	0.00443	0.008
»	Le Schwalbach . . .	21250	4.63	0.00190	0.435
»	La Rosselle	21045	5.50	0.00175	0.850
»	La Bisten	14920	3.0	»	»
»	La Nied basse . . .	38045	14.0	0.00054	2.51
AFFLUENTS DE LA NIED BASSE					
»	Nied française . . .	41888	10.0	0.00046	1.98
»	Nied allemande . .	52228	12.0	0.00095	1.38

USINES mises en mouvement par LE COURS D'EAU.		OBSERVATIONS.
NOMBRE.	FORCE.	
	Chev. Vap.	
5	»	
4	90.0	Cette rivière ne figure à peu près dans le département que comme formant sa limite vers la Bavière et la Prusse Rhénane, et se jette dans la Sarre à Sarreguemines; elle est très-encaissée. Ses crues sont assez fréquentes en raison du caractère torrentiel de ses affluents; mais elles ne dépassent pas les berges et n'atteignent que dans quelques cas exceptionnels 0^m,60 au-dessus des prairies riveraines.
7	8.10	
5	1.02	Pente maxima 0.0076 sur le territoire de Bettweiller. — Par suite de la forte pente et de l'encaissement des vallées, ces ruisseaux sont torrentiels en temps de crues; mais les crues ont une très-faible durée et n'atteignent pas ordinairement plus de 0^m,20 en contre-haut des berges. Dans les cas exceptionnels où cette hauteur est dépassée, elles occasionnent des dommages aux prairies riveraines et les couvrent d'une assez forte épaisseur de sable.
12	15.03	Pente maxima 0.0037 sur le territoire de Lambach. Pente minima 0.0012 sur le territoire d'Urbach.
16	86.60	La Roselle déborde rarement.
7	19.60	
8	65.80	La Nied basse prend son nom au confluent de la Nied allemande et de la Nied française. Pente maxima 0.00052 à Diding. Pente minima 0.00015 à Gomelange.
13	57.34	Pente maxima 0.0010 à Francaltof. Pente minima 0.00015 à Condé.
14	62.0	Pente maxima 0.0019 à Guinglange. Pente minima 0.00039 entre le Moulin de Broch et Téting. La Nied basse est formée par la réunion des Nied allemande et française, qui forment à elles seules un bassin étendu entre la Sarre et la Moselle. Les crues de la Nied allemande arrivent généralement au printemps et sont très-utiles aux prairies riveraines. Leur hauteur varie de 0^m,40 à 1^m.

Affluents de la Meuse. — La Chiers, la principale rivière du bassin de la Meuse dans le département, a sa source au sud de Differdange, non loin de la frontière ; elle y pénètre près de Longlaville et coule d'abord vers le sud-ouest jusqu'à Longuyon, où elle fait un coude brusque et s'infléchit vers le nord-est. Elle parcourt le département sur une étendue de 48 kilomètres et arrose 15 communes, parmi lesquelles se trouvent Longwy, Cons-Lagrandville et Longuyon.

Les affluents de cette rivière qui appartiennent au département sont :

L'Othain, R. G.
Le ruisseau de Vaux grossi de celui de Parivaux qui se déverse dans la Thonne, R. D.
Le ruisseau du Dorlon, R. D.
La Crusnes avec les ruisseaux de Nanheul et de Xivry, R. G.
Le ruisseau de Moulaine grossi de celui de la Côte rouge, R. G.

La moyenne largeur de la Chiers est de $10^m,20$; sa pente, en amont de Longuyon de $0^m,0021$, en aval de la même localité, de $0^m,0017$; elle débite, dans les environs de son embouchure, $3^{mc},180$ d'eau par seconde et donne le mouvement à 20 usines d'une force totale de 335 chevaux.

La Crusnes a un parcours du total de 41,485 mètres; sa largeur moyenne est de $6^m,53$. Elle débite par seconde, dans les environs de son embouchure, $1^{mc},320$ d'eau et donne le mouvement à 26 usines d'une force totale de 413 chevaux.

Affluents du Rhin. — Les seuls cours d'eau appartenant au bassin du Rhin qu'il y ait à mentionner dans le département de la Moselle sont, comme on l'a déjà fait remarquer, la Zinzel et les ruisseaux de Niederbronn et de Stürtzelbronn qui en sont des affluents.

Le tableau ci-contre donne quelques détails sur leurs cours et leur importance dans le département.

NOMS DES AFFLUENTS.	LONGUEUR du parcours dans le département.	PLUS GRANDE LARGEUR dans le département.	PENTE MOYENNE par mètre dans le département.	VOLUME APPROXIMATIF débité EN EAUX ORDINAIRES par le cours d'eau au point le plus voisin de l'embouchure où ce volume soit connu.	USINES mises en mouvement par LE COURS D'EAU.		OBSERVATIONS.
					NOMBRE.	FORCE.	
La Zinzel	mètres. 16500	m. c. 2.61	0.00580	nombre de m. c. par seconde 0.796	4	84.76	
AFFLUENTS DE LA ZINZEL							
Le ruis. de Niederbronn.	13100	2.0	0.00520	0.150	6	13.50	Pente maxima 0.040 entre Banstein et Liesbach. Pente minima 0.028 entre Liesbach et le Bas-Rhin.
Le ruisseau de Stürtzel bronn.	11080	1.55	»	0.101	2	5.29	Ces ruisseaux coulent dans des vallées profondes étroites de la chaîne des Vosges, et sont alimentés par des sources abondantes; ils ont un débit que l'on peut considérer comme constant, et leurs crues extrêmement rares ne dépassent guère les berges. Les prairies riveraines sont soumises, depuis un temps immémorial, à des irrigations bien établies.

§ 2. Eaux stagnantes.

Étangs. — Chacune des trois régions naturelles que nous avons distinguées dans le département possède quelques étangs; mais ils n'y sont point uniformément répartis. C'est le pays de Bitche qui en renferme le plus grand nombre. Dans la partie de la Woëvre, qui appartient à la Moselle, on n'en compte que trois ou quatre et ils sont tous placés à l'extrême ouest. La région des plateaux, enfin, est celle qui en a le moins; on y rencontrait autrefois quelques grands étangs; mais la plupart de ceux qui figurent encore sur la carte du Dépôt de la guerre, ont été asséchés et défrichés dans ces dernières années.

Les étangs les plus remarquables par leur étendue de la région montagneuse sont :

Le Grafenweiher sur le ruisseau de Stürtzelbronn.
L'étang de Bœrenthal sur la Zinzel.
L'étang d'Haspelscheidt.

La plaine comprise entre Saint-Avold et Merten compte aussi quelques étangs qui, par leur position géologique, sont assimilables à ceux du pays de Bitche. Ce sont notamment les étangs de l'Hôpital, d'Oderfang, de Porcelette et de Longeville.

Dans la Woëvre, il y a lieu de citer les étangs de Norroy-le-Sec, de Gondrecourt et de Neuvron à Olley.

Les étangs d'Harsprich, de Vallerange, de Bouligny, d'Hollacourt, de Flocourt et de Luppy sont les plus considérables de ceux qui appartiennent à la région intermédiaire.

Marais. — Presque toutes les vallées du pays de Bitche et celles de la contrée de Saint-Avold présentent des fonds bourbeux, recouverts de flaques d'eaux, qui constituent de véritables marais.

DEUXIÈME PARTIE

CONSTITUTION GÉOLOGIQUE

CHAPITRE PREMIER

APERÇU GÉNÉRAL

Nomenclature des terrains compris dans le département. — Le département de la Moselle ne renferme que des formations stratifiées ou de transport ; les terrains plutoniques, métamorphiques et volcaniques ne s'y montrent au jour sur aucun point, bien qu'ils soient assez répandus dans les contrées voisines, notamment dans les Vosges et dans les provinces Rhénanes. Il s'en faut même qu'il possède la succession complète des grandes divisions que l'on a été conduit à introduire dans ces formations, en étudiant l'écorce solide du globe. La carte géologique de la France dressée, en 1840, sous la direction de M. Brochant de Villiers, par MM. Dufrénoy et Elie de Beaumont, comprend vingt-trois de ces divisions. Le département n'en embrasse que quatorze, soit seulement un peu plus de la moitié. Ce sont, en les disposant suivant l'ordre de leur ancienneté, le terrain dévonien, le terrain houiller, le grès rouge, le grès des Vosges, le grès bigarré, le muschelkalk, les marnes irisées, le grès infraliasique, le calcaire à gryphées arquées, l'oolithe inférieure avec les marnes supraliasiques, l'oolithe moyenne, le terrain tertiaire moyen, le diluvium et les dépôts de la période actuelle.

La part pour laquelle chacun de ces terrains entre dans la composition du sol de la Moselle est bien loin d'être égale ; les uns n'occupent dans le département qu'un espace très-restreint ; les autres y sont, au contraire, très-développés ; deux d'entre eux enfin ne se montrent nulle part au jour et leur existence n'a été révélée que par les travaux souterrains entrepris le long de la frontière, pour la recherche et l'exploitation de la houille.

Terrain dévonien. — Le terrain dévonien figure parmi les premiers ; il est réduit à quelques assises qui paraissent, aux environs de Sierck, dans la vallée de la Moselle et dans deux vallons latéraux.

Terrain houiller. — Le terrain houiller ne se montre au jour sur aucun point du département ; très-développé entre Sarrebrück et Sarrelouis, il s'avance seulement, sur la rive gauche de la Sarre, à des distances variables de la frontière qu'il touche, presque, en face du hameau de Schœnecken. Toutefois, ce terrain ayant été rencontré au-dessous du grès des Vosges et du grès rouge, dans les environs de Forbach ainsi que dans la plaine de Creutzwald et étant actuellement exploité sur ces deux points, il est impossible de ne point le considérer comme un des éléments constitutifs, essentiels du sol de la Moselle. Il y tient même une place assez considérable, car, selon toute vraisemblance, il s'étend beaucoup au delà des limites de l'espace embrassé par les recherches, mais à des profondeurs tellement grandes qu'elles sont, pour le moment, inaccessibles aux travaux des hommes.

Le bassin houiller de la Sarre est très-épais et comprend plusieurs étages assez nettement caractérisés par le facies minéralogique des assises qui entrent dans leur composition. Celui de la Moselle, qui n'est que le prolongement de ce bassin, ne saurait offrir, sous ce rapport, aucune différence essentielle avec lui. Il est donc hors de doute qu'on parviendra un jour à y établir des groupes analogues à ceux qui ont été faits dans le terrain houiller qui affleure sur les bords de la Sarre. Néanmoins, à raison de l'état encore peu avancé des travaux qui ont permis de reconnaître ce terrain dans la Moselle, nous avons pensé qu'il serait prématuré de le faire. Aussi nous nous proposons de le décrire, sans chercher à y introduire des subdivisions.

Grès rouge. — Le grès rouge ne paraît pas plus que le terrain houiller à la surface du sol du département et son existence n'a été révélée que par les recherches entreprises, le long de la frontière, pour la découverte de ce dernier. Il semble être jusqu'ici circonscrit à la lisière sud-ouest du bassin et, par conséquent, peu étendu. C'est un terrain d'une composition uniforme et qui ne comporte aucune subdivision.

Grès des Vosges. — Le grès des Vosges est la formation la plus ancienne de quelque étendue qui affleure à la surface du sol du département. En effet, à l'encontre de ce qui a lieu pour le terrain de transition réduit à quelques pointements isolés, il recouvre d'assez vastes espaces, tant dans la région montagneuse que dans la contrée voisine et la Sarre entre Forbach, Saint-Avold, Longeville et Merten. Comme le grès rouge, cette formation a des caractères tellement uniformes, qu'on ne peut songer à y introduire des étages.

Grès bigarré, muschelkalk et marnes irisées. — A l'ouest de la bande que dessinent les affleurements du grès des Vosges, s'échelonnent celles que forment le grès bigarré, le muschelkalk et les marnes irisées ou le keuper. Ces trois terrains présentent beaucoup de caractères communs et constituent un des meilleurs groupes naturels que l'on ait été conduit à établir. M. d'Alberti, qui les a étudiés dans la Souabe, a le premier proposé leur réunion sous le nom de trias, qui exprime bien l'idée d'une unité ternaire. Celle-ci peut être considérée comme étant de même ordre que celles connues sous les noms de formation jurassique et de formation crétacée. Les observations faites en Lorraine justifient pleinement cette manière de voir, en établissant l'identité de composition qui existe, sur les deux rives du Rhin, entre toute la série d'assises comprise entre le grès des Vosges et le lias.

Le trias est, pour la Moselle, un terrain d'une grande importance ; il constitue le sol de toute la partie orientale du département qui s'étend entre le pays de Bitche et un méridien situé à quelques kilomètres à l'est de Metz, embrassant ainsi la presque totalité des bassins occupés par la Sarre et les Nied. C'est, d'ailleurs, dans toute l'étendue de la Lorraine, un type essentiellement classique, tant son développement y est considérable. Il mérite donc, à tous égards, la place importante que nous lui consacrons dans notre description.

Les terrains qui entrent dans la composition de la formation triasique ont, dans la Moselle, des puissances très-inégales.

Le grès bigarré, le moins épais des trois, n'est guère susceptible d'être partagé en étages, quoiqu'il présente des différences assez notables dans la nature de ses assises et que ces différences se maintiennent dans toute l'étendue du département. Ainsi, tandis que la partie inférieure est tout entière formée de bancs puissants de grès à grains de quartz très-fins, fournissant les pierres de taille estimées, connues sous le nom de pierres de sable, la partie supérieure ne renferme, au contraire, que des assises fissiles ; des grès ferrugineux, des grès dolomitiques et de véritables dolomies, grenues, un peu sableuses.

Le muschelkalk très développé dans la Moselle se divise naturellement, comme nous l'avons établi dans nos études sur le pays Messin, en trois groupes ou étages, caractérisés par les roches qui y dominent. L'étage inférieur est essentiellement marneux, et c'est dans les glaises bigarrées, grises, rouges et vertes qui existent à sa base que l'on trouve les premiers dépôts de gypse enclavés dans le trias de la Lorraine et les gîtes de sel gemme exploités dans les environs de Sarralbe. M. Reverchon l'a distingué, sur sa carte, sous le nom de gypse et sel gemme inférieurs. Il correspond évidemment au groupe de l'anhydrite de M. d'Alberti.

L'étage moyen est presque entièrement composé d'assises calcaires qui, dans la Moselle, sont le gisement habituel des fossiles caractéristiques du muschelkalk : l'*ammonites nodosus*, le *gervillia socialis* et le *terebratula vulgaris*. Il est assimilable aux calcaires de Friedrichshall, en Wurtemberg, que M. d'Alberti a placés à la partie supérieure de la formation. C'est également à cette place qu'ils figurent sur la carte géologique de M. Reverchon.

L'étage supérieur, enfin, est caractérisé par des dolomies ou des calcaires fortement magnésiens, en bancs puissants, grenus ou même semi-cristallins qui alternent avec des marnes sableuses, grises ou verdâtres, offrant de nombreuses empreintes végétales. Cet étage très-développé, dans le département, entre les deux Nieds, aux environs de Servigny, de Frécourt et de Bazoncourt a été confondu, par M. Reverchon, soit avec le précédent, soit avec les marnes irisées, et n'est point représenté sur la carte. Il doit être placé sur l'horizon de celui que M. d'Alberti a décrit, dans le Wurtemberg, sous le nom de *Lettenkohle*, comme appartenant à la formation du keuper dont il constitue la base.

Cette formation qui comprend les assises les plus élevées du trias est indiquée, sur la carte géologique de la Moselle, par une teinte unique. M. Reverchon n'y a donc point fait de sous-divisions. On peut néanmoins se servir des assises pierreuses, dolomie marneuse ou gypse, intercalés au milieu du puissant dépôt de marnes magnésiennes qui constitue la masse presque entière du terrain keuperien pour le partager en deux étages.

L'étage inférieur, de beaucoup le plus développé, est terminé, vers le haut, par de petites couches d'une roche compacte, d'apparence marneuse, d'un gris plus ou moins foncé, à cassure unie et mate, assez souvent fétide par percussion qui ne rappelle, en aucune façon, le faciès habituel de la dolomie, bien qu'elle s'en rapproche par sa composition. Il est caractérisé par la présence constante, au-dessous des assises dolomitiques, d'un grès micacé, à grains fins, avec empreintes d'*Equisetum* et de calamites et de petites couches d'hydroxyde de fer associé à des carbonates de magnésie et de chaux. Quelques amas de gypse lui sont subordonnés ; ils se montrent soit au-dessus, soit au-dessous du grès. C'est également à cet étage qui présente, comme on peut le remarquer, une composition assez variée, qu'appartiennent les riches dépôts de sel gemme, reconnus dans les vallées de la Seille et de la Meurthe, à Dieuze, Vic, Moyenvic, Varangéville et Rosières aux Salines.

L'étage supérieur est beaucoup plus uniforme ; il se réduit à une assise de marne panachée, au milieu de laquelle existent quelques dépôts de gypse toujours très-circonscrits dans le sens de la stratification et que surmontent quelques petites couches de calcaire dolomitique [1].

Grès infraliasique. — Le grès infraliasique est directement

---

[1] Cette classification des assises triasiques de la Moselle ne diffère que par un point peu essentiel de celle que M. Levallois a adoptée, depuis longtemps déjà, pour la Meurthe où ces assises se prolongent, en conservant leurs caractères. L'étage dolomitique accompagné de marnes impressionnées que j'ai cru devoir réunir au muschelkalk par des considérations tirées de la paléontologie et de sa disposition, dans le pays Messin par rapport au groupe calcaire auquel il est constamment agrégé, est celui que l'on observe au confluent de la Vezouse et de la Meurthe, près de Lunéville et dont M. Levallois a fait le groupe inférieur du keuper. L'on ne saurait voir aucun dissentiment dans cette divergence d'appréciation, puisque ce n'est en réalité qu'une manière différente de placer l'accolade dans une nomenclature d'assises qui offrent de fréquents passages et au milieu desquelles il est difficile d'établir une ligne de démarcation.

superposé au groupe supérieur du keuper; c'est le grès de Kedange, des Etangs, de Mont, de Beux, que l'on voit reparaître, presque aux portes de Metz, dans le fond et sur les berges du ruisseau de Vallières, par suite d'un accident pour l'explication duquel nous renvoyons au chapitre qui traite de la structure du sol. Cette assise est peu développée dans la Moselle; elle ne forme, en général, comme on peut le reconnaître sur la carte, qu'une bande étroite entre le calcaire à gryphées arquées et les marnes irisées. Toutefois, sur quelques points, elle déborde vers l'est et couronne les hauteurs de la plaine ondulée, occupée par ces dernières. Elle renferme le *Bone-bed* (lit à ossement) des Anglais.

Le grès dit infraliasique est rapporté, par quelques géologues, au lias; d'autres le comprennent, au contraire, dans la série triasique dont il forme le dernier terme. Dans notre description, nous avons cru devoir le maintenir, comme assise géologique distincte, en lui conservant le nom sous lequel il est généralement connu.

Lias. — A l'exemple de la plupart des géologues qui ont étudié le sol de la Lorraine, M. Reverchon a séparé de l'oolithe inférieure, les marnes supraliasiques que les auteurs de la carte géologique de la France y avaient réunies, pour les agréger au calcaire à gryphées arquées et en former le terrain liasique. Il comprend le grès infraliasique dans ce terrain et il le divise, sur sa carte, en six étages, lesquels étant disposés en série ascendante, se présentent dans l'ordre suivant :

1° Grès infraliasique ;
2° Grès de Luxembourg ou d'Hettange ;
3° Calcaire à gryphées arquées ;
4° Calcaire ocreux ou à belemnites. — Marnes inférieures ;
5° Marnes à ovoïdes. — Grès médioliasique. — Marnes moyennes ;

6º Marnes feuilletées. — Grès supraliasique. — Minerai oolithique. — Marnes supérieures.

Nous divisons, dans notre description, le lias en trois étages. L'intérieur comprend le calcaire à gryphées arquées et le grès d'Hettange qui ne peut en être séparé, puisqu'il n'est qu'un faciès particulier des couches inférieures de ce groupe. L'étage moyen s'arrête à la partie supérieure du grès médioliasique ; il renferme le calcaire ocreux et les marnes intercalées entre les deux assises. Nous rangeons, enfin, dans l'étage supérieur, toutes les assises marneuses ou gréseuses, superposées au grès jusqu'aux marnes qui recouvrent le gîte d'hydroxyde oolithique.

Les trois étages entre lesquels se partage le terrain liasique, sont échelonnés, dans la Moselle, de l'est vers l'ouest, suivant l'ordre de leur superposition. Le calcaire à gryphées arquées s'avance depuis les bords de la Nied française jusqu'à la Seille et à la Moselle, il passe même sur la rive gauche de cette rivière à la hauteur de Thionville où elle quitte la direction N.-S. pour obliquer à l'ouest. L'étage moyen qui comprend la quatrième division de M. Reverchon et la plus grande partie de la cinquième, forme des taches assez étendues à la surface du calcaire à gryphées ; il constitue également le sol de la plaine de la Moselle, jusqu'à la base des côtes qui la limitent du côté du couchant, et, s'il ne paraît à cette place que par lambeaux, sur la carte, c'est parce qu'il est presque entièrement recouvert par le diluvium. L'étage supérieur, enfin, s'élève dans ces côtes jusqu'aux deux tiers environ de leur hauteur.

Oolithe inférieure. — Le terrain oolithique inférieur constitue le tiers restant des côtes de la Moselle et, parvenu à leur sommet, il déploie ses assises dans la vaste plaine de Briey dont il recouvre tout le sol, à l'exception de quelques territoires peu étendus, situés près des confins de la Meuse. Ce terrain tient donc une place considérable dans la constitution géologique du département; puisqu'il embrasse le quart environ de sa surface.

Dans la Moselle le groupe oolithique inférieur est un dépôt essentiellement calcaire; il est formé de calcaires, de calcaires sableux, de marnes et d'argiles. Il se divise naturellement en deux étages. Le premier comprend les assises calcaires de la base jusqu'au *fullers-earth* et correspond à l'*inferior oolite* des Anglais; tandis que le second, constitué par les couches pour la plupart marneuses que l'on observe à partir de cette assise, représente, d'une manière plus ou moins complète, la division supérieure désignée, en Angleterre, sous le nom de *great oolite*.

Oolithe moyenne. — Le groupe oolithique moyen ne se montre, dans le département, que sur quelques points de sa lisière occidentale, il s'avance notamment entre le Longeau et l'Yron jusqu'aux environs de Conflans. Il y est réduit à ses assises inférieures qui correspondent aux argiles d'Oxford et de Dives; mais il ne comprend qu'une très-faible portion de l'étage formé par ces argiles. Il ne comporte donc pas de division.

Les assises du lias, de l'oolithe inférieure et de l'oolithe moyenne présentent de nombreux points de rapprochement pétrographiques et paléontologiques; elles font partie d'une grande série, très-développée dans le Jura et que l'on désigne, pour cette raison, sous le nom de formation jurassique. Cette formation joue, dans la Moselle, un rôle important; mais elle n'y est point complète et c'est seulement vers l'ouest, dans le département voisin de la Meuse que paraissent les couches qui terminent la série, à savoir : le *coralray*, qui, avec l'*oxford-clay* constitue l'oolithe moyenne et celles du groupe oolithique supérieur.

Amas de minerais de fer en grains rapportés à la période tertiaire miocène. — Les terrains se recouvrant, dans la Moselle, de l'est à l'ouest suivant l'ordre de leur ancienneté, la formation jurassique, par cela même qu'elle comprend les assises qui se montrent sur ses extrêmes confins, vers la Meuse, renferme les dépôts stratifiés les plus modernes que l'on puisse observer, sans sortir des limites du département. Toutefois, les amas de minerais de fer en grains disposés sur la périphérie de la plaine de Bricy constituent des dépôts encore plus récents que l'*oxford-clay* ; mais ils n'appartiennent déjà plus aux terrains stratifiés. Ils présentent, en effet, un mode de gisement d'un caractère tout particulier : ils remplissent des cavités sinueuses, en forme de sacs ou de grandes fissures, creusées dans les calcaires de l'oolithe inférieure, à une époque bien postérieure à celle de la formation de ces derniers.

Cette époque est fort difficile à assigner, car les minerais de fer en grains de la Moselle ne contiennent aucun fossile qui leur soit propre. C'est à raison de leur analogie avec les amas semblables exploités en Alsace, en Franche-Comté et dans le Berry que nous avons été conduit à les ranger dans l'étage tertiaire miocène. Néanmoins il ne faut point perdre de vue que, si l'on peut faire remonter à cette époque la formation des amas de minerais en grains les plus importants du département, un bon nombre de ces amas ont été profondément remaniés sur place par les eaux diluviennes ; ce qui est établi par la présence de cailloux roulés et d'ossements de grands mammifères dans l'argile qui enveloppe le dépôt.

Alluvions anciennes et modernes. — Les alluvions anciennes et modernes sont trop peu développées dans le département pour qu'on puisse y introduire des sous-divisions. C'est aussi l'appréciation de M. Reverchon, puisqu'il n'a consacré sur sa carte à chacune de ces formations qu'une teinte unique.

Répartition entre les quatre grandes périodes géologiques des dépôts qui constituent le sol de la Moselle. — Si on résume les considérations qui précèdent, et que l'on cherche à répartir les dépôts qui constituent le sol du département entre les quatre grandes périodes qui embrassent la série entière des terrains neptuniens, on reconnaît qu'elles y sont toutes représentées, mais d'une manière très-inégale. C'est, sans contredit, la période secondaire comprenant les époques triasique, jurassique et crétacée qui l'est le mieux ; vient ensuite la période paléozoïque ou primaire qui embrasse les époques silurienne, dévonienne, carbonifère et permienne et à laquelle appartiennent, dans la Moselle, les quartzites de Sierck, le terrain houiller, le grès rouge et le grès des Vosges ; puis la période quaternaire et moderne qui comprend le diluvium et les alluvions. Quant à la période tertiaire, elle n'a de représentants que dans les dépôts très-circonscrits de minerais de fer en grains des arrondissements de Briey et de Thionville, et c'est, par conséquent, celle qui a laissé le moins de traces sur le sol du département.

Disposition de ces dépôts. — Les terrains stratifiés affectent, dans la Moselle, une disposition d'une grande simplicité. A ne voir que l'ensemble, on peut dire qu'ils s'appuient, en se recouvrant suivant l'ordre de leur ancienneté relative, sur le revers occidental de la chaîne des Vosges. Ainsi, le grès vosgien qui, abstraction faite des lambeaux de terrain de transition cantonnés aux environs de Sierck, est la formation la plus ancienne qui paraisse au jour dans la Moselle, s'étend vers l'extrême est, sur tout le prolongement de cette chaîne, tandis que l'oolithe inférieure et l'oolithe moyenne se montrent, au contraire, dans le vaste plateau qui termine le département du côté de l'ouest. Entre ces extrêmes, se placent le grès bigarré, le muschelkalk, les marnes irisées, le grès infraliasique et le lias. Chaque assise débordant vers l'est celle par laquelle elle est recouverte, il en résulte que les affleurements de ces divers terrains, rapportés sur une carte, forment autant de zones successives qui traversent le département du nord au sud. La figure 2 de la planche I qui présente une coupe transversale des terrains de la Moselle par une ligne dirigée de l'est vers l'ouest, et prise un peu au sud de Metz, donne une idée exacte de cette disposition, éminemment favorable aux études géologiques. Toutefois, comme nous avons déjà eu l'occasion de le faire remarquer, en traitant de la configuration du sol, cette disposition ne se maintient pas dans toute l'étendue du département. Il suffit de jeter les yeux sur la carte géologique de la Moselle pour reconnaître que la bande qui dessine les affleurements du grès bigarré, après avoir longé, suivant l'orientation nord 21° est qui est celle du soulèvement des Vosges, le massif de grès vosgien du pays de Bitche, reparaît sur un autre point, entre Forbach et Longeville-lès-Saint-Avold, dans une direction voisine du nord-ouest au sud-est, et que, parvenue près du dernier village, elle s'infléchit et court vers Merzig, en reprenant à peu près son orientation initiale. Prolongées l'une et l'autre au delà des limites du département; ces bandes qui paraissent être indépendantes viennent se raccorder dans les environs de Deux-Ponts et elles ne forment en réalité qu'une seule et même zone doublement coudée, que nous avons comparée à un Z renversé. Les autres zones qui représentent les terrains superposés au grès bigarré, sont toutes, pour ainsi dire, modelées sur celle dont il vient d'être question. Cette disposition n'est point accidentelle; elle se trouve, au contraire, en relation avec l'allure des couches et l'on remarque que l'inclinaison générale de celles-ci, qui est vers l'ouest, passe au sud et au sud-est dans toute la contrée comprise entre Saint-Avold et Deux-Ponts. Il importe donc de ne point perdre de vue que, si les terrains qui forment le sol de la Moselle sont, en général, orientés parrallèlement à la chaîne des Vosges, ils présentent, dans une étendue très-notable du département, une disposition qui n'est point en rapport avec la direction de cette chaîne.

Cette disposition avait besoin d'être signalée, car elle joue, dans la structure du sol du département, un rôle assez considérable. A l'inspection de la carte géologique, on reconnaît de suite qu'elle est la cause de l'étendue exceptionnelle en largeur qu'acquièrent les zones qui dessinent les formations dans la partie méridionale de la Moselle, sur les confins de la Meurthe. Ainsi, tandis que, dans un parcours de trois kilomètres, on traverse, sur la route de Metz à Sarrebrück toute la série des assises du keuper, celles-ci s'étendent sur près de soixante kilomètres entre Ancerville et Sarralbe. Il en est de même pour le lias qui s'arrête à quinze kilomètres à l'est de Metz et qui, un peu plus au sud, sous le parallèle de Pouilly, s'avance jusqu'à Val-Ebersing près de Saint-Avold, c'est-à-dire à trente kilomètres au moins plus à l'est. Au sud de cette ville, les limites de l'oolithe elle-même s'infléchissent brusquement dans cette direction pour aller contourner les côtes de Delme et de Tincry qui, par leur élévation au-dessus de la plaine, forment un des traits les plus saillants de la disposition que nous signalons. Au résumé, toute la partie méridionale du département présente un caractère particulier, qui est aussi profondément empreint dans la configuration du sol que dans l'arrangement des masses minérales dont elle est formée.

Contrairement à ce qui arrive pour les formations stratifiées, les terrains de transport ne se sont point déposés dans un ordre déterminé ; aussi ne sont-ils point localisés et se présentent-ils sur les points du département les plus éloignés. Le diluvium, par exemple, recouvre aussi bien les marnes irisées que l'oolithe et les alluvions modernes s'observent dans toutes les vallées avec des caractères peu différents. Toutefois, ce qui distingue plus particulièrement ces terrains de ceux qui ont appelé tout d'abord notre attention, c'est leur faible épaisseur. Bien qu'ils recouvrent quelquefois des espaces considérables, ils n'acquièrent jamais une grande puissance et, pour cette raison, ils n'occupent pas une place considérable dans la structure géologique de la contrée. Ils n'en jouent pas moins un rôle important, car, comme ils sont superficiels, ils ont une influence marquée sur la composition de la terre végétale ; sous ce rapport, ils offrent un grand intérêt et ils méritent d'être étudiés avec soin.

Plan suivi dans la description. — Après avoir fait connaître, d'une manière générale, les relations des terrains qui entrent dans la composition du sol du département, nous allons les décrire, en suivant l'ordre de leur ancienneté. Nous indiquerons, pour chacun d'eux, ses limites, son étendue, sa composition, sa puissance, les fossiles qu'on y rencontre et tout ce qui est de nature à faire apprécier le rôle qu'il joue dans l'agriculture ou dans l'industrie de la Moselle.

CHAPITRE II

TERRAIN DÉVONIEN

Limites, étendue et composition du terrain de transition. — Le terrain de transition est peu développé dans le département ; il n'occupe pas plus de deux kilomètres carrés d'étendue et il ne paraît que dans le voisinage immédiat de Sierck, sous forme de pointements isolés faisant saillie au milieu du grès bigarré qui constitue la base des collines escarpées entre lesquelles la Moselle coule à la hauteur de cette petite ville. On compte sept pointements semblables, tant dans la vallée principale que dans les vallons latéraux de Manderen et de Montenach. Trois s'observent le long du Manderen, le premier au-dessous de Merschweiler, les deux autres entre Kitzing et Belmacher. La vallée de la Moselle en renferme également trois qui sont disposés au nord d'Apach, sous le hameau de Redlingen et au sud de Sierck. Quant au septième, il est situé dans le fond du vallon de Montenach, entre le moulin de ce nom et celui de Marienflosse.

Ces lambeaux de terrain de transition sont exclusivement composés de quartzites. Ce sont des grès à grains de quartz se fondant, tellement, dans le ciment qui est lui-même quartzeux, qu'il est difficile de les en distinguer. Ils sont légèrement micacés ; ils présentent une cassure esquilleuse et un aspect lustré ; leur couleur habituelle est le rouge violacé, taché de gris bleuâtre. Ces roches sont généralement bien stratifiées, elles forment des couches peu épaisses, quelquefois de simples lits dont les plans de séparation sont enduits de paillettes de mica et tapissés de petits cristaux de quartz. On trouve également de grands cristaux de ce miné-

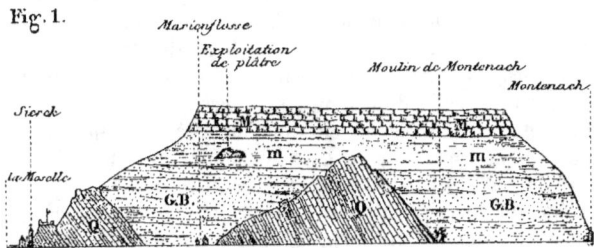

Fig. 1.
Vue du flanc droit de la vallée de Montenach.
Q. Quartzites G.B. Grès bigarré m. Muschelkalk inférieur M. Muschelkalk moyen.

ral remplissant des géodes disséminées dans l'intérieur des couches.

Les assises sont inclinées à l'horizon sous un angle de 20 à 40° ; leur direction assez constante s'écarte peu du nord-est ; le plongement est vers le sud-est. Cette allure est, en particulier, celle des quartzites qui composent le monticule escarpé au sommet duquel est assis le fort de Sierck. Les couches du trias, étant peu inclinées aux environs de cette ville, présentent avec les quartzites une discordance de stratification très-nette. En général, ces dernières roches ne s'élèvent pas au-dessus de la partie supérieure du grès bigarré ;

toutefois celles de la vallée de Montenach pénètrent jusques dans les premières couches du muschelkalk.

La figure 1 ci-dessus, qui présente une vue du flanc droit de la vallée de Montenach, entre ce village et Sierck, met bien en évidence cette disposition.

Age des quartzites de Sierck. — On n'a jamais, du moins à notre connaissance, rencontré de fossiles dans les quartzites de Sierck et il est, par suite, impossible d'assigner, par l'observation directe, l'âge de ces couches. Toutefois, comme l'ont fait remarquer, avec beaucoup de raison, MM. Dufrénoy et Élie de Beaumont, dans l'explication de la carte géologique de la France [1], ces assises se trouvent, quant à la direction, dans le prolongement des roches quartzeuses qu'on voit dans la partie la plus rapprochée du Hundsrück, près de Mettlach et qui se continuent tout le long de cette chaîne et même dans celle du Taunus, sur la rive droite du Rhin. D'un autre côté, elles offrent une identité de composition qu'un simple rapprochement rend évidente. On ne peut donc guère douter qu'elles n'en soient la continuation.

L'âge du terrain de transition du Hundsrück est resté pendant longtemps indéterminé. Les premières études entreprises sur ce terrain ont conduit à en rapporter la plus grande partie à l'époque silurienne. MM. d'Archiac et de Verneuil [2], dans leur travail paléontologique sur les terrains anciens des provinces rhénanes, ont notamment considéré, comme appartenant à cette époque, les quartzites fossilifères d'Abentheuer près Birkenfeld qui se trouvent sur le prolongement de ceux de Sierck et en sont la représentation. Mais des observations plus récentes ont montré que la masse entière du massif montueux du Hundsrück était de l'époque dévonienne, et c'est par conséquent à cet âge qu'il faut rapporter les roches de transition des environs de cette ville.

[1] Tome I, pages 705 et 706.
[2] *Transactions of the geological society of London*, new series, t. VI.

C'est la profonde coupure, déterminée dans le sol par la vallée de la Moselle, qui rend ces roches apparentes à la hauteur de Sierck. Elles se perdent là définitivement sous les formations plus modernes; aussi font-elles de cette ville une position géologique essentiellement remarquable. Sierck forme, en effet, le dernier point visible vers le sud-ouest de ce grand alignement droit qui termine le massif montueux du Hundsrück, suivant l'orientation est 34° nord, entre le petit hameau de Dreisbach sur la Sarre et la ville de Bingen sur le Rhin, alignement dont, suivant une observation déjà ancienne de Humboldt, on retrouve de si nombreuses traces à la surface du continent européen.

Usages économiques. — Les quartzites des environs de Sierck forment un sol essentiellement rocheux, en grande partie occupé par des carrières. On les exploite pour pavés, usage auquel leur dureté et leur disposition en lits réguliers de peu d'épaisseur les rend très-propres, et on les emploie comme tels à Metz et dans beaucoup d'autres villes de la région nord-est.

CHAPITRE III

TERRAIN HOUILLER

Le terrain houiller de la Moselle appartient au bassin de la Sarre. — Le terrain houiller dont l'existence a été constatée dans la Moselle, aux environs de Forbach et dans la plaine de Creutzwald, n'est, comme le montre la figure 4 de la planche I, autre chose que le prolongement vers l'ouest du bassin carbonifère étendu sur le revers méridional de la chaîne du Hunsdrück et qui est généralement connu sous le nom de bassin de Sarrebrück ou de la Sarre. Ce bassin dont la partie apparente est tout entière située à l'étranger ne semble point faire partie de notre sujet. Toutefois, comme le terrain houiller de la Moselle s'y rattache par des liens évidents, il nous a paru de quelque intérêt de faire connaître, au moins d'une manière sommaire, sa composition et sa structure. Nous nous aiderons, pour cela, des observations que nous avons recueillies de 1847 à 1850 et qui ont été publiées en 1853 [1], ainsi que des renseignements contenus dans une brochure récemment parue sous les auspices de la direction des mines de Sarrebrück [2].

Étendue, composition et structure de ce bassin. — Malgré les études nombreuses dont le terrain houiller de la Sarre a été l'objet, on n'est point d'accord sur les limites qu'il convient de lui assigner. On considérait assez généralement autrefois, comme faisant partie de ce terrain, non-seulement l'étage riche en couches de houille placé à sa base, mais encore les grès rouges contenant des gisements de houille maigre et de calcaire, et les argiles schisteuses avec rognons de minerai de fer carbonaté lithoïde, en un mot toute cette série très-puissante d'assises que l'on observe dans la partie élevée de la formation et que les Allemands ont désignée sous le nom de *flotzarmes Kohlengebirge*.

Cette manière de voir conforme aux observations déjà anciennes de M. de Bonnard [3] a été adoptée notamment par les auteurs de la carte géologique de la France [4]. C'est aussi celle que j'ai soutenue dans mes études sur le bassin de la

---

[1] *Études géologiques sur le bassin houiller de la Sarre*, par E. Jacquot. Paris. Imprimerie impériale, 1853.

[2] *Erläuterung zur Flötzkarte des Saarbrücker Steinkohlen-Districtes.* Gotha, Justus Perthes.

[3] De Bonnard, *Notice géognostique sur la partie occidentale du Palatinat.* (Annales des Mines, 1ʳᵉ série, tome VI.)

[4] Tome Iᵉʳ de l'Explication, page 697 et suivantes.

Sarre. J'ai fait remarquer, à ce sujet, que ces deux groupes d'assises, si différents d'ailleurs par leur richesse, offraient de fréquents passages et se trouvaient partout en complète concordance de stratification, tandis que l'étage supérieur présentait, au contraire, au pied du Hundsrück, une discordance manifeste avec les conglomérats à éléments de porphyre et de mélaphyre que j'ai envisagés comme formant la base du grès rouge. Des considérations exclusivement paléontologiques ont conduit, dans ces derniers temps, quelques géologues à réunir, à ce dernier terrain, le *flotzarmes Kohlengebirge* et à ne plus comprendre, dans le terrain houiller, que l'étage inférieur. La question soulevée, étant résolue d'une manière différente par la stratigraphie et par la paléontologie, me semble être encore indécise.

Suivant qu'on adopte l'une ou l'autre opinion, on est nécessairement conduit à apprécier d'une manière bien différente l'extension superficielle à donner au terrain houiller. Pour les géologues qui ne séparent point les deux groupes, celui-ci recouvre une surface rectangulaire qui s'étend des bords de la Sarre presque jusqu'au Rhin et qui n'a pas moins de 100 kilomètres de longueur et une largeur comprise entre 30 et 35 kilomètres; pour les autres, au contraire, il s'arrête, du côté de l'est, aux environs de Mittel-Bexbach et il présente une forme elliptique dont le grand axe a à peu près 35, et le petit 14 kilomètres.

Le terrain houiller de la Sarre est composé de grès, de poudingues, d'argile schisteuse et de houille; on y trouve aussi du minerai de fer carbonaté lithoïde en rognons et en couches; du minerai de fer rouge, argileux, du calcaire et de la dolomie; mais ces dernières roches ne forment que des accidents locaux au milieu de la masse considérable des premières.

Ce terrain est extrêmement épais; il présente, sous ce rapport, une particularité remarquable; sa puissance augmente considérablement de l'est vers l'ouest, au point de doubler.

Les nombreuses exploitations ouvertes dans la partie de la formation riche en combustible ont permis de repérer les couches et d'évaluer avec beaucoup d'exactitude, leur puissance totale. Celle-ci ne s'élève pas à moins de 3,130 mètres, pour le seul groupe des assises qui renferment la houille, pris vers l'ouest, et elle est réduite du côté de l'est à 1,600 mètres. On y compte environ 150 couches de combustible dont la moitié a une épaisseur supérieure à $0^m,40$ et peut être exploitée.

Le terrain carbonifère de Sarrebrück présente, sur la rive droite de la Sarre, une stratification assez régulière. La direction générale des couches s'écarte peu de la ligne nord-est sud-ouest, avec un plongement plus ou moins marqué vers le nord-ouest, de telle façon que les plus anciennes paraissent au jour dans la partie méridionale du bassin et que les plus récentes s'observent, au contraire, dans la partie septentrionale, vers Sarrelouis et Ottweiler.

C'est sur la rive gauche de la Sarre, entre Sarrebrück et Sarrelouis[1], que le terrain houiller se rapproche le plus de la frontière française. La ligne par laquelle il est limité de ce côté, est assez accidentée : partant de cette rivière près du Sensenwerck, elle passe à Gersweiler, tourne ensuite brusquement au sud et se dirige sur Schœnecken, point près duquel elle touche presque la frontière française. De là, elle court à l'ouest, vers Clarenthal, pénètre ensuite dans les vallées de la Rosselle et de son affluent le ruisseau de Lauterbach, en sort au-dessous de Wehrden, reprend une direction parallèle à la Sarre jusqu'au-dessus de Schaffhausen, s'avance de nouveau vers la frontière française, en s'enfonçant dans la vallée de la Bisten jusqu'au village de Differten pour, de là, venir aboutir en pointe à la Sarre, à quelques kilomètres au-dessus de Sarrelouis.

[1] Voir, pour les détails qui vont suivre, la planche II, où se trouve figuré le bassin houiller de la Moselle.

La disposition des assises du terrain houiller dans cette région est bien moins simple que dans la partie du bassin située sur la rive opposée de la Sarre ; elle présente même une assez grande complication. Les couches n'affectent aucune direction fixe et elles offrent des contournements nombreux qu'il serait difficile de faire connaître, sans entrer dans de longs détails. En s'en tenant aux généralités, on peut dire qu'elles semblent s'infléchir autour d'un point qui serait situé sur la Sarre, entre Burbach et Rockershausen et qu'elles plongent, de toutes parts, vers les limites du département.

Telle est, au résumé, l'allure des couches dans le bassin de la Sarre.

Causes qui ont amené la recherche du prolongement du bassin dans la Moselle. — Ce bassin n'a pas toujours été la propriété de l'étranger. En remontant de quatre-vingts ans en arrière, on voit sa possession toujours vivement disputée subir d'étranges vicissitudes. Lors de la division de la France en départements, en 1790, celui de la Moselle qui comprenait la contrée de Sarrelouis, cédée à Louis XIV par le traité de Ryswik, avait déjà quelques exploitations de houille répandues[1] autour de cette ville. Trois ans plus tard, en 1793, le pays de Sarrebrück ayant été envahi par nos armées et réuni à la France, le bassin nous fut acquis et il fut exploité, pour le compte de l'État, jusqu'en 1814. La délimitation des frontières, opérée à cette époque entre la France et la Prusse, avait conservé au département de la Moselle les cantons de Sarrelouis et de Rehling ainsi que ceux de Sarrebrück et de Saint-Jean, détachés de l'ancien département de la Sarre ; elle nous laissait, par conséquent, la moitié environ de la partie riche et utile du bassin. On sait qu'elle dura peu et que les traités intervenus à la suite des revers de 1815, en nous enfermant dans la frontière actuelle, nous

---

[1] Notamment Schwalbach et Hostenbach.

enlevèrent complétement les richesses que nous avions possédées pendant vingt et un ans. Elles n'ont cessé, depuis cette époque, d'appartenir à la Prusse et à la Bavière, qui en ont fait l'objet d'une exploitation très-lucrative.

La dépendance de l'étranger, dans laquelle se trouvèrent alors placées les industrieuses provinces du nord-est pour leurs approvisionnements en combustible minéral, était trop lourde pour qu'on n'essayât pas de les en affranchir. La délimitation de la frontière sur la rive gauche de la Sarre opérée par les traités de 1815, avait eu manifestement pour objet d'exclure la France du partage du bassin. Mais la question de savoir si celui-ci ne se prolongeait pas au-dessous des terrains plus récents qui forment le sol de la Moselle restait entière et c'est à la résoudre que furent dès lors employés, avec une persévérance bien digne d'éloges, un grand nombre d'efforts individuels auxquels, dans l'origine, le département s'associa par des allocations de fonds.

Quatre périodes principales dans l'histoire des travaux. — Il n'entre pas dans notre plan de faire l'historique détaillé des recherches du prolongement du bassin de la Sarre dans la Moselle. Nous ne saurions toutefois les passer complétement sous silence, car elles tiennent, par leurs résultats, de trop près à la connaissance du sol du département pour que nous n'entreprenions pas d'en esquisser au moins les principales phases. L'intervalle de quarante-trois années qui s'est écoulé depuis 1816 jusqu'en 1859, époque à laquelle on peut considérer, comme complétement résolu le problème de la recherche du prolongement du bassin de la Sarre, se divise assez naturellement en quatre périodes.

La première s'étend de 1816 à 1820, date de l'institution de la concession de Schœnecken; elle est signalée par les travaux de reconnaissance qui s'exécutent dans cette localité et qui amènent la découverte du terrain houiller et de la houille au-dessous du grès vosgien. C'est la période de préparation qui semble promettre de grands résultats.

De 1821 à 1835, on prend les dispositions nécessaires pour mettre en valeur les gîtes reconnus à Schœnecken; mais par suite de brouillages qui ont dérangé les couches et altéré même la qualité du combustible dans le voisinage du puits que l'on a foncé, on épuise, en efforts stériles, des capitaux considérables, sans parvenir à y établir une exploitation suivie et on est, en définitive, amené à abandonner les travaux. Cette période comprend l'historique des travaux de la mine de Schœnecken; ce n'est qu'une suite à peu près continuelle de revers. Elle est également marquée par deux recherches entreprises en des points éloignés du territoire concédé, l'une à Teterchen, l'autre à Creutzwald, recherches qui restent sans résultat.

Dans l'intervalle compris entre 1835 et 1847, le découragement produit par l'insuccès de Schœnecken se fait vivement sentir. On exécute bien encore quelques recherches par la voie du forage dans la concession de ce nom; mais ces travaux, poursuivis d'ailleurs sans plan bien arrêté, échouent par suite de l'imperfection des procédés qui leur sont appliqués.

La quatrième période compte autant de succès que d'étapes. L'exploration de la concession de Schœnecken est reprise, dès le commencement de l'année 1847, par deux, et un peu plus tard, par quatre sondages et, moins de deux années après le commencement des travaux, grâce aux soins avec lesquels ils ont été conduits, l'existence du terrain houiller avec de riches gisements de combustible, est constatée dans toute l'étendue de cette concession. En 1852, on pousse la reconnaissance de ces gisements en dehors du territoire concédé. Quatre trous de sonde échelonnés au sud de la route de Paris à Mayence, dans les environs de Forbach, sont forés dans ce but; ils établissent bientôt que le terrain houiller s'étend dans cette direction au delà des limites de la concession de Schœnecken.

Enfin, en 1853, commence l'exploration de la plaine de

Creutzwald qui se poursuit sans relâche durant l'espace de sept années. Dans cet intervalle, on fore, entre Cocheren, Longeville et Merten, vingt-huit trous de sonde qui, presque tous, accusent la présence du terrain houiller et établissent que celui-ci s'étend au-dessous du grès des Vosges jusqu'aux extrêmes confins de la plaine du côté de l'ouest. Ces sondages une fois terminés, la période des recherches peut être considérée comme close; toute la partie du territoire français où il y avait des chances de rencontrer la houille à des profondeurs accessibles, a été explorée, et déjà, sur quelques points, on prélude par des fonçages de puits à la mise en valeur des gîtes découverts tant aux environs de Forbach que dans la plaine de Creutzwald.

Première période; recherches des environs de Schœnecken.
— Les premiers travaux ayant pour objet la recherche du terrain houiller sur le sol du département remontent, comme nous l'avons annoncé, à 1816, moins d'un an après la signature du traité qui nous enlevait le territoire de Sarrebrück et de Sarrelouis. Après quelques essais de forage tentés à la tuilerie de Schœnecken et au fond d'un puits assez profond qui se trouve dans le village de ce nom, essais bientôt abandonnés, un trou de sonde fut entrepris sur l'extrême frontière, près du chemin de Schœnecken à Gersweiler. Ce point avait été choisi à dessein comme étant très-rapproché des affleurements houillers, qui se montrent en Prusse, à quelques centaines de mètres plus loin. Le forage, commencé à la fin d'avril 1817, atteignit le terrain houiller à la profondeur de $46^m,60$ et, à celle de $65^m,50$, une couche de houille de 8 pieds, divisée en plusieurs assises par des lits de schistes. A la suite de cette découverte, une ordonnance du 20 septembre 1820 institua en faveur des inventeurs, les sieurs Thiériet, Gangloff et Rupied, la concession de Schœnecken. Celle-ci comprenait tout l'espace situé au nord de la route de Paris à Mayence, entre Rosbruck et la fron-

tière prussienne, d'une superficie de 26 kilomètres carrés, 79 hectares.

Deuxième période ; travaux de la mine de Schœnecken. — Les travaux de reconnaissance avaient été commencés quelque temps avant l'octroi de la concession ; ils furent poursuivis, à partir de 1821, avec des chances diverses de succès et de revers. Ce fut au milieu même du hameau de Schœnecken que l'on creusa le puits qui devait servir à exploiter les gîtes de houille rencontrés dans le sondage. Cet ouvrage, contrarié par une affluence extraordinaire d'eau, ne fut terminé qu'à la fin de 1829. Le puits, parvenu alors à la profondeur de 121 mètres, avait traversé une épaisseur de terrain houiller de 33 mètres et il avait rencontré les couches de houille suivantes qui plongeaient vers le sud-sud-est, sous un angle de 56° :

1° A 101 mètres du jour, une couche dont la puissance variait entre $1^m,10$ et $1^m,40$ et qui comprenait une épaisseur de combustible de $0^m,58$, en trois veines séparées par des nerfs d'argile schisteuse ;

2° Une deuxième couche jugée inexploitable et ne contenant que $0^m,13$ de houille en trois veines ;

3° Enfin, à 4 mètres au-dessous de la première, une troisième couche désignée sous le nom de seconde couche, ayant une puissance moyenne de $2^m,20$ et renfermant trois lits de houille d'une épaisseur totale de $0^m,35$ à $0^m,60$.

L'année 1830 fut employée à foncer quelques galeries, tant dans la première que dans la seconde couche. Celles que l'on dirigea vers l'est ne rencontrèrent que de faibles dérangements : on put même établir dans cette dernière quelques tailles. Mais celles que l'on poussa dans la direction de l'ouest firent bientôt reconnaître que le puits avait été ouvert dans une région où les couches étaient brouillées, et par conséquent d'une exploitation très-difficile. Cette circonstance détermina le brusque changement qui s'opéra, à partir de l'année 1831, dans la direction des travaux. Un sondage exécuté au fond du puits avait accusé la présence d'une troisième couche et l'on avait cru reconnaître une amélioration constante dans la qualité du combustible, au fur et à mesure de l'approfondissement des travaux. On résolut dès lors de continuer le fonçage du puits, de le pousser jusqu'à cette couche et d'atteindre les bancs supérieurs, au moyen d'une galerie à travers bancs, afin d'y établir des tailles d'exploitation. Ce projet, qui avait l'avantage inappréciable d'agrandir le champ d'exploration très-limité par suite de la disposition de la frontière, fut mis à exécution dans le courant des années 1831 et 1832. Le puits approfondi rencontra, à 130 mètres du jour, la troisième couche; elle avait 0^m,91 de puissance; mais elle renfermait une grande quantité de schistes. La galerie de recoupement fut aussi percée à 143 ^{m},52 de l'orifice du puits et poussée jusqu'à la première couche, qu'elle atteignit à une distance de 29 mètres. La troisième couche ayant paru à peu près inexploitable, on dirigea de préférence les travaux de reconnaissance dans la seconde. Cette couche conserva, à cette profondeur, l'allure qu'elle avait dans les travaux supérieurs; elle se montra assez régulière du côté de l'est; très-brouillée, au contraire, du côté de l'ouest. Les travaux que l'on poussa dans la première direction étaient à peine parvenus à 300 mètres du puits, lorsqu'ils perdirent la couche devenue également irrégulière de ce côté. On entreprit aussi quelques explorations dans d'autres veines que les galeries à travers bancs avaient fait découvrir dans la région nord-est de la mine; mais bientôt leur allure devint tellement tourmentée, qu'on fut obligé de les abandonner. Les travaux cessèrent le 15 novembre 1835; ils avaient duré seize années et absorbé une somme que l'on ne peut estimer à moins d'un million de francs.

L'insuccès de l'exploitation de Schœnecken accrédita dans le pays l'opinion que les recherches du prolongement du bassin de Sarrebrück dans la Moselle ne pouvait produire que des déceptions. Un examen attentif des faits aurait conduit à une conclusion tout opposée. Avec un peu de réflexion on aurait reconnu qu'une partie très-restreinte seulement du territoire concédé avait été explorée et qu'il était manifeste qu'on y avait rencontré le système des couches exploitées dans la mine voisine de Gersweiler. Si on n'avait pu y établir une exploitation régulière et suivie, cela tenait uniquement à ce que la région choisie pour y placer les travaux se trouvait sur un de ces accidents qui sont si fréquents dans la formation carbonifère et dans le voisinage desquels les couches de houille habituellement brouillées, quelquefois même altérées dans leur composition, deviennent inexploitables.

Sondage de Teterchen. — Pendant que ces travaux s'exécutaient dans le voisinage de Forbach, on faisait sur deux autres points du département : à Teterchen et à Creutzwald des tentatives qui n'atteignirent pas leur but.

Les recherches de Teterchen ont été entreprises avec des crédits votés par le conseil général de la Moselle dans ses sessions de 1819, 1820 et 1821. Un premier forage fut arrêté à la profondeur de 35 mètres par suite de la rupture des tiges. Un second, commencé au milieu de l'année 1821 au pied d'un mamelon formé par les marnes irisées inférieures, à 600 mètres à l'est des dernières maisons de Teterchen, n'eut pas un meilleur résultat. Il rencontra bientôt les assises supérieures du muschelkalk et il fut arrêté dans ce terrain à la profondeur de 60 mètres. Ces recherches, il faut bien le reconnaître, se trouvaient d'avance condamnées, par leur position même, à un insuccès certain.

Sondage du Klougenhof. — A l'encontre des environs de Teterchen, le Klougenhof ou Wendelsferme situé au nord-ouest de Creutzwald dans une plaine marécageuse que recouvrent les sables de la partie moyenne du grès vosgien présentait des chances de réussite pour les recherches. Malheureusement celles qui y ont été exécutées pendant les années 1823 et 1824 par le propriétaire, avec le concours de fonds alloués par le conseil général de la Moselle, n'ont pas été poussées à une profondeur assez considérable. Les renseignements sur ces recherches, qui remontent à une époque déjà reculée, ne sont pas complets. On sait seulement qu'après quelques sondages d'essai tentés en vue de découvrir le point le plus favorable pour y placer le sondage définitif, celui-ci fut entrepris près de la ferme, qu'il ne fut pas poussé au delà d'une centaine de mètres et qu'il ne descendit pas au-dessous des grès des Vosges[1].

Troisième période : travaux de recherches dans la concession de Schœnecken de 1835 à 1847. — L'insuccès des tentatives faites pour mettre en valeur la concession de Schœnecken, en jetant le découragement parmi les intéressés, amena, comme on devait s'y attendre, une suspension momentanée des travaux d'exploration. Cette concession fut donc délaissée pendant cinq ans. Toutefois, en 1841, deux des anciens concessionnaires, MM. d'Hausen et Gangloff, étant devenus seuls propriétaires de la mine exécutèrent encore quelques recherches par la voie du forage; mais ces travaux, bien disposés d'ailleurs pour reconnaître le territoire concédé, échouèrent faute de soins dans l'exécution. Il a été, en effet, constaté par des sondages ultérieurs que de riches gisements de combustible existaient sur les emplacements mêmes de ces recherches, et que la sonde les avait traversés sans révéler leur présence.

Un premier forage fut entrepris à 700 mètres de la frontière prussienne, dans le vallon situé au nord de la tuilerie de Schœnecken; il atteignit le terrain houiller à la profondeur de $85^m,22$, fut poussé jusqu'à $97^m,96$ et ne rencontra point de gîte de combustible. Deux autres trous de sonde furent

[1] On a aujourd'hui la preuve, par le forage voisin de la Houve, que celui du Klougenhof était près d'atteindre le terrain houiller, lorsqu'un accident força de l'abandonner. Sans cet accident, le prolongement du bassin houiller de la Sarre aurait pu être découvert trente ans plus tôt dans la plaine de Creutzwald.

percés dans la forêt de Forbach, à 2 kilomètres environ au sud de Schœnecken; le premier, par suite d'un accident survenu à l'outil, fut abandonné à la profondeur de $87^m,89$ dans le grès des Vosges; le second atteignit le terrain houiller à $114^m,87$ et le traversa sur une épaisseur de $138^m,24$, sans accuser aucune couche de houille exploitable.

Découragés par cette suite d'échecs, les concessionnaires, avant d'abandonner les recherches, exécutèrent néanmoins encore un forage dans le but de vérifier un fait qui ne manquait pas d'intérêt. On avait remarqué que les sondages et le puits ouverts dans la concession de Schœnecken avaient rencontré le terrain houiller à des profondeurs indiquant que la limite commune de ce terrain et du grès des Vosges était à peu près horizontale. Pour reconnaître si cette allure se maintenait dans la partie méridionale de la concession, on creusa un trou de sonde au nord-est de Forbach, sur la lisière de la forêt. Ce nouveau sondage devait rencontrer le terrain houiller à 66 mètres environ; mais cette prévision ne s'étant pas vérifiée, il fut arrêté à 116 mètres dans le grès vosgien.

Quatrième période : reprise des recherches dans la concession de Schœnecken en 1847. — Les nombreux revers éprouvés par les propriétaires de la concession de Schœnecken paraissaient devoir amener l'abandon définitif de cette concession. Toutefois, sur la fin de 1846, l'ouverture alors prochaine de la voie de fer de Metz à Sarrebrück qui traversait le territoire concédé, appela, sur cette affaire, l'attention de nouveaux spéculateurs. Une société composée de MM. d'Hausen, de Wendel et Hainguerlot s'adjoignit M. Kind, bien connu par les progrès qu'il avait fait faire à l'art du sondeur, et elle entreprit, avec son concours, une nouvelle exploration de la concession, qui fut cette fois couronnée d'un plein succès. Deux sondages placés, le premier à la lisière de la forêt sur le chemin de Stiring à Schœnecken, l'autre dans un petit vallon qui descend de Vieille-Verrerie à la vallée de la Rosselle, rencontrèrent la houille à la fin de l'année 1847. Cette découverte ayant ranimé la confiance des nouveaux concessionnaires, ils ne se contentèrent plus de poursuivre les deux forages; ils en firent encore ouvrir deux autres dans l'intérieur même de l'usine de Stiring alors en cours de construction. Ces travaux exécutés avec beaucoup de soins mirent en évidence l'existence du terrain houiller avec de nombreux gisements de combustible dans toute l'étendue de la concession de Schœnecken.

En effet, le sondage ouvert sur le chemin de Stiring à Schœnecken[1], après avoir recoupé 151^m,76 de grès des Vosges et 18^m,56 de grès rouges, argileux, pouvant être rapportés au terrain de nouveau grès rouge, a été poussé jusqu'à la profondeur de 306^m,88, et dans les 136^m,56 de terrain houiller qu'il a traversés, il a mis à jour sept couches de houille, toutes exploitables, présentant ensemble une épaisseur utile de 10^m,27.

Dans celui de l'usine de Stiring[2], on a rencontré le terrain houiller à 178^m,80 au-dessous de la surface du sol, et en poussant les travaux jusqu'à 325 mètres, on a traversé dix couches de houille d'une épaisseur totale de 11^m,14, parmi lesquelles trois sont inexploitables à raison de leur trop faible puissance.

Le troisième sondage[3], ouvert au sud du précédent, entre l'usine et la route de Mayence, a été poussé jusqu'à 269^m,48. Il a traversé 198^m,77 de grès des Vosges et 4^m,16 de houille en trois couches exploitables.

Enfin, dans le sondage de Vieille-Verrerie[4], on a atteint le terrain houiller à 74 mètres seulement au-dessous du sol, et en approfondissant dans ce terrain jusqu'à 188^m,29, on a traversé 8^m,80 de houille, en cinq couches, toutes exploitables.

[1] C'est le n° 5 du plan général.
[2] N° 7 du plan.
[3] N° 6 du plan.
[4] N° 9 du plan.

Ces recherches terminées, on entreprit presque immédiatement les travaux destinés à mettre en valeur les gisements qu'elles avaient fait découvrir. Il en sera ultérieurement question.

Explorations des environs de Forbach. — En suivant l'ordre des temps, les recherches des environs de Forbach doivent être décrites à la suite de celles de Schœnecken. C'est en effet dans la bande, large de 700 à 800 mètres, qui s'étend entre la chaîne de collines qui domine cette ville et la route de Paris à Mayence, que furent entrepris les premiers travaux ayant pour objet la reconnaissance du prolongement du bassin de la Sarre en dehors du territoire concédé. Au printemps de l'année 1852, un sondage fut commencé au sud du hameau de Stiring, au lieu dit Heideneck, par une société qui exécuta également le forage du Schlossberg, situé à l'ouest de la colline de ce nom. Quelque temps après, une autre compagnie de recherches fit forer les trous de sonde du Creutzberg et de Morsbach. A l'exception du sondage du Schlossberg, qui a été arrêté à 97 mètres dans le grès des Vosges, les recherches ont été poussées à des profondeurs assez considérables. Celles de Heideneck et du Creutzberg ont rencontré plusieurs veines de houille ; mais celle de Morsbach, bien qu'elle ait été approfondie jusqu'à 552^m,71, n'a traversé que 80 mètres environ de terrain houiller et n'a mis à jour aucun gîte de combustible. La grande épaisseur du grès des Vosges recoupée dans cette localité s'explique, selon toute vraisemblance, par les accidents qui continuent sur le territoire français la faille terminale du bassin de la Sarre du côté du sud, et sur lesquels nous nous proposons de revenir avec détail, lorsque nous traiterons de la structure du sol dans la Moselle.

Résultats obtenus. — Nonobstant l'abandon du forage du Creutzberg et l'insuccès relatif de celui de Morsbach, les recherches entreprises au sud de la route de Mayence ont montré que le terrain houiller se prolongeait, dans cette direction à des distances variables entre 1,200 et 1,500 mètres. Elles ont, en conséquence, donné lieu à une concession nouvelle : celle de Forbach, instituée par décret du 28 juin 1856, en faveur de MM. du Maisniel, Lefebvre-Delaroche, Béjot et Desgranges. Cette concession, qui comprend une étendue de 2,468 hectares, ne peut être considérée comme renfermant le terrain houiller à des profondeurs accessibles que sur la moitié environ de sa surface. Bien qu'elle soit restée jusqu'ici inexploitée, les recherches des environs de Forbach ont donc eu un résultat utile, puisqu'elles ont ajouté à peu près 13 kilomètres carrés à l'espace sur lequel le prolongement du bassin de la Sarre a été reconnu dans le voisinage de cette ville.

Recherches entre Forbach et Sarreguemines. — Les recherches qui ont été entreprises un peu plus tard entre Forbach et Sarreguemines, se rattachent naturellement à ces dernières par la position qu'elles occupent. Toutefois, séparées de celles-ci par la faille, qui a rejeté dans la profondeur le terrain houiller de la Sarre et les formations qui lui sont superposées, elles devaient rencontrer de bien plus grandes difficultés et échouer même, si elles n'étaient pas poussées à des profondeurs très-considérables. C'est en effet ce qui a eu lieu. Un sondage entrepris dans la vallée de la Sarre, sur le territoire de Grossbliederstroff et un autre au-dessous d'Alsting, sont restés tous les deux dans le grès vosgien, bien que le premier ait été poussé jusqu'à 383 mètres et le second jusqu'à 250 mètres. Les prévisions conçues à l'égard de ces recherches ont donc été réalisées.

Recherches de la plaine de Creutzwald. — Abstraction faite du sondage du Klougenhof resté, comme on l'a vu, sans résultat, faute d'avoir été approfondi, les recherches de la plaine de Creutzwald datent seulement de 1853. Nous désignons, sous ce nom, l'espace de forme à peu près triangulaire qui s'étend entre la frontière prussienne à l'est et deux lignes tirées de Cocheren et de Merten sur Longevillelez-Saint-Avold. A la suite d'études entreprises par ordre de l'administration des travaux publics sur le bassin houiller de la Sarre, j'avais indiqué, dès l'année 1849, cette plaine de Creutzwald comme présentant beaucoup de chances de réussite aux explorations ayant pour objet d'en rechercher le prolongement sur le sol français. Ces conclusions, plus nettement formulées dans le mémoire où se trouvent consignés les résultats de ces études, finirent par attirer l'attention de quelques personnes qui s'étaient déjà occupées, dans le département, de recherches d'un autre genre. Constituées en société sous le nom de Compagnie houillère de la Moselle, elles entreprirent, au commencement de l'année 1853, le sondage de Creutzwald, placé sur le chemin de ce village à Lauterbach.

Cette première recherche de Creutzwald, du succès de laquelle allait dépendre l'avenir des travaux d'exploration dans cette région du département, fut commencée dans des conditions beaucoup plus défavorables que celles anciennement exécutées dans les environs de Schœnecken. En effet, tandis que du lieu où ces dernières étaient situées on pouvait apercevoir, de l'autre côté de la frontière, le terrain houiller et même une galerie d'exploitation, le forage de Creutzwald, placé, à dessein, aussi près que possible de la frontière prussienne, se trouvait néanmoins à 8 kilomètres de distance du point où ce terrain cesse d'être visible dans la vallée de Lauterbach et à 10 kilomètres de la mine la plus rapprochée, celle de Geislautern. Mais, si en raison de l'éloignement, le forage de Creutzwald présentait moins de chances de succès que ceux de Schœnecken, un intérêt d'autant plus considérable s'y trouvait attaché. On pouvait, en effet, raisonnablement penser que, la distance qui nous séparait de la partie apparente du bassin houiller étant une fois heureusement franchie, il serait moins difficile de fournir les autres étapes nécessaires pour arriver à une exploration complète de la plaine.

Vers la fin de l'année 1853, la Compagnie houillère de la Moselle avait déjà obtenu un résultat important, car parvenu à un peu plus de 150 mètres, le sondage de Creutzwald était entré dans des assises appartenant incontestablement au terrain houiller. Elle entreprit, de suite, un nouveau forage qui fut placé près de la frontière, à la naissance de la vallée de Lauterbach, sur le territoire de Carling.

En même temps, des sociétés nouvelles se formèrent à Paris, où le succès obtenu à Creutzwald avait trouvé de l'écho; elles placèrent leurs recherches dans la vallée de la Merle, sillon profond qui court parallèlement à la frontière prussienne entre l'Hôpital et Merlebach, et où il avait paru que les explorations devaient être également fructueuses. L'une d'elles occupa la partie haute de la vallée, où elle fit exécuter le sondage de l'Hôpital et plus tard le forage à la corde de Freyming; l'autre se plaça à son extrémité orientale; elle entreprit, à la pointe de la forêt du Hochwald, la recherche de ce nom et elle compléta, dans la suite, ses travaux de reconnaissance, en faisant sonder à Cocheren, à Merlebach et à Hombourg. C'est également au milieu de l'année 1854 que remonte la mise en train du sondage de la tuilerie de Freyming, placé à 700 mètres seulement au sud de celui du Hochwald.

Vers cette époque, l'avenir des explorations entreprises dans la plaine de Creutzwald fut définitivement fixé par la rencontre simultanée de gîtes de combustible dans les sondages de Creutzwald et de Carling et, comme on devait s'y attendre, l'annonce de ce résultat amena la création de nouvelles sociétés de recherches. La compagnie houillère dite de l'Est s'installa dans la partie de la plaine comprise entre Carling et Saint-Avold et y fit exécuter les sondages de l'étang d'Oderfang et de la route de Château-Salins; celle de la forêt de la Houve entreprit la reconnaissance de la région située au nord de Creutzwald et elle commença un forage dans cette forêt, sur le chemin de Merten et non loin de la frontière prussienne qui est formée par la Bisten. D'un autre côté, la compagnie houillère de la Moselle complétait l'exploration du territoire qui paraissait devoir lui être dévolu, en exécutant le sondage du moulin de Porcelette et celui du Zang, sur la route de Carling à Saint-Avold. De plus, cette dernière ayant cru voir, dans la compagnie de l'Est, la concurrence sous un autre nom d'une des sociétés déjà installées dans la vallée de la Merle, entreprenait, avec quelques associés nouveaux, un forage près de Saint-Avold, non loin de celui d'Oderfang et elle en plaçait un autre à l'entrée du village de Longeville, à quelques centaines de mètres seulement de celui de la route de Château-Salins.

La direction imprimée aux recherches qui se reportaient tout d'un coup, comme on le voit, des environs de Creutzwald et de Carling, c'est-à-dire du centre de la plaine à ses extrêmes confins vers le sud, était la conséquence d'une induction erronée. La houille ayant été rencontrée dans la seconde localité à $184^m,15$, tandis qu'on ne l'avait traversée, dans la première, qu'à $212^m,74$, on en avait faussement conclu que les couches allaient en se relevant vers le midi. Une grande déception était réservée à cette manière de voir. Aussi, quand les sondages de Longeville, de la route de Château-Salins[1] et de Saint-Avold furent parvenus à des profondeurs variables entre 140 et 220 mètres sans quitter le grès des Vosges, ils furent abandonnés. Seul, le sondage d'Oderfang fut continué et poussé jusqu'à 510 mètres, sans atteindre le terrain houiller.

Au commencement de l'année 1855, les forages de l'Hôpital et du Hochwald rencontrèrent, presque en même temps, des gîtes de houille; le premier, à la profondeur de $204^m,47$; le second, à celle de $227^m,97$. Ces découvertes furent le point de départ de la création de nouvelles sociétés de recherches sous les noms de sociétés Lorraine, de Falck, Nan-

[1] Il est indiqué, sur le plan, sous le n° 51.

céienne et du Nord. La société Lorraine, la première installée, fit commencer, dans le courant du mois de mai, un forage près de Ham-sous-Varsberg et un peu plus tard celui de Boucheporn, dans la vallée qui prend naissance au-dessous de ce village. Les travaux de la société de Falck, consistant en deux sondages placés, l'un au sud du village de ce nom, sur la route de Ham, l'autre au sud-ouest de Merten, ne furent entrepris que dans les derniers mois de l'année. C'est également à cette époque que remonte l'exécution du forage de Berweiler, par la société du Nord, de celui de la tuilerie de Porcelette, par la société Nancéienne, et enfin de celui de la forêt de Saint-Avold, par la compagnie houillère de l'Est, qui suspend, quelque temps après, les travaux du sondage d'Oderfang. La fin de l'année 1855 fut encore marquée par un fait important : la découverte de la houille qui eut lieu à la profondeur de $274^m,15$ dans le sondage du moulin de Porcelette, découverte qui établit, pour la première fois, l'existence d'un gîte exploitable à une distance assez considérable de la frontière.

En 1856, les recherches prirent encore quelque extension. Les sociétés de la Houve et du Nord complétèrent leurs explorations en entreprenant les sondages de l'étang de Brouckwiess et de Dalheim. Un forage fut commencé par une société nouvelle à l'ouest de Hargarten-aux-Mines, au-dessous du bois de Cheffersbusch[1]. Dans cette même année, la houille fut découverte sur quatre points du territoire exploré; dans la forêt de la Houve, à Ham, à Falck et au Zang. A la Houve, la veine recoupée par la sonde se trouvait à $262^m,08$ de profondeur et elle présentait une puissance de 2 mètres, sur lesquels il y avait $0^m,45$ de schistes. La couche de houille

---

[1] A la même époque se rapporte l'exécution d'un sondage dans la vallée entre Coumes et Denting, en dehors des limites de la plaine de Creutzwald. Au milieu de l'année 1857, il était parvenu à $87^m,50$ dans les glaises bigarrées du muschelkalk; il a été délaissé, quelque temps après, à 106 mètres de profondeur.

traversée par le sondage de Ham n'avait pas plus de $0^m,60$ à $0^m,75$ d'épaisseur et elle se trouvait à $257^m,08$ du jour. A Falck, la sonde, après avoir traversé $160^m,50$ de grès vosgien, $10^m,70$ de nouveau grès rouge, avait rencontré, à la profondeur de $217^m,64$, une veine de houille de $1^m,10$ de puissance. Enfin, au Zang, on était parvenu à mettre à jour, à la profondeur de $285^m,50$, un faisceau composé de trois veines assez rapprochées qui présentaient une épaisseur de houille de $3^m,67$.

L'année 1857 fut signalée par la rencontre de gîtes de combustible dans le sondage de Brouckwiess, à $303^m,09$, dans celui de la forêt de Saint-Avold, à $385^m,42$, à Dalheim, à $205^m,10$, et à Cocheren, à 424 mètres de profondeur. C'est à cette même année que se rapporte l'exécution par la société Lorraine du forage du Grünhof, situé dans le voisinage de la ferme de ce nom.

En 1858, on ne constate plus d'extension dans les recherches de la plaine de Creutzwald. En effet, cette année ne voit commencer qu'un sondage placé près de Teterchen, en dehors des limites de la plaine et qui est bientôt arrêté à 98 mètres de profondeur, dans les assises du grès vosgien. Mais deux des forages qui se poursuivaient, révèlent l'existence de gîtes de combustible exploitables : ce sont ceux de Boucheporn et de la tuilerie de Porcelette, situés aux extrêmes confins de la plaine du côté de l'ouest. A Boucheporn, une veine de $0^m,97$ de puissance est rencontrée par la sonde à $295^m,70$, et à Porcelette, une couche de $0^m,93$ d'épaisseur, à $466^m,54$ de profondeur.

Enfin, le 2 février 1859, le sondage du Grünhof atteint, à la profondeur de $286^m,78$, une première veine de houille de $0^m,46$ d'épaisseur et, le 1er mai suivant, il entre à $295^m,75$ dans une seconde couche de $1^m,42$ de puissance. Les constatations de ces découvertes sont les dernières qui aient été faites dans la plaine de Creutzwald, laquelle peut dès lors être considérée comme ayant été complétement explorée.

Résultats des recherches. Étendue du bassin de la Sarre reconnue dans la plaine de Creutzwald. — Si, avec les données qui précèdent, on cherche à apprécier les travaux effectués dans la plaine de Creutzwald pour y découvrir le prolongement du bassin houiller de la Sarre, on ne peut s'empêcher de reconnaître qu'ils présentent des résultats très-satisfaisants. Au commencement de l'année 1859, époque à laquelle la période des recherches est close, vingt-huit sondages[1] avaient été forés dans cette plaine et dans les digitations qui s'en détachent sous forme de vallons, au nord et à l'ouest. Dans ce nombre, seize avaient mis à jour des gîtes de combustible exploitables ; six[2] avaient pénétré dans le terrain houiller sans rencontrer de veines de houille; six autres, enfin, étaient restés dans des formations supérieures à ce terrain. Toutefois, cette proportion ne peut donner qu'une idée très-incomplète des résultats obtenus ; pour les apprécier, il faut entrer dans les détails et examiner successivement l'étendue du prolongement du bassin reconnu sous la plaine, la profondeur à laquelle se trouve le terrain houiller au-dessous du sol, son allure et l'importance des gîtes de combustible découverts.

Une première remarque à faire au sujet de l'étendue occupée par le bassin de la Sarre, dans la Moselle, c'est que les nombreux sondages, disséminés le long de la frontière, entre Berweiler, point le plus avancé de la plaine vers le sud-ouest, et Cocheren, qui en occupe l'extrémité du côté du sud-est, ont tous pénétré dans du terrain houiller bien caractérisé. Quant aux reconnaissances poussées vers l'inté-

---

[1] Nous n'avons point compris dans ce nombre les forages de Teterchen et de Coumes, qui sont manifestement en dehors des limites de la plaine. Peu de territoires ont été l'objet d'une exploration aussi complète que cette dernière ; placés bout à bout, les vingt-huit sondages qu'on y a forés présentent une longueur de 9,700 mètres; c'est la distance de Metz à Jouy.

[2] Ce sont les sondages de Merlebach, de Freyming, de la Forêt n° 2, de Merten, de Berweiler et de Hargarten.

rieur, les résultats qu'elles ont fournis sont assez variables, suivant les points de la plaine que l'on envisage. Du côté du nord et de l'ouest, le prolongement du bassin a été constaté jusqu'aux extrêmes confins de cette dernière ; les sondages de Berweiler, de Hargarten et de Boucheporn ne laissent, à cet égard, aucun doute. Dans la direction du sud, les recherches présentent des résultats beaucoup moins satisfaisants. Il n'existe en effet, de ce côté, aucune reconnaissance suivie de succès. Il serait certes peu rationnel de formuler une opinion d'après celles de ces reconnaissances qui, à raison de leur abandon prématuré, n'ont aucune signification et les sondages de Hombourg, de Saint-Avold, de la route de Château-Salins et de Longeville sont dans ce cas, car ils sont restés dans le grès des Vosges, à des profondeurs bien évidemment inférieures à la puissance de cette formation sur les points qu'ils occupent. Mais c'est dans la région méridionale de la plaine que se trouvent deux des recherches les plus profondes : celle d'Oderfang, poussée à 510 mètres et celle de la Tuilerie de Freyming, qui a atteint 588 mètres, et elles sont malheureusement toutes les deux négatives, puisqu'elles paraissent être restées dans des assises qui dépendent du nouveau grès rouge ou qui appartiennent à un étage du terrain houiller où il n'y a aucune chance de rencontrer des gîtes de combustible. Il faut donc reconnaître que, dans cette partie de la plaine de Creutzwald, qui se rapproche de Saint-Avold, l'existence de la partie utile du bassin houiller de la Sarre n'a pas encore été constatée.

Les différences que présentent, sous ce rapport, le nord et le sud de la région explorée s'expliquent, d'ailleurs, de la manière la plus naturelle par les accidents considérables qui sillonnent la contrée de Saint-Avold. En parcourant cette contrée, on constate l'existence de plusieurs failles qui ont eu pour effet de rejeter tous les terrains qui y affleurent à une profondeur considérable dans la direction du sud. On voit très-bien dès lors pourquoi on n'y a point rencontré l'étage utile de la formation carbonifère, malgré la profondeur exceptionnelle que les travaux ont atteinte.

C'est à une faille que nous attribuons notamment la différence que les deux sondages du Hochwald et de la tuilerie de Freyming ont présentée dans la nature des terrains traversés, bien qu'ils soient à peine séparés par une distance de 700 mètres. La grande épaisseur du grès des Vosges recoupé dans le sondage de Cocheren est également la conséquence d'un pareil accident.

Comme nous l'avions déjà fait, en rendant compte, en 1857, des résultats des explorations de la plaine de Creutzwald, nous avons adopté, pour limite de l'étendue du bassin reconnu dans cette plaine, une ligne passant à 1 kilomètre au delà des forages dans lesquels on a constaté la présence du terrain houiller. La limite ainsi déterminée s'appuie sur la frontière, aux environs de Berweiler et se dirige d'abord vers le sud-ouest jusqu'à la vallée de Dalheim, où elle s'infléchit vers le sud ; elle passe au couchant de Hargarten et de Guerting et sous Boucheporn, point près duquel elle tourne à l'est et enveloppant les sondages de Porcelette, de la forêt de Saint-Avold, du Zang, de l'Hôpital, du Hochwald, elle vient aboutir à Cocheren, à l'extrémité orientale de la plaine. L'espace qu'elle circonscrit est d'environ 130 kilomètres carrés, lesquels, ajoutés aux 40 kilomètres provenant des explorations des environs de Forbach, portent à 170 kilomètres carrés la superficie du bassin houiller de la Moselle.

Épaisseurs des morts-terrains. — Les profondeurs auxquelles le terrain houiller a été atteint, dans la plaine de Creutzwald, n'offrent que des différences peu considérables d'un point à l'autre. Dans les sondages disséminés le long de la frontière, elles se rapprochent de 170 mètres, c'est $114^m,33$ à la Houve, $174^m,68$ à Merten, $154^m,15$ à Creutzwald, $137^m,60$ à Carling, $168^m,80$ au Zang, $176^m,40$ à l'Hôpital, $173^m,66$ au Hochwald et 175 mètres à Merlebach. Vers l'ouest, les profondeurs n'augmentent pas sensiblement pour les sondages qui, comme ceux de Falck et de Ham, ont des altitudes comparables aux forages de la frontière ; à Falck, le terrain houiller a été rencontré à 171 mètres et à Ham à 170 mètres. Pour ceux qui sont plus élevés, les différences accusées ne représentent que les excédants de hauteur au-dessus du niveau de la mer; on a trouvé le terrain carbonifère à 192^m,40 à Hargarten ; à 196 mètres à Dalheim; à 204^m,90 à Brouckwies ; à 191^m,14 au moulin de Porcelette ; à 252 mètres sur le plateau de ce village ; à 215 mètres au Grünhof, et enfin à 237^m,50 à Boucheporn. On peut conclure de ces rapprochements que la surface de séparation du terrain houiller et des formations qui lui sont superposées est, sinon horizontale, du moins très-peu inclinée dans toute l'étendue de la plaine de Creutzwald.

Allure du terrain houiller sur le sol français. — L'allure de ce terrain est aussi remarquablement uniforme; presque partout où on a pu reconnaître son inclinaison, on l'a trouvé faible. Dans le sondage de Creutzwald, à Carling, à la Houve, à Porcelette, à Ham, à Falck et à Boucheporn où on a obtenu des carottes sur lesquelles la stratification était très-nettement indiquée, on a constaté que les couches présentaient rarement des plongements de plus de 10 à 15°. A l'encontre de tous les autres, le sondage du Hochwald a offert des assises très-inclinées, anomalie qui se trouve vraisemblablement en rapport avec les accidents très-apparents à la surface de la région comprise entre Saint-Avold et Merlebach.

Il est plus difficile d'assigner le sens du plongement des couches recoupées par les nombreux sondages de la plaine de Creutzwald, car, à raison des difficultés qui s'attachent à une pareille reconnaissance, on a souvent négligé de la faire. Aussi serait-il téméraire d'essayer, avec ce que l'on sait, de se former une idée de la disposition de ces couches, alors même qu'on n'envisagerait celle-ci que d'un point de vue très-général. Tout ce que l'on peut dire à cet égard, c'est que la disposition d'ensemble reconnue dans la partie apparente du bassin se maintient assez bien dans son prolongement occidental. Ainsi, les assises houillères mises à jour par les sondages de la région septentrionale de la plaine, les schistes bigarrés des couleurs lie de vin, grise ou bleue, traversés à Berweiler, à Merten, à Falck, à Brouckwiess et qui, à la Houve, renfermaient des rognons de fer carbonaté lithoïde, doivent, d'après leur faciès minéralogique, être rapportés à à un étage supérieur à celui qui a été reconnu dans les sondages de Creutzwald et de Carling. D'un autre côté, ce dernier présente beaucoup d'analogie de composition avec celui qui est exploité dans la mine voisine de Geislautern. Quant aux couches traversées par les forages de la vallée de la Merle, elles appartiennent vraisemblablement à un groupe un peu plus ancien. Il est impossible de pousser plus loin les analogies ; les rapprochements fondés sur les épaisseurs des couches ne pouvant conduire qu'à des erreurs, quand on les applique à de trop grandes distances.

Puissance des gisements reconnus. — L'épaisseur totale des bancs de charbon recoupés par la sonde varie naturellement dans les différents points de la plaine et suivant la profondeur à laquelle celle-ci a pénétré.

Dans le premier forage de Creutzwald, où on a creusé dans le terrain houiller jusqu'à une profondeur de 303 mètres, c'est-à-dire à environ 90 mètres au-dessous de la première couche de combustible, la puissance totale des veines rencontrées, en négligeant celles qui sont inférieures à $0^m,40$, est de $7^m,52$.

A Carling, où on s'est arrêté à $244^m,08$, c'est-à-dire à environ 64 mètres au-dessous de la première veine exploitable, on en a traversé cinq qui ont ensemble une puissance de $4^m,84$.

Au moulin de Porcelette, bien qu'on soit resté dans les premières assises du terrain houiller, on a $7^m,18$ de houille en six bancs qui sont tous exploitables.

On a traversé $2^m,5$ de houille à la Houve et $8^m,20$ à Brouckwiess.

Au sondage de l'Hôpital, qui a pénétré plus avant dans le terrain houiller, les résultats sont encore plus satisfaisants. L'épaisseur totale des couches de combustible recoupées y est de $9^m,59$, en négligeant, comme précédemment, tout ce qui est inférieur à $0^m,40$.

Nous ne pouvons donner pour exemple le sondage du Hochwald où, dans une épaisseur de terrain houiller d'un peu plus de 100 mètres, on aurait plus de 25 mètres de houille; l'anomalie qu'a présentée cette localité tient, comme nous l'avons fait voir, à un redressement des couches par suite duquel les puissances constatées sont beaucoup plus fortes que les épaisseurs réelles.

Qualité du combustible. — Il résulte des essais sommaires qui ont été faits, lors des constatations, que les houilles provenant des veines traversées par les sondages de la plaine de Creutzwald brûlent avec une longue flamme, s'agglutinent légèrement et constituent, en résumé, de bons charbons de grille. Des analyses ont été faites au bureau d'essai de l'École des mines, sur une série d'échantillons recueillis dans l'approfondissement du forage de l'Hôpital et dont on avait eu soin de séparer les parties schisteuses. Nous en donnons ici les résultats.

NUMÉROS D'ORDRE.	PROFONDEUR à laquelle on a rencontré LA COUCHE.	ÉPAISSEUR CONSTATÉE.	COMPOSITION			TOTAL.
			CARBONE FIXE.	MATIÈRES volatiles.	CENDRES.	
	M. C.					
1	277 70	0 60	0 576	0 379	0 045	1 000
2	279 85	0 70	0 556	0 403	0 041	1 000
3	280 95	0 60	0 542	0 409	0 049	1 000
4	348 15	1 90	0 506	0 380	0 114	1 000
5	350 30	0 75	0 586	0 446	0 068	1 000
6	354 45	2 35	0 567	0 397	0 036	1 000
7	356 80	1 00	0 553	0 395	0 052	1 000

Ces houilles donnent un coke demi-aggloméré, peu boursouflé.

Nous avons analysé, pour notre compte, deux échantillons retirés du trou de sonde de Creutzwald; le premier à la profondeur de 212^m,74, le second à celle de 216^m,80; ils nous ont donné les résultats suivants :

	CARBONNE FIXE.	MATIÈRES VOLATILES.	CENDRES.	TOTAL.
N° 1	0 620	0 292	0 088	1 000
N° 2	0 617	0 033	0 048	1 000

Concessions instituées dans la plaine de Creutzwald. — A la suite des travaux effectués dans la plaine de Creutzwald pour y rechercher le prolongement du bassin de la Sarre, neuf concessions de mines de houille, comprenant ensemble une étendue superficielle de 166 kilomètres carrés 3 hectares, y ont été instituées. Ce sont, en suivant l'ordre des dates, celles de Carling, du Hochwald, de l'Hôpital, de la Houve, de Falck, de Boucheporn, de la Forêt, de Ham et de Dalheim.

Travaux préparatoires d'exploitation. Résultats obtenus. — Les concessions faites dans la plaine de Creutzwald ont porté à onze le nombre de celles qui ont été octroyées dans la Moselle pour l'exploitation de la houille. Nous ne saurions sans sortir de notre sujet décrire avec détail les travaux qui ont été entrepris dans ces concessions en vue d'exploiter les gîtes houillers qui y ont été reconnus. Toutefois, les résultats obtenus doivent trouver place dans une description géologique de la Moselle. Il faut remarquer, en effet, que, si les explorations entreprises par la voie du forage fournissent des notions générales sur la constitution du sol de la partie du département qui avoisine la Sarre, les travaux d'exploitation, en mettant les gîtes à jour, peuvent seuls permettre d'étudier la composition détaillée du terrain houiller et ses allures, dans l'étendue qu'ils embrassent.

Des onze concessions de mines de houille instituées dans la Moselle, six n'ont jusqu'ici été l'objet d'aucun travail d'exploitation ; ce sont celles de Forbach, de la Houve, de Boucheporn, de la Forêt, de Ham et de Dalheim. Dans deux autres, celles du Hochwald[1] et de Falck[2], on a foncé des puits qui, contrariés par une affluence extraordinaire d'eau, n'ont pu être poussés jusqu'au terrain houiller. Les travaux entrepris dans la concession de l'Hôpital[3] viennent seule-

[1] Les travaux préparatoires d'exploitation entrepris dans la concession du Hochwald remontent au milieu de l'année 1855. Un puits foncé à 200 mètres au nord du trou de sonde de ce nom fut poussé jusqu'à la profondeur de 107 mètres qu'il atteignit au mois de novembre 1858 ; mais l'affluence de l'eau s'étant élevée à 105 hectolitres par minute et l'épuisement étant devenu impraticable, les travaux furent suspendus. Repris huit mois plus tard, l'approfondissement put être conduit jusqu'à 175 mètres dans les conglomérats du grès rouge ; mais il fut définitivement abandonné à cette profondeur, à la fin de 1861, par suite de l'épuisement du capital de la compagnie concessionnaire.

[2] Dès le commencement de l'année 1858, on se prépara à exploiter la concession de Falck, en fonçant un puits à 300 mètres au nord-est du sondage exécuté dans cette localité ; mais cet ouvrage dut être abandonné à 73 mètres, au mois de décembre de 1859, par suite de l'impossibilité d'épuiser l'eau affluente qui était montée à plus de 100 hectolitres par minute. Une tentative de reprise faite quelques mois plus tard resta sans résultat.

[3] Ces travaux comprennent deux puits qui ont été creusés non loin du sondage de l'Hôpital, par le procédé de MM. Kind et Chaudron, lequel consiste à opérer le fonçage, jusqu'au terrain imperméable, au moyen de trépans manœuvrés du jour, à descendre sur ce terrain une colonne en fonte et à couler du béton dans l'espace annulaire compris entre cette dernière et les parois de l'avaleresse. Le premier puits de l'Hôpital destiné à l'aérage a été commencé le 23 avril 1862 ; il a atteint le nouveau grès rouge à la profondeur de 132^m,13. C'est dans ce terrain, au niveau de 158 mètres, que l'on a placé le cuvelage, et à partir de là le creusement a été effectué à bras d'hommes. Le terrain houiller a été rencontré à 230 mètres. La profondeur totale, à la fin de mai, était de 223 mètres. Le second puits qui doit servir à l'exploitation, a été commencé le 9 juin 1866 ; le cuvelage vient d'y être descendu au niveau de 159 mètres et le fonçage se continue par le procédé ordinaire.

Le puits d'aérage de l'Hôpital, parvenu dans le terrain houiller, a d'abord recoupé des schistes et des grès schisteux de couleur lie de vin, bigarrés,

ment d'aboutir; et ils sont encore trop peu développés pour qu'il soit possible d'en tirer des renseignements détaillés sur l'allure des gisements reconnus dans cette localité. Quant aux concessions de Schœnecken et de Carling, on y a établi, depuis quelque temps déjà, une exploitation suivie, et ce sont, par conséquent, les seules qui aient ajouté quelques résultats à ceux que les explorations avaient fournis. Nous allons les passer en revue.

Travaux dans la concession de Schœnecken. — Les travaux entrepris, pour mettre en valeur la concession de Schœnecken, à la suite des explorations de 1847, 1848 et 1849, remontent à la fin de cette dernière année. On essaya d'abord d'atteindre les couches reconnues dans le voisinage du bourg et de l'usine de Stiring-Wendel ; mais on rencontra de ce côté de grandes difficultés qui forcèrent d'ajourner cette tentative. On se reporta alors dans la partie opposée de la

sur quelques points, de gris et de bleu. Ce terrain rouge a cessé à 275^m,80 et il a été remplacé par des schistes gréseux, d'un gris bleuâtre. Un peu au-dessous de ce niveau, à 285^m,80, le puits a rencontré une faille inclinée d'environ 45° vers le nord et qui a déterminé, dans un certain rayon, un changement d'allure des couches. C'est ainsi que les assises de schistes argileux et gréseux d'un gris bleuâtre plongent vers le sud avec une inclinaison de 27°, tandis qu'immédiatement au-dessous de l'accident, on voit des schistes noirs, renfermant deux veinules de houille, suivre sur la largeur du puits, l'inclinaison même de la faille. Le dérangement disparait bientôt, et au fond du puits à la profondeur de 323 mètres, les couches ont repris un plongement vers le sud d'environ 20°.

Le seul banc de houille exploitable reconnu par le puits existe à 315^m,10 ; il a une épaisseur utile de 1^m,35 en deux veines séparées par un intervalle schisteux de 0^m,28.

Malgré la proximité de ce puits du sondage de l'Hôpital, ces deux ouvrages ont donné, comme on peut le remarquer, des résultats bien différents. Il semble, en effet, impossible d'établir la concordance, soit au point de vue de l'épaisseur du nouveau grès rouge et de la profondeur à laquelle le terrain houiller a été rencontré, soit sous celui de l'épaisseur des bancs schisteux et gréseux rouges existant à la tête du terrain houiller et des couches de houille recoupées de part et d'autre. Les travaux souterrains qui viennent d'être commencés pourront seuls donner sur ce point des éclaircissements précis.

concession, entre Petite-Rosselle et Vieille-Verrerie, où on réussit sans peine à traverser la faible épaisseur des morts-terrains superposés à la formation houillère. Plus tard on ouvrit des puits dans le vallon d'Urselsbronn qui vient aboutir à la Rosselle, un peu au sud de la première localité. Il existe donc trois groupes de travaux dans la concession de Schœnecken, l'un concentré autour de Stiring, vers le sud-est, les deux autres qui occupent la pointe nord-ouest du territoire concédé.

Puits foncés aux environs de Stiring. — Le premier groupe comprend quatre puits qui ont été creusés, de 1849 à 1866, dans le voisinage de Stiring. Aussitôt après le succès des explorations entreprises dans cette localité, dès la fin de l'année 1849, on se mit en mesure d'exploiter les veines que la sonde y avait fait découvrir, en entreprenant le fonçage du puits Sainte-Marthe sur l'axe même du forage placé au sud de l'usine et en creusant plus tard le puits dit d'aérage dans la cour même de cet établissement. Ces ouvrages, qui furent exécutés par une méthode très-ingénieuse, imaginée par M. Kind, échouèrent tous les deux, soit par suite du défaut de résistance du cuvelage, soit à cause de l'insuffisance de la profondeur à laquelle celui-ci avait été descendu. Toujours est-il qu'on ne put jamais parvenir à les assécher. Le puits Sainte-Marthe avait été poussé à 110 mètres et le puits d'aérage jusqu'à 200 mètres de profondeur.

En 1851, on entreprit le fonçage du puits Sainte-Stéphanie sur l'axe du sondage ouvert le long du chemin de Stiring à Schœnecken ; on l'approfondit jusqu'à 134 mètres, au diamètre de $1^m,36$, et on l'élargit ensuite à $4^m,20$, au moyen de trépans manœuvrés à l'orifice. Le projet primitif était d'appliquer au cuvelage de ce puits le procédé de M. Kind : mais ce procédé n'ayant point réussi dans les essais antérieurs, on y renonça, et, à la fin de 1856, on reprit les travaux suivant la méthode ordinaire adoptée dans le nord de la France pour la traversée des terrains aquifères. Au mois de septembre 1862, on avait porté le cuvelage à la profondeur de 130^m,30 ; mais il fut impossible d'aller plus loin. L'affluence des eaux, qui atteignait le chiffre énorme de 177 hectolitres à la minute, rendit l'épuisement impossible, malgré les moyens puissants dont on disposait.

Pour vaincre cette difficulté, on imagina d'utiliser la propriété qu'a le grès vosgien d'être perméable et très-fissuré, et de répartir l'épuisement entre deux puits. On fonça le puits Sainte-Stéphanie n° 2 à 24 mètres seulement au sud du premier. Le creusement, commencé en juin 1863, marcha sans difficulté jusqu'au milieu du mois de mai 1866, époque à laquelle on avait atteint la profondeur de 140 mètres. On avait été obligé de reconnaître que la communication ne s'était pas faite entre les deux puits, car l'affluence des eaux dans le nouveau était relativement minime. Un sondage creusé au fond du puits pour reconnaître les terrains à traverser avant de recouper les bancs du nouveau grès rouge que le forage avait signalé à 152 mètres, établit cette communication. Arrivé à la profondeur de 144, il rencontra un plat-banc d'où l'eau jaillit avec violence, entraînant du sable et des galets. On boucha aussitôt le trou de sonde, qui débitait 72 hectolitres à la minute, et on essaya de pousser le creusement du puits ; mais on fut bientôt arrêté par le soulèvement d'un gros bloc qui se détacha du fond du puits sous la pression des eaux, lesquelles firent de nouveau irruption, entraînant toujours beaucoup de sable. Il fallut enfin reconnaître qu'il n'était pas possible de surmonter un obstacle de cette nature, et les puits Sainte-Stéphanie furent abandonnés en novembre 1866. Aucune tentative nouvelle n'a encore été faite pour en reprendre le creusement.

Commencé et arrêté dans le grès des Vosges, le puits Sainte-Stéphanie n° 2 a donné une bonne coupe des 140 mètres inférieurs de ce terrain, que l'on trouvera dans le chapitre consacré à sa description.

On le voit, les travaux de fonçage de puits entrepris depuis 1849, dans les environs du village et de l'usine de Stiring, bien qu'ils aient été continués au prix de lourds sacrifices jusqu'à une date toute récente, n'ont pas encore abouti. Les concessionnaires sont bien loin cependant d'avoir perdu l'espérance d'exploiter un jour les gisements découverts par les sondages et qui paraissent, si on en juge par leur position relativement aux couches étudiées dans le bassin de Sarrebrück, devoir fournir les houilles les plus grasses que l'on puisse trouver dans la concession de Schœnecken. Il y a tout lieu de compter qu'ils reprendront bientôt, armés des moyens perfectionnés que la science de l'ingénieur met à leur disposition, la lutte courageuse qu'ils soutiennent depuis si longtemps et dans laquelle ils finiront par être vainqueurs.

Travaux de Petite-Rosselle. Puits Saint-Charles. — Les travaux préparatoires d'exploitation de Petite-Rosselle remontent au mois de mars 1854. C'est sur l'axe même du sondage foré dans cette localité en 1847 que fut creusé le premier puits, qui prit le nom de puits Saint-Charles. L'idée première avait été de le foncer et de le cuveler par le système de M. Kind; mais, après avoir enlevé à la pioche les 13 premiers mètres et au trépan les 16 mètres suivants, on abandonna le procédé pour en revenir à la méthode ordinaire.

Le puits Saint-Charles, dont la margelle est à 237^m,07 au-dessus du niveau de la mer, sert aujourd'hui à l'exploitation d'une mine importante à laquelle il a donné son nom; il a atteint la profondeur totale de 325^m,80.

La figure 2 ci-après en donne une coupe détaillée.

Le grès des Vosges traversé par le puits Saint-Charles comprend des grès jaunâtres, à gros grains, renfermant des cailloux roulés de quartz et de quartzite; on y trouve intercalé un banc de poudingues gris à grosses parties, de 5 mètres de puissance. Le grès rouge s'étend sur 51 mètres de hauteur; il est composé de grès et de conglomérats se

— 94 —

distinguant des précédents par leur couleur d'un rouge violacé et la nature argileuse du ciment qui réunit leurs élé-

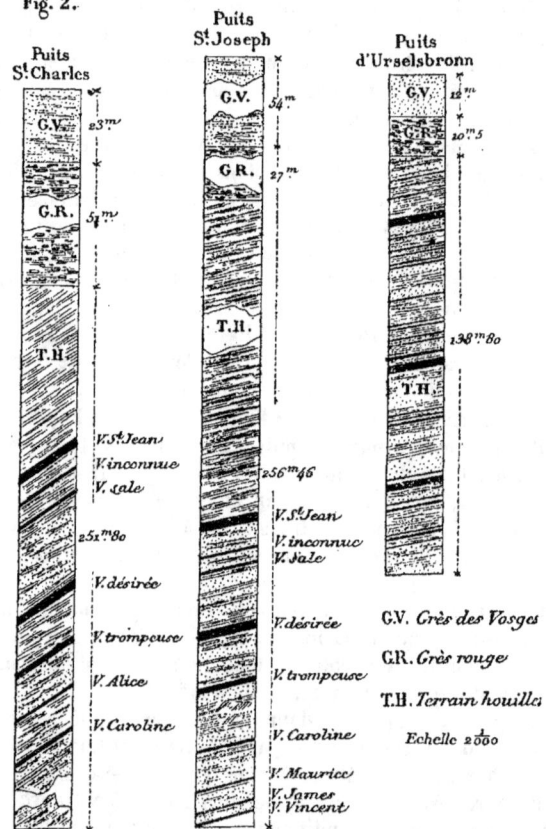

Fig. 2.

ments. Il est, comme le grès des Vosges, en bancs sensiblement horizontaux, tandis que les schistes et les grès houillers qu'il recouvre plongent d'environ 35° vers le N. N. O. Il y a là une discordance de stratification très-nette. Quant au terrain houiller, il est constitué, comme d'habitude, par des grès grisâtres et des schistes noirs ; on y trouve également, mais seulement dans la partie la plus élevée, des schistes argileux d'un rouge lie de vin, bigarrés de brun et de jaune. Les principales couches de houille rencontrées dans le puits Saint-Charles présentent les compositions suivantes, en allant du toit au mur de la couche :

	Veine St.-Jean.		Veine désirée.		Veine trompeuse.	
Houille.	—	0 30	—	1 70	—	0 90
Schistes.	0 35	—	0 15	—	0 20	—
Houille.	—	1 15	—	0 30	—	1 »
Schistes.	0 35	—	0 10	—	—	—
Houille.	—	1 15	—	0 40	—	—
Schistes.	—	—	0 05	—	—	—
Houille.	—	—	—	0 50	—	—
	0 70	2 60	0 30	2 90	0 20	1 90
	3^m,30		3^m,20		2^m,10	

Puits Saint-Joseph. — Le puits Saint-Charles avait rencontré, au mois de juillet 1856, la première couche de houille. Des travaux de reconnaissance y furent immédiatement poussés, en même temps que le puits était approfondi et découvrait les veines inconnue et désirée. A ce moment, les résultats favorables des explorations engagèrent les exploitants à ouvrir un nouveau puits qui fut placé à 408 mètres au N. 30° E. du premier et prit le nom de puits Saint-Joseph. Disposé en amont sur le versant droit du petit vallon qui descend de Vieille-Verrerie, vers la Rosselle, il a son seuil à 32 mètres au-dessus de celui de Saint-Charles. La coupe, qui est figurée page 94, nous dispense d'entrer dans de grands détails sur les terrains qui ont été traversés par le puits Saint-Joseph. Nous signalerons seulement les faits nouveaux que son creusement a mis en évidence.

Le puits Saint-Joseph a traversé le grès des Vosges sur une hauteur de 54 mètres et une épaisseur de 27 mètres de conglomérats, qui doivent être rapportés au grès rouge. Au-dessous de ces assises, on a rencontré les schistes argileux lie de vin, constituant la tête du terrain houiller et en discordance de stratification avec elles ; puis, après avoir traversé, vers 107 mètres, un banc de poudingues très-dur, on est entré dans les couches de schistes bleus et noirâtres, caractéristiques de ce terrain. La première veinule de houille a été rencontrée à 126 mètres de profondeur ; mais il a fallu aller jusqu'à $242^m,20$ pour atteindre la veine Saint-Jean. Dans l'intervalle on n'a pas recoupé moins de trente-huit petites veines de houille présentant des épaisseurs comprises entre $0^m,04$ et $0^m,55$.

La profondeur actuelle du puits Saint-Joseph est de $337^m,46$. Il a mis à jour trois nouvelles couches inférieures à la veine Caroline, la dernière rencontrée par le puits Saint-Charles et qui sont vraisemblablement perdues au milieu des brouillages occupant toute l'extrémité inférieure de ce dernier, sur une hauteur de plus de 86 mètres.

Les couches de houille ont été trouvées, à Saint-Joseph, plongeant de 16° environ vers le N. 55° E.

Mines Saint-Charles et Saint-Joseph. —Les trois dernières couches Maurice, James et Vincent, qui n'ont pas été recoupées par le puits Saint-Charles, existent cependant dans les environs, car elles ont été trouvées par une galerie à travers bancs ouverte dans ce puits, du côté du nord, à la profondeur de 280 mètres. La galerie à travers bancs sud du même niveau a, de plus, traversé une dernière couche dite veine Théodore, qui paraît se trouver à une cinquantaine de mètres en verticale au-dessous de la couche Vincent, qu'on n'a pas constatée dans ces parages. Elle a une épaisseur utile de $1^m,50$ en deux bancs séparés par un intervalle schisteux de $0^m,40$.

Ainsi, en laissant de côté la veine inconnue et la veine

sale situées entre Saint-Jean et Désirée, neuf couches de houille, paraissant toutes exploitables, ont été découvertes par les travaux de Petite-Rosselle, sur une épaisseur de terrain qui, dans le sens normal aux couches, est d'environ 170 mètres. Trois d'entre elles, les couches Saint-Jean, Désirée et Trompeuse, sont, dans les mines Saint-Charles et Saint-Joseph, l'objet d'une exploitation considérable. La veine Caroline et la veine Alice sont peu exploitées; les autres sont peu connues.

Dans le puits Saint-Charles, les niveaux d'exploitation sont à 152, 196, 238 et 280 mètres; dans le puits Saint-Joseph à 228, 266 et 288 mètres. Les deux niveaux de 196 mètres à Saint-Charles et 228 mètres à Saint-Joseph se confondent: les deux mines sont, d'ailleurs, en communication par plusieurs points.

Il suffit de jeter un coup d'œil sur le plan et sur les coupes de la planche III, lesquels embrassent les deux exploitations, pour voir combien l'allure des couches est irrégulière. Il ressort, à la vérité, de l'ensemble des travaux actuellement existants qui portent sur un espace total de près d'un kilomètre en longueur et de 500 mètres environ en largeur, que le système entier a une direction générale vers le nord-est, et le plan des couches met en évidence cette indication; mais on ne peut qu'être frappé des nombreux contournements que chacune d'elles subit en particulier, surtout dans la région orientale, et qui modifient de mille manières leurs directions et leurs inclinaisons locales. Ces plissements affectent d'ailleurs très inégalement les différentes couches, et l'on voit, par exemple, la veine Désirée, qui est à une trentaine de mètres seulement au-dessous de la veine Saint-Jean, dans le sens normal à la stratification, se comporter, en inclinaison comme en direction, d'une manière toute différente de celle-ci.

Il résulte de la comparaison des coupes des puits Saint-Charles et Saint Joseph, figurées page 94, que l'inclinaison générale du système est beaucoup moindre dans les parages du second qu'aux environs du premier. L'épaisseur et la composition des couches ne sont pas moins variables que leurs allures. Il serait impossible, dans le cadre restreint de cette description, de noter les nombreuses modifications qu'elles subissent ; il suffira d'appeler l'attention sur ce fait général, que les bancs de schistes intercalés dans les veines de charbon s'épaississent de plus en plus à mesure qu'on s'avance vers l'ouest. C'est ainsi que la veine Désirée qui, à Saint-Charles, n'est barrée que de veines de schistes insignifiantes, se dédouble nettement à 200 mètres environ au couchant du puits et se montre plus loin formée de deux bancs de charbon de $1^m,40$ et de $0^m,80$, séparés par une couche de schiste de $0^m,80$ d'épaisseur.

Les failles rencontrées sont très-nombreuses ; leurs directions varient en général entre celle du sud au nord, et celle du sud-ouest au nord-est ; cette dernière direction étant celle des accidents les plus importants. Elles sont accompagnées de rejets plus ou moins considérables qui vont jusqu'à 20 mètres en verticale et 175 mètres en horizontale. La largeur de ces failles est très-variable ; pour quelques-unes de celles qui ont été traversées, elle a été trouvée de plus de 30 mètres et, quant à celle qui circonscrit actuellement l'exploitation du côté de l'ouest, des galeries de 100 mètres de longueur y ont été creusées sans en atteindre la limite. Il y a lieu de remarquer qu'un certain nombre des accidents les plus importants se présentent aux sommets des plis formés par les couches. Il semble naturel d'en conclure que ces deux circonstances ont une origine commune qui pourrait être rapportée à une pression exercée sur les terrains dans le sens du sud-ouest au nord-est.

Le mur et le toit des couches sont ordinairement formés de schistes argileux plus ou moins pourris, dans lesquels se rencontrent de petites veinules de houille ; il n'est pas rare cependant de trouver ces schistes remplacés par des grès.

On a fait quelques analyses sommaires sur les charbons

des principales couches de Petite-Rosselle ; nous en donnons les résultats.

	VEINE ST.-JEAN.		VEINE DÉSIRÉE.		VEINE TROMPEUSE.	
	Sillon du mur.	Sillon supérieur.	Sillon du mur.	Sillon du toit.	Sillon du mur.	Sillon du toit.
Carbone	581	592	597	549	597	589
Matières volatiles.	390	383	367	410	366	379
Cendres	29	25	36	41	37	32
Totaux	1 000	1 000	1 000	1 000	1 000	1 000

Travaux d'Urselsbronn. Puits d'Urselsbronn et puits Wendel. — Lorsque les travaux d'exploitation de Petite-Rosselle eurent pris une extension considérable, en 1862, les exploitants songèrent à développer leur production en ouvrant une mine nouvelle, et ils furent tout d'abord portés à l'établir aux environs de la vallée d'Urselsbronn qui forme un sillon assez profond dans la plaine de Forbach, à un kilomètre au sud du vallon de Vieille-Verrerie. Deux sondages d'essai avaient déjà été forés dans le voisinage d'Urselsbronn ; le premier, placé dans cette localité même, avait été poussé à 300 mètres, sans révéler la présence d'une seule couche de houille exploitable ; le second, établi sur le bord droit de la route de Forbach à Sarrelouis, entre la vallée d'Urselsbronn et Petite-Rosselle, n'était pas descendu au delà de 156^m,20, et, malgré cette faible profondeur, il avait mis à jour trois veines de houille parmi lesquelles s'en trouvait une de 1^m,75 d'épaisseur. On était donc disposé à attribuer, d'après ce résultat, la stérilité des terrains traversés par le sondage d'Urselsbronn, à des accidents dans lesquels il aurait été engagé. Aussi, considérant que le forage de Geisenhof était trop près de la frontière pour qu'il y eût avantage à installer des travaux dans sa proximité immédiate, on n'hésita pas à placer à Urselsbronn les travaux de la nouvelle mine. Un puits de reconnaissance y fut ouvert, dans les premiers jours de 1852, non loin de l'emplacement du sondage; c'est celui dont la coupe est figurée page 94; sa margelle est à 217^m,07 au-dessus du niveau de la mer. Ce puits a été poussé à 161^m,30 de profondeur; il est entré dans le terrain houiller à 22^m,50 et a révélé l'existence de nombreuses couches de houille, dont les plus remarquables sont la veine Robert, située à 44^m,65 du jour; elle a 1^m,65 de puissance et est aujourd'hui exploitée; à 88^m,75 de profondeur, une veine inexploitée, comprenant 1^m,60 de houille et 0^m,85 de schistes, enfin, à 128^m,25 du jour, une troisième veine puissante, également inexploitée et qui a 1^m,30 de houille barrée par des filets de schistes qui, réunis, présentent une épaisseur de 0^m,31.

L'approfondissement du puits d'Urselsbronn avait été arrêté dans cette dernière veine, à 128^m,50, au mois de février 1864; on y installa deux niveaux d'accrochage, l'un à 53 mètres, l'autre au fond du puits.

Au premier, on entreprit des travaux d'exploration dans la veine Robert, tant en direction à l'est et à l'ouest de la galerie à travers bancs, qu'en inclinaison par une descenderie.

Au niveau de 128^m,50, deux galeries à travers bancs furent poussées, l'une vers le sud à la rencontre de la veine Robert, l'autre vers le nord, à la recherche de nouveaux gisements. Celle-ci avait atteint la longueur de 178 mètres lorsqu'elle rencontra, au mois de septembre 1865, une couche de houille à laquelle a été donné le nom de veine Henri et qui n'a pas moins de 8^m,28 de puissance, dont 6^m,58 en houille. On amorça immédiatement de part et d'autre, dans cette magnifique couche, des galeries d'exploration qui firent reconnaître sa régularité sur une centaine de mètres de longueur.

Aussitôt il fut résolu que l'on foncerait un nouveau puits ayant pour principal objet l'exploitation de ce beau gisement, et le puits Wendel fut commencé sur le versant droit de la vallée, immédiatement au-dessus du petit puits de reconnaissance d'Urselsbronn. Il est aujourd'hui près d'être terminé.

En même temps qu'on activait les travaux du puits Wendel, la galerie à travers bancs du niveau de 128^m,50 rencontrait la couche Robert à 270 mètres du puits, et la descenderie reliant les deux niveaux de 55 mètres et de 128^m,50 était achevée. On a détaché de cette voie inclinée une galerie qui a été reconnaître le sondage d'Urselsbronn, et l'on a constaté qu'il passe en effet dans une partie déprimée et inexploitable de la veine Robert. Une faille qui est indiquée dans une petite portion de son parcours sur le plan de la planche III relève du reste la couche dans le sondage par rapport au puits.

Actuellement, la veine Robert est explorée à 55 mètres, et à 10 mètres au-dessus en direction sur un espace de plus de 500 mètres, et, comme nous l'avons dit, le niveau d'exploitation y est préparé à la profondeur de 128 mètres. La couche Henri, atteinte par des galeries à travers bancs d'Urselsbronn et par les deux puits, ne tardera pas à être exploitée également.

Aussi les exploitants se mettent-ils, dès maintenant, en mesure de creuser un nouveau puits qui sera établi à 385 mètres environ à l'ouest du puits Wendel, sur le versant droit de la vallée de la Rosselle, et qui doit rencontrer cette couche à une soixantaine de mètres de profondeur, si elle n'éprouve pas de dérangements considérables dans l'intervalle qui les sépare.

Indépendamment de la faille dont nous avons fait mention et qui relève les couches de houille dans le sondage par rapport au puits, on a traversé plusieurs accidents dans la mine d'Urselsbronn. Le seul qui ait quelque importance, est une faille qu'on a recoupée dans les travaux de Robert, aux trois niveaux des galeries d'allongement, et qui a une direc sion N. 15° E. Elle produit un rejet de 14 mètres environ normalement à la couche.

Le fonçage du puits de reconnaissance d'Urselsbronn a révélé la présence du minerai de fer dans les schistes qui surmontent les bancs de houille ou qui se trouvent intercalés entre ces bancs. Ce minerai consiste en grès à grains fins, de couleur grise et noirâtre, dont le poids indique qu'ils contiennent une proportion restée indéterminée de fer oxydé ou carbonaté; les fissures du grès sont tapissées d'hématite rouge. Ces lits ont généralement $0^m,15$ à $0^m,20$ de puissance; leurs épaisseurs respectives varient du reste beaucoup. Le gisement le plus important qui ait été constaté existe à 8 mètres environ au-dessus de la veine Henri; il consiste en hématite rouge, friable, formant une veine irrégulière de $0^m,25$ d'épaisseur, au milieu de grès noirâtres, à grains fins.

Sur quelques points où les terrains sont dérangés, on a trouvé des rognons de grès d'une couleur grise blonde qui, d'après leur poids, doivent renfermer une proportion notable de fer carbonaté. Ils renferment également de la pyrite blanche, en petites parties noyées dans la masse.

La houille d'Urselsbronn est semblable à celle de Rosselle. Nous donnons les résultats des analyses sommaires qui ont été faites sur des charbons provenant des deux veines Robert et Henri.

	COUCHE ROBERT.	COUCHE HENRI		
		Banc du mur.	4° banc à partir du mur.	Banc du toit.
Carbone.	617	587	596	575
Matières volatiles.	373	409	380	390
Cendres.	10	4	24	35
Totaux	1 000	1 000	1 000	1 000

On remarquera la pureté extrême du banc inférieur de la couche Henri; des échantillons de la veine qui vient immédiatement après ce banc ont été trouvés également très-purs, car ils ne renferment que 13 pour 100 de cendres.

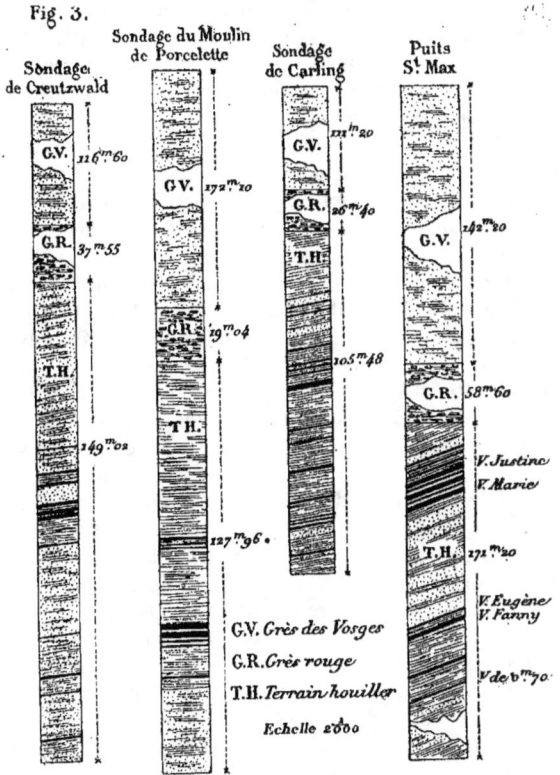

Fig. 3.

Travaux de la concession de Carling. Puits Saint-Max. — Les travaux préparatoires d'exploitation, dans la concession de Carling, remontent à la fin de 1855. C'est le 17 novembre de cette année que fut commencé le fonçage du puits Saint-Max, sur un emplacement situé à 650 mètres au sud-ouest du sondage de Carling. Ce puits a atteint actuellement la profondeur de 372 mètres. Nous donnons dans la figure 3, ci-dessus, la coupe des terrains qu'il a traversés, ainsi que celles des forages de Creutzwald, du moulin de Porcelette et de Carling, qui sont tous les trois compris dans la concession de ce nom.

Les $142^m,20$ de grès des Vosges recoupés par le puits sont terminés, vers le bas, sur une hauteur d'une quinzaine de mètres, par des poudingues gris ou jaunâtres, renfermant des galets de quartz et de quartzites. Viennent ensuite les conglomérats du grès rouge sur une épaisseur de $58^m,60$. Les assises de ces deux terrains sont bien stratifiées et très-sensiblement horizontales. Le terrain houiller traversé par le puits a, au contraire, ses strates inclinées de 35° environ vers le sud ; la discordance de stratification est donc encore ici très-nette. Il est constitué par des schistes auxquels succèdent des grès dans la partie profonde du puits. Les principales couches de houille qu'il a rencontrées, sont la veine Justine, de $1^m,20$ de puissance, la veine Eugène, de $0^m,70$, la veine Fanny, de $1^m,25$, la veine inférieure à Fanny, d'une épaisseur comprise entre $0^m,70$ et $0^m,80$. La veine Marie, comprise entre les couches Justine et Eugène, a été traversée dans le puits, sur une épaisseur de $2^m,25$, avec trois intercalations de nerfs schisteux présentant une puissance totale de $0^m,40$, et réduisant, par suite, celle du combustible à $1^m,85$.

Les travaux du puits Saint-Max sont figurés en coupe et en élévation sur la planche IV.

Au mois d'août 1861, le puits était arrivé à la profondeur de 295 mètres. On avait aussitôt installé, à 215, à 230 et à 280 mètres, trois niveaux d'exploitation. A 215 mètres on avait reconnu les couches Justine et Marie, et installé un réservoir d'eau. A 230 mètres, on avait établi le premier accrochage et recoupé toutes les couches traversées par le puits dans deux galeries à travers bancs poussées, l'une au sud-ouest, l'autre au nord-est. A 280 mètres, on avait installé le second accrochage et recoupé au sud-ouest les couches de $0^m,70$ et Fanny.

A partir de ce moment les travaux d'exploration et d'exploitation furent poussés aussi activement que possible, en direction et en inclinaison, entre les niveaux de 280 et de 230 mètres. Les couches furent trouvées dirigées vers le nord 40° ouest, et plongeant vers le sud 50° ouest de 42° en moyenne.

La houille, extraite principalement des couches Fanny, Eugène et Justine, essayée dans divers laboratoires, avait été trouvée possédant les qualités des houilles sèches à longue flamme, impropre à la fabrication du coke, en raison de son faible rendement en carbone fixe et du manque d'agglutination, mais remarquable par sa pureté et aussi par sa richesse en matières volatiles. Des essais entrepris dans le laboratoire de MM. Appold frères, à Sultzbach, avaient notamment établi que le rendement en coke était de 57,30 à 60,80 pour 100 et que la quantité de cendres ne dépassait pas, en moyenne, 4,89 pour 100, pour la houille broyée et non lavée, 3,57 pour 100, pour la houille lavée et 2,07 pour 100 seulement pour les gros morceaux.

Il résultait de toutes ces constatations que la houille de Carling était remarquablement pure, qu'elle donnerait d'excellents résultats dans l'emploi sur les grilles des chaudières et dans les foyers domestiques, qu'elle pourrait servir aussi aux usages métallurgiques et peut-être à la fabrication du gaz. L'avenir de l'exploitation paraissait dès lors assuré.

Malheureusement elle ne tarda pas à rencontrer de grands obstacles ; à peine les travaux eurent-ils pris quelque développement que, tant au niveau de 230 mètres qu'à celui de 280 mètres, on s'aperçut que les terrains étaient tourmentés et les couches de houille extrêmement fracturées et disloquées; il était impossible d'y établir des travaux continus. Dans l'espérance de trouver plus bas une diminution de ces accidents, on décida alors que l'approfondissement du puits serait repris; le creusement fut commencé le 1er août 1862. Pendant ce temps on continuait les travaux d'exploitation à 230 mètres et à 280 mètres; mais les galeries à travers bancs de ces deux niveaux ne tardèrent pas à venir buter, à 50 mètres et à 172 mètres du puits, contre des conglomérats du nouveau grès rouge. Ainsi une faille ou un autre accident dont la nature n'est pas encore nettement connue, avait descendu brusquement ce terrain d'une hauteur de 80 mètres. La constatation d'un accident de cette importance, auquel se reliaient d'une manière évidente les fractures que l'on avait rencontrées dans les terrains voisins du puits, ne pouvait qu'engager les exploitants à se tourner du côté opposé et à reporter ainsi tous leurs efforts vers le nord-est. Les galeries à travers bancs de 230 mètres et de 280 mètres furent rapidement poussées dans cette direction. Là les terrains prirent, en apparence, une allure plus régulière; mais il fallut aller, au niveau de 280 mètres, jusqu'à 222 mètres du puits pour atteindre la première couche de houille, d'une épaisseur de 1 mètre, sur laquelle $0^m,40$ de houille impure, et qui prit le nom de veine Ermance. A la rencontre de la galerie à travers bancs, elle plongeait de 23° vers le sud 45° ouest.

On ouvrit immédiatement dans cette couche des travaux d'exploitation, pendant que l'on continuait la galerie de 230 mètres et que l'on établissait un troisième accrochage à 355 mètres; on commença, également à ce niveau, une galerie à travers bancs vers le N. E.

La galerie de 230 mètres fut arrêtée à 194 du puits, après avoir rencontré, à son extrémité, deux couches de houille qui sont séparées l'une de l'autre par un banc de schiste de 2 mètres environ d'épaisseur. Elles ont pris les noms de veine Petite-Berthe et veine Grande-Berthe; la première renferme deux sillons de houille de 0^m,11 et 0^m,54, séparés par un intervalle schisteux de 0^m,02 ; la seconde a également deux assises de combustible, chacune de 0^m,40 de puissance, séparées par un nerf de 0^m,16.

La galerie du niveau de 280 mètres, poussée jusqu'à 480 mètres du puits, n'a plus recoupé aucune couche de houille au delà d'Ermance.

Celle du niveau de 355 mètres, qui a atteint 500 mètres de longueur, a rencontré seulement, à 62^m,50 du puits, une passée qui renferme un petit banc de charbon sous des schistes très-charbonneux.

L'exploitation est donc restreinte actuellement aux couches Grande et Petite-Berthe et à la veine Ermance. Les premières sont explorées de part et d'autre de la galerie à travers bancs de 230 mètres, sur un espace d'environ 380 mètres. Dans cette étendue, elles sont recoupées, principalement au nord-ouest, par plusieurs accidents accompagnés de rejets peu considérables qui ont été facilement traversés. En profondeur, une faille fait disparaître les deux couches, à 70 mètres environ suivant l'inclinaison, au-dessous du niveau de 230 mètres ; il a fallu continuer, à partir de là, jusqu'au niveau de 280 mètres par un plan incliné à travers bancs.

De même, la veine Ermance est explorée sur 500 mètres environ de longueur de part et d'autre de la galerie à travers bancs de 280 mètres et rencontre ses principaux accidents vers le nord-ouest ; comme les précédentes, elle est interrompue par une faille, à 90 mètres, suivant l'inclinaison, au-dessous du niveau de 280 mètres. Cette faille paraît être la même que celle qui a fait disparaître plus haut la Berthe. On compte creuser le plan incliné qui doit relier les niveaux de 355 mètres et de 280 mètres dans la passée dont il a été question. Ce travail montrera s'il existe quelque rapport entre cette passée et la veine Ermance.

En résumant les principaux faits révélés par les travaux

du puits Saint-Max, on voit que le champ du nord-est a été jusqu'à présent trouvé pauvre, et quoiqu'on n'y ait pas rencontré d'accidents d'une grande largeur, il paraît certain qu'il s'y est fait un grand nombre de mouvements de terrains qui ont détruit les couches peu épaisses, rencontrées sur de grandes portions de leur parcours. C'est sans doute par l'effet d'une suite d'accidents de cette nature que la couche de 1^m,72 du sondage de Carling, qui devait, si elle avait eu une allure régulière, recouper la galerie à travers bancs de 280 à 480 mètres, et celle de 355 à 300 mètres environ du puits, n'a pas été constatée à ces deux niveaux; il est possible qu'elle soit représentée par la veine Ermance à la position de laquelle elle aurait été ramenée par une suite de relevages.

La direction générale des couches, dans le champ exploré, paraît être à peu près comprise entre le N. 40° O. et le N. 57° O. Leur inclinaison varie de 35° et même de 50° à 10°, et l'on remarque que les bancs sont de moins en moins inclinés, à mesure que l'on s'avance vers le nord-est. C'est là un fait favorable au succès de l'approfondissement du puits qui, dans les régions profondes, traversera ainsi les couches presque normalement, contrairement à ce qui est arrivé dans les étages plus élevés. Il y a d'ailleurs lieu d'espérer qu'à ces profondeurs plus grandes et peut-être même dès le niveau de 355 mètres, les couches Justine, Marie, Eugène et Fanny seront trouvées plus régulières, et que les accidents qui les affectaient à 280 mètres et à 230 mètres, auront disparu.

Fossiles. — Le terrain houiller de la Moselle est assez riche en végétaux fossiles. Il existe, au Musée de Metz, une collection de ces végétaux qui provient de l'ancienne exploitation de Schœnecken, et lui a été donnée par M. Lejeune, chef de bataillon du génie. Dans ces derniers temps, le Musée a été également enrichi de quelques beaux échantillons de grandes dimensions recueillis dans l'exploitation de Carling et offerts par M. Pougnet.

On y a reconnu les espèces suivantes :

CRYPTOGAMES

FOUGÈRES

Cyclopteris reniformis.	*Ad. Br.*	Pecopteris pteroïdes.	*Ad. Br.*
Neuropteris flexuosa.	—	— plumosa (var).	—
— tenuifolia.	—	— abbreviata.	—
Sphenopteris denticula.		— Serlii.	—
— trifolia.	—	— chœrophylloides.	—
— myriophyllum.	—	— Grandini.	—
— acuta.	—	— Defrancii.	—
— hymenophyllum.	—	— nervosa.	—
— acutifolia.	—	— acuta.	—
— latifolia.	—	— gigantea.	—
Pecopteris punctulata.	—	— cyathea.	—
— arborescens.	—	Loxopteris adiantoïdes.	*Pom.*

LYCOPODIACÉES

Lepidodendron microstigma.	*Ad. Br.*	Lepidostrobus.	
— Wettheimianum.	—	Lepidophyllum lanceolatum.	*Ad. Br.*
— fastigiatum.	—	— intermedium	—
— laricium.	—	Lepidoploios.	
— annulatum.	—	Knorria imbricata.	*Stew.*
— elegans.	—		

ÉQUISÉTACÉES

Calamites pachyderma.	*Ad. Br.*	Calamites cistii.	*Ad. Br.*

DYCOTYLÉDONES GYMNOSPERMES

ASTÉROPHYLLITÉES

Asterophylliste rigida.	*Ad. Br.*	Annularia longifolia.	*Ad. Br.*
Annularia fertilis.	*Stew.*	Sphenophyllum.	
— brevifolia.	*Ad. Br.*		

SIGILLARIÉES

Sigillaria Defrancii.	*Ad. Br.*	Sigillaria hexagona.	*Ad. Br.*
— lepidodendrifollia.	—	— eliptica.	—
— elongata.	—	Stigmaria ficoïdes.	—

NŒGGÉRATHIÉES

Nœggerathia lineata.   *Ad. Br.*

Usages économiques. — Les gîtes de houille recônnus sur le territoire du département sont aujourd'hui, comme on l'a vu, l'objet d'une extraction assez active à Rosselle, à Urselsbronn et à Carling. Nous renvoyons, pour les détails qui concernent ces mines, au chapitre qui traite de l'exploitation des minéraux utiles.

Considérations théoriques. — Les gisements de houille auxquels la formation carbonifère emprunte sa dénomination ne sont point son apanage exclusif. On en rencontre, en effet, dans d'autres terrains ; mais ils ne s'y présentent plus avec la même abondance et un aussi grand développement que dans le terrain houiller, de telle sorte qu'ils servent réellement à le caractériser. Sous ce rapport, le terrain de la Sarre est un des plus remarquables parmi ceux qui ont été explorés, car la puissance totale des couches de houille qu'on y a reconnues s'élève à 102 mètres vers l'Ouest et jusqu'à 118 mètres dans la partie orientale du bassin.

C'est un fait bien établi que la houille est d'origine végétale. Les débris des plantes qui ont concouru à sa production, ne se rencontrent pas seulement dans les schistes qui l'accompagnent ; ils se retrouvent encore dans la houille la plus pure, comme M. Göppert l'a constaté. On admet généralement qu'elle s'est formée, sur place, par une accumulation progressive et naturellement très-lente de familles entières de végétaux, comparable à celle qui s'effectue, de nos jours, dans les tourbières.

La flore de la période houillère offrait des différences profondes avec celle des lieux où l'on trouve aujourd'hui ses dépôts. Elle était beaucoup plus uniforme et moins riche que cette dernière ; mais elle s'en différenciait surtout par l'absence complète des Dicotylédones ordinaires ou angiospermes, par celle presque aussi complète des Monocotylédones, et par la prédominance des Cryptogames acrogènes et le grand développement qu'acquéraient les Dicotylédones gymnospermes. Les parties émergées du sol étaient alors peuplées de fougères arborescentes ; des lycopodiacées et des plantes voisines des prêles y prenaient les proportions de grands arbres. L'étrangeté des formes était donc aussi un des traits caractéristiques de cette flore qui n'a plus aujourd'hui d'analogie que dans quelques îles de la zone torride. On est fondé à en induire que le climat était beaucoup plus chaud et plus humide qu'à l'époque actuelle. Le développement de la végétation semble également indiquer que l'atmosphère renfermait une proportion d'acide carbonique plus considérable que celle qu'on y a constatée de nos jours.

Le terrain carbonifère comprend deux types bien distincts : l'un de formation mixte, en partie marine, en partie lacustre et terrestre; l'autre exclusivement d'eau douce. Au premier type appartiennent les bassins houillers de l'Angleterre, de la Belgique et du Nord de la France ; on trouve à leur base un étage calcaire, pétri de fossiles marins, auquel les Anglais ont donné le nom de calcaire de montagnes (*mountain limestone*). Les nombreux bassins qui sont enclavés dans le plateau central de la France présentent, au contraire, des exemples du second type. La question de savoir auquel des deux on doit rapporter le bassin de la Sarre est encore indéterminée. Il faut remarquer, en effet, que, d'après la disposition même des assises du bassin qui, vers le Sud, viennent buter contre les bancs du grès des Vosges, on n'en connaît point la partie inférieure et qu'on ne peut, par conséquent, ni affirmer, ni nier l'existence du calcaire carbonifère. Toutefois, le faciès général des assises du terrain houiller de Sarrebrück est bien plutôt celui du type lacustre que celui du type marin, et c'est pourquoi il a été généralement considéré jusqu'ici comme appartenant au premier.

CHAPITRE IV

TERRAIN DU NOUVEAU GRÈS ROUGE

Aperçu général. — Le terrain du grès rouge tire son nom de la roche qui en forme la partie dominante. On y ajoute habituellement la qualification de nouveau, pour le distinguer du vieux grès rouge (*old red sandstone*) avec lequel il a quelques analogies de composition, mais qui est plus ancien que lui, puisque entre les deux vient s'intercaler toute la formation carbonifère, si puissante sur quelques points et notamment à Sarrebrück, où elle a plusieurs milliers de mètres d'épaisseur. Le nouveau grès rouge est le *rothe todte liegende* des Allemands (base morte rouge), désignation qui provient de ce qu'en Thuringe il forme le mur stérile d'une assise de schiste d'où on extrait des minerais de cuivre. Ce terrain appartient à une formation puissante qui fait encore partie des dépôts paléozoïques, et était autrefois connue sous le nom de pénéenne, mais qui l'est plus aujourd'hui sous le nom de permienne, que MM. Murchisson et de Verneuil ont introduit dans la science, en se fondant sur l'immense développement que la formation acquiert dans le gouvernement de Perm, en Russie, et sur sa richesse en débris organiques fossiles.

Le nouveau grès rouge forme la base de cette formation, et le grès des Vosges en occupe le sommet. Entre les deux, se place le zechstein, qui paraît manquer dans la région vosgienne.

Extension probable, composition et gisement du nouveau grès rouge de la Moselle. — Comme le terrain houiller auquel il est superposé, le nouveau grès rouge ne se montre au jour sur aucun point du département ; mais les recherches entreprises dans la plaine de Creutzwald ont montré que ce terrain formait un des éléments constitutifs du sol de la Moselle. C'est en examinant les déblais retirés des trous de sonde de la vallée de Merlebach, parmi lesquels figuraient des débris de roches mélaphyriques, que j'ai reconnu, pour la première fois, l'existence du grès rouge. Sa présence a été, plus tard, également constatée dans le forage de l'étang d'Oderfang. Enfin, les notions nécessairement incomplètes que les explorations de la plaine de Creutzwald avaient fournies sur le gisement de ce terrain, ont été, dans ces derniers temps, rectifiées par l'exécution des puits ouverts pour l'extraction de la houille, qui a permis de pénétrer dans les régions profondes du sol ou d'en retirer des échantillons de roches de grandes dimensions.

L'étendue occupée par le nouveau grès rouge dans la Moselle ne me paraît pas être encore bien définie. Il est incontestable qu'on l'a rencontré aux environs de Forbach et dans la plupart des sondages et des puits de la partie méridionale de la plaine de Creutzwald ; mais il n'est nullement prouvé qu'il s'interpose entre le terrain houiller et le grès des Vosges, vers le nord et l'ouest de cette plaine. Il est, au contraire, plus vraisemblable que, dans ces régions, ces deux formations se trouvent directement en contact, comme elles le sont d'ailleurs sur tous les points de la rive gauche de la Sarre où leur limite commune peut être observée.

Le nouveau grès rouge se montre, dans le département, sous forme de conglomérats et de grès plus ou moins argileux, d'un rouge violacé, constituant souvent des masses puissantes, qui ne présentent aucune apparence de stratification. Il est, du reste, nettement caractérisé, sur quelques points, par la présence de galets de porphyre ou de mélaphyre en voie de décomposition.

Partout où on a pu reconnaître la stratification de ce terrain, on a constaté qu'elle se rapprochait de l'horizontalité. Le grès rouge présente, sous ce rapport, un contraste marqué avec le terrain houiller, dont les assises ont presque

8

toujours une inclinaison assez considérable, pour qu'on observe, à la séparation, une discordance très-nette de stratification. Comme le montre la coupe de la figure 4, planche I, il paraît avoir comblé des dépressions préexistantes dans la formation carbonifère. C'est du moins ce que l'on peut inférer des inégalités d'épaisseur qu'il présente sur des points souvent très rapprochés. Ainsi, le grès rouge qui a été traversé sur 51 mètres dans le puits Saint-Charles de la concession de Schœnecken, n'offre plus, dans le puits Saint-Joseph, qu'une épaisseur de 27 mètres seulement. Sa puissance, de $36^m,50$ dans le forage de Geisenhof, est réduite à $10^m,50$ à Urselsbronn ; elle est de $58^m,60$ dans le puits Saint-Max de la concession de Carling, et elle atteint $97^m,87$ dans celui de l'Hôpital.

Composition du nouveau grès rouge, traversé par le puits de l'Hôpital. — C'est dans la vallée de Merlebach, à la hauteur de l'Hôpital, que le nouveau grès rouge s'est montré jusqu'ici avec le plus de développement ; c'est là aussi qu'il est le mieux caractérisé. Le puits d'aérage ouvert dans cette localité l'a traversé sur une hauteur de $97^m,87$. Immédiatement au-dessous du grès des Vosges, à la profondeur de $132^m,13$, on a rencontré une assise de $1^m,37$, d'un grès rouge violacé, pâle, à ciment argileux très-abondant, renfermant de petits cailloux de quartz blanc et de quartzite rougeâtre, puis des grès gris à grains fins, séparés par des lits encore plus minces d'argile rouge lie de vin, sur $0^m,99$ d'épaisseur, et enfin une masse de conglomérats et de grès qui se succèdent, sur l'énorme hauteur de $95^m,60$, sans stratification apparente. Cette masse renferme, au milieu d'un ciment argileux, de couleur rouge violacée, des galets quelquefois volumineux et paraissant en général peu roulés, de quartzites rouges et bruns, des petits noyaux amorphes de quartz à éclat gras, du feldspath décomposé formant des taches d'un blanc jaunâtre, des galets plats ou arrondis de mélaphyre décomposé, et enfin des fragments roulés de la roche elle-même contenant ces divers éléments. Il n'est pas rare d'y trouver, par place, des enduits manganésifères. La texture des conglomérats, ainsi que les dimensions des galets, sont extrêmement variables. En quelques points, et notamment à 138^m,50 et à 151 mètres, les cailloux deviennent rares dans la pâte et le ciment argileux est très-abondant ; la couleur est alors d'un rouge intense. En d'autres points, il ne reste que le ciment rouge, lequel forme alors des lits peu épais et très-irréguliers. Par places, le conglomérat passe à un grès rouge compacte ; quelquefois enfin, le ciment manque et l'on a des grès de couleur grise ou jaunâtre, qui se présentent sous forme de veines sans aucune régularité.

Le mur des conglomérats du nouveau grès rouge traversés par le puits de l'Hôpital a été trouvé incliné de 10° vers l'est ; mais rien n'indique que ce plan de séparation coïncide avec la stratification.

Fossiles. — On ne rencontre, dans le grès rouge de la Moselle, que quelques bois silicifiés qui n'ont pas encore été l'objet d'une détermination précise.

Usages économiques. — Ce terrain ne renferme aucune substance utile.

Origine du grès rouge. — Les circonstances dans lesquelles s'est effectué le dépôt du grès rouge sont manifestement bien différentes de celles qui ont présidé à la formation du terrain houiller. La production des conglomérat à éléments volumineux et mal arrondis qui constituent la masse principale du *Rothliegende*, suppose, en effet, des eaux agitées. C'est à l'éruption des porphyres quartzifères et des mélaphyres, dont les gisements sont assez répandus dans la contrée voisine de la Sarre, et aux dégradations opérées par ces roches dans les formations préexistantes, qu'il faut rapporter l'origine du grès rouge de cette région, ainsi que celle des petits bassins toujours très-circonscrits, dont l'existence a été constatée dans la Moselle.

CHAPITRE V

GRÈS DES VOSGES

Aperçu général. — Étendue et composition du grès des Vosges, dans la Moselle. — Le grès des Vosges tire son nom de la chaîne de montagnes qui s'élève entre la Lorraine et l'Alsace, chaîne dont il forme la masse principale.

Il se montre dans le département sur deux points assez éloignés l'un de l'autre. Il recouvre, vers l'extrême est, toute la partie montagneuse de la Moselle, entre la Bavière rhénane au nord, le Bas-Rhin à l'est et au sud, et, du côté de l'ouest, une ligne passant par Walschbronn, Bitche, Lemberg et Gœtzenbruck. Il s'étend également dans la contrée qui avoisine la Sarre entre Sarrebrück et Sarrelouis. De ce côté, il pénètre dans la Moselle, sous forme d'un triangle, dont la base coïncide avec le cours sinueux de la frontière entre Stiring et le château de Merten, et dont le sommet est à Longeville-lès-Saint-Avold; les deux autres côtés étant déterminés par les chaînes de collines qui s'étendent de ce point sur Forbach, d'une part, en passant par Saint-Avold, Hombourg et Cocheren, et, de l'autre, sur Merten, par Porcelette, Ham-sous-Varsberg, Hargarten-aux-Mines et Falck.

Bien qu'ils soient séparés par une distance assez considérable, les deux massifs de grès vosgien que renferme le département, ont néanmoins une connexité qu'il est facile d'établir. Il suffit, en effet, de jeter les yeux sur une carte géologique générale, telle que la carte de France, pour remarquer que les Vosges viennent, dans leur prolongement septentrional, buter contre les assises relevées du terrain houiller de la Sarre et que la formation qui caractérise ces montagnes, après s'être étalée sur un vaste espace aux environs de Kaiserslautern, contourne ensuite ce terrain du côté du sud, de l'ouest et du nord. Le massif triangulaire des bords de la Sarre appartient à cette bande de grès vosgien de largeur inégale qui enveloppe le bassin houiller de Sarrebrück presque sur toute sa périphérie, il en forme la pointe la plus saillante vers le couchant et se rattache, comme on le voit, au pays de Bitche, par les Vosges du Palatinat du Rhin, contrée qui est généralement connue sous le nom de Hardt.

Le grès des Vosges recouvre, dans la Moselle, une superficie d'environ 468 kilomètres carrés, formant les 87 millièmes de la surface du département, soit 280 kilomètres pour le pays de Bitche et les vallées qui s'en détachent à l'ouest, et 188 kilomètres pour la plaine de Creutzwald et les environs de Forbach.

Il est peu de terrains qui offrent une aussi grande simplicité de composition que le grès des Vosges ; sa masse entière est formée de grès et de poudingues quartzifères. Les caractères généraux de la formation sont également très-constants; ils se rapprochent toujours d'un type qui reste le même dans toute l'étendue que celle-ci embrasse. Ces caractères ont été fixés par M. Élie de Beaumont, dans l'explication de la carte géologique de la France, en termes très-précis, auxquels nous avons dû faire de nombreux emprunts.

La roche dominante est un grès composé de grains amorphes de quartz translucide, offrant assez souvent des facettes cristallines, qui scintillent vivement sous l'influence de la lumière solaire ; elle renferme également quelques grains d'un blanc mat, qui paraissent provenir de cristaux de feldspath en voie de décomposition ; le mica y est très-rare. Le plus habituellement, l'adhérence des grains qui forment la masse du grès des Vosges, est très-faible et due seulement à une petite quantité d'oxyde de fer rouge ou jaune, interposé entre eux. De là vient que la roche s'égrène avec la plus grande facilité et se présente souvent à l'état de sable. La couleur varie avec celle du ciment; elle revêt toutes les nuances du rouge, depuis le rouge de brique pâle jusqu'au rouge violacé; elle est jaunâtre ou jaune brunâtre, quand c'est de l'hydrate de fer qui agglutine les grains; les variétés de grès incohérentes sont généralement grises. Souvent ces diverses couleurs se trouvent réunies, sans ordre, dans un même banc, dont l'aspect est alors bigarré; quelquefois elles y dessinent des bandes parallèles qui marquent la stratification.

On trouve, assez fréquemment, dans certaines assises du grès des Vosges, des veinules de fer hématiteux, brunâtre, agglutinant les grains de quartz. Ces veinules sont tantôt parallèles aux plans de séparation des couches; tantôt elles s'entrelacent en tous sens et, comme elles sont moins exposées que la masse du grès à l'action destructive de l'atmosphère, elles restent en saillie à la surface et y forment les figures les plus bizarres. Elles appartiennent plus particulièrement à la partie inférieure du terrain.

On rencontre aussi, mais plus rarement, dans les bancs du grès vosgien, des noyaux aplatis ou des espèces de petites lentilles d'argile colorés en rouge, en gris ou en gris verdâtre.

Par l'addition des galets, la roche qui forme la masse du terrain vosgien passe à des poudingues à pâte de grès. Ces galets sont presque exclusivement quartzeux; leur surface, généralement arrondie, présente quelquefois des facettes qui réfléchissent vivement la lumière solaire. La variété la plus commune est un quartz gris rougeâtre ou blanc grisâtre, à cassure inégale, un peu grenue, offrant quelques indices de structure schisteuse. On trouve aussi des galets qui sont nuancés de veines plus ou moins foncées; d'autres sont formées par un quartz noir, compacte ou grenu.

Ces matériaux, diversement agglutinés et colorés, composent tout le terrain du grès des Vosges et lui impriment, par leur simplicité, ce cachet d'uniformité qui en est le caractère dominant. Ils forment des bancs qui diffèrent les uns des autres par l'adhérence, la couleur ou la présence des galets, et dont l'épaisseur varie, en général, de $0^m,50$ à 1 mètre. Toutefois, vers le sommet du système, on en rencontre qui ont plusieurs mètres de puissance.

Les assises se succèdent, d'ailleurs, sans ordre bien déterminé, et la seule remarque que l'on puisse faire sur leur position, c'est que celles qui occupent la base du terrain sont, généralement, bien moins agrégées que celles qui sont placées dans les parties élevées.

Dans les localités où ce terrain a été traversé par des failles, il est très-fréquent de rencontrer des échantillons de grès bien agrégés qui présentent des surfaces polies et striées. En examinant de près ces échantillons, vulgairement connus sous le nom de *miroirs*, on reconnaît que les grains de quartz dont le grès est formé, ont été ramollis dans les parties superficielles, et qu'ils sont comme soudés entre eux. Cet état d'agrégation supposant une température élevée, on est fondé à attribuer ce phénomène remarquable à la chaleur développée par le frottement qui a été la conséquence de l'ouverture des failles. On peut recueillir beaucoup de *miroirs* dans les environs de Bitche et de Stürtzelbronn.

Fossiles. — Les débris organiques fossiles sont très-rares dans le grès des Vosges; à notre connaissance, on n'en a trouvé aucun dans la partie de cette formation qui pénètre dans le département.

Grès des Vosges dans le pays de Bitche. — Les deux régions occupées par le grès vosgien dans la Moselle offrent, quant à la manière dont les masses minérales y sont disposées, des différences assez notables. Sur le prolongement de la chaîne des Vosges, dans la contrée vulgairement connue sous le nom de pays de Bitche, ce terrain constitue des montagnes dont l'élévation moyenne au-dessus du niveau de la mer est de 450 mètres et qui atteignent, sur un point, l'altitude de 525 mètres. Celles-ci présentent des formes ardues et des sommets aplatis. Elles ont, d'ailleurs, peu de continuité, car, indépendamment des vallées profondes qui sillonnent cette région, il existe encore une infinité de petits vallons qui la traversent en tous sens et lui donnent un aspect très-accidenté. La masse entière de ces montagnes est composée de grès et de poudingues quartzeux dont les bancs sont disposés horizontalement et présentent quelquefois de magnifiques rochers s'élevant, comme autant de murailles aux assises régulières, au-dessus des forêts, dont la contrée est couverte. Quelques-uns de ces rochers sont couronnés par les ruines d'anciens châteaux-forts, qui semblent avoir été sculptés dans la roche, tant ils font corps avec les bancs qui leur servent de base. Ces accidents variés du sol, la chaleur des tons propres à la roche dominante, la vigueur luxuriante de la végétation qu'elle supporte, contribuent à faire, du pays de Bitche, une contrée essentiellement pittoresque.

Dans la pointe orientale du département, le grès vosgien se montre également dans le fond de quelques vallées qui ne peuvent plus être considérées comme appartenant à la région montagneuse. La carte géologique en signale des lambeaux assez importants dans celle du Saegmühlerbach, autour de Soucht, de Meisenthal et de la verrerie de Saint-Louis, dans toute la partie élevée de celle du Schwalbach, jusqu'à la hauteur de Hottwiller et, enfin, dans celle du Hornbach, depuis sa naissance à Lengelsheim, jusqu'à sa sortie du territoire français. On le retrouve même encore plus à l'ouest, mais seulement sur une faible étendue, au fond de la vallée du Battenerbach, entre Montbronn et Rahling. Dans ces diverses localités, le grès des Vosges est bien loin de s'élever à la hauteur qu'il atteint dans la région montagneuse; il est recouvert, à stratification concordante, par le grès bigarré, dont les assises constituent les flancs des vallées et couronnent des plateaux d'une altitude moyenne de 410 à

420 mètres, inférieure, par conséquent, à celle de cette région.

Cette disposition, qui est représentée sur la figure 4 ci-dessous, ne peut se concevoir sans admettre l'existence d'une

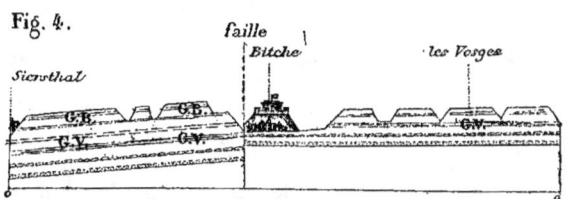

Coupe représentant la disposition relative du Grès des Vosges et du Grès bigarré entre Bitche et Siersthal.
G.V. *Grès des Vosges* G.B. *Grès bigarré* ———— Echelle $\frac{1}{165 000}$

faille séparant la montagne du pays des plateaux, et à l'ouest de laquelle le terrain de grès des Vosges a été abaissé en masse d'environ 80 mètres. Cette faille est également indiquée sur la figure 2 de la planche I.

Grès vosgien dans la plaine de Creutewald. — Dans la région située sur les bords de la Sarre, le grès des Vosges n'atteint plus une altitude aussi grande que dans le pays de Bitche. Cette région est un plateau légèrement ondulé qui s'élève, en moyenne, de 260 à 300 mètres au-dessus du niveau de la mer, et de 80 à 120 mètres au-dessus du niveau de la Sarre sous le pont de Sarrebrück. De loin en loin des buttes isolées, en forme de cônes aplatis, s'en détachent; tels sont le Schlossberg, près de Forbach, dont l'altitude est de 340 mètres, un monticule près du moulin de Ditschweiller, qui s'élève à 332 mètres, la grande Saule, au-dessus de Falck. Le sol du plateau, que nous avons déjà désigné sous le nom de plaine de Creutzwald, est formé par les assises moyennes du grès des Vosges, tandis que les bancs fortement agrégés qui constituent la partie supérieure de la formation, s'observent tant dans les buttes qui dominent la plaine, qu'à la base des collines entre lesquelles elle est encadrée. Ces bancs sont généralement très-épais ; quelques-uns ont jusqu'à 8 mètres de puissance. Selon toute vraisemblance, ils couvraient primitivement la surface entière du plateau ; mais ils ont été dénudés et presque complétement détruits, et on n'en retrouve plus aujourd'hui que quelques rares vestiges dans les protubérances isolées qui s'en détachent.

Les nombreux sondages qui ont été exécutés dans la plaine de Creutzwald pour la recherche du terrain houiller, ainsi que les reconnaissances que j'ai faites pour l'étude du bassin de la Sarre, ont permis de fixer la composition du grès vosgien dans cette région. Il présente quelques particularités qui méritent d'être signalées.

Dans la partie inférieure du terrain, presque au contact du terrain houiller, on observe un poudingue qui n'a aucune analogie avec ceux que l'on rencontre habituellement dans cette formation. Il est composé de galets de quartz, de quartzites, de grès et de schistes houillers fortement agglutinés par un ciment ferrugineux rouge. La masse, dans laquelle on rencontre quelques parties remplies d'un sable blanc ou jaunâtre, semblable à celui qui est propre au grès vosgien, est traversée par des veinules dans lesquelles l'oxyde de fer s'est concentré ; quelques parties présentent des taches manganésifères. Ces conglomérats, qui offrent une certaine analogie avec ceux de grès rouge, se trouvent en gros bancs, mais seulement sur une épaisseur de quelques mètres, au milieu de sables grisâtres qu'il est difficile de ne point rapporter au grès des Vosges. Ils reposent, d'ailleurs, à stratification discordante sur les couches redressées du terrain houiller. Ils sont situés à un niveau trop bas pour qu'on puisse les observer dans la plaine de Creutzwald ; mais on les rencontre nécessairement, quand on descend à la Sarre par les nombreux vallons qui entament le plateau. Ils paraissent notamment dans l'escarpement situé sur la rive gauche de la Sarre, près de Wadgassen ; sur les hauteurs qui dominent Wehrden, dans la côte entre Ludweiler et Grande-Roselle, sur le chemin de Schœnecken à Gersweiler et dans le petit vallon qui forme à l'est la limite du terrain houiller du côté de Sarrebrück.

On observe également, dans la partie du grès des Vosges qui se trouve en contact avec le terrain houiller, de nombreuses veinules de fer hydraté, hématiteux, brun. Elles se trouvent dans la formation à tous les niveaux ; mais on ne les rencontre avec une aussi grande abondance que dans cette position. Elles sont habituellement disposées parallèlement à la stratification qu'elles dessinent, et il y a des points où la masse du grès en est tellement pénétrée qu'elles lui donnent une certaine consistance. Ces veinules accompagnent constamment le poudingue à ciment ferrugineux rouge.

Les sondages entrepris dans la plaine de Creutzwald pour la recherche du terrain houiller ont appris que, sur de nombreux points de cette plaine, la partie inférieure du grès vosgien renfermait de la pyrite de fer avec une certaine abondance. Celle-ci constitue, dans quelques cas, le ciment du grès et elle s'y rencontre aussi, sous forme de petits cristaux, à la surface des galets des poudingues, qu'elle empâte. Le grès des Vosges étant très-perméable et la pyrite facilement décomposable, on explique très-bien pourquoi ce minéral a échappé jusqu'ici à l'observation dans les portions du terrain qui viennent affleurer à la surface du sol. Selon toute vraisemblance, beaucoup de ces plaquettes ferrugineuses que l'on rencontre dans certaines assises, et notamment à la base du grès vosgien, n'ont pas d'autre origine que des pyrites de fer décomposées.

Coupe du puits Sainte-Stéphanie. — Le puits Sainte-Stéphanie n° 2, dont le creusement a été effectué à bras d'hommes, a donné une coupe très-détaillée des 140 mètres inférieurs du grès des Vosges, aux environs de Forbach. Nous la reproduisons ici.

NATURE DES TERRAINS.	ÉPAISSEUR des terrains.	PROFONDEURS auxquelles les terrains ont été rencontrés.
	M. C.	M. C.
Sable jaune clair, compacte, avec cailloux de quartz et de quartzite gris et blancs et rares plaquettes hématiteuses..................	24 80	» »
Sable de couleur plus claire que le précédent ...	0 20	24 80
Sable jaune clair, compacte	1 20	25 »
Sable de couleur plus claire...........	0 15	26 20
Sable jaune clair, compacte...........	3 25	26 35
Sable jaune clair sans consistance	3 20	29 60
Sable blanchâtre, entre deux lits d'hématite gréseuse.	0 20	32 80
Sable argileux, tendre, couleur lie de vin et jaune.	1 75	33 »
Sable blanchâtre, moins argileux et plus dur que le précédent..................	1 »	34 75
Sable brun, ferrugineux dur, avec plaquettes hématiteuses..................	0 70	35 75
Sable brun jaunâtre, assez dur, sans galets, ni hématite.	2 »	36 45
Sable brun, ferrugineux, compacte, avec plaquettes hématiteuses..................	0 90	38 45
Sable jaune pâle, présentant des alternances de lits tendres (à 41 mètres une fissure très-inclinée traverse le puits)	4 10	39 25
Sable rougeâtre, ferrugineux, dur, avec grandes plaques hématiteuses	0 80	43 45
Sable rougeâtre, dur	1 05	44 25
Sable jaune pâle, séparé du banc précédent par une fissure....................	0 80	45 30
Sable jaune orangé................	0 80	46 10
Sable jaune pâle, avec fissures..........	4 45	46 90
Sable jaunâtre, tendre, séparé par une fissure de l'assise supérieure	8 20	51 35
Sable blanc...................	1 55	59 55
Sable jaune clair, compacte, homogène, assez dur, à stratification légèrement inclinée vers l'Est ...	3 48	60 90
Sable jaune pâle, homogène, peu dur.......	3 66	64 38
Grès à grains fins, jaunâtre, avec veines d'hématite.	1 86	68 04
Grès jaune pâle, à grains fins, peu dur, fissuré ..	5 85	69 90
Argile rouge foncé, dure	0 18	73 75
Grès gris bleuâtre, dur et homogène	2 02	73 93
Grès jaunâtre assez dur, avec nids d'argile blanche.	1 05	75 95

NATURE DES TERRAINS.	ÉPAISSEUR des terrains.	PROFONDEURS auxquelles les terrains ont été rencontrés.
	M. C.	M. C.
Grès gris bleuâtre, dur et homogène.	4 05	77 »
Grès jaunâtre très-pâle, homogène, peu dur, à grains fins.	4 60	81 05
Grès jaune pâle, à gros grains.	0 20	85 65
Grès jaune pâle, avec galets.	1 70	85 85
Grès rose, dur, très-homogène, à grains fins . . .	0 40	87 55
Grès blanc sale et jaunâtre mêlés	2 05	87 95
Argile rouge foncé.	0 10	90 »
Grès jaunâtre, dur, homogène.	1 90	90 10
Grès blancs, à grains fins	0 80	92 »
Grès blanchâtre, avec galets.	2 85	92 80
Grès rouge, fin, dur	0 25	95 65
Alternances de grès rouge et blanc, fin	0 45	95 90
Grès grossier, avec de nombreux galets.	0 30	96 35
Grès avec quelques galets et une fissure horizontale.	2 70	96 65
Grès à gros grains, avec beaucoup de galets . . .	1 20	99 35
Grès à gros grains, avec quelques galets.	1 70	100 55
Grès à gros grains, avec beaucoup de galets. . .	1 50	102 25
Grès fin, homogène, dur	4 10	103 75
Grès dur, bleu pâle (à 108 mètres une fissure inclinée traverse le puits)	2 30	107 85
Grès à gros éléments, peu dur, avec quelques galets.	1 45	110 15
Grès bleuâtre, dur, fin	0 35	111 60
Conglomérat rougeâtre, très-dur	0 18	111 95
Grès fin, homogène (à 112ᵐ,50 une fissure inclinée, qui en croise une autre, traverse le puits) . . .	2 10	112 13
Grès grossier avec galets	0 50	114 23
Poudingue à petites parties	1 10	114 73
Grès à grains moyens (à 117ᵐ,10, nouvelle fissure inclinée).	2 19	115 83
Grès grossier, avec galets, renfermant un lit d'argile rouge et bleu de 0ᵐ,20, interrompu à l'intersection de deux cassures.	3 46	118 02
Grès avec beaucoup de galets	0 22	121 48
Grès fin, homogène, argileux	2 »	121 70
Grès à grains moyens.	13 90	123 70
Grès à gros grains, avec galets.	1 50	137 60
Argile bleuâtre.	0 07	139 10
Grès à grains fins.	1 03	139 17
		140 20

Gîte de calcaire magnésien à la partie supérieure du grès des Vosges. — Ce que la formation du grès vosgien présente de plus remarquable dans la région voisine de la Sarre, c'est un gîte de calcaire magnésien qui a été signalé par M. Elie de Beaumont dans la côte du Kelschberg, sur la route de Forbach à Sarreguemines, et dont nous avons reconnu ultérieurement la constance, non-seulement dans cette région, mais encore dans toute la bande de grès vosgien qui enveloppe le bassin de Sarrebrück. Il occupe la partie supérieure de la formation, près du contact du grès bigarré, et consiste en plusieurs lits superposés d'un calcaire dolomitique, cristallin, de couleur jaunâtre ou rougeâtre, fréquemment maculé des deux couleurs. Ce calcaire est quelquefois pur [1], mais le plus souvent il empâte des grains de quartz et même des galets n'offrant aucune différence avec ceux qui entrent dans la composition habituelle du grès vosgien. Il est intercalé dans des bancs d'argile sableuse et micacée qui se font remarquer par leur couleur bigarrée des nuances violette, grise et verte. Le calcaire magnésien agglutine quelquefois une partie de l'assise argileuse, et il n'est point rare d'y trouver de belles druses dans lesquelles la dolomie est cristallisée en rhomboèdres. Il existe en général deux bancs semblables, ayant de 1 à 2 mètres de puissance, lesquels sont séparés par une petite épaisseur de grès qui ne diffère point du grès vosgien

---

[1] Un échantillon du calcaire magnésien de ce niveau géologique recueilli sur le chemin qui de la frontière monte à Spicheren a été analysé et a donné la composition suivante :

Sable et silice	0^g,291^c
Alumine et oxyde de fer	0 ,115
Eau par différence	0 ,091
Carbonate de chaux.	0 ,577
Id. de magnésie	0 ,124
TOTAL.	0 ,998

Il est assez bien représenté par la formule

$$5\,Ca.O\,CO^2 + 2\,Mg.O\,CO^2.$$

ordinaire, et surmontés par quelques assises qui appartiennent encore à cette formation. Quelquefois le gîte se réduit à un seul banc, et il arrive aussi que son épaisseur peut être beaucoup au-dessous de celle que nous venons de signaler.

Nous croyons devoir rapporter au grès vosgien ces rognons dolomitiques qui forment un horizon géologique si remarquable, parce qu'il nous a été impossible de saisir une discordance de stratification entre les bancs qui les renferment et les dernières assises de ce terrain et que, d'un autre côté, les galets quartzeux qui y sont empâtés, constituent un élément bien plutôt propre au grès vosgien qu'au grès bigarré. Il est, d'ailleurs, assez indifférent de les ranger dans l'une ou l'autre formation. Ce qu'il importe de remarquer, c'est que, loin d'être accidentels, ils se montrent constamment à la limite des deux terrains, qu'ils l'indiquent toujours avec une précision remarquable et qu'ils permettent même de la saisir de fort loin, à cause de la bigarrure de couleurs que présentent les bancs au milieu desquels ils sont intercalés.

Il nous serait difficile d'indiquer tous les points du département où le gîte dolomitique est à jour ; nous nous contenterons de signaler ceux où on peut le mieux l'étudier, ce sont : le chemin qui monte de la frontière à Spicheren, la route de Forbach à Sarreguemines, tant l'ancienne que la nouvelle, au-dessus de Morsbach, Bening-lès-Saint-Avold, la tranchée du chemin de fer près de Hombourg, la route de Saint-Avold à Dieuze et le château de Varsberg.

Dans les environs de Saint-Avold, le gîte de dolomie vosgienne empâte des rognons de jaspe rougeâtre qui se fondent dans la masse de la roche. On trouve également du jaspe dans les autres assises du grès vosgien, notamment entre Hombourg et les forges de Sainte-Fontaine, mais il n'y est pas très-commun.

Gîtes de fer, de plomb et de cuivre dans le grès vosgien des bords de la Sarre. — Le massif de grès des Vosges qui avoisine la Sarre est métallifère sur quelques-uns de ses points.

Il renferme, notamment aux environs de Creutzwald, des filons d'hématite de fer qui ont été l'objet d'une exploitation assez suivie pour les forges de ce nom. On trouve de plus, vers le tiers de la hauteur des collines qui encadrent la plaine, des gisements de galène et de cuivre carbonaté. Les uns et les autres sont indépendants de la formation dans laquelle ils sont enclavés. On en trouvera la description à l'article des gîtes métallifères.

Disposition du grès des Vosges dans cette région. — Dans la région voisine de la Sarre, le grès des Vosges présente des accidents analogues à ceux que l'on observe aux confins de la région montueuse. Ainsi, sur de nombreux points de l'escarpement qui limite la plaine de Creutzwald, du côté du sud, le grès bigarré repose, à stratification concordante, sur des parties déprimées de la formation vosgienne, ses assises viennent buter contre les bancs de cette dernière, qui sont restés en place. Toutefois les accidents de cette espèce que l'on remarque entre Forbach et Saint-Avold ont une orientation différente de ceux du pays de Bitche. Nous nous proposons de les décrire avec détail et d'en rechercher les causes, quand nous traiterons de la structure du sol.

Usages économiques. — Le grès des Vosges est rarement assez bien agrégé pour donner des pierres propres aux constructions. On s'en sert toutefois, faute d'en trouver de meilleures, dans les parties du département où il est très-développé. La propriété qu'il possède d'être très-réfractaire le fait rechercher pour la construction des ouvrages des hauts-fourneaux.

Origine du grès des Vosges. — Le grès des Vosges succède sans transition brusque au nouveau grès rouge ; partout la continuité est manifeste, et il est toujours difficile de saisir la limite qui sépare ces deux terrains. L'absence à peu près complète de débris organiques fossiles est un caractère qui tend encore à les rapprocher. Il faut donc admettre qu'ils se sont formés dans des conditions à peu près identiques. L'un et l'autre résultent de la destruction de roches anciennes. Toutefois, comme M. Élie de Beaumont l'a fait remarquer avec beaucoup de raison, le grès rouge ne renferme généralement que des débris de roches du voisinage, charriés à une petite distance, tandis que l'uniformité des matériaux qui entrent dans la composition du grès des Vosges, est corrélative d'une cause agissant beaucoup plus en grand.

Le grès des Vosges est un terrain d'une grande puissance. Dans le pays de Bitche on ne peut, d'après l'élévation des montagnes au-dessus du fond des vallées, estimer son épaisseur à moins de 280 à 300 mètres, et elle est sans doute beaucoup plus considérable. Elle est également très-grande dans la vallée de la Sarre, car le sondage de Grosbliederstroff a été poussé jusqu'à 383 mètres dans le grès vosgien, sans parvenir à le traverser complétement. Toutefois dans la partie centrale de la plaine de Creutzwald, la puissance de ce terrain paraît être un peu moins élevée et ne pas dépasser 250 mètres.

Terre végétale et cultures. — Le sol arable de la région occupée par le grès des Vosges est composé d'éléments presque exclusivement quartzeux. C'est, dans le département, le type des terres légères qui sont peu propres à la culture des céréales, mais qui offrent au contraire, à cause de leur perméabilité, de grandes ressources pour la production du bois. Aussi le grès vosgien est-il presque entièrement couvert de belles forêts, dans lesquelles le hêtre, le bouleau et le chêne sont les essences dominantes ; telles sont celles de la Houve, de Saint-Avold, du Zang, de Forbach et du pays de Bitche. Le seigle et la pomme de terre forment le principal objet de la culture de cette région ; on y rencontre aussi, le long des cours d'eau, quelques prairies qui, dans la contrée montueuse, sont bien irriguées.

Les terres sablonneuses du pays de Bitche et des bords de la Sarre n'ont, d'ailleurs, qu'une infériorité relative et elles peuvent être considérablement améliorées par l'introduction d'amendements calcaires ou marneux. Déjà quelques-unes d'entre elles ont pu être transformées par l'addition de la chaux ou des boues que l'on recueille sur les routes. Rien n'est plus propre à montrer le rôle que la constitution chimique du sol joue dans les phénomènes de la végétation que les résultats obtenus dans ce sens sur certains points des environs de Saint-Avold, de Forbach et de Bitche.

CHAPITRE VI

GRÈS BIGARRÉ

Disposition habituelle des trois groupes qui composent la série triasique dans la Moselle. — Il existe une telle connexité entre les trois terrains superposés au grès des Vosges : le grès bigarré, le muschelkalk et les marnes irisées, qu'on a cru devoir, comme nous l'avons déjà fait remarquer, les réunir en une seule et même formation qui porte le nom de trias. Cette réunion est justifiée à la fois par la ressemblance des espèces fossiles que ces terrains renferment et par l'impossibilité où l'on se trouve, le plus souvent, d'établir entre eux des démarcations minéralogiques bien précises. Toutefois, comme elle se prête mal à une description locale, nous nous proposons de faire connaître séparément chacun des étages dont la formation se compose, après avoir montré comment ils sont disposés dans le département de la Moselle.

La disposition habituelle des trois groupes qui composent le trias est représentée, en coupe, sur la figure 5 ci-dessous.

Fig. 5.

Coupe représentant la disposition habituelle, dans le Dép.^t de la Moselle, des trois étages du Trias.
G.V. *Grès des Vosges* G.B. *Grès bigarré* M. *Muschelkalk*. K. *Marnes irisées*,
Échelle 200.000

Du côté de l'est, les affleurements du grès bigarré et du muschelkalk dessinent deux lignes de côtes ardues à la surface de la région occupée par le grès vosgien, la seconde étant placée un peu en retrait par rapport à la première. Du côté de l'ouest, au contraire, le pays est relativement plat ; les assises supérieures du muschelkalk vont en s'abaissant, d'une manière peu sensible dans cette direction, et ce n'est généralement qu'à un niveau bien inférieur à la crête qu'elles forment et à une assez grande distance de cette crête que paraissent les marnes irisées. Les affleurements du calcaire conchylien déterminent donc une saillie très-prononcée dans le relief du sol. On peut estimer à 160 mètres en moyenne, la hauteur à laquelle elle s'élève au-dessus du grès vosgien, et à 140 mètres, celle de laquelle elle domine la plaine occupée par le keuper. C'est, comme nous l'avons déjà dit, le trait caractéristique le plus saillant de la configuration du sol du pays compris entre la Sarre et la Moselle.

Aperçu général. Extension et composition du grès bigarré. — Le grès bigarré tire son nom du mélange varié des couleurs que présentent la plupart de ses assises. Ce caractère, toutefois, ne lui est point particulier et rien n'est plus commun que de rencontrer, soit dans le trias, soit même dans d'autres formations, des séries de couches qui l'offrent au même degré. Le grès bigarré correspond au buntersandstein des Allemands, du moins en partie, car on comprend encore sous cette dénomination, sur la rive droite du Rhin, des assises qui, par suite d'observations déjà anciennes, ont dû en être séparées dans la région des Vosges, notamment le grès qui forme la masse principale de ces montagnes.

Pris avec l'acception française, le grès bigarré constitue le membre le plus ancien de la formation triasique; c'est également le moins puissant des trois, puisque, dans la Moselle, son épaisseur atteint à peine 50 mètres. Aussi la bande que dessinent les affleurements sur la carte géologique du département, est-elle assez restreinte en largeur. Il y a, néanmoins, sous ce rapport, une différence essentielle entre les deux régions occupées par le grès bigarré. Dans la pointe orientale du département, ce terrain s'avance jusqu'aux confins de la région montueuse, et il recouvre, vers l'ouest, en totalité ou partiellement, les territoires des communes des cantons de Volmunster et de Rohrbach, comprises entre le Hornbach et la Bisken-Alb, et celles de Lemberg, Gœtzenbruck et Meisenthal. La zone occupée par ses assises se trouve ainsi avoir, sous le parallèle de Bitche, environ 10 kilomètres de largeur, et plus au nord, le long de la frontière bavaroise, elle prend encore de l'extension [1].

---

[1] Ces indications ne concordent pas avec celles qui résultent de l'inspection de la carte géologique. Il suffit, en effet, de jeter les yeux sur cette dernière pour reconnaître que la surface des plateaux qui s'étendent entre Bitche et Rohrbach a été considérée par M. Reverchon comme appartenant à l'étage inférieur du muschelkalk. D'après le tracé qu'il a adopté, les assises du grès bigarré ne constituent que les parties élevées des flancs des vallées, et elles n'occupent, en définitive, dans toute cette étendue, qu'un espace assez restreint. Suivant nous, ce tracé est défectueux. Si on place, comme cela est généralement admis, la limite inférieure du muschelkalk au-dessous des glaises bigarrées avec gypse qui renferment le gîte de sel de Salzbronn, on est conduit à ne voir que du grès bigarré dans tout l'es-

— 133 —

La bande déterminée par les affleurements du grès bigarré est, au contraire, très-réduite dans la région voisine de la Sarre ; elle se tient communément entre 1 et 2 kilomètres, et sur quelques points elle ne dépasse pas 500 mètres de largeur. Elle traverse, dans cette contrée, les territoires des communes de Glosbliederstroff, Alsting, Spicheren, Kerbach, Forbach, Œtingen, Morsbach, Folckling, Cocheren, Bening, Betting, Hombourg-l'Évêque, Saint-Avold, Dourd'hal, Bambiderstroff, Longeville, Porcelette, Bisten-im-loch, Varsberg, Guerting, Hargarten-aux-Mines, Dalheim, Remering et Berweiler. Enfin le grès bigarré se montre sur un troisième point du département très-éloigné de Bitche et de la plaine de Creutzwald. Il reparaît dans la vallée de la Moselle, à la hauteur de la petite ville de Sierck, au milieu de formations beaucoup plus récentes, par suite d'un soulèvement que nous étudierons, lorsque nous passerons en revue les actions auxquelles ont été soumises, après leur dépôt, les couches qui constituent le sol du département.

Le grès bigarré recouvre dans la Moselle, environ 258 kilomètres carrés[1], soit 48 millièmes de la surface du département.

Comme le grès des Vosges, le grès bigarré est presque exclusivement composé d'assises gréseuses. Aussi rencontre-t-on à leur contact des couches ambiguës que l'on peut indifféremment rapporter à l'un ou à l'autre, et qui empêchent d'assigner, avec précision, la limite des deux terrains. Toutefois, le second se distingue, en général, du premier, par la finesse des grains de quartz qu'il renferme, par l'abondance du ciment argileux qui donne aux assises une plus

pace que nous avons désigné, car c'est dans la côte qui domine Rohrbach que l'on rencontre pour la première fois ces glaises, lorsqu'on se dirige de Bitche sur Sarreguemines.

[1] Dans ce nombre, 196 kilomètres carrés proviennent de la région située à l'ouest du pays de Bitche, 52 kilomètres des coteaux entre lesquels la plaine de Creutzwald est encadrée, et 10 kilomètres des environs de Sierck.

grande consistance, et par la présence, dans ces assises, de paillettes de mica qui sont très-rares dans le grès vosgien. L'existence de débris organisés fossiles dans le grès bigarré est également un caractère qui sert à le différencier de ce dernier.

A raison de son peu de développement, le grès bigarré ne saurait être divisé en étages. Toutefois on y distingue deux groupes d'assises qui présentent, d'une manière constante, des différences assez notables dans leur composition et dans leur manière d'être. Le groupe inférieur comprend des bancs très-épais et fortement agrégés de grès à grains quartzeux, très-fins, et qui contiennent des paillettes de mica irrégulièrement disséminées dans la masse. On voit, à la base de la formation, de pareils bancs qui ont jusqu'à 10 mètres de puissance. Ils sont séparés par des lits minces de grès schisteux et d'argiles feuilletées. Des assises gréseuses, moins épaisses et dans lesquelles le mica est plus abondant, les recouvrent. La couleur habituelle de ce groupe est le rouge amarante, panaché de gris ou de gris verdâtre.

Le groupe supérieur ne renferme que des assises éminemment fissiles, propriété qu'elles doivent à une grande quantité de larges paillettes de mica interposées entre leurs plans de séparation. Ce sont des grès ferrugineux à grains fins, des grès à ciment dolomitique et de véritables dolomies grenues, un peu sableuses. Dans la partie la plus élevée de la formation, les couches deviennent argileuses et passent aux glaises qui constituent la base du muschelkalk. Elles présentent d'ailleurs, comme celles du premier groupe, un assemblage de couleurs variées ; les grès et les argiles sont grisâtres ou rougeâtres, souvent bigarrés de ces deux nuances ; quant aux dolomies et aux grès dolomitiques, leur couleur se rapproche ordinairement du jaune de miel ou du jaune fauve.

Uniformité d'allures du grès bigarré dans la Moselle. — Nous avons déjà eu occasion, en décrivant le grès des Vosges, de signaler la disposition habituelle du grès bigarré dans la Moselle. Ce dernier repose, en général, à stratification concordante sur des assises de la première formation qui ont été manifestement rejetées par des failles souvent considérables. C'est une observation que l'on peut faire, non-seulement dans la pointe orientale du département, mais encore sur de nombreux points de la périphérie de la plaine de Creutzwald. L'inclinaison des assises qui, dans la première région, est vers l'ouest, passe au sud et au sud-est dans la seconde; elle devient de plus assez forte, circonstance que les nombreuses tranchées ouvertes pour la construction du chemin de fer de Metz à Sarrebrück et la rectification de la côte qui domine Saint-Avold, ont mise dans tout son jour.

En quelque point qu'on l'observe, le grès bigarré présente, d'ailleurs, dans la Moselle une uniformité de composition remarquable. Les deux groupes d'assises que nous y avons distingués, se montrent toujours nettement séparés sous le rapport orographique. La pente du sol formé par le groupe inférieur est roide et couverte de bois. Le groupe supérieur, au contraire, s'étale dans une position voisine de l'horizontale aux pieds des côtes déterminées par les affleurements du muschelkalk. Réduite à un simple palier dans les environs de Forbach et de Saint-Avold, cette plaine s'élargit beaucoup, comme nous l'avons vu, à l'ouest du pays de Bitche, elle se présente là sous la forme d'un plateau qui n'a pas moins de 10 kilomètres de largeur.

Gîtes métallifères dans le grès bigarré. — Les gîtes de plomb et de cuivre qui existent dans le grès vosgien sur plusieurs points des côtes entre lesquelles la plaine de Creutzwald est encadrée, se rencontrent également dans les assises inférieures du grès bigarré. Nous nous proposons de les décrire avec détail, quand nous traiterons des gisements métallifères que le département renferme.

Fossiles. — Le grès bigarré ne possède pas de faune qui lui soit propre; les fossiles qu'on y rencontre caractérisent également le muschelkalk. Le grès étant éminemment arénacé, et les animaux à coquilles ne pouvant exister que dans des eaux, qui contiennent en solution une certaine quantité de chaux nécessaire pour le développement de leurs tests, il en résulte trois observations : 1° les fossiles plutôt conservés que pétrifiés dans une roche gréseuse et très-perméable ont dû perdre leur test, dissous avec une grande facilité par les courants, et ne présenter que des moules qui se montrent d'ailleurs assez nets et avec des caractères suffisants pour être déterminables ; 2° les fossiles ne peuvent se rencontrer que dans les assises les plus élevées du grès qui renferment une certaine quantité de substance calcaire ; 3° enfin les gastéropodes qui stationnent habituellement dans le sable des rivages et qui n'ont besoin pour exister que du seul reflux de la marée, tels que les natices, les turritelles, les rostellaires, etc., ont dû acquérir dans le grès bigarré un plus grand développement que ceux qui vivaient dans la mer du muschelkalk, mer profonde et marno-calcaire.

Les plantes sont assez rares dans le grès bigarré de la Moselle ; elles s'y montrent à l'état de lignite profondément altéré et sont par suite peu susceptibles d'une bonne détermination. En rapprochant leurs formes de celles qui existent en si grande quantité dans les carrières de Soultz-lès-Bains, on y reconnaît des calamites et de grandes équisétacées.

Tous les fossiles dont nous donnons la liste ont été recueillis dans un ravin, au sortir de Saint-Avold, à gauche de la route qui conduit au chemin de fer ; mais il existe des gisements identiques dans la partie supérieure du terrain entre Coume et Guerting, au-dessus de Merten, et à Sierck.

PLANTES

ÉQUISÉTACÉES

| Equisetites Brongnarti. | *Schimp.* | Calamites arenaceus. | *Jæg.* |

CONIFÈRES

| Voltzia heterophylla. | *Schimp.* | Voltzia acutifolia. | *Ad. Br.* |

ANIMAUX

ÉCHINODERMES

Encrinus liliiformis.	*Mil*	Encrinus dubius.	*Quenst.*

BRACHIOPODES

Spiriferina trigonella,	*d'Orb.*	Terebratula vulgaris.	*Schl.*

ACÉPHALES

Ostrea difformis.	*Goldf.*	Gervillia costata.	*Quenst.*
Pecten discites.	*Hel.*	Avicula acuta.	*Goldf.*
— lævigatus.	*Goldf.*	— crispata.	—
Lima striata.	*Desh.*	Mytilus eduliformis.	*Schel.*
— costata.	*Mu.*	— minutus.	*Goldf,*
— lineata.	*Desh.*	Myophoria curvirostris.	*Br.*
Gervillia socialis.	*Quenst.*	— vulgaris.	—
— pernata.	—	— orbicularis.	—

GASTÉROPODES

Natica Gaillardoti.	*Voltz.*		

VERTÉBRÉS

Gyrodus (écailles).		Nothosaurus mirabilis (dents).	*Mu.*

Usages économiques. — Les bancs inférieurs du grès bigarré fournissent une pierre de taille estimée qui est employée dans toute la partie orientale du département et y est connue sous le nom de pierre de sable. On en tire aussi des meules à aiguiser. Lors de la construction des puits de mine à Stiring, on a exploité sur le territoire de Spicheren, pour en faire de la chaux hydraulique, un banc dolomitique, appartenant à la partie supérieure de la formation [1].

[1] Le calcaire magnésien extrait de cette localité était grenu, grisâtre, taché de jaune. On l'a trouvé composé de :

Silice.	0gr,052
Alumine.	0 ,112
Eau, par différence..	0 ,076
Carbonate de chaux.	0 ,592
Carbonate de magnésie.	0 ,146
TOTAL.	0gr,978

CHAPITRE VII

MUSCHELKALK

Aperçu général. Étendue et composition du muschelkalk dans la Moselle. — La dénomination allemande de *muschelkalk* (littéralement *calcaire coquillier*) que l'on emploie pour désigner le second des membres de la formation triasique est bien loin d'être justifiée; car, si quelques assises de ce terrain sont assez riches en débris organisés fossiles, d'autres en sont, au contraire, à peu près dépourvues et l'ensemble est, sous ce rapport, plutôt pauvre que riche. Toutefois, l'usage ayant prévalu sur le fait, cette dénomination s'est conservée et il n'y a aucun inconvénient à s'en servir, comme nous comptons le faire, pourvu que son impropriété soit signalée et reconnue. Le muschelkalk correspond au calcaire conchylien de M. Brongniart.

Ce terrain constitue, dans la Moselle, des plateaux élevés qui offrent des pentes assez roides du côté des affleurements et s'abaissent, au contraire, d'une manière insensible dans la direction opposée. Il se montre dans la pointe orientale du département, formant une bande d'un myriamètre environ de largeur, parallèle à la chaîne des Vosges entre Rahling, Rohrbach et Rimelingen à l'est et la Sarre à l'ouest. Cette bande, après s'être prolongée jusqu'aux environs de Bliescatel, rentre dans la Moselle, entre Sarreguemines et Grosbliederstroff, en suivant à peu près la direction du sud-ouest. Assez large à son entrée sur le territoire français, elle se rétrécit tout à coup à la hauteur de Forbach et elle se réduit près de Saint-Avold à 1 kilomètre de largeur, circonstance qu'il faut attribuer au plongement considérable des couches dans cette région. A l'ouest de Saint-Avold, la zone déterminée par les affleurements du muschelkalk s'élargit de nouveau, et tournant au nord, elle se dirige par les côtes de Boucheporn et de Tromborn sur Bouzonville. C'est en ce point qu'elle atteint sa plus grande largeur dans le département. Elle s'avance, en effet, vers l'ouest, au milieu des marnes irisées, sous forme d'un coin triangulaire dont la base coïncide avec les côtes précitées et dont le sommet se trouve à Bazoncourt, sur la Nied française, c'est-à-dire à plus de 2 myriamètres de ces dernières. De Bouzonville, la bande recouverte par les assises du muschelkalk court vers Sierck, point près duquel elle quitte le territoire du département pour pénétrer dans le grand-duché de Luxembourg[1]. Les hauteurs sur lesquelles elle s'étend déterminent, entre ces deux villes, le partage des eaux entre la Sarre d'une part et de l'autre la Nied et la Moselle.

[1] Il est à peine nécessaire de faire remarquer que la limite occidentale que nous adoptons pour la bande déterminée par les affleurements du muschelkalk, dans cette région, n'est point conforme à celle qui est figurée sur la carte géologique du département. D'après cette carte, le calcaire conchylien ne s'avancerait pas au delà des côtes entre lesquelles la Nied allemande est encaissée; il se trouverait de plus fort réduit au sud de Boulay, où l'on voit le keuper s'avancer, sous forme de baie arrondie, jusqu'à Narbefontaine et Brouck. Ayant toujours considéré comme appartenant au muschelkalk les dolomies exploitées dans cette dernière localité, ainsi que celles de Frécourt et de Servigny-les-Raville, qui ont été sans doute rangées par M. Reverchon dans le keuper, nous sommes nécessairement conduit à donner plus d'extension qu'il ne l'a fait à l'épanouissement formé par la bande conchylienne, au point où elle change brusquement de direction. De Raville, où M. Reverchon l'a conduite, la limite occidentale de cette bande s'avance presque en ligne droite, en passant un peu au sud de Servigny, sur Vaucremont et Bazoncourt, et elle retourne ensuite sur Boulay et Teterchen, par Courcelles-Chaussy, Varize et Helstroff.

La surface du sol, embrassée par cette bande, est d'environ 670 kilomètres carrés. On peut donc admettre que le muschelkalk recouvre les 125 millièmes ou le huitième de la superficie du département.

Des calcaires, des dolomies, des marnes et des argiles, tels sont les éléments constitutifs, essentiels du muschelkalk dans la Moselle ; on y trouve aussi, mais seulement d'une manière accidentelle, du quartz, du gypse, de l'anhydrite et du sel gemme. Ces roches se répartissent en trois étages parfaitement définis et qui se présentent dans l'ordre suivant, en partant du plus ancien :

1° Un étage marneux qui commence par des glaises bigarrées rouges, vertes et grises, et qui est terminé par des marnes gréseuses ou schisteuses, grises ou jaunes, habituellement dolomitiques. Les assises consistantes y sont rares, elles comprennent du gypse, de la dolomie et du silex. Le gypse existe en masses toujours très-circonscrites dans le sens de la stratification au milieu des glaises bigarrées, et quelquefois dans les marnes grises qui leur sont superposées. La dolomie se présente à différents niveaux dans l'étage ; on la trouve en gros bancs d'apparence marneuse, à une petite hauteur au-dessus du gypse, et dans les marnes grises, sous forme de rognons grisâtres, celluleux, dont les vides sont tapissés d'infiltrations spathiques et qui contiennent du quartz calcarifère, grenu, blanchâtre. Quant au silex, il se montre à l'état de rognons ou même de petites couches, au milieu des marnes grises. Cet étage est manifestement l'équivalent de celui que M. d'Alberti a caractérisé, dans la Souabe, sous le nom de groupe de l'anhydrite. On n'y trouve pas de débris organisés fossiles.

2° Un étage presque exclusivement calcaire, dans lequel les marnes ne jouent plus qu'un rôle secondaire et qui peut être assimilé aux assises que ce géologue a décrites sous le nom de calcaire de Friedrichshall. Il renferme plusieurs variétés de cette roche. Les unes sont grises, compactes, pénétrées par une grande quantité de tiges d'encrines qui leur communiquent une texture lamellaire ; quelques-unes sont oolithiques ou contiennent du silex. D'autres sont compactes, à cassure unie ou conchoïde, d'un gris de fumée ou de nuances variées, grises, verdâtres ou jaunâtres, ce qui, au premier aspect, leur donne l'apparence de brèches. On remarque que ces diverses variétés de calcaire ne sont point irrégulièrement réparties dans l'étage moyen du muschelkalk. Les premières constituent des bancs assez épais qui occupent la base du groupe ; les secondes forment, au contraire, des assises peu puissantes à la partie supérieure où elles alternent avec des lits minces de marnes grises, jaunâtres ou verdâtres. C'est dans ces dernières que se trouve le gisement habituel des mollusques fossiles, propres au muschelkalk : le *Gervillia socialis*, le *Ceratites nodosus*, le *Terebratula vulgaris*. On y rencontre aussi des ossements de grands sauriens.

3° Enfin, un étage qui est principalement caractérisé par des dolomies ou des calcaires fortement magnésiens, et par des marnes gréseuses, fissiles, remplies d'empreintes de plantes passées à l'état de matière charbonneuse. Quelques bancs renferment les mollusques de l'étage précédent qui n'y sont plus représentés que par leurs moules ; mais ce qu'ils présentent de plus remarquable, c'est d'être pétris de débris de sauriens, de poissons et de crustacés. Ce troisième étage se trouve sur l'horizon de celui du *Lettenkohle* que M. d'Alberti a placé à la base du keuper ; les marnes impressionnées tiennent lieu dans la Moselle du gîte de combustible terreux que l'on trouve, en Souabe, à ce niveau.

Muschelkalk entre la côte de Rohrbach et la Sarre. — Dans la partie orientale du département, les affleurements du muschelkalk forment, comme nous l'avons déjà fait observer, une bande d'un myriamètre de largeur, parallèle à la direction de la chaîne des Vosges. Cette bande pénètre dans la Moselle entre Rahling et la Sarre, et elle s'étend sur une partie des cantons de Rohrbach, Volmunster et Sarreguemines. Quand, tournant le dos à la montagne, on s'avance sur la route de Bitche à cette dernière ville, c'est à Rohrbach qu'on rencontre, pour la première fois, le calcaire conchylien. Les affleurements de ce terrain sont en relief à la surface du plateau occupé par le grès bigarré et forment une côte assez ardue qui, au-dessus de Rohrbach, atteint l'altitude de 388 mètres. En la gravissant, on rencontre d'abord les glaises bigarrées et les marnes de l'étage inférieur; puis on recoupe tous les bancs calcaires de l'étage moyen qui s'élèvent jusqu'à son sommet, et lorsqu'on y est parvenu, on voit ces derniers s'abaisser d'une manière assez sensible dans la direction de l'ouest. Les dolomies du troisième étage ne commencent à poindre qu'à une certaine distance de la crête de l'escarpement de ce grand plateau, et elles vont, sur les bords de la Sarre, se perdre sous les marnes irisées. Cette disposition des assises du muschelkalk n'est point d'ailleurs particulière à la région comprise entre Rohrbach et Sarreguemines; elle s'observe dans toute l'étendue du département.

Ce que cette région présente de plus remarquable est le développement qu'y acquièrent les glaises bigarrées, plastiques, placées à la base du terrain. A Rohrbach et à Rahling, sur les confins du Bas-Rhin, on y rencontre des dépôts lenticulaires de gypse assez puissants pour donner lieu à quelques exploitations.

L'existence du sel gemme, dans le muschelkalk de cette partie du département, est en rapport avec le développement qu'y prennent les glaises et le gypse. Elle commence à se manifester dans deux communes du Bas-Rhin peu éloignées de la limite de la Moselle, celle de Mackewiller et de Diemeringen où se trouvent des sources assez éloignées des affleurements du keuper pour qu'on ait dû rapporter leur salure au calcaire conchylien qui forme le sol de la contrée environnante [1]. Mais c'est surtout à Sarralbe, petite ville située sur les extrêmes confins du département, au confluent de la Sarre et de l'Albe qu'elle se décèle avec évidence. L'exploitation des sources salées y est très-ancienne, puisque le hameau de Salzbroun, qui en dépend, lui emprunte son nom, et qu'au dire de Dietrich il y existait déjà des salines au commencement du treizième siècle. Celles-ci étaient alimentées par des sources venant du fond de la vallée et marquant seulement 3 à 4 degrés à l'aréomètre. A la hauteur de Sarralbe, la Sarre est encaissée entre des coteaux peu élevés, constitués par des marnes aux nuances vives et variées qui appartiennent incontestablement au keuper inférieur. Cette observation conduisait à rapporter à ce terrain les sources de Salzbroun, et cela avec d'autant plus de raison que c'était bien là le niveau des riches gisements salifères de Dieuze auxquels il était naturel de les comparer, à raison de la faible distance qui séparait ces deux villes. Mais, après une reconnaissance détaillée des lieux, M. Levallois tenant compte des résultats des sondages entrepris dans la première localité en 1826, et surtout de ceux produits par les nombreux travaux qui ont suivi la promulgation de la loi de 1840, a prouvé, il y a plus de vingt ans, que telle n'était point la place des gîtes de sel de Sarralbe, et qu'il fallait pour la trouver, descendre d'un rang tout entier dans l'échelle géologique, c'est-à-dire jusqu'aux glaises bigarrées, placées à la base du muschelkalk. C'est ce qu'établit nettement la coupe du sondage n° 5 de Salzbroun que nous empruntons à son travail [2].

[1] A. Daubrée, *Description géologique et minéralogique du Bas-Rhin*.
[2] Levallois, *Mémoire sur le gisement du sel gemme dans le département de la Moselle et sur la composition générale du terrain de muschelkalk en Lorraine* (*Annales des Mines*, quatrième série, tome XI).

Terre végétale.	1ᵐ50ᶜ
Sable et gravier (alluvion).	3 00
Marnes irisées avec gypse (keuper).	69 18
Calcaire coquillier (muschelkalk).	115 84
(On y indique du gypse cristallisé : la partie inférieure consiste en calcaire oolithique et en marnes qui contiennent des rognons de silex.)	
Gypse et argile salée.	14 83
Anhydrite.	7 24
Argile fétide et bitumineuse, avec gypse.	7 90
Argile rouge et verte, avec nids de sel orangé fibreux. .	2 08
Sel gemme, en cinq bancs séparés par de minces lits de gypse gris.	19 40
Gypse.	2 03
Total.	243ᵐ00ᶜ

Environs de Sarreguemines. — En rentrant sur le territoire du département, entre Forbach et Sarreguemines, la zone déterminée par les affleurements du muschelkalk rencontre, tout d'abord, le sillon profond produit par la vallée de la Sarre qui met bien à jour les différentes assises dont ce terrain se compose. En suivant la route qui se dirige de Sarrebrück sur cette dernière ville, on commence à apercevoir le muschelkalk à Grosbliederstroff. Le gypse se montre d'abord au milieu des argiles bigarrées dans un ravin un peu au sud du village; mais il n'est point assez développé pour pouvoir être exploité. Il est recouvert par des dolomies marneuses et par un lit de silex brunâtre, d'un décimètre d'épaisseur. Un peu plus loin, par suite du prolongement de tout le système vers le sud, on est déjà dans les assises solides du muschelkalk et des carrières couvrent tout le flanc de la vallée jusqu'au sommet. On y exploite, pour pavés et pour moellons, de gros bancs d'un calcaire grisâtre, subsaccharoïde, sans fossiles, lesquels sont recouverts par des couches minces d'un calcaire gris de fumée, taché de jaune, à cassure conchoïde. Au-dessus de ces couches, on voit des exploitations pour l'entretien de la route, dans un calcaire lamellaire, blanchâtre, tout pétri de débris d'encrines. De l'autre côté de la Sarre, près d'Auersmacher, ce même calcaire renferme des rognons siliceux de forme bizarre, se fondant dans la pâte de la roche, et, comme il est en bancs assez épais, il fournit de la pierre de taille. Enfin, à une petite distance de Welferding, paraissent les couches calcaires, minces, avec fossiles et intercalations marneuses qui constituent la partie supérieure du second étage ; on les exploite aussi dans plusieurs carrières, notamment sur le chemin de Sarreguemines à Rouhling et le long de la route rectifiée de cette ville à Metz. Elles sont surmontées par des lits de marnes sableuses, grises, un peu verdâtres qui passent à un grès argileux légèrement micacé et schistoïde au milieu duquel on remarque deux gros bancs de calcaire magnésien et marneux de couleur jaune clair. Ces dernières assises représentent le troisième étage qui est peu développé aux environs de Sarreguemines ; elles marquent déjà le passage du muschelkalk au keuper.

Le faible développement de l'étage du gypse, près de Grossbliederstroff, est un fait exceptionnel pour la région occupée par le muschelkalk, au nord de Sarreguemines ; sur aucun point du département cet étage n'acquiert, en effet, autant de puissance que dans l'espace compris entre la Bliese et la Sarre. Le village bavarois d'Ormesheim possède l'exploitation la plus importante. Elle porte sur deux masses de plusieurs mètres de puissance, intercalées au milieu de glaises rougeâtres et verdâtres. Le gypse est blanc, saccharoïde ; mais on en trouve aussi de fibreux, formant de petites veinules contournées dans la masse de l'argile. Dans la partie supérieure de la carrière on observe un gros banc de dolomie marneuse ; il est caverneux et traversé par de nombreuses infiltrations calcaires. Le gypse se présente dans des conditions de gisement identiques, tout le long de la vallée de la Bliese, entre

Blies-Herbitzheim et Gersheim, et sur le territoire français, au pied de Bliesschweyren.

De même qu'à Sarralbe, on rencontre, dans cette région, des gisements salifères en relation avec le gypse et les glaises qui forment la base du muschelkalk. Ils se manifestent, dans la vallée de la Sarre, par une source salée qui prend naissance au fond d'un puits de 12 mètres de profondeur situé dans le hameau prussien de Rilchingen, et qui a donné lieu à une exploitation aujourd'hui abandonnée.

Environs de Forbach et de Saint-Avold. — Des bords de la Sarre, le muschelkalk s'étend, vers le sud-ouest, jusqu'à Longeville; il couronne toutes les hauteurs qui dominent la route

Fig. 6.

Coupe à l'échelle du ($\frac{1}{2.000}$) de la côte du Kelschberg près Forbach.

G.V. *Grès des Vosges* G.B. *Grès bigarré* M¹ *Muschelkalk inférieur* M² *Muschelkalk moyen.*

de Paris à Mayence par Sarrebrück. La côte du Kelschberg, située sur la route rectifiée de Forbach à Sarreguemines, dont nous donnons une coupe, fait connaître, pour cette région, la composition habituelle du muschelkalk jusqu'aux roches fossilifères qui terminent l'étage moyen et couronnent ordinairement les points culminants de la contrée.

Au bas de la partie de cette coupe qui s'applique au calcaire conchylien, on remarque les glaises bigarrées qui, à Theding, au sud de Forbach, renferment une masse lenticulaire de gypse, et, au-dessus d'elles, les marnes grises avec leurs silex et leurs dolomies. Dans l'étage calcaire, apparaissent les bancs à silex et les couches oolithiques qui donnent lieu à plusieurs exploitations. Ces dernières sont très-constantes à ce niveau, puisqu'on les retrouve à Gros-Rederchingen, dans la partie orientale du département, tout le long de l'escarpement qui domine la route de Sarrebrück, notamment dans la côte de Dourdhal, à la ferme de Finseling, au-dessus de Longeville, et enfin plus au nord à Bisten-im-Loch et à Remering. Elles consistent en un calcaire de couleur grise, un peu jaunâtre, présentant, dans une pâte compacte, traversée par des veinules spathiques, un grand nombre de petites oolithes creuses, blanchâtres.

Au-dessus de Saint-Avold, les marnes dolomitiques de l'étage inférieur sont remplacées par un calcaire magnésien, marneux, blanc, qui tache fortement les doigts.

Dans tout l'espace compris entre la Sarre et Saint-Avold, l'étage dolomitique est fort peu développé; il est réduit à quelques bancs de dolomie grenue, jaunâtre. Ces bancs se montrent, associés à des marnes sableuses micacées et remplies d'impressions végétales, tout le long de la vallée d'Ippling et près de Seingbousse et de Macheren.

Muschelkalk entre Longeville, Teterchen et Vaucremont. Développement de l'étage dolomitique. — A Longeville, la bande que dessinent, sur la carte, les affleurements du muschelkalk s'infléchit brusquement, et, reprenant sa direction initiale, parallèle à la chaîne des Vosges, elle court vers Merzig. Dans cet espace, elle est toujours accusée, dans le relief du sol, par une série de hauteurs qui constituent l'accident le plus considérable du pays compris entre la Sarre et la Moselle, et dont fait partie la côte de Tomborn, sur la route de Metz à Sarrelouis. Chacun des trois étages du muschelkalk y occupe des étendues très-inégales, par suite de leur disposition combinée avec le relief du sol. L'inférieur, ne se présentant qu'en côte, se projette horizontalement, suivant une bande très-étroite qui accompagne celle du grès bigarré dans toutes ses sinuosités. L'étage calcaire occupe une surface déjà plus développée, car celle-ci correspond non-seulement aux tranches des couches, mais encore à l'espace qui s'étend entre la crête de l'escarpement et les points où elle commence à se perdre sous les affleurements du groupe dolomitique. Quant à ce dernier, il recouvre tout le reste du plateau jusqu'à la naissance des marnes irisées ; aussi est-il très-étendu.

Entre Longeville et Teterchen, c'est-à-dire précisément dans l'espace qui correspond à l'inflexion que nous venons de signaler, le plateau recouvert par le muschelkalk s'avance vers le sud ouest, sous forme d'un éperon triangulaire qui, dépassant la Nied allemande, ne se termine qu'en face de Lemud, sur les bords de la Nied française, à 3 kilomètres des affleurements du calcaire à gryphées. Il sépare donc presque complétement en deux tronçons la formation des marnes irisées. Cette disposition remarquable du calcaire conchylien est analogue et parallèle à celle qu'offre, dans la plaine de Creutzwald, le grès vosgien, lequel vient également finir en pointe à Longeville. Elle tient à des accidents en partie antérieurs, en partie postérieurs au dépôt de ces formations, et dont nous nous occuperons, lorsque nous traiterons de la structure du sol dans le département.

Dans le vaste triangle que nous venons de définir, les assises du muschelkalk sont, comme le montre la figure 4 de la planche I, infléchies de manière à figurer une voûte surbaissée et fermée du côté du sud-ouest, configuration que le relief du sol reproduit avec une grande netteté. Il en résuite que le troisième étage qui couvre et enveloppe les deux autres est aussi de beaucoup le plus étendu en superficie. Ceux-ci ne se montrent même au jour qu'à la naissance du plateau et dans les rares anfractuosités qui découpent le sol[1]. Nous signalerons sommairement les particularités que chacun d'eux présente, en insistant toutefois sur l'étage dolomitique, parce qu'il acquiert ici un développement exceptionnel que l'on ne rencontre vraisemblablement sur aucun autre point du versant occidental des Vosges.

Dans les côtes comprises entre Longeville et Teterchen, la séparation du grès bigarré et du muschelkalk est toujours nettement accusée par les glaises légèrement micacées et bariolées de rouge, de bleu et de gris, dont nous avons constaté la présence constante à la base du dernier terrain. Les glaises sont surtout bien développées au dessus de Kleindal, sur la route de Saint-Avold à Boulay. Près de Bambiderstroff, au-dessus de

[1] Il est nécessaire, pour suivre les détails dans lesquels nous allons entrer, de rectifier, en quelques points, la carte géologique. Nous avons déjà eu occasion de préciser les limites de cet éperon triangulaire de muschelkalk qui a sa base comprise entre Longeville et Teterchen et son sommet à Bazoncourt sur le flanc droit de la Nied française. Dans ce vaste espace, c'est l'étage dolomitique confondu, par M. Reverchen, soit avec les marnes irisées, soit avec celui qu'il a désigné sous le nom de muschelkalk supérieur, qui est de beaucoup le plus étendu en superficie. Il commence à se montrer, du côté de l'est, à une petite distance du rebord du plateau vers Momestroff et Narbéfontaine et il est déjà exploité à Brouck : mais il acquiert son maximum de développement au sud-ouest de la Nied allemande, aux environs de Servigny, de Frécourt et de Bazoncourt. Toutefois, comme il est peu épais, l'étage moyen ou calcaire se montre dans toutes les anfractuosités du sol, notamment le long des bords de la Nied allemande, depuis Teting jusqu'à Varize, dans le vallon qui remonte de Courcelles à Frécourt et dans un ravin à l'est de Vancremont.

L'étage inférieur caractérisé par le gypse paraît également, par suite du bombement des couches dans la coupure produite par la Nied entre Raville et Bannay. Nulle part, d'ailleurs, les marnes irisées ne se montrent, sous forme d'îlots, à la surface du plateau. Les deux terrains sont donc orographiquement séparés d'une manière très-nette. Cette disposition est figurée sur la carte géologique du pays messin qui est jointe au mémoire que nous avons publié dans les *Annales des Mines*, tome XI, 5ᵉ série, 1857.

Longeville et sur le chemin de Guerting à Coumes, elles renferment du gypse, sous forme de petites plaquettes fibreuses d'un demi-mètre d'épaisseur au plus qui courent en tous sens dans la masse de l'assise. Elles sont surmontées, comme d'habitude, par un système assez puissant de marnes grises fissiles, auquel sont subordonnées des dolomies cloisonnées et grenues, des silex en rognons ou en petits lits et des masses tuberculeuses de quartz calcarifère, saccharoïde et blanchâtre.

Ces marnes reparaissent, avec les mêmes caractères, sur les flancs abruptes de la Nied allemande, entre Raville et Bannay. L'étage moyen peut être observé tant dans la chaîne de collines qui domine la plaine de Creutzwald que le long du cours de cette rivière, entre Pontpierre et Varize. Il comprend deux séries d'assises assez nettement separées par leur facies minéralogique et leurs fossiles, les bancs de la base, qui ont depuis $0^m,50$ jusqu'à 1 mètre de puissance, et qui ne contiennent guère d'autres débris organisés que des fragments de tiges d'encrines et les couches minces à *Gervillia socialis* qui en forment le couronnement. Les premiers se montrent aux environs de Raville, où la variété à rognons siliceux et celle qui est oolithique, sont exploitées pour pierres de taille. Ils présentent très-fréquemment, dans cette localité, cet accident de structure caractérisé par des fibres parallèles, imitant la texture du bois, auquel on a donné le nom de stylolithes. Quant aux assises à *Gervillia socialis*, elles peuvent être étudiées avec détail dans les environs de Faulquemont, car elles sont exploitées dans plusieurs carrières, près du chemin de Créhange, et elles paraissent également, sur une assez grande hauteur, dans une tranchée du chemin de fer, non loin de la gare de cette ville. Elles reproduisent le type le plus connu du muschelkalk, qui consiste en un calcaire d'un gris de fumée, à cassure conchoïde, à pâte extrêmement compacte. Ces assises sont rarement terminées d'une manière bien nette, suivant le lit de la stratification;

elles offrent en général, sur leurs deux faces, une espèce de croûte adhérente qui paraît être une marne fortement calcarifère et des aspérités qui reproduisent des formes tubulaires bizarres, non encore définies. Il arrive aussi assez souvent qu'on trouve, à la place des lits calcaires, de petites masses aplaties, dont la forme rappelle tout à fait une substance consistante, épaisse, qui aurait coulé et se serait ensuite figée.

Comme nous l'avons annoncé, c'est le développement de l'étage dolomitique qui signale à l'attention le terrain de muschelkalk, dans le grand plateau qui, des hauteurs de Boucheporn et de Coume, descend vers la Nied française. Les affleurements commencent à se montrer vers l'ouest, à une petite distance de ces hauteurs ; ils se manifestent par de nombreux fragments de dolomie épars au milieu des champs. Celle-ci est tantôt une roche grenue, jaunâtre, contenant quelques veinules de calcaire blanc spathique, tantôt un calcaire magnésien, subsaccharoïde, d'un gris bleuâtre, dans lequel la percussion développe une odeur fétide. Quelques échantillons renferment des moules de coquilles semblables à celles que l'on rencontre dans les assises qui couronnent l'étage moyen. Les couches dolomitiques sont associées à des marnes d'un gris verdâtre.

A Brouck, village situé à 6 kilomètres au sud de Boulay, l'étage supérieur du muschelkalk a déjà plus d'épaisseur. Cette localité est bien connue dans la Moselle par les belles pierres de taille qu'elle fournit. Le banc d'où on les extrait a 2 mètres de puissance ; c'est une dolomie subsaccharoïde, remplie de petites cellules dont les parois sont tapissées de cristaux, et qui, pour cette raison, est très-rugueuse au toucher ; sa couleur est brunâtre. Il gîte à 6 ou 7 mètres au-dessous du sol. L'assise qui lui est superposée est aussi une dolomie, mais elle est moins cristalline que la précédente ; elle renferme néanmoins de grandes géodes qui sont tapissées de cristaux de carbonate de chaux. Quant à la partie supérieure des tranchées ouvertes pour l'exploitation, elle présente une alternance de marnes grises, veinées de vert et de lits peu épais d'un calcaire magnésien marneux excessivement gélif, de couleur grise foncée.

Si, de Brouck, on se dirige vers le sud-ouest, en suivant la pente du plateau que recouvrent les assises du muschelkalk, on ne tarde pas à atteindre la coupure assez profonde que produit la vallée de la Nied allemande, où se montrent, comme nous l'avons dit, les trois étages de ce terrain. Le plateau se continue encore, au sud de cette rivière jusqu'à Bazoncourt, c'est-à-dire sur une longueur d'environ 10 kilomètres. C'est dans le triangle qui a la Nied pour base et ce village pour sommet que l'étage dolomitique atteint, dans la Moselle, son plus grand développement.

Immédiatement au-dessus des assises à *Gervillia socialis*, on observe des bancs calcaires qui, sous le nom de pierres de Servigny, jouent un rôle assez important dans l'art des constructions à Metz et aux environs, et paraissent déjà appartenir à l'étage dolomitique. La pierre de Servigny est une espèce de marbre formé de deux variétés de calcaire, l'une d'un gris foncé, cristalline à grandes lamelles, qui constitue la pâte de la roche, l'autre grenue, à grains très-fins d'un gris clair qui ne s'y trouve qu'à l'état de nids ou de petites veinules. Elle ne renferme qu'une très-petite quantité de magnésie, qui provient vraisemblablement de cette dernière. On y remarque des vacuoles qui paraissent dues, pour la plupart, à des coquilles détruites.

La pierre de Servigny forme de deux à quatre bancs épais de 30 à 40 centimètres, au-dessous de calcaires dolomitiques, marneux et gélifs, qui renferment de nombreuses géodes tapissées de cristaux de chaux carbonatée et qui alternent avec des marnes grises. Elle se montre avec assez de constance dans tout le massif triangulaire de calcaire conchylien compris entre les deux Nieds, occupant la place de la pierre de Brouck, dont elle est vraisemblablement l'équivalent.

Au-dessus du calcaire de Servigny, on observe, dans tout ce massif, un système de marnes d'un gris verdâtre ayant de 10 à 15 mètres de puissance. Sur quelques points, notamment près de la ferme de Frenoi, la rubéfaction y est assez prononcée.

Viennent ensuite les assises dolomitiques qui, à raison de l'abondance des débris organisés fossiles qu'elles renferment, constituent la partie de l'étage supérieur qui offre le plus d'intérêt. Elles présentent une grande variété de structure et de composition; mais elles offrent aussi quelques caractères communs qui permettent de les grouper. Elles renferment, en général, une assez forte proportion de magnésie qui tend à les rapprocher des dolomies [1]. Un autre caractère commun à toutes ces roches magnésiennes est l'odeur fétide qu'elles dégagent par la percussion; elles la possèdent toutes à des degrés plus ou moins prononcés. Elles offrent d'ailleurs de grandes différences dans leur faciès. La variété la plus commune, celle dont nous donnons la composition, est de couleur grisâtre, avec quelques-unes de ces taches vertes qu'il n'est pas rare de rencontrer dans les bancs du muschelkalk; elle est grenue, légèrement cristalline, et offre quelques facettes miroitantes; comme toutes les dolomies, elle est rude au toucher; elle présente de nombreuses fissures qui s'entre-croisent en tous sens et dont les vides sont

[1] Un calcaire magnésien, grenu, d'un gris sale, exploité à Vaucremont a donné à l'analyse :

Silice	$0^{gr},024$
Alumine.	$0\ ,072$
Eau par différence.	$0\ ,006$
Carbonate de chaux	$0\ ,550$
Carbonate de magnésie.	$0\ ,348$
	$1\ ,000$

Cette composition conduit, pour la partie calcarifère, à la formule $4\ CaO.\ CO^2 + 3\ MgO.\ CO^2$, laquelle a été reconnue par Gmelin, dans un calcaire du muschelkalk des environs de Tübingen, désigné sous le nom de *Rauwacke*.

tapissés de cristaux de chaux carbonatée. Dans quelques échantillons, la cristallisation est mieux prononcée ; la roche est presque saccharoïde, d'un gris de cendre ; elle renferme de nombreuses géodes dont les parois sont couvertes des mêmes cristaux et dont l'intérieur est, en partie, rempli par des masses d'un beau gypse blanc, translucide, se divisant en grandes lamelles. Un banc est fossilifère ; il est grenu, à grains très-fins, de couleur grise, un peu jaunâtre ; comme les fossiles n'y sont représentés que par leurs moules, il présente de nombreux vides. Il existe enfin une variété de dolomie qui est complétement saccharoïde, d'un gris à reflets bleuâtres ; une autre est compacte, à cassure esquilleuse. Ces deux dernières appartiennent principalement aux environs de Plappecourt, où la roche compacte forme un banc d'un mètre de puissance qui a été autrefois exploité. Les autres variétés représentent plus particulièrement le facies habituel des roches de l'étage dolomitique, et notamment celui des bancs qui sont exploités à Frécourt, Stoncourt, Berlize et Vaucremont, pour pavés, moellons, ou pour l'entretien des routes, usages auxquels leur dureté les rend très-propres. Ces bancs sont, en général, assez épais ; la plupart ont de 40 à 50 centimètres de puissance. Dans toutes les carrières où ils sont mis à jour, ils sont associés à des assises de dolomie compacte, dendritique, à cassure légèrement esquilleuse, et à des marnes gréseuses, grises, toutes remplies d'empreintes de plantes passées à l'état de matière charbonneuse. Ces dernières paraissent notamment, avec beaucoup d'évidence, sur le chemin de Villers à Stoncourt et près de Bazoncourt.

Les dolomies du troisième étage du muschelkalk renferment quelquefois, comme nous venons de le dire, des empreintes de mollusques qui y sont mal conservées et assez indistinctes ; on y reconnaît néanmoins quelques espèces du second étage, notamment des térébratules. Elles contiennent aussi du bois fossile dont le tissu est rempli d'infiltrations spathiques. Mais ce qui est plus particulièrement propre à leur donner de l'intérêt, au point de vue paléontologique, c'est l'extrême abondance de débris de sauriens, de poissons et de crustacés qu'elles renferment. Quelques-uns des bancs exploités à Frécourt et à Vaucremont sont littéralement pétris de dents, d'écailles et d'ossements d'une conservation parfaite. Aussi les assises de l'étage dolomitique peuvent-elles être considérées comme offrant un horizon paléontologique extrêmement remarquable, ce que les Anglais ont nommé un lit à ossements (bone-bed).

La dolomie de Vaucremont contient de la galène; on l'y rencontre en petits nids présentant des lamelles cristallines [1]; mais elle n'y est point assez abondante pour pouvoir être l'objet d'une exploitation.

Minerais de fer dans le muschelkalk de la côte de Tromborn. — Entre Boulay et Sarrelouis, le muschelkalk renferme des gîtes de minerais de fer qui paraissent être de beaucoup postérieurs au dépôt de ce terrain. Les gîtes consistent en petits grains arrondis de fer oxydé brun, associés à une argile ocreuse, veinée de gris; ils remplissent des fentes étroites et sinueuses dans les calcaires à silex et à encrines de l'étage moyen. Nous donnons, à l'article des gisements métallifères, des renseignements plus étendus sur ces dépôts.

Les marnes grises schisteuses de l'étage inférieur renferment, aux environs de Tromborn, des cristaux bipyramidés, assez volumineux de quartz grisâtre, opaque.

Muschelkalk aux environs de Sierck. — Dans les environs de Sierck, l'étage moyen du muschelkalk présente une anomalie assez remarquable. Les assises qui le composent, ont perdu leurs caractères habituels; elles consistent en bancs

[1] C'est exactement sur le même horizon que l'on exploite, en Silésie, une mine de plomb assez riche, celle de Tarnovitz; ce minerai y est également disposé en veinules dans une assise dolomitique qui a quelque analogie avec celle de la Moselle.

plus ou moins épais d'un calcaire dolomitique légèrement saccharoïde, un peu celluleux et rude au toucher, dont la couleur est le gris foncé ou le gris taché de jaune. Elles sont presque complétement dépourvues de fossiles ; nous avons néanmoins recueilli des tiges d'encrines présentant le triple clivage du spath calcaire, dans les gros bancs qui sont exploités au-dessus d'Apach et de Belmacher, et en montant de Sierck à la ferme du Kœnigsberg. Près de cette ferme, il y a une carrière dans des couches minces d'une dolomie saccharoïde, jaunâtre ; on y trouve des térébratules, qui semblent les rattacher aux assises qui couronnent l'étage moyen. Il n'est pas sans intérêt de faire remarquer que quelques-unes des assises du muschelkalk des environs de Sierck, sont oolithiques, de telle façon que ce caractère qui a été considéré pendant longtemps, comme le signe distinctif de certains terrains, est celui qui paraît être le plus constant dans le calcaire conchylien de la Moselle. On constate la présence des oolithes dans les dolomies, en gros bancs, qui sont exploitées entre Sierck et Montenach, et sur le chemin de ce village à Kirchnaumen. En tenant compte de ces diverses circonstances, on est porté à penser que les dolomies qui tiennent, à Sierck, la place de l'étage moyen, ne sont autre chose que le produit de transformations opérées sur des dépôts calcaires, et se rattachant, par des rapports encore peu éclaircis, aux accidents que l'on observe dans le voisinage de cette localité.

A part cette anomalie, le muschelkalk conserve, aux environs de Sierck, sa composition habituelle. Rien n'est même plus propre à montrer combien celle-ci est constante dans toute l'étendue du département, que de voir les deux autres étages de ce terrain offrir sur la frontière septentrionale, les caractères qu'ils présentent près de la limite du Bas-Rhin, à vingt-cinq lieues de distance de Sierck. Le groupe du gypse est très-développé autour de cette localité, et c'est certainement dans les couches qu'il renferme, comme je l'ai montré, il y a quinze ans [1], que circulent les eaux salées qui s'épanchent dans la vallée de la Moselle, et celles qui sourdent du forage de Mondorf, situé sur les rives de l'Albach, à une petite distance de la limite du département. Les eaux qui ont donné lieu, dans chacune de ces localités, à la création d'établissements balnéaires, se trouvent donc exactement au niveau géologique de celles qui alimentent les salines de Salzbronn et du Haras à Sarralbe.

Quant à l'étage supérieur, on l'observe très-bien sur les plateaux élevés qui dominent la vallée de la Moselle, à sa sortie du département, près d'Evendorff, de Kirchnaumen et de Haute-Sierck, ainsi que tout le long de la limite commune du muschelkalk et du keuper, entre Sierck et Bouzonville. Il y est représenté par des dolomies grenues, jaunâtres, souvent fossilifères, en gros bancs, alternant avec des assises marneuses et sableuses, excessivement fissiles, qui renferment des empreintes végétales, et ne diffèrent point de celles dont nous avons reconnu l'existence à ce niveau dans toute l'étendue du département. A Launstroff, les assises dolomitiques contiennent des silex d'un gris bleuâtre, veiné de blanc, tout à fait semblable à ceux qu'on rencontre, à diverses hauteurs, dans le muschelkalk.

Puissance du muschelkalk. — On a fait, dans le département, aux environs de Sarralbe, plusieurs sondages dans le muschelkalk, qui ont permis d'assigner, d'une manière approximative l'épaisseur de ce terrain. Elle peut être évaluée de 150 à 200 mètres, dans lesquels le troisième étage entre pour 20 ou 30 mètres, le reste se partageant à peu près par parties égales, entre l'étage marneux et l'étage calcaire.

Fossiles. — Le muschelkalk, quoiqu'il soit très-développé dans la Moselle, n'a pas offert jusqu'ici une série de fossiles

---

[1] Notice géologique sur les environs de Sierck, insérée dans les Mémoires de l'académie de Metz, année 1852-53.

comparable à celle qui a été recueillie dans les carrières des environs de Lunéville ; circonstance qu'il faut sans doute attribuer à ce qu'il a été peu exploré.

Les ossements et les dents que l'on y trouve, se présentent constamment à la surface des assises, et le plus souvent sur des plaques marneuses qui leur sont subordonnées, comme on peut l'observer à Bouzonville et à Bionville. Il suffit de les laver pour voir les débris se détacher en noir sur le fond jaune de la marne. Ils sont surtout très-abondants dans les couches supérieures.

Les mollusques se montrent également à la surface des bancs, rarement avec leurs tests, plus rarement encore détachés. Ceux-ci vivaient par groupes ; au sommet de la côte qui domine Bouzonville, on trouve les myaires qui s'enfonçaient dans la vase ; à la tranchée de la station de Saint-Avold, abondent les coquilles de rivage : huîtres, peignes, térébratules, etc., à Sarralbe et à Faulquemont, les cératites ; à Boulay et à Gros Rederchingen, les encrines.

PLANTES

Equisetites Brongniarti. *Schimp.* Calamites.

ANIMAUX

FORAMINIFÈRES

** Placapsilina.

ÉCHINODERMES

Encrinus liliiformis. *Mil.*

MOLLUSQUES. — BRACHIOPODES

Lingula tenuissima. *Br.*   Terebratula vulgaris. *Lef.*

Ce signe (*) indique que la présence de la famille ou du genre n'a pas encore été indiquée dans la formation.

ACÉPHALES

Ostrea spondyloïdes.	*Schl.*	Nucula gregaria.	*Mü.*
— difformis.	—	Myophoria curvirostris.	*Alb.*
— placunoïdes	*Mü.*	— lœvigata.	—
Plicatula placunoïdes¹.	*Terq.*	— vulgaris.	—
Pecten discites.	*Br.*	— Goldfussi.	—
— vestitus.	*Goldf.*	— orbicularis.	*Br.*
— comptus.	—	— ovata.	—
— lœvigatus.	*Br.*	— pesanseris.	—
Lima lineata.	*Desh.*	— simplex.	*Schl.*
— striata.	—	' Cypricardia.	
— costata.	*Mü.*	* Cardita.	
Gervillia socialis.	*Quenst.*	* Myoconcha.	
— crispata.	*Goldf.*	Gresslya ventricosa.	*Ag.*
Avicula Bronni.	*Alb.*	Pleuromya radiata.	—
— Albertii.	*Mü.*	— musculoïdes.	—
— subrostata.	*Goldf.*	— ventricosa.	—
Mytilus eduliformis.	*Schl.*	— Lebruni.	*Terq.*
— minutus.	*Goldf.*	Pholadomya²·.	
Cuculæa Goldfussi.	*Alb.*		

GASTÉROPODES

Dentalium lœve.	*Schl.*	Natica Gaillardoti.	*Lefroy.*
Turritella ? scalata.	*Goldf.*	Rostellaria obsoleta.	*Goldf.*
Natica pulla.	*Ziet.*	— detrita.	*Alb.*

CÉPHALOPODES

Ceratites ensodis.	*Desh.*	Rhyncholithus hirundo.	*Diguet.*
— nodosus.	—	Conchorhynchus ovirostris.	*Br.*
— semipartitus.	*Mü.*	' Bec cartilagineux³.	
Nautilus bidorsatus.	*Br.*		

¹ Cette coquille qui fait partie des *intusstriatæ* se trouve parasite sur les grands fossiles, et avait été confondue avec les huîtres ; celles-ci ont le rebord relevé circulairement et sont lisses à l'intérieur; l'autre, au contraire, a toute sa surface ornée de stries divergentes ; les dents externes de la valve inférieure sont placées sur les bords et ne s'en distinguent que difficilement comme dans toutes les espèces striées du lias; les dents internes de la valve supérieure sont très-saillantes.

² Cette famille de Myaires comprend un certain nombre de genres qui se produisent depuis le muschelkalk jusqu'aux dernières couches du Jura, et dont la majeure partie des espèces n'est pas classée. Il en résulte que, dans toutes les portions de la nomenclature que nous avons à établir, nous serons obligé de négliger un grand nombre d'espèces indéterminées qui attendent une nouvelle monographie des genres.

³ Ce fossile montre les deux machoires complètes.

ANNÉLIDES

Serpula limax. *Goldf.* Spirorbis valvata. *Edw.*
— flaccida. *Mü.*

CRUSTACÉS. — OSTRACODES

* Bairdia [1].   * Cytherella [1].
* Cythère.

PODOPHTHALMES

Pemphix Sneuri. *Meyer.* Pemphix Alberti. *Meyer.*

POISSONS

Acrodus Gaillardoti. *Ag.* Saurichthys conidens. *Ag.*
— minimus. — Colobodus scutatus. *Gerv.*
Hybodus plicatilis. — Placodus gigas. *Ag.*
Gyrolepis tenuistriatus. — Ceratodus.
— Albertii. —

REPTILES

Phytosaurus cylindricon. *Ja.* Mastodonsaurus (vertèbres, côtes et
Nothosaurus (vertèbres, côtes et   dents).
   dents). Coprolithes.

Usages économiques. — Le muschelkalk est un terrain qui fournit à l'art des constructions, des matériaux assez variés. Les deux étages supérieurs donnent du moellon, de la pierre de taille assez estimée, des pavés et des dalles ; les bancs calcaires sont exploités pour chaux grasse, et ceux qui sont fortement magnésiens, pour chaux hydraulique. On tire aussi du plâtre de l'étage inférieur; mais les dépôts y sont rarement assez développés pour rendre l'extraction profitable. Sur quelques points, les glaises servent à la fabrication de la tuile et des briques.

---

[1] Ces fossiles sont parfois si abondants qu'ils forment comme des lits subordonnés aux assises du terrain.

CHAPITRE VIII

MARNES IRISÉES

Aperçu général. — Étendue et composition des marnes irisées. — A l'ouest des plateaux que recouvre le muschelkalk, s'étend un terrain dont la masse presque entière est composée de marnes diversement colorées et auquel on a donné, pour cette raison, le nom de marnes irisées. Il correspond au *keuper* des Allemands, au *red marl* des Anglais.

Sous le rapport orographique, on ne saurait rien voir de plus net que la séparation des deux terrains, car, tandis que les affleurements du premier s'élèvent communément à 400 mètres au-dessus du niveau de la mer, la lisière orientale du second est déterminée par une ligne dont l'altitude moyenne reste comprise entre 250 et 300 mètres. D'autres rapprochements rendent encore le contraste plus frappant. Les plateaux du muschelkalk constituent une contrée élevée, excessivement pierreuse, présentant de grandes surfaces presque planes. Les marnes irisées, au contraire, s'étendent sur une région déprimée qui n'a point d'accidents considérables, mais qui en offre un grand nombre, sur une échelle restreinte. Cette région a une physionomie particulière; les coteaux y sont arrondis et mamelonnés; leurs flancs sont déchirés par des ravins où les marnes étalent la bigarrure et la vivacité de leurs couleurs; les sources y sont rares, peu volumineuses, très-sujettes à tarir; en revanche, on y rencontre quelques étangs qui, avec les accidents variés du sol, produisent, dans le paysage, des effets qui sont pour ainsi dire propres au terrain keupérien, et qui décèlent même sa présence de fort loin [1].

Les marnes irisées sont, pour le département, un terrain de premier ordre, à raison de leur grand développement superficiel ; elles remplissent la presque totalité du bassin de la Nied, et une faible portion de ceux de la Sarre et de la Moselle. L'étendue qu'elles recouvrent est, en somme, d'environ 1,086 kilomètres carrés, formant les 202 millièmes, ou un peu plus d'un cinquième de la surface du département.

Du côté de l'est, elles commencent à se montrer sur les rives de la Sarre, entre Sarralbe et Sarreguemines, et de là elles s'étendent vers l'ouest, jusqu'à la Nied française. C'est dans cette région du département qu'elles occupent le plus d'espace. Au nord, elles s'avancent jusqu'au pied des plateaux recouverts par le muschelkalk, suivant une ligne qui passe par Ippling, Dibling, Farebersviller, Macheren, Valmont, Folschwiller, Vahl-lès-Faulquemont, Hemilly, Servigny, Villers et Bazoncourt [2]. Du côté du sud, elles remplissent, à l'exception de quelques îlots, de grès infraliasique et de calcaire à gryphées arquées, tout l'espace jusqu'à la limite commune de la Moselle et de la Meurthe, entre Sarralbe et Flocourt ; elles la dépassent même pour former, dans ce dernier département, le grand bassin dont Dieuze

---

[1] Les différences que nous signalons dans l'orographie du muschelkalk et des marnes irisées sont très-bien exprimées, par le modelé du relief, sur la carte du dépôt de la guerre ; elles sont tellement frappantes qu'à défaut d'observations plus précises, elles pourraient servir de guide dans le tracé des limites des deux terrains.

[2] Ces limites ne sont pas exactement celles de la carte géologique. Les différences résultent, comme nous l'avons fait voir en décrivant le muschelkalk, de ce que M. Reverchon a trop abaissé la limite qui sépare ce terrain du keuper. C'est pour la même raison qu'il a fait figurer, entre Sarreguemines et Rohrbach, deux lambeaux assez étendus de marnes irisées, là où paraissent, avec beaucoup d'évidence, les dolomies et les marnes de l'étage supérieur du calcaire conchylien.

occupe le centre. Les marnes irisées recouvrent ainsi la presque totalité des cantons de Sarralbe et de Grostenquin, et partie de ceux de Sarreguemines, Saint-Avold et Faulquemont. A partir de Bazoncourt, la bande déterminée par les affleurements de ce terrain, se dirige vers le nord. Réduite d'abord à une lisière étroite entre la terminaison du plateau de muschelkalk, à l'est, et les coteaux qui dominent la Nied française à l'ouest, elle ne prend un peu d'extension qu'à la hauteur de Condé-Northen, point où les deux Nieds viennent confondre leurs eaux. Elle va, ensuite, constamment en s'épanouissant, entre la Canner, d'une part, et de l'autre la Nied, qu'elle déborde même au nord de Boulay. Sous le parallèle de Bouzonville, elle a environ 15 kilomètres de largeur, et elle conserve à peu près cette étendue jusque sur les hauteurs de Sierck, point près duquel elle traverse la Moselle, quitte le département et pénètre dans le grand-duché de Luxembourg. En dehors de cette bande, les marnes irisées reparaissent dans le fond du petit vallon qui prend naissance au-dessous du bois de Vulmont, au pied de la côte de Delme [1].

Sur le revers occidental des Vosges, les marnes irisées ont une composition très-simple. Comme le montre la figure 7 ci-dessous, elles comprennent deux étages de marnes bigarrées, terminées, vers le haut, par des assises de calcaire dolomitique.

L'étage inférieur, qui est de beaucoup le plus développé, est, de plus, relié, vers sa base, au muschelkalk, par des dolomies grenues qui forment une espèce de transition entre ces deux terrains. Dans l'un et l'autre étage, les marnes sont rudes au toucher; elles se délitent en fragments conchoïdes et offrent bien rarement une disposition schisteuse. Elles

[1] Cette indication ne se trouve point sur la carte géologique du département, qui place du calcaire à gryphées dans le fond du vallon de Vulmont. Nous l'extrayons de notre carte géologique du pays Messin et des observations qui ont servi à son tracé.

présentent surtout une grande bigarrure de couleurs ; les nuances les plus opposées, le rouge lie de vin, le gris, le

Coupe idéale présentant la composition habituelle des Marnes irisées dans le Dép.! de la Moselle.

gris verdâtre ou bleuâtre, sont fréquemment associées dans le même échantillon. Les couches de calcaire magnésien[1]

---

[1] Ces couches reproduisent plutôt le faciès des calcaires marneux que celui des calcaires dolomitiques. C'est M. Elie de Beaumont qui, le premier, y a signalé la présence de la magnésie et montré qu'elles se rapprochaient, par leur composition, des dolomies. Cette base paraît s'y trouver en proportion définie. Cela résulte, du moins, de deux analyses que j'ai exécutées sur des échantillons recueillis, dans le département de la Meurthe, parmi les couches qui couronnent l'étage inférieur. Je crois devoir ici reproduire ces analyses, parce que, d'après la loi de continuité, elles sont applicables également à la Moselle.

Dolomie moyenne de Rosières aux Salines, exploitée pour pierres à bâtir au-dessus des grandes carrières de gypse de cette localité ; elle est compacte, grise, à cassure unie et lisse, fétide par percussion. C'est le type des calcaires magnésiens de cet étage :

Elle renferme :

Sable et silice.	0^g,093
Alumine.	0 ,125
Eau.	0 ,122
Carbonate de chaux	0 ,460
Id. de magnésie	0 ,200
Total.	1^g,000

Sa composition est, en conséquence, représentée par la formule
$$2 \, Ca \, O \, Co^2 + Mg. \, O \, Co^2.$$

Dolomie moyenne d'Alberstroff. Elle provient du même étage que la pré-

sont les seules assises solides qui se montrent, avec constance, au milieu du puissant dépôt marneux du keuper; non-seulement elles servent à y établir une division, mais elles permettent encore de distinguer les deux étages pour les différences qu'elles présentent dans leur texture. La dolomie qui couronne l'étage inférieur est compacte, ordinairement fétide par percussion, à cassure unie et mate ; celle qui termine l'étage supérieur est tantôt marneuse, tantôt grenue ; la première constitue des bancs bien réglés et assez développés, qui ont jusqu'à 1 pied de puissance ; la seconde ne se rencontre qu'en assises extrêmement minces, ou sous forme de rognons. En dehors de ces couches caractéristiques, les marnes irisées renferment encore quelques assises qui peuvent servir de points de repère, comme le grès, les minerais de fer carbonatés lithoïdes, le gypse, le sel et la houille ; mais elles sont bien moins constantes que les premières. Il y a même telle d'entre elles qui n'y est qu'à l'état de dépôt extrêmement circonscrit, de forme lenticulaire. C'est à ces dernières assises, très-variables dans leurs allures et dans leur développement, que les marnes irisées doivent d'offrir des différences assez notables de composition, en des points souvent très-rapprochés.

Nous allons les suivre dans toute l'étendue du département, en allant de l'est vers l'ouest, et signaler les particularités qu'elles présentent dans chaque région.

cédente, elle est grise, grenue, légèrement saccharoïde et traversée par des fissures remplies de petits cristaux.

Sa composition donne :

Sable et silice.	0^g,032
Alumine.	0 ,097
Eau.	0 ,071
Carbonate de chaux	0 ,615
Id. de magnésie.	0 ,180
Total.	0^g,995

et se trouve représentée par la formule $3\,Ca.\,O\,Co^2 + Mg.\,O\,Co^2$.

Entre Sarreguemines, Sarralbe et Puttelange. — Sur la route de Sarreguemines à Sarralbe, la formation des marnes irisées est bien près de sa terminaison orientale et de son contact avec le muschelkalk; elle ne peut, dès lors, présenter qu'un faible développement. L'étage inférieur se montre seul le long de cette route, et encore n'est-il point complet. Il commence à paraître dans les berges de cette dernière à une petite hauteur au-dessus des dernières maisons de Sarreguemines; il se décèle par la bigarrure de couleurs qui se prononce dans les marnes, immédiatement après qu'on a traversé les dolomies et les grès impressionnés du muschelkalk supérieur. Les premières couches marneuses panachées renferment d'ailleurs des bancs de calcaire dolomitique qui ne diffèrent point de ceux sur lesquels elles reposent, et qui établissent le passage de l'une des formations à l'autre. Elles contiennent en outre des rognons ou de petites plaquettes de gypse quartzifère, grisâtre. On peut suivre ces assises jusqu'à Sarralbe, sans rencontrer d'autres couches pierreuses; leur couleur générale est le gris; quelques places seulement offrent la couleur rouge lie de vin.

Le trou de sonde n° 4, foré dans l'enceinte de la saline de Salzbronn, sur un terrain dépendant de la commune d'Herbitzheim (Bas-Rhin) a rencontré, à la profondeur de 74^m,33, une source salée, ascendante, qui est utilisée, dans la contrée, comme eau purgative. Cette source provient vraisemblablement, comme celle du puits qui servait à l'exploitation de l'ancienne saline, des assises les plus basses de la formation keupérienne, de telle sorte que les deux niveaux auxquels on a découvert le sel en Lorraine, se trouvent être représentés dans cette localité, séparés par une distance verticale d'environ 150 mètres.

Au sud de Saint-Avold. — Dans les environs de Saint-Avold, les marnes irisées se montrent sur la route de Dieuze, à un kilomètre environ de son point de départ. Elles paraissent, pour la première fois, au pied de la côte où se trouve la station du chemin de fer, et dans une tranchée exécutée près de cette dernière, pour l'établissement de la voie, elles renferment un banc de dolomie grenue, jaunâtre, d'un mètre de puissance. A partir de ce point, la route s'élève sur les flancs de collines profondément ravinées, aux contours arrondis. Celle de Lachambre présente, sur une hauteur de moins de 70 mètres, toute la formation du keuper La dolomie qui termine l'étage inférieur, apparaît à mi-côte; elle est compacte, à cassure légèrement conchoïde et esquilleuse; elle constitue plusieurs assises dont l'épaisseur ne dépasse pas 2 décimètres. Quant à la dolomie supérieure, elle présente dans cette localité un développement exceptionnel ; on la voit dans une carrière où elle a été exploitée pour la fabrication de la chaux hydraulique ; elle est marneuse, grisâtre, et en bancs assez épais; le grès keupérien, en revanche, manque complètement, et le gypse ne se présente que dans la partie inférieure des ravins, sous forme de petits rognons ; il est grenu et intimement mélangé de quartz. Dans les coteaux de Lachambre et d'Holbach, à moins d'un kilomètre de la terminaison du muschelkalk, le keuper est recouvert par le grès infraliasique et le calcaire à gryphées arquées.

Marnes irisées dans les cantons de Grostenquin et de Faulquemont. — Dans la partie du département, comprise entre la rive gauche de la Nied allemande et la limite de la Meurthe, les marnes irisées acquièrent déjà plus de développement. Les deux étages y sont mieux définis et plus puissants qu'aux environs de Saint-Avold; ils s'étendent, en outre, beaucoup en superficie. Cette région présente un relief assez accidenté, conséquence des dénudations auxquelles elle a été soumise. L'étage inférieur en constitue le sol jusqu'à l'altitude d'environ 300 mètres, à laquelle les marnes supérieures commencent à se montrer; celles-ci sont peu épaisses et fréquemment recouvertes elles-mêmes par le grès infraliasique et le calcaire à gryphées arquées. Les couches plongent d'une manière très-sensible, vers le sud-est; aussi les revers des côtes tournées du côté du nord-ouest, qui présentent les affleurements des couches, offrent-ils, en général, des pentes plus fortes que les versants opposés.

Les calcaires dolomitiques qui constituent le passage du muschelkalk aux marnes irisées, se montrent au sommet des coteaux, entre lesquelles la Nied est encaissée à la hauteur de Faulquemont. On les observe notamment dans les tranchées du chemin de cette ville à Mainvillers, aussitôt qu'on a dépassé le ruisseau de Bonhaus; ils sont grenus, grisâtres, et alternent avec des marnes d'un gris verdâtre. Ces assises sont recouvertes par un puissant dépôt marneux, bigarré, avec rognons de quartz grenu, mélangé de gypse, qui occupe tout l'intervalle compris entre Mainvillers, Arriance, Herny et Many. Nous y avons trouvé, près d'Arriance, des rognons dolomitiques d'un gris nuancé de bleuâtre, qui sont assez denses et paraissent contenir du carbonate de fer, comme les minerais du bois de Velving, près Boulay. Ces rognons renferment des moules très-nets d'une coquille bivalve qui appartient au genre trigonie.

Plus au sud, dans les environs d'Arraincourt, d'Holacourt et de Vatimont, le grès keupérien qui fait partie de l'étage inférieur, et se trouve toujours un peu au-dessous des calcaires magnésiens qui couronnent cet étage, se montre avec une puissance anormale qui s'élève sur certains points, jusqu'à 30 mètres. Il paraît notamment dans les nombreuses tranchées de la route de Metz à Sarreguemines, par Vatimont, Baronville et Grostenquin. Il est peu consistant, d'un gris brunâtre, à grains quartzeux très-fins. Quelques assises sont agglutinées par un ciment ferrugineux qui les colore en jaune ou en brun; elles contiennent des rognons d'hydrate de peroxyde de fer argileux de même couleur, avec taches noires qui décèlent la présence de l'oxyde de manganèse. Ces rognons ferrifères sont les équivalents de ceux que l'on trouve, à peu près au même niveau, dans les bois de Velving. Le grès du keuper a une stratification peu distincte; on y remarque néanmoins quelques assises fissiles au milieu d'autres plus épaisses; la masse est fréquemment sillonnée par des joints obliques aux strates des couches.

Dans le coteau situé entre Baronville et Morhange, ainsi qu'à Hilsprich et à Saint-Jean-Rohrbach, on trouve, en relation avec le grès keupérien, un gîte de combustible fossile, tenant le milieu entre la houille et le lignite, qui a donné lieu à quelques recherches restées sans résultat, et qui reparaît, mais avec plus de développement, dans les environs de Boulay.

Le canton de Grostenquin possède de nombreuses exploitations de plâtre. Les unes sont placées entre le grès et les assises de calcaire magnésien qui dépendent de l'étage inférieur; les autres sont situées au sommet des collines et appartiennent au second étage. Il en existe, notamment, de très-belles à Harsprich, à Bistroff et dans le Kalenberg, près de Bertring. Ces dernières fournissent de l'albâtre gypseux qui est expédié dans le Bas-Rhin pour y être travaillé. Dans le coteau qui domine le bourg de Morhange, on remarque, également, un dépôt de gypse au-dessous du grès, position assez exceptionnelle pour ces sortes de gîtes, tandis que la première est de beaucoup la plus fréquente Ce dépôt est associé à des marnes d'un brun noirâtre; il est peu développé, et divisé en deux parties, par de petits lits de calcaire dolomitique.

En s'élevant dans les collines qui accidentent la plaine située sur la rive gauche de la Nied allemande, au-dessus du grès et des dépôts gypseux, on remarque qu'elles renferment de nouvelles assises marneuses, bigarrées, et qu'elles s'arrêtent, en général, aux bancs de calcaire magnésien qui terminent l'étage inférieur.

Toutefois l'étage supérieur paraît sur quelques points culminants. C'est lui notamment qui renferme le gypse du Kalenberg, et on le retrouve dans la côte entre Morhange et Baronville, près du point signalé à l'altitude de 322 mètres.

Ce même étage se montre également bien à découvert dans la côte au-dessus de Thicourt ; il comprend un massif marneux, peu puissant, qui renferme, dans cette localité, un amas de gypse saccharoïde, passant à l'albâtre, et qui est couronné par des calcaires dolomitiques, grenus, en gros rognons juxtaposés plutôt qu'en bancs suivis. Ces assises, qui peuvent avoir de 20 à 25 mètres de puissance totale, forment, sur tout le pourtour du plateau de calcaire à gryphées arquées d'Einchwiller, une ceinture découpée par de nombreux ravins où les marnes étalent la bigarrure de leurs couleurs.

Sondage de Remilly. — Dolomie fossilifère de Flocourt. — Vers sa pointe occidentale extrême, le massif de terrain keupérien qui s'appuie sur le revers méridional du plateau conchylien, présente quelques particularités intéressantes. Il s'élève, de suite, à une hauteur presque égale à celle de ce plateau dans la côte du ban Saint-Pierre, située entre Ancerville, la Houtte, Aoury et Chanville. Les deux étages des marnes irisées paraissent dans cette côte ; on observe même à son sommet, sur l'emplacement qu'occupait la vieille église du haut de Saint-Pierre, aujourd'hui démolie, un petit lambeau de grès infraliasique[1]. Ce que la formation keupérienne présente ici de plus remarquable, est le développement du gypse dans l'étage inférieur. Celui-ci se montre, sur toute la hauteur du système, sous forme de petits filons ondulés, disposés dans le sens de la stratification ou de rognons passant à l'albâtre. Vers le milieu de la côte, il y a plusieurs exploitations ouvertes dans une masse de gypse marneux de 3 mètres de puissance qui est terminée, vers le

---

[1] Indication extraite de la carte géologique du pays messin.

haut, comme cela est habituel à ces sortes d'amas, par un réseau de petits filons fibreux qui s'entre-croisent en tous sens.

Une autre particularité intéressante de la région keupérienne, traversée par la Nied française, est l'existence, sur les bords de cette rivière, entre Remilly et Aubécourt, de petites sources salées, ascendantes, qui donnent lieu aux phénomènes de végétation qui ont été remarqués, depuis longtemps déjà, dans la vallée de la Seille, aux environs de Vic et de Dieuze. Ainsi on y voit croître des végétaux dans la constitution desquels la soude paraît entrer comme élément constitutif essentiel, tels que l'*Aster tripolium*, etc. On rapporte même qu'avant les travaux qui ont assaini les prairies naturellement basses et humides de la vallée de la Nied, on y récoltait la salicorne (*Salicornia herbacea*), plante qui se plaît surtout dans les eaux salées, peu profondes. Toutes ces circonstances réunies ont engagé à rechercher si les sources montantes du fond ne devaient pas leur salure à des bancs de sel gemme, comme cela a lieu pour celles qui prennent naissance dans les vallées de la Seille et de la Meurthe, et cette conjecture était d'autant plus intéressante à vérifier, que d'après les indications fournies par l'étude de la contrée, les points d'émergence des unes et des autres pouvaient être rapportés au même niveau géologique. Trois sondages ont été forés à cet effet, l'un à l'est, le second au sud de Remilly, le troisième près d'Aubécourt. Ils n'ont mis à jour que des marnes contenant de petits filets de sel gemme, et on a dû, par conséquent, renoncer à en faire l'objet d'une exploitation. Nous donnons ici la coupe du premier forage, parce qu'elle fournit d'utiles indications sur la composition de l'étage keupérien inférieur dans la Moselle. Il a été commencé un peu au-dessous du calcaire dolomitique qui termine cet étage, et il a été poussé jusqu'à 123 mètres de profondeur, dans les premières couches du muschelkalk. Il a traversé les assises suivantes :

MARNES IRISÉES

	M. C.
Terre végétale.	0,70
Marne d'un gris bleuâtre	6,20
Marne rouge, assez dure, avec quelques filets de gypse.	2,10
Marne bleuâtre	20,00
Gypse marneux, assez dur	10,00
Marnes irisées, rouges et bleues, avec intercalations de gypse.	22,41
Gypse compacte, gris, très-dur	1,20
Marne salée, grise et blanche (on y a trouvé quelques filets de sel gemme).	0,25
Gypse compacte, gris	2,10
Marne grise et verdâtre, très-salée	5,68
Anhydrite bleuâtre	3,86
Marne grise	0,65
Calcaire dolomitique, compacte, d'un gris foncé	2,08
Marne grise, salée, avec quelques filets de gypse.	0,77
Calcaire dolomitique, analogue au précédent	1,92
Marne d'un gris verdâtre	2,60
Calcaire dolomitique d'un gris très-foncé	0,48
Marne grise et rouge.	14,45

MUSCHELKALK

Calcaire gris foncé, un peu celluleux.	11,19
Alternances de calcaires compactes gris de fumée et de marnes grises.	14,56
Total	123,00

La dolomie, qui termine l'étage inférieur, se présente, sur de nombreux points de la région de la Nied française, avec des caractères particuliers. C'est elle qui couronne notamment la plus grande partie de la côte du ban Saint-Pierre, et parmi les assises qui reproduisent le faciès habituel des roches de ce niveau, on trouve là une véritable brèche, dont la pâte, composée de dolomie cristalline, avec de nombreuses druses tapissées de cristaux, réunit des fragments anguleux qui paraissent empruntés à ces dernières. Sur la route de Sarreguemines, entre Lemud et Sorbey, on observe deux autres variétés de dolomie, l'une est compacte, d'un gris clair, à cassure un peu esquilleuse, toute maculée de dendrites ; l'autre est grenue, d'un gris plus foncé ; elle renferme des amandes de quartz à surfaces arrondies, qui s'en détachent facilement, et qui donnent à la roche un aspect celluleux. Mais la circonstance la plus intéressante que présentent les assises dolomitiques de l'étage inférieur, aux environs de Remilly, c'est d'être fossilifères. C'est à Flocourt que nous avons, pour la première fois, reconnu l'existence de fossiles dans ces couches ; mais nous devons ajouter de suite que cette observation, considérée d'abord comme une anomalie, a été, depuis lors, confirmée par un grand nombre d'autres, et qu'elle a acquis, pour la Moselle, un caractère de généralité incontestable. La roche qui les renferme à Flocourt est d'un gris sale, tachée de rouge, grenue et extrêmement celluleuse, par suite de la destruction des tests. Elle se trouve intercalée au milieu des bancs de calcaire magnésien qui reproduisent le faciès si caractéristique des roches qui couronnent l'étage inférieur ; elle est d'ailleurs surmontée par tout un système de marnes dans lequel il est impossible de ne pas reconnaître le second étage du keuper.

Les fossiles appartiennent aux genres *Terebratula*, *Lucina*, *Pleuromya*, *Cerithium*, *Tornatella*, etc.; les espèces sont assez difficiles à déterminer, les coquilles n'étant représentées que par leurs moules.

La variété de dolomie à amandes quartzeuses, que l'on rencontre près de Lemud, est également fossilifère ; on y remarque des coquilles turriculées, indéterminables.

L'étage supérieur du keuper forme une lisière étroite qui, au sud de Remilly, suit toutes les ondulations du plateau de calcaire à gryphées arquées. On recoupe toutes ses assises, quand on monte de Flocourt à Bechy. Il est composé, dans cette localité, de marnes fortement bigarrées, renfermant de grosses masses arrondies de quartz grenu, de couleur brunâtre, auxquelles sont superposées des assises lenticulaires de calcaire dolomitique, grisâtre, grenu, bréchiforme. Ces dernières sont assez épaisses et remontent, dans la côte, jusqu'aux premières maisons du dernier village; on y trouve du gypse en lamelles cristallines. Elles paraissent également, dans les champs, le long du chemin de Flocourt à Trégny ; elles sont là à grains saccharoïdes, et toutes patries d'une coquille bivalve, parvenue à divers degrés de développement, mais dont la détermination paraît difficile, à raison de son état de conservation fort imparfait.

Disposition des marnes irisées sur le revers nord-ouest du plateau conchylien. — La bande déterminée par les affleurements du keuper, que nous venons de suivre, en marchant de l'est vers l'ouest, jusqu'à Leumd, s'infléchit brusquement, à partir de ce point, et, s'appuyant sur le revers du plateau conchylien qui regarde le nord-ouest, elle court vers Boulay et Bouzonville, dans une direction voisine du Nord. Réduite d'abord à une étroite lisière, elle va constamment en s'épanouissant. Le caractère orographique de cette région est bien différent de celui de la contrée qui confine au département de la Meurthe. Ce n'est plus une plaine ondulée, mais un plateau recouvert par le grès infraliasique ou même par le calcaire à gryphées arquées dans les découpures duquel les marnes irisées apparaissent sous forme de digitations qui suivent toutes leurs sinuosités. Ce caractère est surtout prononcé sur la rive gauche de la Nied allemande, et c'est ainsi, par exemple, que le keuper se montre sur les flancs de la vallée de la Canner.

Dans cette région, les marnes irisées plongent, d'une manière assez sensible, comme le plateau sur lequel elles s'appuient, c'est-à-dire vers le nord-ouest. Les collines qu'elles constituent présentent des revers assez roides du côté où les couches affleurent, et elles s'abaissent, au contraire, par une pente légère, dans le sens opposé. Il en résulte que, lorsqu'on traverse la bande, en marchant de niveau, du sud-est vers le nord-ouest, on voit l'étage inférieur, puis le supérieur, disparaître progressivement. Toutefois, le plongement des assises dans le sens indiqué n'est point parfaitement régulier : il y a des ondulations, des redressements de détail qui dépendent vraisemblablement des accidents produits par l'intercalation des assises de gypse dans la formation keupérienne. C'est à des accidents de ce genre que nous attribuons la présence de l'étage inférieur au fond de la vallée où est situé le château de Marivaux, tandis qu'aux Étangs, à 4 kilomètres seulement au sud de ce point, l'étage supérieur est réduit à une lisière étroite et se trouve recouvert par le grès infraliasique à une petite hauteur au-dessus de la Nied. Au nord de Marivaux, le premier étage se relève encore davantage, il couvre tout un canton où il y a des collines qui atteignent l'altitude de 300 mètres. Toutes ces inégalités de la stratification ne sauraient être, néanmoins, rapportées à l'intercalation des amas gypseux; il y a, parmi elles, des mouvements brusques de terrain qui sont en rapport manifeste avec des failles. Nous aurons à y revenir, lorsque nous traiterons de la structure du sol.

Environs de Pange et de Courcelles-Chaussy. — On ne constate pas d'ailleurs de différences sensibles dans la composition des marnes irisées, en passant de la région méridionale dans celle qui est située au nord-ouest du plateau conchylien. Ainsi, dans les environs de Pange et de Courcelles-Chaussy, on retrouve déjà toutes les assises du keuper avec leurs caractères essentiels : le puissant dépôt marneux, placé à la base du terrain, avec ses rognons de gypse silicifère, celluleux, puis le grès qui se montre à Sanry, Maizeroy et Chevillon, et constitue les coteaux déprimés, situés sur la rive droite de la Nied, enfin la dolomie qui termine l'étage inférieur, et que l'on peut observer au-dessus du premier village, sur le chemin qui monte de l'ange à l'obélisque, près du château d'Urville, et au nord de Courcelles-Chaussy. L'étage supérieur paraît dans les collines plus élevées de la rive gauche, et toujours avec un faible développement. Toutefois, sur deux points : dans la côte de l'obélisque à Mont et au château de Marivaux, au nord des Étangs, il acquiert une puissance exceptionnelle par suite de l'intrusion du gypse au milieu des marnes. Dans la première localité, l'amas de plâtre fibreux n'a pas moins de 8 à 10 mètres de puissance; il a été exploité autrefois dans plusieurs carrières placées à mi-côte. Rien n'est plus propre à donner une idée de l'effet que produit l'intercalation des dépôts gypseux au milieu des marnes irisées, que le bombement de cette colline de Mont; elle a, du côté de la Nied, une pente abrupte, et son sommet recourbé en forme de dôme s'élève, d'une manière très-sensible, au-dessus de la ligne assez régulière des coteaux qui constituent le flanc gauche de la vallée.

A Marivaux, la masse exploitée est de gypse lamellaire, bigarré des couleurs grisâtre, verdâtre, lie de vin ou brunâtre; elle devient grenue dans certaines porties et passe à l'albâtre; sa puissance est de 2 à 3 mètres. Elle repose sur de petits lits de calcaire dolomitique veinés de gris et de lie de vin, qui renferment, entre leurs strates, des nodules de sulfate de chaux, et elle est terminée, vers le haut, par un réseau très-compliqué de veinules de beau gypse fibreux blanc, lesquelles courent en tous sens au milieu des marnes. Des assises minces de dolomie grenue couronnent la tranchée ouverte pour l'exploitation de la carrière; leur stratification ondulée reproduit les contours de la masse exploitée. Près du hameau de Bellefontaine, ces mêmes assises qui terminent l'étage supérieur, sont remplies de vides dont les parois sont tapissées de cristaux de dolomie et de strontiane sulfatée.

Environs de Boulay et de Bouzonville. — Entre Boulay et Bouzonville, les marnes irisées acquièrent un développement superficiel considérable ; elles ne constituent pas seulement les flancs des vallons latéraux à la Nied, elles recouvrent encore un canton assez étendu sur la rive droite de cette rivière. C'est toujours l'étage inférieur qui y occupe, de beaucoup, la plus grande place. Le chemin de Téterchen à Velving offre une bonne coupe des assises qui entrent dans la composition de cet étage. Le premier village est bâti au pied d'une côte rapide, formée par les couches supérieures du muschelkalk, sur des marnes bigarrées, renfermant des bancs de dolomie grenue, jaunâtre, qui ont jusqu'à 60 centimètres de puissance. De Téterchen à Velving, le chemin traverse un petit mamelon qui ne présente rien de remarquable, si ce n'est une exploitation de plâtre peu importante. A partir de là, le chemin s'élève sur le flanc raviné d'une colline assez roide, qui offre, en allant de bas en haut, les couches suivantes :

1° Des marnes bigarrées, pénétrées de petits filons de gypse ;

2° Une dolomie marneuse, en assises minces ;

3° Un grès rougeâtre, argileux et micacé, sur une épaisseur de 10 mètres environ ;

4° Des marnes de couleur foncée, rouge et violette ; on y trouve du gypse en petites veinules et en masses grenues ;

5° Des bancs assez épais d'une dolomie compacte, très-gélive, se délitant en fragments irréguliers, de couleur gris de fumée.

Il est facile de reconnaître, dans ces dernières assises, la dolomie placée au sommet de l'étage inférieur. Sur le revers de la colline qui regarde la Nied, les marnes gypseuses sur lesquelles elle repose, renferment une belle masse de gypse saccharoïde qui a environ 5 mètres de puissance, et elles sont traversées, dans leur partie supérieure, sur une épaisseur égale, par de petites veinules ondulées de gypse fibreux. Ce gîte se prolonge, à travers les collines qui dominent la Nied, depuis Bettange jusqu'à Remelfang, et il est exploité sur plusieurs points. C'est un peu au-dessous du gypse et du grès keupérien que l'on trouve, dans la colline qui domine Valmuster, une couche de lignite pyriteux, qui a été exploitée autrefois pour la fabrication de l'alun.

A peu près au même niveau, on observe, dans le bois de Velving, un gisement ferrifère dont nous avons déjà reconnu l'existence dans les environs de Vatimont, et qui paraît être une partie intégrante essentielle du keuper lorrain. Il consiste en rognons aplatis d'hydrate de peroxyde de fer argileux, brunâtre, calcarifère. Ces rognons qui dérivent, par décomposition, d'un carbonate triple de protoxyde de fer, de chaux et de magnésie, sont disposés, par lits, dans les marnes inférieures au grès; ils sont rarement plus épais que la main, et se trouvent quelquefois réunis, de façon à former de petites couches. Dans un de ces rognons, on a trouvé de nombreux et beaux spécimens du *Posidonomya minuta*. Br.

En face de Valmunster, mais sur l'autre rive de la Nied, dans le coteau situé entre Bockange et Piblange, le gîte houiller, subordonné au grès kupérien, reparaît. Il a été exploité autrefois pour combustible et repris, dans ces derniers temps, pour la pyrite qu'il renferme. Il a de 55 à 60 centimètres de puissance et forme un bassin extrêmement circonscrit, qui ne s'étend pas même sous toute la surface du coteau de Piblange. La houille qu'on en tire est brillante, assez sèche; elle est surtout remarquable par la proportion de pyrite qu'elle renferme, et qui atteint, sur certains points, jusqu'à 58 pour 100; celle-ci existe dans le gîte sous forme de petits rognons à texture fibreuse, de la grosseur d'une noix et en particules indiscernables.

La coupe du coteau compris entre Bockange et Piblange, que nous donnons ici, montre la disposition du gîte houiller, et elle fait voir, en même temps, les changements qu'éprouvent les assises du keuper, dans leurs allures, même sur un espace très-restreint.

La couche de combustible affleure, en face de Piblange,

un peu au-dessus du ruisseau, et elle est recouverte par le grès, qui est ici peu développé, puis par des marnes lie de vin, bigarrées de gris, lesquelles renferment quelques rognons de gypse. La dolomie, qui termine l'étage inférieur, couronne le coteau. Du côté de Bockange, au contraire, le grès acquiert un développement considérable aux dépens des marnes, et la houille disparaît presque complétement. Un puits de recherches, creusé sur ce revers, n'a mis à jour qu'un très-mince filet de cette dernière, et il a montré que le grès était partagé en strates minces, toutes couvertes d'empreintes de végétaux de la flore keupérienne.

Fig. 8.

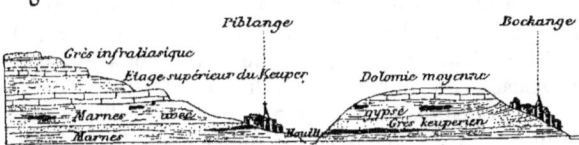

Coupe du coteau entre Piblange et Bockange.

Ce même grès acquiert un développement encore plus considérable dans les coteaux au sud de Bockange ; c'est lui qui couronne les hauteurs qui dominent les villages de Guinkirchen, Mégange et Rurange. Entre les deux premiers villages, il est de couleur grisâtre, avec grandes taches d'un rouge foncé. Au-dessus de Mégange, il s'élève jusqu'à la lisière du bois, où il est exploité. Les assises supérieures sont micacées et très-fissiles, de couleur lilas ou d'un brun rougeâtre ; la partie inférieure renferme, au contraire, quelques gros bancs qui sont peu agrégés.

La dolomie qui couronne le coteau de Bockange, et qui est évidemment celle de l'étage inférieur, est fossilifère comme celle de Flocourt. La même observation peut être faite près de Charleville ; elle tend à établir que la présence des fossiles à ce niveau est un fait assez général en Lorraine. Les espèces sont, d'ailleurs, toujours difficiles à déterminer, car elles ne sont représentées que par leurs moules; les vides provenant de la destruction des tests donnent, à la roche, un aspect celluleux.

Vallée de la Canner. — A l'ouest de Boulay et de Bouzonville, les marnes irisées forment, tout le long de la Canner, une bande étroite qui se rattache, par quelques digitations, à celle que nous venons de décrire. C'est la partie apparente la plus occidentale du bassin keupérien qui s'étend parallèlement à la frontière nord-est du département. Les deux étages du terrain peuvent être étudiés dans cette vallée; le supérieur paraît seul d'abord près de sa naissance; mais, à raison de la pente, l'inférieur ne tarde pas à se montrer; il est déjà presque complet à Aboncourt et à Hombourg, et à Kœnigsmacker, point près duquel la Canner se jette dans la Moselle, il constitue la plus grande partie des collines passablement élevées qui font face à cette rivière. Entre Béfey et Saint-Hubert, l'étage supérieur est représenté par des marnes panachées contenant de la dolomie grenue en rognons, et par quelques minces assises d'un calcaire magnésien, semi-cristallin, d'un gris jaunâtre taché de vert clair. Ces couches renferment, près de Saint-Hubert, une dolomie d'un noir bleuâtre dans laquelle on distingue des moules de fossiles; on y reconnaît même quelques tests; mais la ténacité de la roche s'oppose à ce qu'on puisse les isoler, sans les briser. Le gypse est très-développé dans l'étage inférieur; on l'exploite sur de nombreux points entre Hombourg et Kœnigsmacker. Les amas sur lesquels les carrières sont ouvertes, sont tous disposés entre le grès keupérien et la dolomie qui couronne l'étage; c'est-à-dire à la place où on trouve le plus habituellement le plâtre dans le terrain des marnes irisées. A Kœnigsmacker, il y a deux masses superposées, au-dessus de chacune desquelles on voit le gypse fibreux former un réseau très-compliqué au milieu des marnes. Près de Hombourg, se montrent, en relation avec le grès, des rognons et même de petits lits d'une roche analogue au minerai du bois de Velving.

Tout le long de la vallée de la Canner, on observe, au-dessus de chaque amas de gypse, un bombement très-accusé dans les assises dolomitiques par lesquelles il est recouvert. Ce fait, qui est d'ailleurs très-général, produit ici, à raison de la multiplicité des amas, une ondulation très-prononcée dans la stratification. Toutefois cette ondulation n'a pas une grande amplitude, et il y a des anomalies dont elle ne peut rendre compte. Telle est, par exemple, la différence que l'on remarque entre les deux flancs de la vallée, près de sa naissance, dans l'allure de l'étage supérieur, qui ne se montre que sur le flanc droit ; tel encore le mouvement de terrain par suite duquel le grès infraliasique qui gît dans les bois au sommet de la côte de Hombourg, descend tout à coup, entre ce village et Kédange, au niveau de la route, c'est-à-dire presque au fond de la vallée. Des inégalités aussi considérables ne peuvent s'expliquer que par des ondulations dans la stratification d'une plus grande portée que celles qui résultent de l'intercalation des amas de gypse, ou même par des failles.

Environs de Sierck. — Près de Sierck, les marnes irisées se montrent dans deux positions qui sont séparées par une différence de niveau considérable. Elles recouvrent, vers l'altitude de 300 mètres, une partie de la contrée qui s'étend entre cette ville et Bouzonville, et c'est là leur gisement normal, qui ne se distingue de ceux que nous venons de passer en revue que par la tendance qu'ont les marnes à remonter plus près de la terminaison orientale du plateau conchylien. Elles commencent à se montrer dans les premiers villages que l'on rencontre sur le plateau, après avoir gravi les pentes au pied desquelles la petite ville de Sierck est assise ; on les voit à Kirsch, à Évendorff et à Haute-Sierck. C'est l'étage inférieur qui est développé dans ces localités ; il renferme de grosses masses tuberculeuses et arrondies de gypse grenu, quartzifère, blanc, de petites assises dolomitiques et le grès qui lui est propre et qui est ici très-micacé, d'un gris jaunâtre.

A l'ouest de Sierck, au contraire, le keuper ne paraît plus qu'à un niveau bien inférieur. Si on se place, en effet, au sommet du Stromberg et de l'Altenberg, côtes constituées par les assises du muschelkalk supérieur, on est obligé de descendre de plus de 100 mètres pour atteindre, entre Basse et Haute-Kontz, ainsi qu'à Hunting, les marnes irisées qui gisent à leur pied. La disposition dominante des affleurements du premier terrain par rapport à la plaine qu'occupe le second, disposition que nous avons figurée page 131, se trouve donc ici reproduite, mais sur une échelle bien plus considérable. Elle tient à des redressements de couches et à des failles sur lesquels nous aurons à revenir quand nous traiterons de la structure du sol. Un de ses effets les plus singuliers est de rapprocher, près de Basse-Kontz, deux carrières de plâtre qui, étant situées à peu près à la même hauteur dans la côte, et se trouvant d'ailleurs enclavées dans des assises versicolores, analogues, paraissent faire partie d'un même dépôt, tandis que celle de l'est appartient en réalité aux glaises bigarrées du muschelkalk, et celle de l'ouest au keuper, et qu'elles se trouvent ainsi séparées géologiquement par toute l'épaisseur du premier terrain. A Haute Kontz, les marnes irisées sont recouvertes par le grès infraliasique et par le calcaire à gryphées arquées.

Marnes irisées au pied de la côte de Delme. — Nous avons annoncé qu'en dehors de la bande que les marnes irisées forment dans la région de la Nied, elles se montraient dans le vallon, entre Vulmont et Achâtel, sur les confins de la Meurthe. Elles se réduisent là à un lambeau tout à fait insignifiant de l'étage supérieur qui apparaît dans un petit arrachement, sur le chemin qui réunit ces deux villages. Cet affleurement n'a d'intérêt qu'à raison de sa proximité avec l'oolithe inférieure qui constitue, vers l'Est, la côte de Delme.

Puissance du terrain keupérien dans la Moselle. — L'épaisseur du keuper, dans le département, est sujette à varier dans des limites assez étendues, suivant les points que l'on considère. On a vu qu'un sondage foré dans la vallée de la Nied, près de Rémilly, a traversé, sur une hauteur d'environ 100 mètres, une partie seulement de l'étage inférieur. Si l'on remarque que les couches sont peu inclinées, et que les calcaires dolomitiques qui couronnent cet étage, apparaissent, dans la côte voisine du banc Saint-Pierre, à 100 mètres au-dessus du fond de la vallée, on arriverait au chiffre de 200 mètres pour sa puissance dans la localité dont il s'agit. L'étage supérieur n'a pas plus de 20 à 25 mètres d'épaisseur. La puissance totale de la formation, dans cette région, serait donc comprise entre 220 et 225 mètres. Ce chiffre, bien qu'il soit notablement inférieur à celui qui résulte des travaux d'approfondissement de la mine de Dieuze, représente vraisemblablement un maximum pour le département de la Moselle. Les marnes irisées sont, en effet, bien moins développées dans les environs de Saint-Avold et de Sierck, où nous avons vu que l'on passait promptement du muschelkalk aux premières assises du lias.

Fossiles. — Les fossiles ont été considérés jusqu'ici comme étant très-rares dans le keuper de la Lorraine : ils n'y sont point communs ; mais ils n'y font point absolument défaut. Il y a longtemps déjà que M. Levallois a signalé, aux environs de Vic, l'existence de bivalves et de gastéropodes, en forme de vis, dans les assises de calcaire magnésien qui dépendent de l'étage supérieur, sans pouvoir, toutefois, déterminer les espèces qui ne sont représentées que par des moules mal conservés. En décrivant la vallée de la Canner, nous avons montré que cet étage était également fossilifère dans la Moselle.

Quant au groupe inférieur du keuper, il offre, dans le département, cette singularité de renfermer des fossiles dans la plus grande partie de ses assises solides, alors que celles-ci paraissent en être dépourvues sur les autres points de la Lorraine.

Le grès qui accompagne le gîte de houille de Piblange, présente des empreintes de plantes qui n'ont pas encore été l'objet d'une étude complète. M. Terquem a reconnu, dans cette localité, le *Pterophyllum Jægeri* (Brong), et une branche de *Voltzia* à la surface d'une assise de calcaire magnésien.

On a trouvé, dans les rognons de minerai de fer exploités à Velving, le *Posidonomya minuta* (Br.) en grande abondance et disposé par lits assez réguliers, comme ce fossile se produit dans les marnes bitumineuses du lias supérieur.

Enfin, les assises de calcaire magnésien qui terminent l'étage, renferment, sur de nombreux points du département, des moules mal conservés de bivalves et d'univalves qui peuvent servir à déterminer le genre, mais qui ne sauraient fournir les caractères propres aux espèces, quoiqu'on y puisse reconnaître plusieurs variétés de forme.

On y signale les genres suivants[1] :

Terebratula.
Lucina.
Pleuromya.
Cerithium.
Tornatella.
Turbo.
Melania.
Turritella.
Natica.

Usages économiques. — Le sel gemme, qui constitue la principale richesse des marnes irisées, sans manquer complétement dans la Moselle, n'y est représenté que par quelques minces filets qui ne sauraient donner lieu à une exploitation fructueuse. L'art des constructions tire de ce terrain quelques matériaux utiles. Parmi ces derniers, le plâtre est le plus important; on l'exploite à trois niveaux : 1° au-des-

[1] Voir, pour plus de détails, le *Bulletin de la Société d'histoire naturelle de la Moselle* pour 1855, pages 149 et suivantes.

sous du grès keupérien; 2° entre ce grès et les dolomies qui couronnent le groupe inférieur ; 3° enfin, dans l'étage supérieur. Le second niveau est de beaucoup le plus répandu dans la Moselle; c'est à lui qu'appartiennent les carrières de Kœnigsmacker, des environs de Rémilly, et la plupart de celles du canton de Grostenquin. Les calcaires magnésiens, quoiqu'ils ne donnent, en général, que de la pierre gelive, servent de moellons dans les constructions rurales de la région occupée par le keuper. Le grès donne un sable que l'on emploie, faute d'en trouver de meilleur, dans les parties de cette même région, éloignées des grandes vallées. Quant à la houille du keuper, elle ne paraît pouvoir être exploitée que pour la pyrite qu'elle renferme.

Considérations générales et théoriques sur le trias. — La formation triasique joue, comme nous venons de le voir, un rôle important dans la constitution géologique du sol de la Moselle. Elle se présente d'ailleurs, avec une composition identique dans toute l'étendue de la Lorraine, où, à raison de son développement, on peut la considérer comme un type essentiellement classique. Il n'est donc pas hors de propos de jeter un coup d'œil d'ensemble sur les traits généraux qui la caractérisent.

Bien qu'il y ait en Lorraine passage manifeste du grès des Vosges, dernier terme de la série permienne aux assises du grès bigarré placées à la base de la formation triasique, et que la limite des deux terrains soit, dans la plupart des cas, très-difficile à saisir, nous avons cru devoir, en esquissant la constitution géologique du département, comprendre le trias parmi les dépôts de la période secondaire. Il s'y rattache, d'une manière générale, par sa faune, bien plutôt qu'aux dépôts paléozoïques. Celle-ci est surtout développée dans les deux membres inférieurs de la série, le grès bigarré et le muschelkalk. Il y a telle assise de ce dernier terrain, la dolomie de l'étage supérieur, par exemple, qui est extrêmement remarquable par l'abondance des débris organisés qu'elle renferme. Quant au keuper lorrain, il est, sous ce rapport, plus pauvre, quoique les fossiles n'y manquent pas absolument, comme on est trop disposé à le croire. En le décrivant, nous avons signalé plusieurs niveaux où ils se montrent d'une manière assez constante.

La faune de la formation triasique compte peu de mollusques céphalopodes et brachiopodes. Parmi les premiers, il faut signaler, comme un fait considérable, l'apparition des cératites. Les reptiles sauriens commencent à prendre un développement qui est à son maximum dans la période suivante.

Quant à la flore du trias, elle a des caractères moins nets. D'après M. Adolphe Brongniart, celle du grès bigarré présenterait peu d'analogie avec celle du keuper.

Ce qui caractérise la première, est l'existence, parmi les cryptogames acrogènes, de fougères assez nombreuses constituant des genres détruits, comme les *Anomopteris* et les *Crematopteris*; les vrais *Equisetum* y sont rares; les *Calamites* ou plutôt les *Calamodendron* s'y montrent avec une certaine abondance. Les dycotilédones gymnospermes acquièrent plus d'importance que dans les périodes précédentes; les formes encore insolites diminuent et se rapprochent davantage des familles encore existantes; elles sont représentées, dans le grès bigarré, par les *Voltzia* et les *Haindingeria*, deux genres appartenant aux conifères. La flore keupérienne a plus d'analogie avec celle du lias et de l'oolithe; les cycadées qui étaient rares dans le grès bigarré, y deviennent abondantes.

Il y a dans le trias de la Moselle, trois niveaux où les plantes se montrent d'une manière assez constante : 1° dans les bancs inférieurs du grès bigarré[1]; 2° dans les marnes gréseuses et schisteuses qui accompagnent les dolomies placées au sommet du terrain conchylien; 3° enfin dans le grès du keuper. A l'époque où ce dernier se déposait, les

---

[1] Ce niveau est celui des carrières de Soultz-les-Bains, près Strasbourg, localité célèbre par sa richesse en plantes fossiles.

débris des végétaux qui couvraient le sol, se sont accumulés sur quelques points et ont donné naissance à des bassins houillers, peu étendus Tels sont ceux dont nous avons signalé l'existence à Piblange et à Valmunster près Boulay, et dont on retrouve quelques traces aux environs de Morhange.

Terre végétale et cultures. — Le trias étant composé d'assises fort diverses présente naturellement des sols de composition très-variée.

Il est impossible, par exemple, de confondre les deux natures de terre auxquelles donne lieu le grès bigarré. Le sol qui provient de la désagrégation des gros bancs du groupe inférieur, est presque exclusivement siliceux et a beaucoup d'analogie avec celui de la formation vosgienne; comme ce dernier, il est habituellement couvert de belles forêts. Les assises du groupe supérieur sont, au contraire, un peu marneuses et, comme elles, forment plateau à la base des côtes du muschelkalk; elles présentent des conditions déjà plus favorables à la culture. Dans le pays de Bitche où les sols siliceux et légers sont prédominants, on qualifie de terres fortes, ces terres des plateaux occupés par le grès bigarré supérieur; elles ne le sont toutefois que d'une manière relative. Ce sont, dans cette région, les seules qui produisent du blé. Quelques parties peu étendues de la zone occupée par le grès bigarré sont plantées de vignes; celles des environs de Sierck appartiennent, pour la plupart, à ce terrain.

Le muschelkalk offre des sols calcaires et marneux qui sont, en majeure partie, livrés à la grande culture. Il y en a d'excellents sur les parties marneuses de la formation. Quant à ceux qui reposent sur les assises calcaires, leur défaut est d'être, en général, excessivement pierreux. Dans les parties de ces sols situées en côte, on trouve quelques vignes qui produisent un vin de qualité très-médiocre.

Le sol arable qui provient de la désagrégation du keuper est marneux et magnésien comme la masse presque entière de cette formation; il est compacte, profond et d'assez bonne qualité. Sur les plateaux occupés par les calcaires dolomitiques qui dépendent de ce terrain, on ne trouve, au contraire, qu'une couche mince de terre végétale qui est une des plus mauvaises de tout le département. Celle qui repose sur les marnes, dans le voisinage des amas gypseux, est également sans épaisseur et très-peu fertile. Terrain presque exclusivement composé d'assises peu consistantes, le keuper est très-sujet au ravinement, surtout dans les côtes. Malgré ces conditions défavorables, il est livré à la grande culture sur la plus grande partie de l'espace qu'il occupe. On y voit déjà beaucoup plus de vignes que sur les deux autres étages du trias, surtout dans les parties situées en côtes et bien exposées, circonstance qu'il faut attribuer à la facilité avec laquelle ce terrain, d'une couleur généralement sombre, absorbe les rayons calorifiques, et à l'altitude peu considérable à laquelle il s'élève [1].

CHAPITRE IX

GRÈS INFRALIASIQUE

Composition du grès infraliasique dans la Moselle. — Étendue qu'il occupe. — Place de cet étage dans la série géologique. — Dans l'aperçu général de la constitution géologique du département, nous avons signalé l'existence, entre les couches

---

[1] On se ferait une idée très-fausse de l'étendue occupée, dans le département, par les sols marneux du keuper, si on supposait qu'ils recouvrent

les plus élevées du keuper et celles qui sont placées à la base du groupe inférieur du lias, d'une assise que nous avons maintenue comme étage distinct, en lui conservant le nom de grès infraliasique, sous lequel elle est généralement connue. En la désignant ainsi, nous n'avons nullement entendu préjuger la question de savoir si elle se rattache plus directement au lias qu'aux marnes irisées.

Cet étage est très-uniforme dans toute l'étendue du département. Il comprend un système de couches gréseuses, recouvert par des argiles rouges qui paraissent avoir été confondues avec le keuper, jusqu'à ce que M. Levallois les en ait séparées, en montrant leur constance, à ce niveau, sur tous les points de la Meurthe où on observe le grès infraliasique.

Il y a plusieurs variétés de grès. La plus commune est un grès quartzeux, à grains moyens, peu agrégés, à ciment argileux et ferrugineux peu abondant ; elle ne renferme que de rares paillettes de mica. Par l'addition de petits galets de quartz noir, brun ou gris, cette roche passe à un poudingue que l'on rencontre très-fréquemment dans l'étage, mais à des niveaux variables. Il y forme des bancs peu réguliers et peu suivis. On y trouve aussi, mais seulement sur quelques points, des grès à ciment calcaire ; leur couleur est le gris avec taches centrales, bleuâtres. Cette dernière variété se présente le plus souvent sous forme de lentilles aplaties, au milieu du dépôt sableux. C'est elle qui, avec le poudingue,

tout l'espace qui, sur la carte géologique, a été colorié comme appartenant à ce terrain. Il n'y en a pas qui se soit plus largement prêté aux dénudations et à l'extension du diluvium. On trouve donc fréquemment, en parcourant la région occupée par les marnes irisées, de vastes étendues qui sont recouvertes par une terre grise, qui se différencie du sol propre aux marnes irisées en ce qu'elle est argilo-siliceuse, très-compacte, et qu'elle ne renferme pas d'ailleurs de trace de carbonate de chaux. Ce sol, qui provient manifestement de la désagrégation du limon diluvien, est en particulier celui qu'occupent, presque toujours, les bois, très-étendus dans la région que nous envisageons.

est le gisement habituel des fossiles que l'on rencontre dans le grès infraliasique.

Au grès sont associés, d'une manière constante, des schistes argileux d'un bleu foncé qui se délitent en grandes plaques minces, recouvertes de paillettes de mica, à la manière des schistes ardoisiers. Ces schistes, souvent pyritifères, présentent, d'un point à l'autre, un développement très-inégal ; ils se réduisent quelquefois à de simples lits peu épais alternant avec les bancs de grès ; mais il arrive aussi qu'ils forment la masse principale de l'étage, dans lequel le dépôt gréseux ne joue plus alors qu'un rôle secondaire.

Quant aux argiles rouges qui le surmontent, elles sont schistoïdes et onctueuses et se distinguent par ces caractères, des marnes irisées qui n'affectent que bien rarement la disposition schisteuse et sont toujours plus ou moins rudes au toucher[1].

L'étage entier du grès infraliasique n'a pas, dans la Moselle, plus de 20 à 25 mètres de puissance, soit 15 à 20 mètres pour le dépôt gréseux et 4 à 5 mètres seulement pour l'argile rouge. Il dessine, sur la carte, une lisière étroite qui suit, du côté de l'est, toutes les sinuosités du plateau occupé par le calcaire à gryphées arquées. Il couronne égale-

---

[1] Un échantillon de ces argiles, provenant de la côte de Château-Salins, analysé au bureau d'essai de l'école impériale des Mines, a donné :

Argile.	0,707
Oxyde de fer.	0,083
Carbonate de chaux.	0,040
Carbonate de magnésie.	0,010
Eau.	0,160
TOTAL.	1,000

Nous citons cette analyse, que nous trouvons dans un mémoire de M. Levallois sur le grès infraliasique, parce qu'elle représente vraisemblablement assez bien la composition de l'assise rouge dans toute l'étendue de la Moselle, et qu'elle établit que celle-ci est une argile ferrugineuse très-peu calcaire.

ment quelques protubérances de la plaine keupérienne, et y détermine une série d'ilots qui s'avancent quelquefois assez loin dans cette plaine. Le point où il paraît ainsi isolé, à la plus grande distance du calcaire à gryphées arquées, et le plus près du muschelkalk est, dans la Moselle, l'église du haut de Saint-Pierre, dans la commune de Villers-Stoncourt.

Le grès infraliasique commence à se montrer vers l'est, dans la région de Saint-Avold et de Faulquemont ; il forme la périphérie des massifs de calcaire à gryphées qui s'étendent au sud de ces localités. A une douzaine de kilomètres du plus occidental de ces massifs, il reparaît sur les hauteurs qui dominent la Nied française près de Rémilly, et de là, il s'étend sans discontinuité vers le nord, en passant par Mont, Silly, les Étangs. La bande qu'il forme, acquiert, en ce dernier point, un développement exceptionnel en largeur ; elle embrasse les hauteurs où se trouvent les bois de Varize, de Hayes, de Charleville, de Burtoncourt. On la voit ensuite se diriger sur Kœnigsmacker, en suivant le flanc gauche de la vallée de la Canner, débordant toujours vers l'est, et formant le sol des bois de Villers-Bettnach, de Hombourg, de Kemplich, de Buding et de Budling, qui sont situés sur le flanc droit. On la retrouve enfin sur la rive gauche de la Moselle près de Berg, d'où elle se dirige par Haute et Basse-Kontz vers Schengen, point près duquel elle pénètre dans le grand duché de Luxembourg.

Le grès infraliasique recouvre, dans la Moselle, une superficie d'environ 140 kilomètres carrés, soit seulement 26 millièmes de la surface du département[1].

[1] Nous avons dû, pour ne point multiplier les détails descriptifs, négliger de mentionner les ilots dans lesquels on retrouve le grès infraliasique à la surface de la plaine occupée par le keuper. Ils sont assez nombreux. Nous devons toutefois émettre quelques doutes sur l'existence de quelques-uns de ceux que nous voyons figurer, sur la carte géologique, dans des positions déprimées qu'il est bien difficile d'expliquer. Tels sont ceux que

Comme nous l'avons annoncé en esquissant la constitution géologique du département, cette assise a appelé, dans ces derniers temps, d'une manière toute particulière, l'attention des géologues. C'est moins la place qu'elle occupe, laquelle est tout à fait hors de cause, que l'attribution à l'un ou l'autre des terrains auxquels elle sert de limite qui fait l'objet de la controverse. Un grand nombre de géologues sont disposés à la rattacher au keuper; d'autres, au contraire, la placent à la base de la série liasique. La faune et les caractères minéralogiques sont invoqués, dans les deux camps, à l'appui de ces opinions opposées. La preuve que l'assise gréseuse a recouvert, à l'origine, tout le terrain keupérien, preuve déduite de la proximité à laquelle les affleuvements se trouvent de ceux du muschelkalk, est un des meilleurs arguments en faveur de la première opinion. On en tirerait un tout à fait décisif d'une discordance de stratification bien nette; mais il faut reconnaître qu'un pareil accident est difficile à observer en Lorraine, où les terrains ne présentent que des inclinaisons faibles. M. Terquem annonce, néanmoins, qu'il en existe une entre le système gréseux et les assises inférieures du lias au moulin de Lœvelange, dans le grand-duché de Luxembourg; ce qui l'engage, avec les considérations tirées de la faune, à rattacher ce système au keuper. D'un autre côté, M. Barré ayant fait, sur notre demande, une excursion sur la rive gauche de la Moselle, en face de Sierck, point qui, à raison du relèvement des couches

l'on aperçoit près de Leinstroff, au sud de Grostenquin, dans le fond de la vallée de la Rotte, près de Vatimont, et entre Holling et Rémelfang, dans le canton de Bouzonville. Quant aux îlots de grès infraliasique qui se trouvent alignés sur la rive droite de la Nied, entre Sanry et Courcelles-Chaussy, nous nous sommes assuré qu'ils n'existent point. C'est le grès keupérien qui affleure sur les bords de cette rivière, à Chevillon et à Maizeroy, et à Domangeville il y a un petit lambeau de calcaire à gryphées arquées, lequel vient, par suite d'une faille très-apparente, buter contre les marnes irisées de l'étage inférieur, un peu à l'ouest de Sanry.

du trias et des fortes inclinaisons qu'elles présentent, offrait les meilleures conditions aux observations, n'a constaté aucune discordance de stratification dans le passage des marnes irisées au lias. La question d'attribution nous paraît donc rester indécise, et c'est pourquoi, sans nier les affinités du grès infraliasique avec le keuper, nous avons jugé à propos de le maintenir comme assise distincte.

Ce grès correspond à la zone *Avicula contorta* de M. Oppel, aux *Grenzschichten* (litt. couches frontières ou limites), de quelques auteurs allemands. C'est le *Bone-bed*, ou lit à ossements des géologues anglais, désignation qui, dans la Moselle, s'appliquerait bien mieux aux dolomies de l'étage supérieur du muschelkalk qu'à l'assise qu'elle tend à caractériser; car elle renferme une bien moins grande quantité d'ossements que les premières.

Quelques coupes, prises sur les différents points de la Moselle où elle se montre, la feront mieux connaître.

Lachambre. — Holbach. — Lixing. — Ces trois localités appartiennent à la région au sud de Saint-Avold, où le grès infraliasique commence à paraître du côté de l'est. Sur les hauteurs entre Valmont et Lachambre, il est représenté par des bancs assez épais de grès légèrement micacé, à ciment argileux, de couleur brunâtre, avec quelques taches blanches. On y trouve quelques empreintes mal définies et indéterminables de coquilles bivalves. L'argile rouge est peu développée, et, près d'Holbach, le système gréseux est recouvert par des marnes feuilletées qui renferment de petits lits ou plutôt de simples rognons de calcaire bleuâtre qui dépendent déjà de l'étage du calcaire à gryphées arquées. Ce calcaire recouvre le plateau de Val-Ebersing et de Lanning. A Lixing, sur le rebord occidental de ce dernier, on exploite, dans le grès infraliasique, un banc calcareux qui renferme de petites oolithes blanchâtres.

Chémery—Thicourt—Harprich. — La route de Saint-Avold à Château-Salins coupe, entre Chémery et Landroff, l'îlot de calcaire à gryphées situé au sud de Faulquemont, et elle offre une bonne coupe dans le grès infraliasique et l'argile rouge, qui forment bordure à la périphérie de cet ilot. Dans sa partie inférieure, le grès est composé de grains de quartz translucides, peu agrégés, recouverts partiellement d'un enduit ferrugineux, jaunâtre ; il est pointillé de taches d'un brun foncé qui paraissent dues à de l'oxyde de manganèse. Il renferme, sous forme d'amandes, des marnes verdâtres qui proviennent selon toute vraisemblance, d'un remaniement opéré sur le terrain keupérien. La roche, qui est tendre ou friable, présente une certaine bigarrure de couleurs. Vers le haut, le grès prend plus de consistance ; il est fortement coloré en brun par un ciment ferrugineux, et il alterne avec des schistes argileux, ardoisés, bleuâtres. L'argile rouge se montre, dans une tranchée de la route, recouvrant le système gréseux. Au-dessus de Thicourt et d'Harprich, on observe, dans ce dernier, un poudingue siliceux à petits galets de quartz noir ou grisâtre, qui renferme de nombreux débris de poissons ; il repose directement, dans ces deux localités, sur la dolomie qui couronne l'étage supérieur du keuper.

Basse-Beux. — Dans la bande continue qu'il forme, en traversant le département du sud au nord, dans sa partie médiane, le grès infraliasique présente également quelques particularités qui méritent d'être mentionnées. Dans les bois qui encaissent la petite vallée d'Aube, près de Basse-Beux, vers l'extrémité méridionale de la bande, on exploite, comme pierre de taille, au milieu du système gréseux, un banc assez puissant de calcaire magnésien, sableux, de couleur grise, tachée de vert clair, qui est très-distinctement oolithique et qui renferme des débris de poissons. Ce banc ainsi que celui de Lixing rappellent l'oolithe signalée, par Voltz, dans la côte du Télégraphe, au-dessus de Vic. A Basse-Beux, les schistes argileux bleus acquièrent un développement anormal ; ils occupent la presque totalité de la partie supérieure de l'étage qui est toujours couronné par l'argile rouge.

Mont. — Les Étangs. — Sous le parallèle de Metz, dans les collines aux pieds desquelles coule la Nied française, le grès infraliasique acquiert, comme nous l'avons annoncé, un développement superficiel, assez considérable. Il se présente là avec les caractères que nous avons déjà fait connaître ; c'est toujours un dépôt composé d'assises assez mal réglées, et assez peu agrégées, pour qu'on puisse en tirer du sable. Il est extrêmement pauvre en débris organisés fossiles ; nous n'y avons jamais rencontré de coquilles, mais seulement de rares fragments de plantes réduites à l'état de matière charbonneuse et qui ne paraissent pas susceptibles d'être déterminées. Le poudingue à petits galets de quartz noir qui se montre, d'une manière constante, intercalé dans le système gréseux, fait exception à la règle ; il renferme fréquemment des dents et d'autres débris de poissons.

Le chemin qui monte de Pange à Mont, donne une bonne coupe dans le grès infraliasique. La partie inférieure de ce grès repose, directement, sur les dolomies qui terminent le keuper ; elle est composée de bancs de $0^m,50$ à 1 mètre de puissance, d'un grès grisâtre, à grains de quartz assez grossiers, renfermant quelques paillettes de mica et des empreintes de végétaux d'une conversation très-imparfaite. C'est au milieu de ces bancs que paraît le poudingue à ossements. Les schistes argileux bruns ou bleuâtres sont peu développés à la base du système gréseux ; ils se réduisent à quelques minces filets qui forment la séparation des couches ; ils prennent, au contraire, une prédominance marquée dans le haut. A ce niveau, ils renferment de petites assises d'un grès calcareux, jaunâtre, à grains très-fins, que nous avons également rencontré à cette place, dans d'autres localités. Le développement des marnes brunes, à la partie supérieure du grès infraliasique, est un fait qui a un caractère général dans la Moselle. Les argiles rouges terminent la coupe vers le haut; ce sont elles qui constituent le sommet de la colline de l'obélisque à Mont. Dans la côte au-dessus de Bellefontaine, au nord des Étangs, on retrouve la roche oolithique, déjà signalée à Lixing et à Beux.

Kédange. — La localité de Kédange, située dans la vallée de la Canner, n'offre d'intérêt, comme gisement du grès infraliasique, qu'à raison de la notoriété qu'elle a acquise, dans la discussion soulevée à l'occasion de la place du grès d'Hettange dans la série liasique. Le premier affleure sur les deux flancs de la vallée; il a environ 20 mètres de puissance et présente la coupe suivante, en allant du bas vers le haut :

1° Grès micacé, blanchâtre ou jaunâtre, taché de mouches manganésiennes, avec empreintes de plantes et quelques lits irréguliers de galets de quartz, en bancs assez épais, séparés par des alternances de schistes argileux en lits minces. Ces bancs, qui ont de 7 à 8 mètres d'épaisseur, sont exploités pour pierres de taille dans plusieurs carrières;

2° Schistes ardoisiers, sableux, micacés, avec intercalations de petites assises gréseuses, sur une hauteur de 4 mètres environ;

3° Poudingue à ciment siliceux, avec galets de quartz grisâtre et noirâtre, débris de vertébrés et empreintes charbonneuses, sur $4^m,50$;

4° Alternances de grès à ciment ferrugineux, jaunâtre, à grains assez grossiers, renfermant des galets par places, et d'une manière irrégulière, et contenant alors des débris de vertébrés, et d'argiles schisteuses, grises, feuilletées, en couches minces, d'une puissance totale de $4^m,50$ à 5 mètres.

5° Argile rouge sur 4 à 5 mètres;

Haute-Kontz. — La coupe suivante, qui a été prise par M. Barré dans un ravin descendant du village de Haute-Kontz à la Moselle, à l'extrémité septentrionale de la zone formée par les affleurements du grès infraliasique dans le département, complète notre description, en montrant l'uniformité de cette assise. Elle est remarquable par le développement qu'acquièrent les schistes dans la partie moyenne de l'étage :

1° Couches peu épaisses d'un grès quartzeux très-compacte, séparées par des veines d'argile schisteuse, noire, et commençant par une assise de poudingue à galets de quartz noir, gris ou rougeâtre qui repose directement sur les marnes irisées ; l'épaisseur totale de ce système est de $0^m,50$ seulement ;

2° Argiles noires et micacées, divisées en minces feuillets, renfermant des rognons irréguliers d'une roche à grains extrêmement fins et serrés, d'un blond grisâtre, traversée, en tous sens, par des veinules de pyrite. Elles se montrent dans le ravin sur une hauteur de 8 mètres ;

3° Trois à quatre bancs bien stratifiés, d'un grès jaune, sans consistance, contenant de petits grains de quartz, amorphes, translucides.

Ces bancs ne sont apparents que sur une hauteur d'un mètre environ ; leur partie supérieure ainsi que celle de l'étage est voilée par des éboulis qui proviennent du plateau de calcaire à gryphées arquées.

Fossiles. — Dans la Moselle, la faune du grès infraliasique paraît être toute triasique et ne renfermer aucune des espèces propres au lias. Avec ce grès disparaît le genre *Myophoria*.

Les fossiles, quoiqu'ils soient en général assez rares dans le département, se montrent identiques à ceux qu'on a signalés dans l'Indre[1], dans la Côte-d'Or, à Kœssen (Souabe) et en Lombardie.

A la descente de Luttange vers Hombourg, sur les berges de la route, on remarque au-dessus d'une assise de poudingue dépendant du grès infraliasique, un calcaire magné-

---

[1] Terquem, *Cinquième mémoire sur les foraminifères du lias, stratigraphie de l'Indre*, 1866, page 357 et suivantes.

sien, gris, enfumé, en dalles schistoïdes, qui renferme, avec abondance, le *Cardium Rhœticum.*

Ce grès reparaît dans la commune de Vallières, le long des rives du ruisseau de Saint-Julien, par suite d'un accident sur lequel nous aurons à revenir. Il est composé d'une assise de grès blanc, peu agrégé, à grains assez fins, renfermant beaucoup de mica, et quelques empreintes indéterminables de plantes passées à l'état de matière charbonneuse. Vers le haut, le grès devient calcareux et plus consistant, il est surmonté par l'argile rouge. On remarque également dans cette localité le poudingue quartzifère, à petites parties, que nous avons eu l'occasion de mentionner, maintes fois ; à ce niveau, on y a trouvé les fossiles suivants :

ACÉPHALES

Gervillia præcursor,	*Quenst.*	Schizodus cloacinus,	*Quenst.*
Avicula contorta.	*Port.*	Cardium Rhœticum,	*Mer.*
Mytilus minutus.	*Goldf.*	Anatina præcursor [1],	*Quenst.*
Leda Deffneri,	*Opp.*	Cypricardia,	*Terq.*

VERTÉBRÉS

Saurichthys (dents et écailles),	Hybodus.
Gyrolepis.	Acrodus.

Usages économiques. — On tire, de l'étage du grès infraliasique, du sable, de la pierre de taille et des pavés. Les matériaux sont fournis, le sable par la variété de grès peu agrégée, et la pierre de taille et les pavés par la variété calcareuse.

Terre végétale et cultures. — Le sol presque exclusivement siliceux de cet étage est bien plutôt propre à la production du bois qu'à la culture des céréales. Aussi est-il occupé presque entièrement, dans la Moselle, par des forêts.

[1] L'*Anatina* et le *Pleuromya* sont très-abondants, surtout dans les environs de Marsal, où la masse de la roche en est pétrie, et des plaques de grandes dimensions en sont littéralement couvertes ; l'inspection des charnières et de la surface interne des valves nous a démontré que la détermination des deux genres était très-douteuse.

CHAPITRE X

LIAS

Aperçu général. — Composition, puissance et étendue du lias.
— Les géologues anglais qui, les premiers, ont étudié et classé les dépôts de la période jurassique, ont trouvé le nom de *lias* employé, dans certaines provinces de la Grande-Bretagne, pour désigner quelques-unes des assises qui constituent la base de ces dépôts, et ils l'ont appliqué à l'étage auquel elles correspondent.

Sous le rapport lithologique, peu de terrains présentent autant de simplicité et d'uniformité que le lias. Dans la Moselle, il est presque entièrement composé de marnes plus ou moins sableuses et de calcaires marneux, dont la couleur se rapproche du bleu ou du gris bleuâtre.

En établissant la nomenclature des assises qui entrent dans la constitution du sol du département, nous avons divisé le lias en trois étages qui correspondent assez exactement à ceux qui ont été introduits dans la science, par d'Orbigny, sous les noms de sinémurien, liasien, et toarcien[1]. Nous avons également fait connaître la concordance de ces divisions avec celles de la carte géologique. L'étage inférieur comprend le calcaire à gryphées arquées L^3 et le grès d'Hettange L^2, qui n'en est qu'une dépendance. A l'étage moyen correspondent la division inscrite, dans la légende de la carte, sous le signe S^1, ainsi que la plus

[1] L'étage sinémurien renferme le grès infraliasique: c'est la différence la plus sensible entre les deux divisions.

grande partie de celle qui porte la caractéristique S^2. Enfin, les assises qui, dans cette dernière, sont superposées au grès médioliasique et celles du groupe S^3 forment l'étage supérieur, tel que nous le comprenons.

L'étage inférieur est le mieux défini des trois; c'est le lias proprement dit; c'est aussi le calcaire à gryphées arquées, désignation qui n'implique point l'existence de ce fossile essentiellement caractéristique dans la totalité des assises du groupe, mais qui rappelle seulement l'abondance avec laquelle on le rencontre dans la plupart d'entre elles. Cet étage présente, dans la Moselle, une composition d'une grande simplicité et d'une uniformité remarquable[1]. C'est un dépôt bien stratifié, offrant des alternances de bancs calcaires dont l'épaisseur varie entre 10 et 40 centimètres, et d'assises marneuses et argileuses qui ont, en général, une puissance plus considérable. Le calcaire forme aussi, assez souvent, de simples rognons disposés par lits au milieu de ces dernières. Il est compacte, un peu terreux, à cassure plane et unie, à grains fins, présentant toutefois quelques parties miroitantes; sa couleur varie du gris bleuâtre au gris foncé. Cette dernière nuance appartient surtout aux variétés bitumineuses, la première aux couches légèrement sableuses que l'on rencontre vers la base de l'étage. Les bancs de calcaire sont traversés par des fissures verticales

---

[1] Dans son mémoire sur les carrières des environs de Metz qui fournissent la pierre à chaux hydraulique, M. Soleirol, chef de bataillon du génie en retraite, s'est attaché à faire ressortir cette uniformité pour le voisinage de la ville chef-lieu. Prenant, dans les carrières exploitées sur le territoire de Vallières, une coupe type, il a cherché à s'en servir, comme terme de comparaison, pour y rapporter d'autres coupes prises sur des points plus ou moins éloignés, notamment à Grigy, Peltre, Magny, Puche, Montoy, Domangeville, Landremont et Mey, et il est parvenu, dans la plupart des cas, à établir une concordance entre les assises mises à jour dans ces diverses localités et celles de Vallières. Rien n'est plus propre à établir la régularité avec laquelle s'est effectué le dépôt du lias inférieur dans la Moselle, que la conclusion du mémoire de M. Soleirol.

qui forment un réseau assez compliqué à leur surface et en facilitent l'exploitation. Sur les faces qui correspondent à ces fentes, ainsi que suivant les joints des couches, la roche présente des teintes qui se rapprochent de la nuance ocreuse et qui passent, par des dégradations insensibles, à sa couleur primitive. Cette décoloration, résultat des influences atmosphériques, est un des caractères les plus constants de l'étage. Il est aussi très-fréquent de rencontrer, à la surface des bancs calcaires, une espèce de marne durcie qui fait corps avec eux. Les marnes qui séparent les assises solides, sont fortement argileuses, de couleur jaunâtre près de la surface, bleuâtre dans la profondeur ; elles deviennent schisteuses, très-bitumineuses et d'un bleu d'ardoise foncé, dans la partie inférieure du système.

L'étage inférieur du lias n'a pas, dans la Moselle, plus de 40 à 45 mètres de puissance.

MM. Terquem et Piette, qui l'ont étudié sur tout le pourtour nord-est de la ceinture jurassique, dont le bassin de Paris occupe le centre, y distinguent quatre zones coquillières, caractérisées, suivant l'ordre ascendant, par les fossiles suivants : *Ammonites planorbis, A. angulatus, A. bisulcatus, Belemnites brevis* [1]. Suivant eux, les deux premières zones ne renferment pas d'*Ostrea arcuata*, tandis que ce fossile existe, au contraire, avec abondance, dans les deux zones supérieures. Il résulte encore de leurs observations que, dans la plus grande étendue de la Lorraine, les deux zones inférieures sont singulièrement atrophiées et réduites à quelques minces assises qui ne sont pas même continues, de telle sorte que les strates dans lesquelles la gryphée arquée abonde, forment la masse presque entière de l'étage [2]. Quant au grès d'Hettange,

---

[1] O. Terquem et E. Piette, le Lias inférieur de la Meurthe, de la Moselle, du grand-duché du Luxembourg, de la Belgique, de la Meuse et des Ardennes, *Bulletin de la Société géologique de France*, tome XIX, II° série, pages 322 et suivantes.

[2] Le rôle insignifiant que jouent, en Lorraine, dans l'étage, les deux zones

ils le placent sur l'horizon des deux zones intermédiaires ; c'est l'équivalent de ces assises, sous la forme arénacée.

Dans la Moselle, le lias inférieur est riche en débris organiques fossiles. On y trouve des ammonites de taille souvent colossale : *Ammonites bisulcatus, A. lævigatus, A. Kridion*, des nautiles : *Nautilus truncatus*, des limes, *Lima liasina, L. gigantea*, des peignes, *Pecten textorius*, des térébratules ; *Terebratula variabilis*, des pentacrinites *Pentacrinus tuberculatus, P. scalaris, P. subangularis*. Toutefois, le fossile réellement caractéristique de cet étage, tant parce qu'il lui est propre qu'à raison de son abondance, est l'*Ostrea (Gryphæa) arcuata;* le sol sur lequel le lias repose, en est quelquefois, pour ainsi dire, pavé. On a également rencontré des débris d'ichthyosaure ainsi que du lignite, dans les bancs de calcaire à gryphées des environs de Vallières. Une bélemnite, *Belemnites brevis*, accompagne la gryphée arquée dans les deux ou trois bancs peu épais qui terminent l'étage vers le haut ; ce fossile est essentiellement caractéristique de ces assises, il détermine un horizon ; nous l'avons trouvé à cette place sur de nombreux points du territoire du département, et en particulier à Ars-Laquenexy, à Peltre, à Magny, dans la chambre d'emprunt pour construire le remblai du chemin de fer de Sarrebruck dans la vallée de la Seille, au-dessus de Vallières, enfin sur le chemin de Thionville à Ottange par Hettange[1].

inférieures nous a engagé à conserver, à celui-ci, la dénomination tirée du fossile caractéristique sous laquelle il est généralement connu. Nous avons donc continué à nous servir de l'expression consacrée de calcaire à gryphées arquées. Nous appliquons également cette désignation au plateau recouvert par l'étage inférieur du lias, et cela avec d'autant plus de raison que ce sont les strates à gryphées qui forment, en définitive, le sol presque entier du plateau, puisque les assises appartenant aux zones inférieures, étant figurées sur la carte, n'y seraient représentées que par les projections de leurs tranches et n'occuperaient certainement pas la vingt-millième partie de l'étendue totale que le lias inférieur embrasse.

[1] Cette observation, extraite de nos études sur le pays Messin, publiée dès l'année 1857, est d'accord avec celle qui a engagé MM. Terquem et Piette à composer, avec les couches suprêmes de l'étage inférieur, une zone dis-

Le *Terebratula variabilis* et les pentacrinites se montrent également, avec plus d'abondance, dans les couches supérieures que dans les inférieures; la roche calcaire en est quelquefois criblée; elle prend alors une texture toute particulière.

On y signale aussi la présence de quelques fougères, cicadées et conifères.

Parmi les minéraux métallifères, la pyrite est le seul que nous ayons rencontré dans le calcaire à gryphées arquées.

L'étage moyen du lias est beaucoup plus puissant que l'étage inférieur; son épaisseur ne saurait être évaluée, dans la Moselle, à moins de 70 à 80 mètres. Il est, en grande partie, marneux. Toutefois, vers la base de cet étage, on rencontre une série de petites couches calcaires qui revêtent une teinte ocreuse par suite de la décomposition des pyrites dont elles sont imprégnées. On peut les observer, aux environs de Metz, sur les hauteurs de Queleu, de Peltre, de Mercy-le-Haut et dans la plaine de Marly et de Chieulles, Elles se montrent à une petite hauteur au-dessus des bancs supérieurs du calcaire à gryphées arquées et sont très-constantes, à ce niveau, dans toute l'étendue du département. Elles constituent donc une assise distincte. C'est celle qui a été décrite par M. Victor Simon sous le nom de calcaire à bélemnites, et par M. Levallois, dans la Meurthe, sous celui de calcaire ocreux. Elle est remarquable pour la variété et la belle conservation de ses fossiles, parmi lesquels figurent *Ostrea (Gryphæa) cymbium* et beaucoup d'ammonites, *Ammonites fimbriatus, A. Guibalianus, A. planicosta, A. Davœi,* etc. Ce dernier fossile paraît être caractéristique de l'assise.

Le calcaire à *Ammonites Davœi* n'a pas, dans la Moselle, plus de 2 à 3 mètres de puissance; mais il est superposé à

---

tincte sous le nom de zone à *Belemnites brevis*. La présence d'une bélemnite à ce niveau est, d'ailleurs, un fait qui a été observé dans d'autres contrées où le lias se montre. Elle tend à rattacher les marnes supraliasiques au calcaire à gryphées, comme cela a été fait par tous les géologues qui ont étudié cette formation en Lorraine.

un système marneux qui règne sur une hauteur d'environ 15 à 20 mètres et fait partie de l'assise, de telle sorte que son épaisseur totale peut être évaluée à 20 ou 25 mètres. Ce système est composé de marnes feuilletées, grises ou brunes, renfermant du gypse en cristaux isolés, de forme rhomboédrique, du fer sulfuré en rognons et quelques petits ovoïdes ferrugineux. C'est le même qui, à la Chartreuse de Bosserville près de Nancy, renferme un fossile que l'on n'a pas encore trouvé dans la Moselle : l'*Hippopodium ponderosum*. Les marnes subordonnées au calcaire à *Ammonites Davœi* se montrent sur de nombreux points des environs de Metz ; elles ont, notamment, été tranchées pour l'établissement de la voie de fer au-dessous de la Haute-Bévoie.

Au calcaire à *Ammonites Davœi* succède un puissant dépôt de marnes argileuses ou argilo-sableuses, feuilletées, bleuâtres, que l'on peut observer, aux portes de Metz, dans la côte Saint-Julien et à la base des coteaux élevés situés sur la rive gauche de la Moselle. On n'y trouve plus d'assise solide, suivie, mais seulement des lits de ces corps réniformes connus sous le nom d'ovoïdes ou d'œtites. Les ovoïdes propres aux marnes moyennes sont, en général, ferrugineux ; ils se divisent en plaques concentriques, offrant diverses nuances de jaune et de brun, ce qui donne, à la cassure, un aspect rubanné ; l'intérieur est presque toujours formé d'une pâte bleuâtre, à grains très-fins, qui n'est autre chose qu'un carbonate de fer argileux, présentant la composition primitive de la roche. Il arrive aussi fréquemment que la décomposition du carbonate de fer s'est faite, dans le même ovoïde, autour de plusieurs centres, d'où résulte une structure très-compliquée. Les vides nombreux qui existent dans les nodules ferrugineux, constituent un réseau assez complexe, affectant quelquefois des formes géométriques ; ils sont presque toujours tapissés de cristaux ou de lamelles cristallines de minéraux variés. Les plus communs sont la chaux carbonatée et la baryte sulfatée ; on y rencontre aussi des substances métalliques, telles que la blende, la galène, la pyrite; le manganèse oxydé noir se montre aussi fréquemment, tapissant les joints des œtites. Certains ovoïdes ocreux paraissent provenir de la décomposition de rognons de pyrite ; on y trouve des cristaux de sulfate de chaux, tant à l'intérieur que sur leur surface. Le gypse en lamelles cristallines n'est pas rare dans les marnes ; peut-être faut-il attribuer sa présence à l'action de la pyrite décomposée sur le carbonate de chaux que celles-ci renferment.

Les ovoïdes ferrugineux ne sont pas répandus, d'une manière uniforme, dans le dépôt argilo-marneux de l'étage moyen. On trouve, en effet, à la base de ce dépôt et en contact avec le calcaire à *Ammonites Davœi*, des marnes micacées très-fissiles qui ne renferment point d'œtites, mais seulement quelques petites parties ferrugineuses mieux agglutinées que la masse. Ce sont celles qui forment la rive encaissée de la Moselle, sur une hauteur d'une vingtaine de mètres, à Malroy et à Olgy, et dans lesquelles on trouve des fossiles transformés pour la plupart en sulfure de fer. Cette assise n'a pas de faune bien caractérisée. Quant aux marnes à ovoïdes ferrugineux, elles renferment l'*Ammonites margaritatus* et le *Belemnites Fournelianus*.

Ces marnes, en général très-compactes et très-grasses, prennent du sable dans leur partie supérieure et elles passent à un grès auquel M. Levallois, qui l'a reconnu dans toute l'étendue du département de la Meurthe, a donné le nom de médioliasique. Il n'est pas moins constant dans la Moselle, et on le voit former un horizon vers la base de la chaîne de collines élevées qui s'étend entre Noveant et Kanfen. Il est à grains fins, à ciment argileux de couleur grisâtre, peu consistant; il renferme quelques paillettes de mica. Les fossiles y sont très-nombreux ; ils se montrent surtout dans le haut de l'assise où il y a des bancs de calcaire bleuâtre ou grisâtre qui ne sont qu'un agrégat de polypiers et de coquilles parmi lesquelles dominent les encrines, les térébratules, les bélemnites. L'*Ostrea cymbium*, qui règne dans tout l'étage, se retrouve, avec abondance, dans le grès médioliasique; on y rencontre également deux fossiles essentiellement caractéristiques, le *Plicatula spinosa*, et le *Pecten æquivalvis*.

L'étage supérieur du lias commence immédiatement au-dessus du grès médioliasique, et il s'élève, dans les côtes de la Moselle, jusqu'aux deux tiers environ de leur hauteur. Sa puissance moyenne, déduite de cette observation, est d'environ de 100 à 110 mètres. Sous le rapport minéralogique, on peut y distinguer quatre assises qui offrent des différences assez tranchées : 1° un dépôt argilo-marneux qui constitue la masse principale de l'étage; 2° un grès auquel on a donné le nom de supraliasique ; 3° l'hydroxyde oolithique dont le gisement se trouve si bien reconnu par les travaux ouverts dans la partie occidentale du département; 4° enfin les marnes micacées qui recouvrent ce gîte.

L'assise argilo-marneuse se distingue difficilement, sous le rapport lithologique, de celle qui appartient à l'étage moyen : comme cette dernière, elle renferme de nombreux œtites ; toutefois ceux qu'on trouve dans les marnes superposées au grès médioliasique sont plutôt calcaires que ferrugineux. Ces corps sont tantôt plats, tantôt de forme ovoïdale ; ils présentent fréquemment des cannelures concentriques, disposées dans le sens de la stratification : il y en a d'extrêmement volumineux. Ils offrent des différences de structure assez tranchées ; quelques-uns sont remplis de coquilles qui paraissent en saillie à leur surface et leur donnent l'apparence d'une véritable lumachelle ; d'autres sont divisés en parties de forme géométrique par des infiltrations de spath calcaire ; dans le plus grand nombre, enfin, la surface extérieure est lisse ou seulement recouverte de quelques empreintes de mollusques ; ces derniers offrent beaucoup de résistance au choc, leur cassure est conchoïdale, légèrement esquilleuse.

Les marnes du lias supérieur sont fréquemment gypseuses ; après la pluie elles se recouvrent d'efflorescences blanches. Entre Corny et Voisage, le gypse s'y trouve en grandes lamelles cristallines qui rappellent complétement celles que l'on rencontre dans les assises subordonnées au calcaire à *Ammonites Davœi*.

Vers la base, elles sont schisteuses, noirâtres, et renferment assez de bitume pour pouvoir brûler, sans addition d'autre combustible. C'est dans ces marnes bitumineuses que l'on a reconnu à Corny, au mont Saint-Quentin, à Lorry, à Bettange, à Œutrage et à Herserange, la présence de veines de lignite qui n'ont pas plus de 10 centimètres d'épaisseur.

La faune des marnes du lias supérieur est très-riche. On trouve, avec abondance, des posidonies et des inocerames à la surface des plaquettes suivant lesquelles se divisent les ovoïdes de cette assise ; de là le nom de *Posidonien-Schiefer* sous lequel elle est connue en Allemagne. On y rencontre, également, beaucoup d'ammonites : *Ammonites bifrons, A. serpentinus, A. radians.*

Vers le haut, les marnes de l'étage supérieur deviennent sableuses et micacées, et passent d'une manière insensible au grès supraliasique. Le passage s'observe notamment, avec beaucoup de netteté, au-dessus de Beuvange. Dans la Moselle, ce grès est à grains très-fins, réunis par un ciment ocreux ou argileux, de couleur brunâtre ; il est légèrement micacé, peu consistant et n'a que quelques mètres de puissance. Néanmoins, dans quelques localités et notamment au Mont Saint-Quentin, et au-dessus de Novéant, il acquiert une dureté exceptionnelle ; les grains sont très-serrés, et les bancs présentent, dans leur intérieur, des teintes bleuâtres. Ces grès durs sont particuliers à la partie inférieure de l'assise et n'y forment que des accidents. Vers le haut, elle devient fissile et se confond avec l'oolithe ferrugineuse par l'intrusion réciproque des oolithes dans les assises gréseuses et du sable dans la couche ferrifère. Cette partie du grès est, tout entière, pénétrée par un réseau extrêmement compliqué de petites veinules de fer oxydé brun que l'on retrouve dans l'hydroxyde oolithique. Les fossiles ne sont pas très-abondants dans le grès supraliasique; il y a même telle localité où ils font complétement défaut.

L'oolithe ferrugineuse qui est superposée au grès, est, dans la Moselle, l'assise de beaucoup la plus intéressante du lias supérieur, à raison des précieuses ressources que la sidérurgie en tire. Elle forme tantôt une seule, tantôt plusieurs couches composées de petits grains bruns d'hydroxyde de fer, de la grosseur d'une tête d'épingle, agglutinées par un ciment calcaire ou argileux, et, dans tous les cas, ferrugineux, qui colore la roche en brun ou en rouge brunâtre. Les fossiles ne sont pas rares dans cette assise; on y trouve des bélemnites (*Belemnites abreviatus*), des ammonites (*Ammonites opalinus*, *A. insignis*); on y a également rencontré des ossements d'ichthyosaure. Comme nous nous proposons de donner, dans le chapitre consacré aux gîtes minéraux, une description détaillée du gisement de l'oolithe ferrugineuse dans la Moselle, il nous suffit d'indiquer ici sommairement la place qu'elle occupe et ses caractères généraux.

Les marnes qui la recouvrent constituent, la dernière assise de la série liasique. Elles sont, en général, assez compactes, grises, verdâtres ou bleuâtres; elles renferment beaucoup de mica, et, sur certains points, une grande quantité de bélemnites. On y trouve aussi des amandes de calcaire grenu, un peu lamellaire, dont les surfaces, recouvertes d'un mince enduit ferrugineux, sont lisses et paraissent avoir été roulées; il y en a de fort grosses. A ces marnes correspond, dans la Moselle, un niveau d'eau très-étendu qui comprend les sources les plus abondantes de la région occidentale.

Le grès, l'oolithe ferrugineuse et les marnes micacées n'ont pas, ensemble, plus de 15 à 20 mètres de puissance moyenne; le reste du lias supérieur, constitué par l'assise argilo-marnneuse présente par conséquent un développement de 80 à 90 mètres.

Nous avons essayé de représenter, sur la figure 9 ci-contre, la composition de la formation liasique dans la Moselle.

Cette figure donne, en même temps, une idée assez précise de la configuration du sol que le lias recouvre. La bande, assez large, déterminée par les affleurements de ce terrain, traverse le département dans une direction voisine du sud au nord; elle commence, du côté de l'est, sur les bords de la Nied française et de la Canner, et elle s'avance vers l'ouest

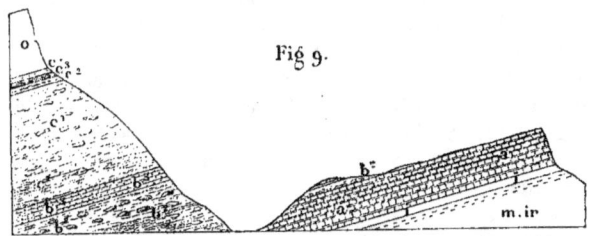

Coupe montrant la disposition habituelle et la composition du lias dans la Moselle.

a *Etage inférieur*
Ét. moyen { b¹ *Calcaire à Am. Davœi et marnes*
b² *Marnes à ovoïdes ferrugineux*
b³ *Grès médioliasique*

Ét. supérieur { c¹ *Marnes à posidonies*
c² *Grès supraliasique*
c³ *Oolithe ferrugineuse*
c⁴ *Marnes micacées*

m.ir. *Marnes irisées*   i *Grès infraliasique*   o *Oolithe inférieure*
Echelle 20⁰⁄₀₀₀ hauteurs × 30

jusqu'aux extrêmes confins du val de la Moselle. L'étage inférieur se présente sous la forme d'un plateau dont l'altitude, près du rebord oriental, se tient, communément, entre 300 et 350 mètres, et qui s'abaisse par une pente douce, vers la Moselle, près de laquelle il se termine. On remarque à sa surface quelques ondulations de détail, produites par la superposition d'une portion plus ou moins considérable de l'étage moyen ou par des failles; mais ces ondulations ont peu d'amplitude, et cette région a, en définitive, tous les caractères d'un pays plat. Les deux étages supérieurs appartiennent, au contraire, à une contrée passablement accidentée. Un instant voilés par les alluvions de la plaine que la Moselle parcourt, on les voit tout à coup reparaître dans la chaîne de collines qui limite cette plaine du côté du couchant, et s'élever par une pente, aux contours arrondis, jusqu'aux deux tiers de sa hauteur. Ils pénètrent également, sous forme de digitations plus ou moins profondes, dans les échancrures déterminées par les vallons secondaires. C'est ainsi, par exemple, qu'ils se montrent, tout le long de la frontière nord-ouest du département, aux environs d'Ottange, de Russange, de Longwy, de Gorcy et de Vezin [1].

En réunissant les épaisseurs afférentes à chaque étage, on trouve que le lias a, dans la Moselle, une puissance qui se tient entre 200 et 230 mètres. Ce terrain recouvre, dans le département, 784 kilomètres carrés [2], formant les 146 millièmes ou presque exactement le septième de la surface de ce dernier.

[1] Sur quelques points, la carte géologique a beaucoup trop étendu les digitations du lias supérieur le long des vallées qui entament le plateau de la région occidentale de la Moselle. Ainsi, cet étage, au lieu de s'étendre d'une manière continue sur les rives de la Chiers depuis Mont-Saint-Martin, où cette rivière pénètre dans le département, jusqu'au point où elle le quitte, pour entrer dans la Meuse, s'arrête, par suite du plongement assez prononcé des couches vers le sud-ouest, à la hauteur de Rehon, au sud de Longwy, et il ne reparaît qu'un peu au-dessus de Vezin. C'est également par suite d'une erreur qu'on a fait figurer ce même étage dans le haut de la vallée de la Crunes entre Bernaoué et Crunes et à la naissance de celle de la Moulaine, sous Tiercelet. Les assises que l'on observe sur ces points appartiennent déjà à des parties assez élevées de l'oolithe inférieure et elles sont, par conséquent, séparées du lias par une épaisseur considérable de terrain.

[2] Ce nombre de 784 kilomètres carrés se décompose de la manière suivante, entre les étages du lias figurés sur la carte géologique : calcaire à gryphées arquées, 410 kilomètres; grès d'Hettange, 18 kilomètres; calcaire à *Ammonites Davœi* et marnes subordonnées, 106 kilomètres; marnes moyennes et grès médioliasique, 136 kilomètres; marnes supérieures, grès supraliasique et oolithe ferrugineuse, 114 kilomètres.

Environs de Saint-Avold et de Faulquemont. — Si, nous conformant à l'ordre que nous avons constamment suivi dans notre description, nous partons de l'est, c'est aux environs de Saint-Avold et de Faulquemont que nous rencontrerons, pour la première fois, le lias dans la Moselle. Il constitue, au sud de ces villes, deux ilots assez étendus, en forme de plateaux. L'étage inférieur s'y montre seul et encore est-il bien loin d'être complet. D'après M. Terquem, qui a fait, dans ces derniers temps, une étude spéciale de ces localités, la gryphée arquée ne se rencontre que dans les bancs les plus élevés, au nombre de trois ou quatre qui viennent affleurer à la surface des plateaux. Quant aux zones des strates sans gryphées, caractérisées par les *Ammonites planorbis* et *angulatus*, on les retrouve, mais sur une faible épaisseur seulement, dans les assises les plus basses du système, celles qui sont directement superposées à l'argile rouge. Une carrière ouverte pour la fabrication de la chaux, près du point du territoire de Thonville coté 309 mètres, en regard d'Einchwiller, présente, au-dessous de quelques couches à gryphées arquées, une suite de bancs, sur une épaisseur de 2 mètres, dans lesquels ce fossile disparaît pour faire place à l'*Ammonites angulatus* et à quelques autres espèces propres à Hettange, telle que *Nautilus Malherbi*, *Lima Hettangiensis*, *Plicatula Hettangiensis*, etc. La même disposition se produit dans l'îlot liasique le plus oriental, aux environs de Val-Ebersing.

Ces lambeaux de lias inférieur de Val-Ebersing et d'Einchwiller ont fait originairement partie d'un massif allongé qui, se détachant, au sud de Rémilly, de la bande liasique dirigée dans la Moselle à peu près suivant le méridien, s'avançait, avec l'orientation E. 30° N., jusqu'aux environs de Puttelange. Ils ne se présentent isolés que par l'effet des dénudations auxquelles toute cette partie du département a été soumise. Ce massif est, d'ailleurs, encaissé dans un sillon assez profond de la région keupérienne, car au nord, près de Saint-

Avold et de Faulquemont, aussi bien qu'au sud, dans les environs d'Hellimer, de Baronville et de Morhange, les marnes irisées s'élèvent à des hauteurs comparables à celles que le lias atteint. L'existence de cette grande baie liasique rentre dans la disposition générale que présentent, dans le département, les terrains vers la lisière de la Meurthe ; elle se rattache, de la manière la plus évidente, aux accidents caractéristiques du pays Messin, par suite desquels toute la formation liasique se trouve être orientée et plissée, dans cette région, suivant la direction E. 30° N.

Lias au pied de la côte de Delme. — Côte de Mécleuves.
— La côte de Delme, pointement oolithique qui s'élève aux extrêmes confins de la Meurthe, à la surface de la plaine liasique, est due à la même cause. Avant les dénudations qui ont mis en saillie les protubérances isolées dont elle se compose, elle se rattachait, par le mont Toulon et les hauteurs de Sainte-Geneviève et de Mousson, à l'oolithe des environs de Dieulouard. Il y a donc eu, dans cette région de la Meurthe limitrophe de la Moselle, une seconde baie concentrique à la précédente ; moins étendue, toutefois, du côté de l'est, et dans laquelle la mer oolithique a pénétré.

Le lias paraît déjà autour de la côte de Delme, avec un développement qui met ses trois étages en évidence. Il y est sillonné par quelques accidents qu'il convient d'étudier.

C'est l'étage inférieur qui occupe la plus grande place autour de cette côte. Il commence à se montrer, du côté de l'est, sur les hauteurs qui dominent la Nied française entre Béchy et Sorbey, et il s'étend vers l'ouest jusqu'à la Seille. Les assises ont une allure en rapport avec la disposition orographique du terrain qu'elles recouvrent ; elles plongent, comme le plateau, avec une inclinaison faible, vers le sud-ouest.

Quand on gravit les pentes qui, de ce dernier, mènent à la côte de Delme, on recoupe la plupart des assises qui constituent les deux autres étages du lias. On rencontre d'abord, aux environs de Luppy, d'Ancy-les-Solgne et d'Achâtel, le calcaire à *Ammonites Davœi*, avec ses marnes gypseuses toutes remplies de petits ovoïdes ocreux. Il renferme de petites oolithes brunes et des rognons de pyrite décomposés à la surface ; il est en assises minces, présentant des taches verdâtres ou bleuâtres sur un fond brun. Puis viennent les marnes à ovoïdes de l'étage moyen, couronnées par le grès médioliasique, avec ses fossiles si caractéristiques. Cette dernière assise forme le sommet de la côte où se trouve le signal de Luppy, à l'altitude de 300 mètres ; elle paraît également sur le chemin de Thimonville à Juville et dans le bois de Solgne. Elle est surmontée par les marnes de l'étage supérieur, que l'on suit jusqu'aux premières couches calcaires de l'oolithe, sans rencontrer ni le grès supraliasique, ni l'hydroxyde oolithique, soit parce que ces assises manquent sur les flancs de la côte de Delme, soit, ce qui est plus vraisemblable, parce qu'elles sont recouvertes et voilées par les éboulis des roches supérieures.

Aux pieds de cette côte, le lias est traversé par de nombreux accidents qui mettent en contact des assises séparées dans l'échelle géologique par des intervalles considérables[1]. Le plus important de ces accidents est celui que l'on observe près de Mécleuves, à 11 kilomètres au sud de Metz, sur la route de Strasbourg. A la hauteur de ce village, le plateau recouvert par le lias inférieur à la surface duquel s'élève le protubérance isolée connue sous le nom de côte de Delme, se trouve coupé par une faille qui s'étend d'une manière très-apparente, en ligne droite, de Chailly sur la Nied française aux bois d'Avigy, qui dominent la vallée de la Seille. Au nord de cette ligne, le plateau, quoiqu'il soit très-sensiblement déprimé, est néanmoins recouvert par des assises géologiquement supérieures au calcaire à gryphées arquées, et, en particulier, par le calcaire à *Ammonites Davœi*, qui

---

[1] Les traces de ces accidents sont figurées sur la planche V.

forme le sol des environs de Mécleuves, de Fleury et de Pouilly, et s'avance de là jusqu'aux coteaux de Queleu, aux portes de Metz, par les hauteurs de Peltre et de Mercy-le-Haut. Sur quelques points de la plaine de Mécleuves, on observe même des assises plus élevées dans la série liasique. Ainsi dans la colline qui s'élève au nord-est de ce village à l'altitude de 270 mètres, le grès médioliasique et une partie de l'assise des marnes à posidonies se montrent avec beaucoup d'évidence. La même circonstance se présente sur la route de Metz à Nomeny, au sud de Pouilly : un massif de marnes brunes avec ovoïdes ferrugineux est superposé au calcaire à *Ammonites Davœi*, et vient buter contre les tranches des couches du calcaire à gryphées arquées qui paraît sur le sommet de la côte à Pournoy-la-Grasse et à Orny.

La faille de la côte de Mécleuves est représentée sur la figure 2 de la planche I. Très-nettement accusée, dans toute son étendue, par le relief du sol, elle est orientée E. 24° 1/2 N. Elle est bien loin, d'ailleurs, d'être limitée à l'espace compris entre la Nied et la Seille. Du côté de l'est, on peut, en effet, la suivre vers Domangeville, où l'on voit le grès keupérien en contact avec les assises du calcaire à gryphées arquées ; elle s'avance de là vers Courcelles-Chaussay en suivant les bords de la Nied française, et plus loin vers Vaudoncourt, en se tenant dans la dépression profonde qui sépare les marnes irisées du muschelkalk. Elle est également très-apparente vers l'ouest, dans la plaine comprise entre la Seille et la Moselle, où le calcaire à gryphées arquées, très-développé aux environs de Sillegny, vient buter, le long du ru des Creux, contre les assises du calcaire à *Ammonites Davœi*.

La faille de Mécleuves n'a pas la même amplitude dans toute son étendue. Sur la route de Strasbourg, on peut estimer à 100 mètres environ la différence du niveau qui sépare les assises analogues ; c'est la hauteur dont la plaine de Mécleuves a dû s'affaisser, ou le plateau de calcaire à gryphées arquées s'élever, pour mettre la côte en relief. Cette différence est plus sensible vers l'est ; on rencontre en effet, de ce côté, dans la partie basse de la côte, les argiles rouges et même le grès infraliasique, tandis que, dans le bois situé au nord-est de Mécleuves, en face et à peu près à la hauteur de ce système de couches, on observe le grès médioliasique. Ces assises qui, dans la Moselle, sont habituellement séparées par une épaisseur de terrain d'environ 140 mètres, se trouvent donc ici rapprochées. Dans la partie occidentale, au contraire, la faille de la côte de Mécleuves est beaucoup moins prononcée ; le plateau de calcaire à gryphées arquées est recouvert, sur les bords de la Seille, par un lambeau de calcaire à *Ammonites Davœi*, qui n'est guère à plus de 50 à 60 mètres au-dessus du niveau que cette même assise occupe dans la plaine de Fleury.

Aux pieds même de la côte de Delme, on observe une faille parallèle à celle de Mécleuves. Elle est orientée E. 24° N. et très-apparente sur la route de Strasbourg, où, à la hauteur d'Achâtel, on passe sans transition du calcaire *Ammonites Davœi* sur le calcaire à gryphées arquées. Du côté de l'est, elle se dirige vers Tragny et le ruisseau de Delme, au travers du massif marneux qui constitue les contre-forts de la côte de ce nom. Vers l'ouest, elle pénètre dans le département de la Meurthe, en suivant un ravin assez profond qui commence au-dessous d'Achâtel. L'accident reconnu dans cette localité est dans le même sens que celui de Mécleuves ; il se résout en un exhaussement subit, vers le sud, du plateau de calcaire à gryphées arquées, et c'est manifestement à cet exhaussement qu'il faut attribuer la présence du grès infraliasique et celle de l étage keuperien supérieur dans le fond du vallon de Vulmont, à une distance aussi considérable des affleurements de ces assises [1].

[1] M. Reverchon ayant omis de tracer les failles sur la carte géologique, il n'est pas facile de suivre les détails relatifs à la structure du sol

Dans le canton de Verny, les principaux vallons latéraux à la Seille sont orientés parallèlement aux failles de Mécleuves et d'Achâtel. C'est une observation que l'on peut faire en jetant les yeux sur la carte, et qui atteste l'influence exercée par ces accidents sur la structure orographique du sol de cette partie du pays Messin.

Environs de Metz. — *Faille du Haut-Chemin.* — Les environs de Metz présentent, pour l'étude du terrain liasique, des conditions aussi favorables que la région de Delme. La ville chef-lieu est, en effet, située dans une position centrale, par rapport à ce terrain. A l'est, s'étend le plateau formé par l'étage inférieur, dont les assises sont mises à jour pour les routes qui se dirigent vers l'Allemagne et par les nombreuses carrières ouvertes dans le voisinage des fours à chaux. Ces assises plongent, comme le plateau lui-même, vers le sud-ouest et elles sont recouvertes, dans cette direction, par le calcaire à *Ammonites Davœi* qui commence à se montrer aux portes de Metz, dans le coteau de Queleu, et de là s'étend jusqu'à Courcelles-sur-Nied, en suivant les hauteurs de Peltre et de Mercy. A l'ouest, sur la rive gauche de la Moselle, aussi bien qu'au sud, entre cette rivière et la Seille, s'élèvent des collines aux formes ardues, qui présentent la succession de toutes les assises des deux étages supérieurs, depuis les marnes à ovoïdes ferrugineux, inférieurs au grès medioliasique jusqu'aux marnes grises superposées à l'oolithe ferrugineuse qui couronnent la formation. Dans ces côtes, l'étude du terrain est facilitée par les ravinements et par les nombreuses exploitations ouvertes sur le gîte ferrifère.

Au sud de Metz, la succession des assises du lias est régulière, et on n'aperçoit aucune trace de dérangement dans leur disposition. Mais il n'en est plus de même au nord, où l'on

de la région de Delme, auxquels nous avons cru devoir donner un développement en rapport avec leur importance. La petite carte de la planche V, ou mieux encore la carte géologique du pays Messin insérée dans le tome XI des *Annales des mines*, mettent ces détails en évidence.

constate l'existence d'un accident analogue à celui de Mécleuves. Il se manifeste, avec beaucoup d'évidence, entre le château de Grimont et Avancy. Le plateau de calcaire à gryphées arquées est traversé, entre ces deux points, par une route qui mène directement à Bouzonville et qui est connue sous le nom de Haut-Chemin[1]. A une petite distance au nord-est de la route, le plateau est terminé par un escarpement brusque qui montre les tranches des couches de cet étage, et au pied duquel sont bâtis les villages de Villers-l'Orme, Vany, Failly, Vremy et Avancy. Si on descend dans ces villages et qu'on remonte sur les flancs des coteaux notablement déprimés qui leur font face, on rencontre les marnes gypseuses et les calcaires à *Ammonites Davœi*, qui constituent la base du groupe moyen. La séparation entre les deux étages est extrêmement nette, elle est marquée par une dépression rectiligne, assez profonde, et dont les revers présentent des pentes exceptionnelles pour le lias. Il est impossible de ne point reconnaître, dans cette dépression, la trace d'une grande faille qui est aussi nettement accusée par le relief et les accidents du sol que par la disposition des couches. Près de Grimont, le plateau de calcaire à gryphées arquées est couronné, vers l'altitude de 270 mètres, par un petit lambeau de marnes et de calcaire à *Ammonites Davœi*, assise qui, plus au nord, dans la plaine de Charly, se montre à un niveau moins élevé de 60 à 70 mètres. A Vremy, les phénomènes qui ont accompagné l'ouverture de la faille, ont laissé des traces évidentes de leur action. On voit, en effet, au-dessus des maisons les plus élevées de ce village, des couches de calcaire ocreux appliquées, en fragments brisés et redressés, sur les tranches horizontales des assises du calcaire à gryphées arquées.

Comme nous avons déjà eu occasion de le constater à Mécleuves, la faille du Haut-Chemin n'a pas la même ampli-

[1] C'est, du moins dans le voisinage de Metz, une ancienne chaussée dont la construction paraît remonter au règne de Brunehaut.

tude dans toute son étendue. C'est à Saint-Julien que la dénivellation atteint son maximum. Un peu à l'est de ce village, les coteaux plantés de vignes, aux pieds desquels coule le ruisseau de Vallières, ne montrent que du lias inférieur superposé aux argiles rouges et au grès infraliasique. Quand, au contraire, on monte à Saint-Julien par la route de Kédange, on ne trouve plus que du lias moyen. Au bas de la côte, on exploite des marnes bleues, fissiles, avec ovoïdes calcaires, qui appartiennent à un niveau un peu supérieur à l'assise à *Ammonites Davœi*; au-dessus d'elles paraissent les marnes à ovoïdes ferrugineux, qui fournissent également des terres aux tuileries de la localité ; enfin, au sommet de la côte, la route est entaillée dans les couches du grès médioliasique. Toutes ces assises étant à peu près horizontales, aussi bien que celles qui se montrent à l'est de la route, il en résulte qu'au pied de la côte, les marnes feuilletées qui reposent sur le calcaire ocreux, viennent buter contre le grès infraliasique et, en haut, le grès moyen contre l'îlot de ce calcaire qui existe à la surface du plateau près du château de Grimont. L'amplitude de la faille a donc ici la hauteur exacte de la côte de Saint-Julien, au-dessus du niveau de la Moselle, qui est d'environ 80 mètres.

Le coteau marneux de Saint-Julien est adossé au plateau de calcaire à grypées arquées, qui s'étend entre Vallières et Grimont, de façon à interrompre la dépression qui le limite du côté du nord. Toutefois, le contact ne se fait que suivant une très-petite surface dont on a profité pour établir le raccordement du Haut-Chemin avec la route de Kédange. La dépression qui s'étend d'Avancy à Grimont, s'avance jusqu'au pied de cet étroit passage ; et à une petite distance vers le sud, commence un vallon aux parois abruptes qui descend directement vers l'église et le pont de Saint-Julien, et n'est autre chose que la continuation de l'accident orographique signalé de l'autre côté de la route de Bouzonville.

La faille du Haut-Chemin, étant prolongée vers le sud-ouest, traverse en écharpe le sol sur lequel la ville de Metz est bâtie. Aussi n'est-on point surpris d'y retrouver des dérangements analogues à ceux que nous avons reconnus dans la côte de Saint-Julien. En faisant, en effet, abstraction du diluvium qui recouvre, comme nous le verrons plus loin, la plus grande partie de ce sol, on remarque que la partie culminante de la ville, le haut de Sainte-Croix, est constituée par le calcaire à gryphées en assises bien réglées et presque horizontales, tandis que les marnes feuilletées occupent les pentes tournées de la côte de la Moselle. Le raccordement des couches juxtaposées se fait suivant une ligne qui, partant de l'Arsenal, se dirige vers la citadelle. C'est à cet accident que Metz doit d'avoir un relief extrêmement tourmenté, et qu'il faut attribuer les pentes exceptionnellement fortes de quelques-unes de ses rues, en particulier de celles qui descendent des hauteurs de Sainte-Croix aux quais.

Quand on étudie avec soin les environs de Saint-Julien et de Vallières, on reconnaît bien vite que la faille du Haut-Chemin ne saurait être représentée uniquement par l'affaissement de la partie du terrain située au nord de cette faille. L'accident est, en effet, assez complexe. D'une part, le sol s'est abaissé au nord de la faille; mais en même temps toute la portion du plateau de calcaire à gryphées, située sur la rive droite du ruisseau de Vallières, a été exhaussée par rapport à celle qui se trouve au sud de ce ruisseau. S'il en était autrement, le grès infraliasique et les argiles rouges paraîtraient sur les deux flancs de la vallée à la même hauteur ; ce qui n'a point lieu. D'ailleurs, l'exhaussement de cette portion du terrain est assez nettement accusé dans le relief du sol, car, de la route de Boulay, par exemple, on la voit former un bourrelet très-prononcé, en saillie à la surface du plateau sur lequel la route chemine. Le ruisseau de Vallières qui limite, du côté du sud, la partie du sol exhaussée, est sensiblement parallèle à la direction de la faille du Haut-Chemin qui est exactement E. 30° 1/2 N.

Cette faille est indiquée sur la figure 3 de la planche I, qui donne la coupe des terrains compris entre Sierck et la côte de Delme. Elle y paraît entre Avancy et Cheuby, c'est-à-dire dans une partie de son trajet, où elle a beaucoup moins d'amplitude qu'à Saint-Julien, et l'on peut remarquer que son effet est limité, entre ces deux points, à un abaissement brusque du plateau, recouvert par l'étage inférieur du lias qui descend, subitement, de 317 mètres, altitude des bois de Cheuby, à 270 mètres, près d'Avancy.

Un des résultats de la faille du Haut-Chemin a été de mettre en évidence les assises les plus basses de cet étage aux portes mêmes de Metz, à une grande distance de leurs affleurements. Elles existent incontestablement dans le coteau auquel est adossé le village de Vallières, et M. Jourdy, élève à l'École d'application, les a retrouvées avec leurs ammonites et quelques autres fossiles caractéristiques, dans des trous pratiqués pour l'établissement de fours à mines sur le revers septentrional du fort Bellecroix. Les zones à *Ammonitus planorbis* et *A. angulatus* ont, chacune, sur ce point, de 1 à 2 mètres d'épaisseur, et ne renferment pas de gryphées arquées.

Environs de Thionville. — Grès d'Hettange. — Des environs de Metz, la bande déterminée par les affleurements du lias se poursuit vers Thionville, en conservant ses allures et sa direction parallèle au cours de la Moselle. Les assises de ce terrain se présentent toujours, suivant l'ordre de leur superposition, échelonnées de l'est vers l'ouest, avec une régularité remarquable. L'étage inférieur commence à paraître sur le flanc gauche de la vallée de la Canner, mais il ne s'étend guère au delà de la Bibiche; et le calcaire à *Ammonites Davœi*, dont nous avons déjà signalé l'existence, sous forme d'îlots, à la surface du plateau de calcaire à gryphées, aux environs de Metz, joue ici un rôle prépondérant, car il recouvre à peu près tout l'espace qui s'étend entre la Bibiche et la Moselle. Il est donc très-développé en superficie au nord de la faille du Haut-Chemin ; on peut l'observer à Chieulles, Rugy, Ennery, Flévy, Trémery, Rurange, d'où il s'étend par Illange, jusqu'aux portes de Thionville. Si, parvenu sur les bords de la Moselle, on continue à marcher vers l'ouest, on traverse d'abord une grande plaine diluvienne, et c'est seulement quand on atteint la base de la chaîne de collines qui limite cette plaine du côté du couchant que l'on retrouve la formation liasique. Les premières couches apparentes sont les marnes à ovoïdes ferrugineux ; puis vient le grès à *Plicatula spinosa*, auquel sont superposés de gros bancs calcaires qui se trouvent dans sa dépendance et sont remarquables par la grande quantité de fossiles qu'ils renferment. Cette dernière assise se montre toujours à une petite hauteur au-dessus de la plaine ; on la voit notamment sur le chemin de Metz à Clouange, le long duquel elle est coupée par de nombreuses tranchées. Le reste du revers des coteaux jusqu'à l'oolithe, qui ne descend guère au-dessous de l'altitude de 320 mètres, est occupé par l'étage du lias supérieur. Dans la région comprise entre Metz et Thionville, ce dernier s'avance vers l'ouest jusqu'à une assez grande distance de la Moselle, sous forme de digitations, à la faveur des coupures profondes produites dans la chaîne par les vallées de l'Orne, de la Fensch et de leurs principaux affluents.

Jusqu'à Thionville, la disposition du lias est donc complétement normale, et les assises conservent les caractères qu'elles présentent aux environs de Metz et qui sont ceux du type lorrain. Mais ce type se trouve tout à coup altéré, à quelques kilomètres au nord de la première ville, par l'intrusion, au milieu de l'étage inférieur, de couches gréseuses qui diffèrent complétement, sous le rapport minéralogique, de celles que l'on est habitué à y rencontrer. Elles commencent à paraître, du côté du sud, dans l'escarpement auquel est adossé le bourg d'Hettange-Grande, et, par Boust, Breistroff et Rodemack, elles pénètrent dans le grand-duché de Luxembourg, où elles acquièrent une puissance considérable et prennent beaucoup d'extension. De là, les noms de grès d'Hettange et de grès de Luxembourg, sous lesquels ces couches sont généralement connues.

Le grès d'Hettange n'a pas, dans la Moselle, plus de 20 à 25 mètres d'épaisseur. C'est un dépôt de sable siliceux, assez fin, au milieu duquel on trouve des parties fortement agrégées, sous forme de masses lenticulaires, qui n'ont aucune suite. Le point où on peut le mieux l'observer est la grande tranchée produite par la carrière située à une petite distance au nord-est du village d'Hettange. Les assises les plus basses, mises à jour par l'exploitation, sont des grès calcareux, en gros rognons aplatis, au milieu de sables plus ou moins durcis. Ces grès très-durs, à cassure grenue et esquilleuse, sont exploités pour pavés et pour moellons ; leur couleur est le gris jaunâtre ; mais la partie centrale des rognons présente habituellement de grandes taches bleues. Ils occupent la plus grande partie de la hauteur de la tranchée. On remarque parmi eux un banc coquillier, rempli de petits galets de quartz, ce qui lui donne un aspect poudinguiforme ; il n'a pas plus de 1 mètre d'épaisseur. C'est de ce banc qu'on a tiré tous les fossiles qui constituent la faune si riche et si variée d'Hettange, car les autres assises en sont complétement dépourvues. Dans la partie supérieure de la tranchée, le dépôt sableux est plus faiblement agrégé ; le ciment habituel est de l'hydroxyde de fer, qui colore les couches en brun jaunâtre. Il y a également, dans cette partie du système, des grès calcarifères grossiers, et quelques alternances de marnes ; une assise est schistoïde et couverte d'empreintes de plantes terrestres. Ces plantes et la présence de quelques coquilles lacustres dans le banc fossilifère prouvent que le grès d'Hettange est un dépôt de rivage, auquel les eaux douces des terres émergées ont fourni leur tribut.

Les couches sur lesquelles repose le massif gréseux d'Hettange ne sont pas exactement connues ; ce seraient, au dire des ouvriers carriers, des argiles sableuses assez compactes pour arrêter les eaux et donner naissance aux sources que l'on voit sourdre, en grand nombre, à la base de ce massif. Quant aux assises qui le recouvrent, elles sont, au contraire, bien mises à jour par la tranchée ; elles consistent en alternances peu épaisses de marnes et de calcaires marneux remplis d'*Ostrea arcuata*, et qui appartiennent manifestement à la partie supérieure de l'étage, puisque, dans la direction de l'ouest, elles ne tardent das à se perdre, en plongeant, sous une série peu puissante de couches dans lesquelles on rencontre le *Belemnites brevis* ou *acutus*, et qui disparaissent elles-mêmes bientôt sous le lias moyen. Cette observation peut être faite, non-seulement à Hettange, mais encore tout le long de la ligne déterminée par les affleurements du grès, notamment aux environs de Breistroff et de Rodemack.

La place occupée par le grès d'Hettange dans la série liasique a été l'objet de nombreuses discussions et est restée, pendant longtemps, indéterminée. Les observations stratigraphiques que nous venons de rappeler ont fait cesser toute contestation. Elles ont, en effet, mis complétement en lumière la véritable position de ce grès, en montrant qu'il était l'équivalent exact d'une certaine portion de l'étage inférieur du lias et que, se trouvant en contact avec les assises à *Belemnites brevis*, les bancs supérieurs de la carrière d'Hettange devaient même correspondre à des couches du calcaire à gryphées arquées, placées assez haut dans cet étage. La paléontologie n'a fait que confirmer cette appréciation. Dans leur mémoire déjà cité, MM. Terquem et Piette ont assimilé, à la zone à *Ammonites angulatus*, tout le massif gréseux inférieur de la tranchée, et cela malgré la présence d'une *Ostrea arcuata* dans un des lits de ce massif.

Le synchronisme une fois établi, on est nécessairement amené à reconnaître que le grès d'Hettange constitue une anomalie dans le terrain liasique, tel qu'il est constitué dans la plus grande étendue de la Lorraine. Il n'y a, en effet, dans les assises marneuses ou calcaires du lias inférieur des environs de Metz et de Nancy. par exemple, rien qui rappelle, même de loin, le faciès si caractéristique de ce grès.

D'un autre côté, il ne se différencie pas moins des couches qui, dans son amont-pendage, constituent cet étage du lias vers Haute-Kontz et Ganderen, car celles-ci reproduisent complétement le type lorrain. L'anomalie qui fait du grès d'Hettange un dépôt singulier, est donc double; elle existe non-seulement à l'égard de toute la partie de la contrée située au sud de cette localité ; mais encore, et avec tout autant d'évidence, vis-à vis des assises que l'on peut légitimement considérer comme représentant ses affleurements vers le nord-est. De là est venue, en partie, la confusion qui a régné pendant longtemps sur la véritable place de ce dépôt.

Une autre circonstance qui a également contribué à ce résultat, vient de ce que l'on a méconnu la faille par suite de laquelle les affleurements du grès d'Hettange ont été mis à jour, et l'existence de ce grès a été révélée dans la Moselle. Le voyant enclavé, presque de toutes parts, au milieu d'assises appartenant au lias moyen, on a été naturellement conduit à l'introduire dans cet étage. Une étude plus complète aurait montré que, si, du côté de l'ouest, cette situation s'expliquait par le plongement des couches et la faible épaisseur des assises à *Belemnites brevis*, elle était, vers l'est, la conséquence d'une faille qui avait élevé le grès au-dessus de son niveau initial et l'avait mis en contact avec des couches plus récentes que lui. Cette faille est d'ailleurs très-nettement accusée dans le relief du sol ; elle commence à Hettange et, arasant le pied de l'escarpement déterminé par les affleurements du dépôt gréseux, elle passe un peu à l'est de Boust, entre Haute et Basse-Parte, à Breistroff, à Rodemack et à Mondorff, point près duquel elle pénètre dans le grand-duché de Luxembourg. Tout le long de cette ligne, dont la direction est E. 53° N., O. 53° S., les diverses parties du massif gréseux se trouvent, suivant leur hauteur, en contact, soit avec les couches les plus élevées du lias inférieur, soit avec l'assise à *Ammonites Davœi*, soit même avec les marnes à ovoïdes qui lui sont superposées. Nous avons essayé de représenter cette disposition dans la figure 10 ci-contre.

Un peu en arrière de la faille d'Hettange, la vallée de la Moselle, dont la direction à partir de Thionville incline sensiblement à l'est, correspond à un second accident non moins manifeste que le premier. Si on se place, en effet, à peu près à égale distance de cette ville et de Sierck, on a, sur la rive droite, les collines élevées de Kœnigsmacker, qui sont

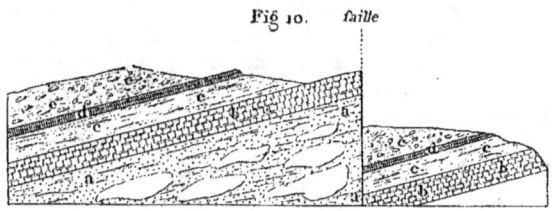

Fig 10.

Coupe montrant la disposition habituelle des assises le long de la faille d'Hettange.
a *Grès d'Hettange*   c *Marnes gypseuses*
b *Calcaire à Bélemnites brevis*   d *Calcaire à Ammonites Davœi*
                 e *Marnes à ovoïdes*
Echelle 3₂.₀₀₀ hauteurs × 1₀

constituées, comme nous l'avons vu, par les deux étages du keuper, et couronnées par le grès infraliasique ; sur la rive gauche, au contraire, les marnes moyennes du lias paraissent immédiatement à la base des coteaux auxquels les villages de Cattenom et de Sentzich sont adossés. Les assises étant, de part et d'autre, peu inclinées, et la vallée assez resserrée, il en résulte qu'on passe sans transition des marnes irisées au lias moyen, sans trouver de place pour le lias inférieur, dont on n'aperçoit d'ailleurs aucune trace. Le cours de la Moselle pris entre Thionville et Basse-Kontz, abstraction faite de ses méandres, est exactement N.-E. S.-O ; c'est aussi l'orientation de la faille de Thionville. Au delà de Basse-Kontz, celle-ci a sa trace marquée dans le profond sillon situé derrière le Stromberg, lequel sépare le keuper du muschelkalk, et elle vient aboutir à Schengen, point près duquel la Moselle reprend sa direction initiale, du sud vers le nord.

Dans l'espace compris entre Thionville et la frontière du grand-duché de Luxembourg, le terrain liasique ne présente pas d'autre anomalie de composition que celle qui résulte du remplacement de quelques-unes des couches marneuses de l'étage inférieur par le grès d'Hettange, et les autres assises sont toutes conformes au type que nous avons fait connaître dans notre aperçu général. C'est ce dont on peut se convaincre en parcourant le chemin de Thionville à Ottange, par Hettange, qui donne une bonne coupe de ces assises. A peine a-t-on quitté le dernier village que l'on aperçoit dans le fossé de la route trois ou quatre bancs peu épais d'un calcaire marneux, bleuâtre, renfermant de nombreux débris de pentacrinites, des *Ostrea arcuata*, et des *Belemnites brevis*. Ces bancs, qui alternent avec des marnes, n'ont qu'une faible épaisseur et reposent sur des grès ferrugineux analogues à ceux qui terminent l'escarpement des carrières d'Hettange. Ils sont recouverts, au bas de la côte qui précède le bois d'Entrange, par le calcaire *Ammonites Davœi*, associé, comme d'habitude, à des marnes remplies de cristaux de gypse. Le reste de la côte et le bois, jusqu'à Kanfen, sont occupés par des marnes feuilletées avec ovoïdes ferrugineux qui constituent la plus grande partie de l'étage moyen. Le grès médioliasique, qui en forme le couronnement, paraît dans le village même de Kanfen avec ses fossiles caractéristiques : *Plicatala spinosa*, *Avicula inæquivalvis*. La côte ardue le long de laquelle le chemin s'élève, à partir de ce point, présente les diverses assises de l'étage supérieur avec la composition qu'elles offrent dans toute l'étendue du pays Messin, les marnes à posidonies d'abord, avec leurs nodules calcaires de grandes dimensions, puis le grès supraliasique à ciment ferrugineux et peu consistant, mais devenant, vers la base, calcareux, bleuâtre et acquérant plus de dureté, enfin l'hydroxyde oolithique et les marnes grises, micacées, qui terminent la série liasique.

Vallées de la région Nord-Ouest. — En dehors de la bande principale déterminée par les affleurements du lias dans le département, ce terrain se montre, comme nous l'avons annoncé, dans la plupart des vallées situées entre Volmerange et Vezin. La présence du lias qui s'avance, le long de cette partie de la frontière, jusqu'aux extrêmes confins de la Meuse, et pénètre même dans ce département, se trouve être en rapport avec l'allure générale des assises de la formation, lesquelles, après avoir traversé le pays Messin dans une direction voisine du sud au nord, s'infléchissent brusquement, à partir de Luxembourg, et courent vers l'ouest. Les digitations du terrain liasique, toujours très-étroites et peu profondes, que l'on remarque sur la carte géologique dans cette partie de la Moselle, ne sont autre chose que la terminaison méridionale de la bande de ce terrain qui longe le pied de l'Ardenne dans une direction voisine de l'est à l'ouest et se perd vers le sud en plongeant sous l'oolithe inférieur. Elles ne descendent pas en général au-dessous de l'étage supérieur et elles se réduisent même quelquefois aux assises les plus élevées de cet étage, comme cela se voit dans la vallée d'Ottange, où celles-ci acquièrent un développement considérable. Toutefois, sur quelques points, on observe, dans le fond des vallées de la région nord ouest du département, le grès médioliasique. Ce grès paraît notamment à Cussigny et à Ville-Houdlemont, avec des caractères minéralogiques qui diffèrent d'une manière assez sensible de ceux qu'il affecte habituellement : c'est un calcaire sableux, à grains fins, légèrement micacé, bigarré de bleu et de brun. Il se montre également, avec ce faciès, à Aubange, sur le territoire belge, à proximité de la frontière. Les marnes qui se trouvent sur ce point et constituent la base de l'étage supérieur, sont imprégnées d'une substance huileuse que l'on en a extraite pour la distillation, mais qui, à cause de son odeur repoussante, n'a point trouvé d'emploi dans les arts. En général, les marnes schisteuses placées à ce niveau, dans la formation liasique de la Moselle, peuvent brûler, sans addition de combustible, à la faveur de l'huile et du bitume qu'elles renferment.

Fossiles. — Nous donnons la liste des fossiles que l'on rencontre dans le lias de la Moselle. Cette liste est partagée en trois séries correspondant aux étages que nous avons distingués dans ce terrain.

L'étage inférieur comprend, comme nous l'avons vu, quatre assises, qui se présentent dans l'ordre suivant, en partant de la base.

1° Assise à *Ammonites planorbis ;*
2°   —   à *Ammonites angulatus ;*
3°   —   à *Ammonites bisulcatus* ou à *Ostrea arcuata ;*
4°   —   à *Belemnites acutus* ou *brevis.*

La mer liasique présente, pour cet étage, deux rivages entièrement différents : l'un est orienté parallèlement aux Vosges et caractérisé par des dépôts calcaires et marneux ; l'autre s'appuie sur les contre-forts de l'Ardenne et est formé d'une alternance irrégulière d'assises calcaires ou marneuses et de dépôts gréseux. De là des faunes très-variées, suivant la constitution de la roche : les acéphales, vivant de préférence sur les fonds vaseux, abondent le long du premier rivage; les gastéropodes, qui, au contraire, se plaisent sur les fonds sableux, prédominent dans le second. Toutefois, les fossiles caractéristiques des assises restent identiques des deux côtés et servent à établir le synchronisme des dépôts, quelle que soit, d'ailleurs, leur constitution.

La faune de cet étage est extrêmement riche; elle a été publiée dans plusieurs monographies où tous les fossiles nouveaux ont été décrits et dessinés [1].

[1] Terquem, Paléontologie de Hettange, 1855, avec 15 planches in-4°.
Terquem et Piette, Stratigraphie du lias inférieur de l'Est de la France,

A. Étage inférieur. — Sinémurien *d'Orb*.

PLANTES

CRYPTOGAMES

Chondrites genuinus?   *Sternb.*

FOUGÈRES

Odontopteris ? cycadea.	*Berg.*	Thaumatopteris gracilis.	*Ad. Br.*
Tœniopteris ? Munsteri.	*Gœp.*	Clathropteris meniscoides.	—
Laccopteris Landriotii.	*Ad. Br.*	— v. minor.	—

CYCADÉES

Cycadoidea (species nova).	*Ad. Br.*	Zamites megalophyllus.	*Presl.*
— cylindrica minor.	—	Lignite	—
Brachyphyllum peregrinum.	—		

ANIMAUX

AMORPHOZOAIRES

Talpina porrecta.	*Terq. et Piet.*	Cupularia navicella.	*Terq. et Piet.*
— squammata.	—	Haimeina Michelini.	*Terq.*
Cupularia læviuscula.	—		

FORAMINIFÈRES

Ovolina pentagona.	*Terq.*	Frondicularia bicostata.	*d'Orb.*
Glandulina pygmea.	—	— hexagona.	*Terq.*
— costata.	—	— Terquemi.	*d'Orb.*
Nodosaria metensis.	—	— impressa.	*Terq.*
— prima.	*d'Orb.*	— lignaria.	—
— claviformis.	*Terq.*	— varians.	—
— hortensis.	—	— lævissima.	—
Frondicularia nitida.	—	Dentalina sinuata.	
— pulchra.	—	— Martini.	—

Bulletin de la Société géologique de France, 1862, avec 3 planches de coupes.

Terquem et Piette, Paléontologie du lias inférieur de l'Est de la France, 1864, avec 18 planches, in 4°.

Terquem, Recherches sur les foraminifères du lias de la Moselle, 1ᵉʳ volume comprenant six mémoires, 1858 à 1866, avec 22 planches, in-8°.

Dentalina primæva.	*d'Orb.*	Marginulina. variabilis. var. inversa.	
— subnodosa.	*Terq.*	— — var. cylindracea.	
— diformis.	—	— — gracilis.	
— strangulata.	—	— æqualis.	*Terq.*
— hemisphærica.	—	— radiata.	—
— compressa.	—	— conica.	—
— semiornata.	—	— pupa.	—
— rustica.	—	— incurva.	—
— tecta.	—	— Burgundiæ.	—
— pseudomonile.	—	— vermicularis.	—
— vetustissima.	*d'Orb.*	— interlineata.	—
— Terquemi.	—	— parallela.	—
— varians.	*Terq.*	— senilis.	—
— glandulosa.	—	— sigma.	—
— vetusta.	*d'Orb.*	— hamus.	—
— radicula.	*Terq.*	— lumbricalis.	—
— Mauritii.	—	— radiiformis.	—
— cylindracea.	—	— lineata.	—
— baccata.	—	— sexangularis.	—
— octoplicata.	—	— cuneata.	—
— evulsa.	—	— porrecta.	—
— sagenula.	—	— corrugata.	—
— fasciata.	—	— exarata.	—
— funiculosa.	—	— cancellaroides.	—
— virgata.	—	— biplicata.	—
— torticosta.	—	Cristellaria obtorta.	—
Placopsilina crassa.	*Terq.*	— ornata.	—
— spinigera.	—	— cincta.	—
— acuminata.	—	— antiquata.	*d'Orb.*
— Breoni.	—	— cordata.	*Terq.*
— hybrida.	—	— Terquemi	*d'Orb.*
— annulata.	—	— cinctella.	*Terq.*
— neglecta.	—	— Pikettyi.	—
Nubecularia liasica [1].	—	— securiformis.	—
Vaginulina metensis.	—	— ligata.	—
— biplicata.	—	— baccularis.	—
Marginulina prima.	*d'Orb.*	— striatula.	—
— — var. recta.	*Terq.*	Flabellina hortensis.	—
— — var. acuta.	—	Rotalina margarita.	—
— consobrina.	*Terq.*	Involutina aspera.	—
— quadricosta.	—	— silicea.	—
— aspera.	—	Textilaria angusta.	—
— inæquistriata.	—	Polymorphina bilocularis.	—
— ventricosa.	—	— cruciata.	—
— quadrata.	—	— lagenalis.	—
— rustica.	*d'Orb.*	— abbreviata.	—
— variabilis.	*Terq.*	— imbricata.	—

[1] Terquem, 1ᵉʳ *mémoire sur les foraminifères de l'oolithe*. Introduction, p. 25.

ZOOPHYTES

Thecosmilia Martini.	*de From.*	Montlivaltia Guettardi.	*Blainv.*
Septastrea excavata.	—	— sinemuriensis.	*d'Orb.*
Isastrea basaltiformis.	—		

BRIOZOAIRES

Stomatopora antiqua.	*Haime.*	Neuropora undulata.	*Terq. et Pict.*
Berenicea striata.	—	Lichenopora.	— —
Neuropora hispida.	*Terq. et Piet.*		

ECHINODERMES

Plaques d'ophiures.		Cidaris arietis.	*Quenst.*
Pièces rhomboïdales d'Asterias.		Diadema seriale.	*Ag.*
Pentacrinus basaltiformis.	*Mill.*	Baguettes diverses et débris indéter-	
— subangularis.	—	minables.	
— moniliferus.	*Mu.*	Eugeniacrinus liasicus.	*Terq.*
— scalaris.	*Goldf.*	Microcrinus liasinus.	*Terq. et Piette.*
— tuberculatus.	*Mill.*	Cotyloderma Oppeli.	—
Cidaris Edwardsii.	*Wright.*		

MOLLUSQUES. — BRACHIOPODES.

Lingula metensis.	*Terq.*	Rhychonella variabilis.	*Schl. Sp.*
Terebratula Causoniana.	*d'Orb.*	— triplicata.	*d'Orb.*
— perforata.	*Piette.*	— Maceana.	
— strangulata.	*Mart.*	Spiriferina pinguis.	*Ziet. Sp.*
— basilica.	*Opp.*	— Walcotti.	*Sow. Sp.*
— Sinemuriensis.	—	— rostrata.	*de Buch.*
— Andleri.		Orbicula.	—
— subnumismalis?	*Davids.*		

ACÉPHALES

Anomia pellucida.	*Terq.*	Plicatula liasina.	*Terq. Sp.*
— irregularis.	—	— nodulosa.	*Rœm. Sp.*
— striatula.	*Opp.*	— ventricosa.	*Mu.*
Ostrea trigona.	*Terq.*	Carpenteria Heberti.	*Terq. et Piet.*
— electra.	*d'Orb.*	— liasica.	*Terq. Sp.*
— irregularis.	*Mu.*	— Orbignyana.	—
— læviuscula.	—	Pecten calvus.	*Goldf.*
— anomala.	*Terq.*	— vimineus.	*Saw.*
— (gryphæa) arcuata.	*Lmk.*	— texturatus.	*Mu,*
— — var. obliqua.	*Goldf.*	— dispar.	*Terq.*
— — var. suilla.	*Mu.*	— æquiplicatus.	—
Plicatula Baylei.	*Terq.*	— textorius.	*Mu.*
— papyracea.	—	— dextlis.	
— spinosa.	*Sow.*	— subulatus.	—
— Hettangiensis.	*Terq.*	— acutiradiatus.	—

Posidonomya.	*Mu.*	Cypricardia triangularis.	*Terq.*
Gervillia Hagenowi.	*Dkr.*	— tetragona.	—
— acuminata.	*Terq.*	— lævigata.	—
Perna infraliasica.	*Quenst.*	Cardita tetragona.	—
Lima exaltata.	*Terq.*	— Heberti.	—
— tuberculata.	—	Myochonca inclusa.	*Terq. Sp.*
— Omaliusi.	*Ch. et Dew.*	Cardinia Desoudini.	*Terq.*
— incisa.	*Terq. et Piet.*	— Listeri.	*Ag.*
— nodulosa	*Terq.*	— abducta.	*Stuch.*
— Hettangiensis.	—	— Eveni.	*Terq.*
— Herrmanni.	*Volts.*	— scapha.	—
— gigantea.	*Desh.*	— lamellosa.	*Goldf. Sp.*
— Fischeri.	*Terq.*	— Hennocquei.	*Terq.*
— dentata.	—	— concinna.	*Sow. Sp.*
— compressa.	—	— copides.	*de Ryck.*
Limea duplicata?	*Mu.*	— similis.	*Ag.*
Avicula Dunkeri.	*Terq.*	Astarte irregularis.	*Terq.*
— similis.	*Terq. et Piet.*	— cingulata.	—
— Sinemuriensis.	*d'Orb.*	Isodonta Engelhardti.	—
— elegans.	*Mu.*	Hettangia securiformis.	*Dkr. Sp.*
— Buvignieri.	*Terq.*	— angusta.	*Terq.*
— Alfredi.	—	— navicella.	—
— Deshayesi.	—	— tenera.	—
Mytilus arenicola.	—	— Deshayesea.	—
— tenuissimus.	*Terq. et Piet.*	Cardium Philippianum.	*Dkr.*
— Terquemianus.	*de Ryck.*	— Terquemi.	*Mart.*
— Simoni.	*Terq.*	Saxicava fabacea.	*Terq.*
— dichotomus.	—	— nitida.	—
— glabratus.	*Dkr.*	— rotunda.	—
— liasinus.	*Terq.*	— arenicola.	—
— nitidulus.	—	Corbula Ludovicæ.	—
— productus.	*Dkr. Sp.*	Pholadomya Heberti.	—
— rusticus.	*Terq.*	— arenacea.	—
— scalprum.	*Sow.*	— Castellanensis.	*d'Orb.*
— lamellosus.	*Terq.*	— Haussmanni.	*Goldf.*
— hillanus.	*Sow.*	— ambigua.	*Sow.*
Pinna semistriata.	*Terq.*	— ventricosa.	*Ag. Sp.*
— Hartmanni.	*Ziet.*	— rhombifera.	—
Cucullæa Hettangiensis.	*Terq.*	Pleuromya Dunkeri.	*Dkr. Sp.*
— similis.	—	— galatea.	*Ag.*
Arca pulla.	—	— striatula.	—
Lucina liasina.	*Ag. Sp.*	— crassa.	—
— problematica.	*Terq.*	Solen Deshayesi.	*Terq.*
— arenacea.	*Dkr. Sp.*	Gastrachœna infraliasina.	—
Cypricardia compressa.	*Terq.*		

GASTÉROPODES

Chiton Deshayesi.	*Terq.*	Patella Dunkeri.	*Dkr. Sp.*
Patella Schmidtii	*Dkr.*	— Hettangiensis.	*Terq.*

Patella Hennocquei.	*Terq.*	Trochus Juliani.	*Terq.*
Dentalium compressum?	*d'Orb.*	— tubicola.	—
Pileopsis nuda.	*Terq.*	— Deshayesi.	—
Emarginula liasina.	—	— sinistrorsus.	*Desh.*
Cerithium Jobæ.	—	— nitidus.	*Terq.*
— subnudum.	—	Neritina arenacea.	—
— rotundatum.	—	— Hettangiensis.	—
— gratum.	—	— cannabis.	—
— verrucosum.	—	Orthostoma frumentum.	—
— porulosum.	—	— oryza.	—
— paludinare.	—	— turgida.	—
Pterocera dubia.	—	— triticum.	—
Pleurotomaria lens.	—	— avena.	—
— Wanderbachi.	—	Tornatella Buvignieri.	—
— rotellæformis.	*Dkr.*	— milium.	—
— mosellana.	*Terq.*	— secale.	—
— Hettangiensis.	—	— inermis.	—
— densa.	—	Melania turbinata.	—
— cœpa.	*Desl.*	— cyclostoma.	—
— anglica?	*Sow. Sp.*	— abbreviata.	—
— Hennocquei.	*Terq.*	— crassilabrata.	—
— obliqua.	—	— unicingulata.	—
— trocheata.	—	— usta.	—
— anglica?	*Sow. Sp.*	— Theodori.	—
— nucleus.	*Terq.*	Turitella Dunkeri.	*Dkr. Sp.*
Trochotoma vetusta.	—	— Deshayesea.	*Terq.*
— clypeus.	—	— Zenkeni.	*Dkr. Sp.*
Phasianella nana.	—	Littorina clathrata.	*Desh.*
— liasina.	—	Ampullaria gracilis.	*Terq.*
Turbo costellatus.	—	— obliqua.	—
— gemmatus.	—	— angulata.	*Desh.*
— rotundatus.	—	— carinata.	*Terq.*
Solarium Sinemuriense.	*d'Orb.*	— obtusa.	*Desh.*
— lenticulare.	*Terq.*	— planulata.	*Terq.*
Neritopsis exigua.	—		

CÉPHALOPODES

Ammonites caprotinus.	*d'Orb.*	Ammonites Moreanus,	*d'Orb.*
— lævigatus.	*Sow.*	— angulatus.	*Schl.*
— centaurus.	*d'Orb*	— kridion.	*Hehl.*
— Laignelctii.	—	— raricostatus.	*Ziet.*
— Sinemuriensis.	—	— obtusus.	*Sow*
— Boucaultianus.	—	— carusensis.	*d'Orb.*
— Conybeari.	*Sow.*	Nautilus Schlumbergeri.	*Terq.*
— planorbis.	—	— Malherbei.	—
— lacunatus?	*Buck.*	— striatus.	*Sow.*
— Hettangiensis.	*Terq.*	Belemnites acutus.	*Mill.*
— bisulcatus.	*Brug.*		

ANNÉLIDES

Galaolaria filiformis.	*Terq. et Piet.*	Serpula lituiformis.	*Mu.*
Serpula colubrina.	*Mu.*	— strangulata.	*Terq.*
— flaccida.	*Schl.*	— volubilis.	*Mu.*
— conformis.	*Goldf.*	Spirorbis nodulosus.	*Terq.*
— limax.	—	Terebella? liasica.	—

CRUSTACÉS. — OSTRACODES[1]

Bairdia ventricosa.	*Terq.*	Cythere gracilis.	*Terq.*
— obtusa.	—	— hybrida.	—
— plebeia.	—	Cytherella notabilis.	—
— metensis.	—	— polita.	—
— obscura.	—	— propinqua.	—
— consobrina.	—	— nummularis.	—
— incerta.	—	— metensis.	—
— intexta.	—	— matutina.	—
— gibba.	—		

DÉCAPODES

Pseudo-glyphæa spinosa. *Al. Miln. Edw.*

VERTÉBRÉS. — POISSONS

Saurichthys (dents).		Ischyodus (chimœra).	*Ag.*
Acrodus nobilis.	*Ag.*	Hybodus Heberti.	*Terq. et Piet.*

SAURIENS

Pterodactylus?	*Cuvier.*	Ichthyosaurus tenuirostris.	*Conyb.*
Megalosaurus.	*Buckl.*	— communis.	—
Plesiosaurus.	*Conyb.*		

L'ensemble de ces fossiles comprend 415 espèces, auxquelles il faut en ajouter 2 nouvellement découvertes dans le grès d'Hettange par M. Piketty[2].

[1] Toutes ces espèces sont inédites et nos récentes recherches en ont beaucoup augmenté le nombre.

[2] Dans cette nomenclature ne se trouvent pas comprises 142 espèces, indiquées pour la Belgique et le département des Ardennes, ce qui porte la

L'étage moyen du lias comprend les assises suivantes, disposées dans l'ordre suivant lequel elles se présentent, en allant du bas vers le haut.

1° Marnes sableuses. . { Couche à *Leptæna;* / Assise à *Hippopodium ponderosum;*
2° Calcaire à *Ammonites Davœi;*
3° Marnes feuilletées ;
4° Grès médioliasique. { Calcaire lumachelle. / Marnes avec ovoïdes ferrugineux. / Grès argileux.

Tout en établissant la succession normale des assises, nous devons reconnaître que, malgré toutes nos recherches, nous n'avons pu constater, dans la Moselle, la présence de la couche à Leptæna, qui est remarquable par ses fossiles, et caractérise la localité de May (Calvados).

La seconde assise à *Ammonites Davœi* possède une faune très caractéristique.

Les marnes feuilletées qui constituent la troisième assise, ont également une faune très-riche, mais les fossiles y sont en général mal conservés et réduits à l'état papyracé. Sur les bords de la Moselle, près de Malroy et d'Illange, on a, dans ces marnes, de belles coupes assez abondantes en fossiles, presque tous passés à l'état de sulfure de fer. Lors de la construction du pont de Thionville, le draguage pour l'établissement du radier, a amené des plaques de pyrite de grandes dimensions qui étaient couvertes d'une quantité considérable de fossiles, entre autres, de nombreuses pièces d'oscabrion[1].

totalité des espèces publiés à 549. Le Prodrome de d'Orbigny n'attribue, à cet étage, que 173 espèces, un peu moins que le tiers ; bien que sa nomenclature soit générale et s'applique à toutes les contrées où le lias paraît.

[1] L'oscabrion paraît avoir été très-abondant à cette époque ; mais il ne s'est pas conservé dans les marnes ; on ne le trouve que sur le sulfure de fer ou lorsque ce minéral a imprégné les nodules calcaires.

La quatrième assise a dû recevoir trois divisions en raison des différences pétrographiques qu'elle présente. La faune reste à peu près la même pour toutes les trois, quoiqu'elle soit plus abondante dans la couche calcaire et plus pauvre dans les dépôts supérieurs. Les foraminifères se trouvent, en très-grande quantité, dans les marnes à ovoïdes ferrugineux et sont fort rares dans les autres divisions.

Il convient de rattacher à ces marnes et de mentionner un lit de calcaire marneux composé de petits cônes s'emboîtant les uns dans les autres et que les Allemands ont appelé *Nagelkalk* (calcaire claviforme). On le trouve en face de la pointe de l'île Chambière sur le sentier de Malroy [2].

B. Étage moyen. — Liasien d'Orb.

PLANTES

CRYPTOGAMES

Chrondites elongatus.	*Presl.*	Bois fossiles de Conifères.	
Sphœrococcites crenulatus.	*St.*		

ANIMAUX

FORAMINIFÈRES

Gromia liasica.	*Terq.*	Ovolina lagenalis.	*Terq.*
Orbulina rugosa.	—	— simplex.	—
— liasina.	—	— virgula.	—
— punctata.	—	— trigonula.	—
Ovolina lanceolata.	—	Annulina metensis.	—
— ovata.	—	— quinquelobata.	—
— acicularis.	—	Cornuspira liasina.	—

[1] Cette disposition pseudo-cristalline ne se présente pas exclusivement dans les marnes à ovoïdes; nous l'avons trouvée également dans l'assise à *Am. Davœi* et même dans le muschelkalk.

Nodosaria	Simoniana.	*d'Orb.*	Dentalina	radiata.	*Terq.*
—	sexcostata.	*Terq.*	Marginulina	Terquemi.	*d'Orb.*
—	prima.	*d'Orb.*	—	prima.	
—	nitida.	*Terq.*	—	— var. gibbosa	—
—	regularis.	—	—	— — recta.	—
—	sublongiscata.	—	—	— — acuta.	—
—	crispata.	—	—	undulata.	*Terq.*
—	claviformis.	—	—	metensis.	—
Glandulina	metensis.	—	—	fabacea.	—
—	conica.	—	—	spinata.	—
—	cuneiformis.	—	—	alata.	—
Frondicularia	impressa.	—	—	ornata.	—
—	nitida.	—	—	interlineata.	—
—	pulchra	—	—	duodecimcostata.	—
—	bicostata.	*d'Orb.*	—	pupoides.	—
—	Terquemi.	—	—	angusta.	—
—	hexagona.	*Terq.*	—	dichotoma.	—
—	tenera.	—	—	incurva.	—
—	lingula.	—	—	vulgata.	—
—	multicostata.	—	—	bijuga.	—
—	rhomboidalis.	—	—	cultrata.	—
—	sacculus.	—	—	damæcornis.	—
Dentalina	Terquemi.	*d'Orb.*	—	dissecta.	—
—	obscura.	*Terq.*	—	excavata.	—
—	clavata.	—	Cristellaria	matutina.	*d'Orb.*
—	vetusta.	*d'Orb.*	—	antiquata.	—
—	simplex.	*Terq.*	—	prima.	—
—	torta.	—	—	vetusta.	—
—	subnodosa.	—	—	Terquemi.	—
—	vetustissima.	*d'Orb.*	—	rustica.	—
—	baccata.	*Terq.*	—	ornata.	*Terq.*
—	metensis.	—	—	speciosa.	—
—	primæva.	*d'Orb.*	—	geniculata.	—
—	ornata.	*Terq.*	—	incisa.	—
—	quadrilatera.	—	—	irregularis.	—
—	lateralis.	—	—	acuta.	—
—	fragilis.	—	—	obscura.	—
—	pseudomonile.	—	—	inermis.	—
—	unicostata.	—	—	articulata.	—
—	matutina.	*d'Orb.*	—	subquadrata.	—
—	filipendula.	*Terq.*	—	intermedia.	—
—	tecta.	—	—	simplex.	—
—	pyriformis	—	—	nucleata.	—
—	quadrciosta.	—	—	gutta.	—
—	glandulosa.	—	—	nautiliformis.	—
—	irregularis.	—	—	excavata.	—
—	perlucida.	—	—	unimamillata.	—
—	subelegans	—	—	turbiniformis.	—
—	acuminata.	—	—	deperdita.	—
—	pupiformis.	—	—	furcifera.	—

— 238 —

Cristellaria arietis.	*Terq.*	Rotalina turbinoidea.	*Terq.*
— spuria.	—	Rosalina lenticularis.	—
— stilla.	—	— conica.	—
Flabellina vermiformis.		— polygona.	—
— inæquilateralis.	—	Globulina liasina.	—
— metensis.	—	Polymorphina bilocularis.	—
— clathrata.	—	— metensis.	—
— ambigua.	—	— sacculus.	—
Robulina metensis.		— avena.	—
— liasina.	—	Textilaria metensis.	—
Involutina silicea.	—	— liasica.	—
— polymorpha.	—	— Pikettyi.	—
Polystomella metensis.	—	Biloculina sacculus.	—
Rotalina Terquemi.	*d'Orb.*	Triloculina liasina.	—

ÉCHINODERMES

Pentacrinus subangularis	*Mil.*	Cidaris liasina.	*Ag.*
— scalaris.	*Goldf.*	— jurensis.	*Quenst.*
— pentagularis.	—	— criniferus.	—
— basaltiformis.	—	Cotylederma.	

MOLLUSQUES. — BRACHIOPODES

Terebratula cornuta.	*Sow.*	Rhynchonella furcillata.	*Theod.*
— numismalis.	*Lmk.*	— triplicata.	—
— lampas.	*Sow.*	— acuta.	—
— obovata.	*Dav.*	— tetraedra.	—
— punctata.	*Piet.*	Spiriferina Walcoti.	*Sow.*
— subnumismalis.	*Dav.*	— rostratus.	
— Mariæ.	*d'Orb.*	— verucosus.	
— Moorei.	*Dav.*	— oxyptera	*Buv.*
Rhynchonella rimosa.		Orbicula.	
— thalia.	*d'Orb.*	Thecidea ?	

ACÉPHALES

Anomia.		Plicatula Macculochi.	*Sow.*
Ostrea læviuscula	*Mu.*	— spinosa.	*Lmk.*
— squamma.	—	— sarnicula.	*Mu.*
— irregularis.	—	— ventricosa.	—
— (Gryphæa) cymbium.	*Lmk.*	Pecten priscus.	*Schl.*
— v. elongata[1].		— reticulatus.	—
— v. dilatata.	*Goldf.*	— paradoxus?	*Mu.*
— v. gigantea.	—	— acutiradiatus.	—

[1] Ces quatre variétés ne se trouvent jamais réunies dans la même assise : les deux premières accompagnent l'Am. Davœi, les deux autres sont propres au grès médioliasique.

Pecten disciformis.	*Schu.*	Arca inæquivalvis.	*Goldf.*
— vimineus.	*Sow.*	Cucullæa oxinoti.	*Quenst.*
— textorius.	*Schl.*	Lucina glabra.	*Ag. sp.*
— æquivalvis.	*Sow.*	— liasina.	—
— subulatus.	*Mu.*	Cypricardia multicostata.	*d'Orb.*
Lima duplicata?	*Sow.*	Myochonca decorata.	*Goldf. sp.*
— pectinoides.	*Desh.*	Cardinia philea.	*d'Orb.*
Inoceramus depressus.	*Mu.*	— Listeri?	*Ag.*
— dubius.	*Ziet.*	Astarte.	
Perna.		Hettangia Lengleti.	*Terq.*
Gervillia oxynoti.	*Quenst.*	Cardium truncatum.	*Sow.*
Avicula inæquivalvis.	*Sow.*	— obtusum.	—
— cygnipes	*Phil.*	— caudatum.	*Quenst.*
Mytilus lævis.	*Sow.*	Pholadomya deltoidea.	—
— scalprum.	—	— Rœmeri.	*Ag.*
— oxinoti.	*Quenst.*	— reticulata.	—
Pinna fissa?		— glabra.	—
Nucula subovalis.	*Goldf.*	— ambigua?	*Sow.*
— pectinata.	*Quenst.*	— alsatica.	*Ag.*
— inflexa.	—	— heteropleura.	*Desh.*
— variabilis	—	— decorata.	*Ziet.*
Leda mucronata.	*Sow.*	Pleuromya æquistrata	*Ag.*
— rostralis.	*Lmk.*	— arenacea	—
— complanata.	*Sow.*	— rostrata.	—
Arca elegans.	*Goldf.*	— glabra.	—
— Munsteri.			

GASTÉROPODES

Dentalium giganteum.	*Phil.*	Turbo Emylius.	*d'Orb.*
— decoratum.	*Mu.*	— semiornatus.	*Mu.*
— tenue.	—	— canalis.	—
— elongatum.	—	— cyclostoma.	*Ziet.*
Chiton Deshayesi	*Terq.*	— Dunkeri.	*Goldf.*
Cerithium costellatum	*Mu.*	— Nicias.	*d'Orb.*
Pleurotomaria anglica.	*Sow. sp.*	— nudus.	*Mu.*
— tuberculato-costata.	*Mu.*	— elegans.	—
— zonata.	*Goldf.*	— subangulatus.	—
— subdecorata.	*Mu.*	Trochus Thetis.	*d'Orb.*
— numismalis.	*Terq.*	— Gaudrianus.	—
— araneosa.	*Desh.*	— Schubleri.	*Ziet.*
— Quenstedti.	*Goldf.*	— amor.	*d'Orb.*
— subtilis.	*Mu.*	— nisus.	—
— Echeri.	*Goldf.*	Orthostoma sparsisulcata.	
— bicatenata.	*Mu.*	Melania carusensis.	
— expansa.	*Sow. sp.*	— undulata.	—
— polita.	—	— Periniana.	—
— solaroides.	—	Turritella Hartmanniana.	*Mu.*
— compressa.	—	— bimarginata.	—
Turbo Escheri.	*Mu.*		

CÉPHALOPODES

Ammonites fimbriatus.	Sow.	Ammonites brevispina.	Sow.
— raricostatus.	Ziet.	— Valdani.	d'Orb.
— Buvignieri.	d'Orb.	— spinatus.	Brung
— Guibalianus.	—	— Thouarsensis.	d'Orb.
— Davœi.	Sow.	Onichoteuthis conocauda.	Quenst.
— planicosta.	Sow.	Ana thycus.	Schlumb.
— Henleyi.	—	Nautilus intermedius.	Sow.
— Conybeari	—	— aratus-numismalis.	Quenst.
— hybrida.	d'Orb.	Belemmites clavatus.	Bl.
— Bechei	Sow.	— Fournelianus.	d'Orb.
— heterophyllus.	—	— elongatus.	Mil.
— subornatus.	Young.	— paxillosus.	Schl.
— hircinus.	Schl.	— niger.	List.
— Normanianus	d'Orb.	— tripartitus.	Schl.
— comensis.	—	— umbilicatus.	Bl.
— Levesquei.	d'Orb.	— breviformis.	Voltz.
— margaritatus.	Montf.		

ARTICULÉS

Serpula complanata.	Goldf.	Serpula circinalis.	Mu.
— limax.	—	— flagellum.	—

CRUSTACÉS. — OSTRACODES

Cyproïdes très-nombreux.

DÉCAPODES

| Glyphea liasina. | Op. | Glyphea Terquemi | Op. |

VERTÉBRÉS. — POISSONS

Saurychthys.

SAURIENS

| Ichthyosaurus communis. | Cony. | Coprolithes. |
| — acutirostris. | Ow. | |

L'ensemble des fossiles de cet étage comprend 560 espèces, dont 322 sont déterminées et décrites, 238 sont inédites ; le *Prodrome* de d'Orbigny indique 270 espèces pour cet étage, environ la moitié.

L'étage supérieur comprend, en allant du bas vers le haut, les assises suivantes :

1° Marnes bitumineuses. . . { Marnes à Posidonies ; Zone à *Ammonites bifrons* ;

2° Calcaire gréseux et marnes { Zone à *Trochus subduplicatus* ; Zone à *Ammonites concavus* ;

3° Grès supraliasique. . . . { Marnes micacées. Grès. Fer hydroxydé.

Le lias supérieur commence par des marnes qui sont imprégnées d'une plus grande quantité de bitume que la plupart des autres assises de la formation. Elles contiennent, aux environs d'Aubange, comme à Boll et à Lyme-Régis, des céphalopodes (*Ammonites et Sepioteuthis*), des crustacés, des poissons et des sauriens. Dans les environs de Metz, la faune est beaucoup moins riche et ne comprend que quelques fossiles, entre autres les posidonies en quantité considérable ; le *Belemnites acuarius* et l'*Ammonites Holandrei* sont plus rares et se continuent dans la zone suivante à *Ammonites bifrons*.

Cette zone, qui constitue la partie supérieure de l'assise, ne possède que quelques lits très-minces, à Voisage, Mécleuves et Corny ; elle se montre, au contraire, assez développée dans les environs de Longwy, à Longlaville, à Rodange, ainsi qu'à Gorcy.

A la base de la seconde assise, on rencontre un faible dépôt caractérisé par une faune spéciale, composée de quelques fossiles seulement, parmi lesquels on remarque le genre trigonie, qui commence à paraître. Ce dépôt, très-développé dans d'autres départements, n'a été reconnu que sur les flancs de la côte d'Ars et à la montée de Scy, où sa présence a été constatée par M. Piketty[1].

[1] Cette zone est caractérisée par les fossiles : *Trochus subdublicatus*, *Trigonia pulchella*, *Astarte Voltzi*, *Cerithium armatum*, etc. Dans la

La zone à *Ammonites concavus*, qui lui succède, est marneuse et renferme un calcaire schistoïde, brun, flambé de bleu, le plus souvent en rognons aplatis. Ce dernier a été reconnu dans les environs de Corny, à Ars, à Vaux et à Chaudebourg, près de Thionville; il présente, en ce point, plus d'épaisseur.

L'assise supérieure se montre ordinairement formée de marnes dans sa partie inférieure, de grès dans sa partie moyenne, et de fer hydroxydé au sommet. Ces trois parties, quoiqu'elles aient une pétrographie différente, appartiennent à une seule et même assise, qui n'a qu'une faune unique et caractéristique. Les fossiles ne se trouvent pas toujours et partout également répandus sur toute la hauteur de l'assise; ainsi, les *Gervillia* se rencontrent dans les trois zones ; le *Trigonia navis* et le *Nucula Hammeri* sont plus abondants dans la première zone que dans les deux autres; d'un autre côté, celles-ci possèdent l'*Ammonites insignis* et les *Hettangia*, qui n'ont pas encore été rencontrés dans la première zone.

C. Etage supérieur. — Toarcien *d'Orb.*

PLANTES

CRYPTOGAMES

Chondrites bollensis.   *Kurr.*   Sphærococcites crenulatus.   *St.*

DICOTYLÉDONÉES

Otozamites.   Lignite.

faune microscopique se trouvent de nombreux débris d'ophiure, *Marginulina Longuemari*, *Cristellaria Bochardi* et quelques autres genres fort rares ; on y remarque notamment trois espèces de *Turbonilla*, genre que M. Deshayes a publié dans ses récentes études sur le bassin tertiaire des environs de Paris.

ANIMAUX

FORAMINIFÈRES

Nodosaria Simoniana.	*d'Orb.*	Marginulina Longuemari, var. vagina	
Frondicularia Terquemi.	—	— Colliezi.	*Terq.*
Dentalina Terquemi.	—	— prima.	*d'Orb.*
— vetusta.	—	Cristellaria Bochardi.	*Terq.*
— glandulosa	*Terq.*	Involutina nodosa.	—
Marginulina Longuemari.	—	— silicea	—
— var clathrata.		Polymorphina.	
— — gradata.			

MOLLUSQUES. — RAYONNÉS

Pentacrinus briareus. *Mil.*

BRACHYOPODES

Lingula longoviciensis.	*Terq.*	Orbicula reflexa	*Sow. sp.*
Orbicula lævis.	*Sow. sp.*		

ACÉPHALES

Anomia.		Trigonia navis.	*Lmk.*
Ostrea sandalina?	*Mir.*	— tuberculata.	*Ag.*
— ferruginea.	*Desh.*	— undulata.	—
Pecten comatus.	*Sow.*	— costellata.	—
— cingulatus.	—	— litterata.	*Phil.*
— demissus.	—	— pulchella.	*Ag.*
— incrustatus.	*Defr.*	Nucula Hammeri.	*Defr.*
Inoceramus cinctus.	*Goldf.*	— ovalis.	*Goldf.*
— amygdaloides.	—	— pectinata.	*Ziet.*
— rostratus.	—	Hettangia compressa.	*Terq.*
Posidonomya liasina.	*Voltz.*	— Dionvillensis.	—
— Bronni.	*Broun.*	Cardium truncatum.	*Phil.*
Gervillia Hartmanni.	*Mir.*	Cypricardia.	
— tortuosa.	*Phil.*	Isocardia.	
— lata.	—	Astarte Voltzi.	*Goldf.*
Avicula substriata.	*Mir.*	— lurida.	*Sow.*
— tenuistriata.	—	— tetragona.	*Mir.*
Mytilus gregarius.	*Goldf.*	Corbula Voltzi.	*Terq.*
— cephus.	*d'Orb.*	Psammobia mactroides.	*Ag. sp.*
Pinna fissa.	*Goldf.*	Pholadomya fidicula.	*Sow.*
Arca Munsteri.	—	— lyrata.	—
— elegans.	—	— Zicteni.	*Ag.*
— inæquivalvis	—	— decorata.	*Ziet.*

Pholadomya obtusa.	*Ag. sp.*	Gresslya anglica.	*Ag.*
— reticulata.	*Ag.*	— major.	—
— glabra.	—	— striata.	—
— Engelharti.	*Ag. sp.*	— pinguis.	—
Pleuromya unioides.	*Ag.*	— donaciformis	—
— angusta.	—	— rotundata.	—
— æquistriata.	—	Ceromya.	
— arenacea.	—		

GASTÉROPODES

Dentalium entaloides.	*Desl.*	Trochus subduplicatus.	*Sow.*
— elongatum.	*Mir.*	Acteonina pisolina.	*Buv.*
— filicauda.	*Quenst.*	Evomphalus minutus.	*Br.*
Cerithium armatum.	*Goldf.*	Ampullaria.	
Turbonilla.	*Desh.*		

CÉPHALOPODES

Ammonites bifrons	*Brug.*	Ammonites Murchisonæ.	—
— communis.	*Sow.*	— serpentinus.	*Schl.*
— Holandrei.	*d'Orb.*	— cornucopiæ.	*Young.*
— Loscombi.	*Sow.*	Apthycus.	
— acanthopsis.	*d'Orb.*	Rhyncholites.	
— Desplacei.	—	Nautilus inornatus.	*d'Orb.*
— heterophyllus.	*Sow.*	— aratus-jurensis.	*Quenst.*
— crassus.	*Phil.*	Belemnites compressus.	*Sow.*
— subcarinatus.	—	— exilis.	*d'Orb.*
— Sismonda.	*d'Orb.*	— acuarius.	*Schl.*
— variabilis.	—	— incurvatus.	*Quenst.*
— complanatus.	*Brug.*	— nodotianus.	*d'Orb.*
— insignis.	*Schl.*	— brevis.	*Bl.*
— Jurensis.	*Ziet.*	— tripartitus.	*Schl*
— radians.	*Schl.*	— umbilicatus?	*Mil.*
— opalinus.	*Rein.*	— irregularis.	*Schl.*
— striatulus.	*Sow.*	Belemnosepia lata.	*d'Orb.*
— aalensis.	*Ziet.*	Teudopsis bollensis.	*Voltz.*
— concavus.	*Sow.*	Poches à encre.	

CRUSTACÉS. — OSTRACODES

Cyproïdes nombreux inédits.

DÉCAPODES

Glyphea.	Uncina Posidoniæ.	*Quenst*

INSECTES. — NEVROPTÈRES

Aeschna Brodii? *Bruck.*

VERTÉBRÉS. — POISSONS

Ptycholepis (écailles). Pholidophorus furcatus. *Ag.*
Saurychthis (dents).   —   limbatus.   —

REPTILES

Ichthyosaurus communis. *Con.* Teleosaurus temporalis. *Bl. sp*
Teleosaurus.

Cet étage renferme 135 espèces déterminées, plus 110 inédites. Total 245 espèces. Le *Prodrome* de d'Orbigny en indique 287.

RÉCAPITULATION DES ESPÈCES CONTENUES DANS LE LIAS
DE LA MOSELLE.

Étage inférieur, espèces connues.	415	417
— inédites.	2	
Étage moyen, espèces connues	322	560
— inédites ou à classer.	238	
Étage supérieur, espèces connues	135	245
— inédites	110	
Total.		1212 [1]

[1] L'*Index palæontologicus* de Bronn, publié en 1849, indique pour cette formation 855 espèces, qui se décomposent de la sorte :

Plantes.	71	
Phytozoaires	29	
Malacozoaires.	533	855
Entomozoaires	50	
Vertébrés	172	

Le Prodrome de d'Orbigny (1850) ne comprenant que deux divisions : les phytozoaires et les malacozoaires, mentionne 730 espèces.

Il est bon d'établir ces points de repère pour la science et de constater les progrès que la paléontologie a faits dans notre département dans une période d'environ 20 ans.

Usages économiques. — Le gîte d'hydroxide oolithique, que l'on rencontre presque au sommet du lias, constitue la principale richesse de ce terrain dans le département. Formant une ou plusieurs couches qui, à part quelques exceptions, sont constantes à ce niveau et s'étendent sur tout l'espace que le terrain lui-même recouvre, il renferme des ressources, pour ainsi dire, inépuisables. Il est exploité sur un grand nombre de points, notamment dans les environs d'Ars-sur-Moselle, de Moyeuvre, de Hayange, d'Ottange et de Longwy. Il approvisionne non-seulement les forges de la Moselle, mais il commence à donner lieu à une exportation assez importante.

Le calcaire à gryphées arquées est aussi l'objet d'une exploitation considérable, mais dont la valeur est néanmoins bien loin d'égaler celle de l'oolithe ferrugineuse. Les carrières ouvertes dans cette assise ont pour but presque exclusif la fabrication de la chaux hydraulique estimée, connue sous le nom de chaux de Metz[1]. On en tirait autrefois beaucoup de moellons pour les constructions ; mais la propriété qu'a le calcaire à gryphées de retenir l'humidité, à la faveur de l'argile qu'il renferme, l'a fait abandonner dans les villes, et on ne l'emploie plus à cet usage que dans les habitations rurales, situées

---

[1] Le calcaire à gryphées arquées de la Moselle renferme une certaine proportion d'argile qui communique, à la chaux qu'on en tire, la propriété d'être moyennement hydraulique. Dans son traité des *Essais par la voie sèche*, Berthier donne l'analyse d'un calcaire jurassique de Metz, compacte, à grains terreux, d'un gris bleuâtre plus ou moins foncé, qui provient évidemment de l'étage inférieur du lias. Il renferme :

Carbonate de chaux.	0,765
— de magnésie.	0,030
— de fer.	0,030
— de manganèse.	0,015
Argile ou silice.	0,152
Total. . . .	0,992

L'argile qu'il contient est composée de 0,036 d'alumine pour 0,116 de silice. La chaux préparée en grand avec ce calcaire laisse dans les acides un résidu du poids de 0,05 au plus et qui n'est de la silice gélatineuse.

à proximité des carrières. On l'utilise encore comme pavés et pour servir à l'entretien des routes, mais seulement à défaut de matériaux plus résistants. Les assises à *Ammonites Davœi* sont également exploitées pour ce dernier usage et comme moellons. Le grès d'Hettange fournit des pavés assez résistants, des moellons et de bons matériaux pour l'entretien des chaussées ; une de ses assises inférieures donne des pierres de grand appareil que leur propriété réfractaire rend propres à la construction des creusets des hauts fourneaux au bois. Quant aux marnes de l'étage moyen, elles fournissent, sur de nombreux points du département, des matériaux de bonne qualité aux tuileries, briqueteries et fabriques de poteries grossières. Les exploitations sont en général ouvertes dans la partie de cet étage très-peu calcarifère qui est subordonnée au grès médioliasique et qui renferme les ovoïdes ferrugineux. Enfin, le lignite dépendant des masses bitumineuses placées à la base de l'étage supérieur a donné lieu à quelques recherches qui n'ont produit que des déceptions ; et nulle part, en effet, la couche de combustible n'est ni assez épaisse, ni assez suivie, pour que l'on puisse espérer de l'utiliser.

Considérations générales et théoriques sur le lias. — Une conclusion qui ressort avec évidence de la description détaillée que nous avons donnée du lias dans la Moselle, est que le dépôt de ce terrain s'est effectué avec une régularité remarquable. On peut, en effet, le suivre, dans toute l'étendue du département, sans constater le plus souvent aucun changement dans les caractères pétrographiques ou paléontologiques de ses assises. Seul, le grès d'Hettange constitue, comme nous l'avons vu, une exception à cette règle. Ce n'est qu'un cas particulier d'un fait beaucoup plus général, lequel consiste en ce que, pendant la plus grande partie du temps qu'a duré le dépôt du lias inférieur, des atterrissements de sable, amenés par des cours d'eau d'une certaine importance, se sont accumulés dans le bras de mer de forme triangulaire qui s'avançait, alors, entre l'Ardenne et le Hundsrück, et se sont même continués, sur certains points, dans la première période de la formation du lias moyen. De là, deux types pétrographiques, essentiellement distincts pour ces dépôts : l'un marneux ou vaseux, qui est de beaucoup le plus commun et s'applique à la plus grande étendue de la Lorraine; l'autre quartzeux, confiné dans la région que l'on pourrait appeler le golfe Luxembourgeois. De là, aussi, les différences que l'on observe dans la faune, par suite de la prédilection que certaines espèces montrent pour les fonds de sable.

On constate également dans le golfe Luxembourgeois un développement anormal de toutes les assises du lias. C'est, d'ailleurs, un fait qui n'est point particulier à cette formation, mais qui s'applique aussi bien à l'oolithe inférieure. Ces deux terrains acquièrent, là, une puissance exceptionnelle qui est en rapport avec l'exhaussement du plateau oolithique. L'observation est donc générale; elle conduit nécessairement à admettre que le fond de la mer dans laquelle ils se sont déposés, s'est affaissé d'une manière très-inégale, sous le poids des sédiments qui s'y accumulaient et que l'enfoncement a atteint son maximum dans le golfe compris entre le Hundsrück et l'Ardenne.

Dans la Moselle, le lias est essentiellement formé de dépôts littoraux; ce qui est attesté par la grande quantité d'ostracées que l'on rencontre dans ses assises.

Terre végétale et cultures. — Les sols qui reposent sur le lias comptent parmi les meilleurs du département. Pour donner une idée de leur valeur, il suffit de citer les cantons de Verny, de Pange, de Vigy, de Metzerwisse, de Cattenom, les côtes de la Moselle et de la Seille. Ils varient nécessairement avec la nature des assises qu'ils recouvrent et n'ont point, par conséquent, la même composition dans toute l'étendue de la région que la formation embrasse. Toutefois, ils n'offrent que des différences peu sensibles d'un point à l'autre et se rapprochent d'un type formé de parties égales d'argile et de sable fin, avec une faible proportion de carbonate de chaux [1]. Ces sols rentrent donc dans la catégorie de ceux que l'on a coutume de désigner sous les noms de terres fortes, grosses terres ou erbues, qui présentent beaucoup de fonds et n'ont d'autre inconvénient que leur compacité.

Le lias étant sillonné, dans la Moselle, par de grands cours d'eau, les terres qui lui sont propres se trouvent fréquemment modifiées par les alluvions. Dans les côtes, elles sont, le plus souvent, recouvertes d'éboulis calcaires qui les ameublissent et diminuent leur compacité.

Les céréales, les plantes oléagineuses et les fourrages sont les cultures de la plaine occupée par les sols du lias ; on n'y trouve presque pas de bois et les terres vaines y sont inconnues. La vigne se plaît dans ceux de ces sols qui sont modifiés par les éboulis de l'oolithe. C'est dans cette situation que se trouvent tous les vignobles des côtes de la Moselle et de la Seille, notamment les crus estimés de Scy, Augny et Guentrange. Une des productions des sols liasiques, qu'il convient également de mentionner, à cause de son importance, est celle des fruits. C'est en particulier sur les marnes du lias que sont placés les vergers qui produisent la mirabelle, objet d'un commerce considérable pour Metz. Enfin, les pépinières estimées, situées dans le voisinage de cette ville et qui donnent également lieu à une exportation importante, sont encore un des produits qui attestent la bonne qualité des sols propres au lias.

[1] Bien que le lias soit un terrain dans lequel le calcaire est assez répandu, les terres qui lui sont propres, renferment rarement plus de 2 p. 100 de carbonate de chaux. Cette proportion n'est, même, presque jamais atteinte dans les sols appartenant aux deux étages supérieurs ; elle suffit, toutefois, largement à la végétation. On a reconnu, dans ces sols, la présence du phosphate de chaux ou du phosphate de fer, et cet élément n'est certainement pas sans influence sur leur fertilité bien constatée.

CHAPITRE XI

OOLITHE INFÉRIEURE

Aperçu général. — Étendue occupée par l'oolithe inférieure dans la Moselle. — Composition de ce terrain. — La dénomination d'oolithe a prévalu, dans le langage géologique, pour désigner les assises qui, avec le lias, forment le système jurassique; elle dérive de la structure que présentent un très-grand nombre d'entre elles. Ce caractère est, néanmoins, bien loin d'être exclusif, et, sans sortir des limites du département, on trouverait dans le lias, dans le muschelkalk, dans le grès infraliasique et même dans les marnes irisées, des couches qui l'offrent d'une manière très-nette. Toutefois il est juste de reconnaître que bien peu de terrains le reproduisent avec autant de fréquence que les assises superposées au lias, et c'est pourquoi la désignation qu'on leur applique est assez bien justifiée.

Les trois groupes entre lesquels on a été conduit à diviser ces assises sont donc connus sous les noms d'oolithe inférieure, oolithe moyenne et oolithe supérieure.

La Moselle, comme nous l'avons vu, ne possède que la totalité du premier groupe et une faible portion seulement du second.

L'oolithe inférieure que nous nous proposons de décrire dans ce chapitre est, de toutes les formations du département, celle qui a peut-être les limites les mieux définies. Nous avons suivi les affleurements des assises supérieures du lias dans la chaîne de collines qui s'étend sans discontinuité sur les bords de la Seille et de la Moselle, depuis Lorry-devant-le-Pont, aux confins de la Meurthe, jusqu'à Zouffgen sur la frontière du Luxembourg, et de ce point à Vezin, près de la limite de la Meuse. Quand on observe le profil de ces collines, on remarque qu'aux deux tiers environ de leur hauteur, l'inclinaison change brusquement et devient plus roide; en même temps, aux vignes, aux vergers, aux champs de céréales qui couvrent les pentes inférieures, succèdent des forêts ou de maigres pâturages d'une teinte grisâtre. Cette limite, si bien marquée par le relief du sol et par le contraste des cultures, est celle où le lias s'arrête et où l'oolithe commence. Si, gravissant l'escarpement qui termine la chaîne, on s'élève jusqu'à son sommet, on voit s'étendre, dans la direction de l'ouest, une plaine immense, légèrement ondulée, bornée, dans un horizon extrêmement lointain, par une nouvelle chaîne de collines, sous laquelle elle s'enfonce avec une inclinaison marquée. La partie de cette plaine qui dépend du département, appartient presque tout entière encore à l'oolithe inférieure; car, quand on la traverse, c'est seulement vers l'extrême ouest, sur les confins de la Meuse, que les premières assises de l'oolithe moyenne commencent à paraître. Le premier terrain embrasse donc la presque totalité de l'arrondissement de Briey et une partie de ceux de Metz et de Thionville. La surface qu'il recouvre est, en définitive, de 1,454 kilomètres carrés, formant les 272 millièmes, ou un peu plus du quart de la superficie du département. C'est, de toutes les formations qui en constituent le sol, celle qui a le plus d'étendue.

L'oolithe inférieure est, comme le lias, un dépôt bien stratifié, dont les assises conservent des caractères assez constants dans toute l'étendue du département. Il y a bien quelques variations de détail dans la composition de quelques-unes d'entre elles, mais jamais d'altérations profondes, et l'ensemble se présente, en définitive, avec un faciès à peu près uniforme sur les points les plus éloignés.

Dans la Moselle, les assises du groupe oolithique inférieur se succèdent dans l'ordre suivant, qui résulte d'un très-grand nombre de coupes prises dans les diverses parties de la contrée qu'elles recouvrent [1].

1° On observe, d'abord, un système assez puissant, composé pour la plus grande partie de bancs calcaires, et qui ne paraît point susceptible d'être divisé. Il règne sans discontinuité à la partie supérieure des côtes de la Moselle et de la falaise terminale du plateau occidental, le long de la frontière du Luxembourg et de la Belgique ; c'est lui qui, par la consistance des roches dont il est composé, produit l'escarpement passablement ardu qui couronne ces coteaux.

[1] Les divisions des terrains en étages et les rapprochements que l'on est amené à faire, de contrée à contrée, entre les diverses parties d'une même formation, sont sujets à contestation, et il faut reconnaître qu'ils y prêtent trop souvent. Il n'en est pas de même de la reconnaissance de l'ordre dans lequel se succèdent les assises d'un groupe géologique, dans une région peu étendue. Lorsqu'elle résulte de la comparaison d'un grand nombre de relevés stratigraphiques, exécutés sur des coupes toutes concordantes, elle repose évidemment sur une base indiscutable. La coupe générale des assises de l'oolithe inférieure dans la Moselle que nous donnons ici réunit, nous nous plaisons du moins à le croire, ces conditions, et c'est pourquoi nous avons jugé à propos de la présenter, tout d'abord, dégagée de toutes les questions relatives à l'établissement des coupures et aux comparaisons à distance, qui peuvent prêter à la discussion. Il faut remarquer que ce terrain est un de ceux qui sont le mieux mis à jour dans le département. Les nombreux travaux exécutés, dans la partie occidentale de la Moselle, pour la rectification des routes et l'ouverture des chemins vicinaux, n'ont pu avoir lieu, sans qu'on ait été obligé de trancher les assises, pour la plupart rocheuses, de l'oolithe, sur des hauteurs souvent considérables. Il en est résulté une grande quantité de coupes d'une admirable netteté, où toutes les couches peuvent être relevées et coordonnées. Parmi les meilleures, nous citerons : le nouveau chemin de Metz à Briey, par la vallée de Montvaux, la route de Thionville à cette dernière ville par la vallée de l'Orne, la côte au-dessus de Fontoy, sur la route de Metz à Longwy, les chemins de Thionville à Aumetz par Angevillers, et à Oitange par Hettange, les côtes rectifiées de Longwy et de Mexy, la rectification de la côte au-dessus de Longuyon, sur la route de Paris à Luxembourg.

Du rapprochement de toutes ces coupes et d'un grand nombre d'autres dont l'énumération serait trop longue, nous avons conclu que l'oolithe inférieure est un terrain qui n'éprouve que des variations peu sensibles, dans sa composition, d'un point à l'autre de la Moselle.

Les roches calcaires qui en dépendent, sont assez variées. Celles que l'on voit à la base de l'escarpement, immédiatement au-dessus des marnes micacées qui terminent la série liasique, sont en général, dans la Moselle, grenues, d'un jaune brunâtre; elles forment des couches minces qui alternent avec des marnes sableuses. Cette première assise de l'oolithe est bien caractérisée par sa couleur, qui lui a valu le nom de calcaire ferrugineux; elle l'est mieux encore par la présence du sable qui existe, en proportion plus ou moins considérable, dans toutes ses parties et donne aux calcaires l'apparence de grès. Elle n'est pas exclusivement composée de bancs continus. On trouve assez souvent, en effet, au milieu des marnes, de gros sphéroïdes ou de simples lentilles calcaires qui se divisent en plaques minces, disposées dans le sens de la stratification.

Au calcaire ferrugineux succèdent, dans l'escarpement, des calcaires compactes ou grenus, remarquables par la grande quantité de lamelles spathiques, provenant des débris d'entroques qu'ils contiennent. Ils forment des bancs bien suivis et généralement plus épais que les premiers, grisâtres ou jaunâtres, assez souvent tachés de bleu à l'intérieur, et traversés par des veinules de couleur ocreuse, disposées concentriquement autour des taches. Cette assise est presque exclusivement calcaire; elle renferme beaucoup moins de sable que la précédente, et les intercalations marneuses ne s'y produisent plus avec la même fréquence.

Vient ensuite l'assise à laquelle on a donné, dans la Moselle, le nom de calcaire à polypiers, désignation qui est justifiée par l'énorme quantité de zoophytes appartenant à la famille des Astréides que l'on y trouve[1]. Ce calcaire est

[1] Il ne faut point confondre cette assise avec celle qui a reçu, plus antérieurement, le même nom dans le Calvados. Cette dernière appartient à l'étage de la grande oolithe, tandis que le calcaire à polypiers de la Moselle fait partie, comme nous nous proposons de le montrer plus loin, d'un système de couches un peu moins élevé dans la série jurassique.

saccharoïde ou simplement grenu ; on y remarque quelques lamelles, produites par des débris d'entroques ou de pointes d'oursins ; sa couleur habituelle est le gris blanchâtre ; on en voit aussi dans lequel les nuances rose ou bleuâtre dominent. Il se différencie, d'une manière nette, par son gisement, des couches auxquelles il est superposé. Dans la plupart des cas, en effet, il ne forme point d'assises suivies, mais seulement des bancs massifs excessivement épais et plus fréquemment encore de simples fragments irréguliers, disposés sans stratification apparente, au milieu de lits très-minces de marnes grises ou verdâtres. Dans les tranchées des carrières où elles sont exploitées, ces roches fragmentaires figurent assez exactement une muraille en pierres sèches.

Le calcaire à polypiers de la Moselle contient fréquemment des géodes tapissées de cristaux de carbonate de chaux ; on y trouve aussi du carbonate de fer en lamelles brunes, cristallines et de la pyrite en rognons cristallisés à la surface. Certaines variétés deviennent fétides par la percussion.

Cette assise est placée vers la partie supérieure du système calcaire qui, dans la Moselle, constitue la base de l'oolithe ; toutefois elle n'en forme point le couronnement. On observe, en effet, d'une manière constante, au-dessus d'elle, de gros bancs bien stratifiés d'un calcaire gris, tout criblé de débris d'entroques et de pinnigènes, et qui renferme des oolithes terreuses dont la grosseur atteint celle d'un pois. On trouve aussi quelquefois, immédiatement au-dessous du calcaire à polypiers, des couches assez puissantes d'un calcaire grisâtre à petites oolithes ; mais ces couches, qui fournissent des pavés et de belles pierres de taille, ne constituent que des accidents dans le groupe oolithique inférieur.

Le calcaire à polypiers forme, en général, les crêtes des côtes de la Moselle et de celles qui s'étendent le long de la frontière entre Zoufftgen et Vezin. On le trouve également à la surface du plateau jusqu'à une distance plus ou moins considérable de ses rebords. Partout où il existe, il communique au sol un aspect rocheux, essentiellement caractéristique. C'est dans la Moselle un horizon qui manque bien rarement, et il faudrait dresser une liste interminable pour signaler toutes les localités où on peut l'observer. Nous nous contenterons d'indiquer les principales. Ce sont, dans les environs de Metz, les hauteurs de Novéant, d'Ancy, de Vaux, de Plappeville, de Saulny et de Norroy-le-Véneur, ainsi que le sommet du mont Saint-Quentin, dans la région de Thionville, la côte au-dessus de Kanfen, les environs d'Escherange, de Wolmerange et d'Ottange, enfin, le long de la frontière, les bois d'Aumetz et de Butte, Godbrange, les glacis de la place de Longwy, les bois de Ville-Houdlemont et de Saint-Pancré et les hauteurs qui dominent Allondrelle.

Les calcaires fragmentaires avec polypiers s'observent non-seulement vers le sommet de l'étage calcareux qui, dans la Moselle, constitue la base de l'oolithe inférieure; ils s'y montrent encore à différentes hauteurs, comme on peut le remarquer en étudiant avec soin les tranchées produites par les rectifications de routes, notamment celle des côtes de Mexy et de Longwy. Il faut en conclure que le phénomène auquel ils doivent leur existence s'est répété plusieurs fois pendant le dépôt de cet étage. Toutefois, dans ces dernières positions, ils sont bien loin d'acquérir un développement comparable à celui qu'ils prennent vers le haut du système; ce qui justifie pleinement la dénomination appliquée à l'assise qui se trouve à ce niveau.

Indépendamment des calcaires madréporiques, on trouve à la base de l'oolithe inférieure, dans la Moselle, quelques assises d'un faciès très-caractéristique qui paraissent également y être très-constantes. Ainsi, au milieu du calcaire ferrugineux, et à une très-petite distance des couches les plus élevées du lias, on rencontre quelques bancs pétris d'oolithes brunes, tellement brillantes, qu'elles paraissent avoir été dorées et passées au brunissoir. Ces bancs, que l'on a quelquefois confondus avec l'hydroxyde oolithique, s'en distinguent pour la nature de leurs oolithes, qui sont calcaires et simplement recouvertes d'un enduit ferrugineux. On les trouve à cette place dans toute l'étendue du département.

L'étage calcareux que nous venons de décrire n'a pas, aux environs de Metz, plus de 50 à 60 mètres d'épaisseur; mais sa puissance s'accroît progressivement vers le nord et elle s'élève à 100 mètres au moins dans la partie du plateau placé, sur la frontière, en regard de Luxembourg. C'est également à 100 mètres que nous estimons l'épaisseur du système dans la région de Longwy. Les zoophytes que l'on rencontre le plus habituellement dans le calcaire à polypiers de la Moselle sont: *Cyathophora luciensis, Montlivaltia Labechii, M. Stutchburgi, Cladophyllia Babeauna, Isastrea Bernardana, I. tenuistriata, Thamnastrea Metensis, T. Terquemi, T. crenulata.* On trouve également dans l'étage inférieur de l'oolithe: *Ammonites Murchisoni, A. Humphresianus, A. Blagdeni, Belemnites giganteus, Lima proboscidea, Pecten lens, P. personnatus, Gervilia aviculoides.*

Certaines espèces paraissent affecter des niveaux déterminés. Ainsi la base du calcaire ferrugineux renferme un banc marneux à la surface duquel sont appliquées des gryphées caractérisées par l'appendice en forme d'oreille que portent leurs valves : *Gryphea auriculata?* et l'on rencontre, au milieu du calcaire lamellaire, des couches toutes pétries d'une avicule qui se détache en blanc sur le fond brun jaunâtre de la roche : *Avicula Braamburiensis?* Ces assises règnent dans toute l'étendue du département et elles occupent constamment la même place dans la formation.

2° Au-dessus des bancs à grosses oolithes qui sont associés au calcaire à polypiers, on trouve, dans la Moselle, un groupe formé, pour la plus grande partie, de calcaires jaunâtres reposant sur une base peu épaisse, dans laquelle dominent, généralement, des marnes ou des argiles sableuses et micacées. Ce groupe se partage donc assez nettement, sous le rapport de la composition, en deux assises distinctes.

L'assise inférieure est bien loin d'être exclusivement marneuse et sableuse. On y rencontre, sous forme de rognons stratifiés, ou même en petites couches, des calcaires compactes, très-résistants, fréquemment remplis de fossiles, et passant alors à une véritable lumachelle, et des calcaires marneux, pétris de grosses oolithes terreuses ou ferrugineuses. Elle est bleuâtre ou brunâtre; aussi tranche-t-elle, par sa couleur, sur le fond généralement clair des couches au milieu desquelles elle est intercalée. Quand elle atteint tout son développement, son épaisseur peut s'élever jusqu'à 8 et même 10 mètres; mais il s'en faut de beaucoup qu'elle se présente partout avec cette puissance et, dans bien des cas, elle se réduit à quelques lits de peu d'importance. Toutefois, elle ne manque jamais et, alors même qu'elle est, pour ainsi dire, indiscernable, le rôle que jouent, dans l'hydrographie souterraine de la contrée, les couches étanches qu'elle renferme suffit pour déceler sa présence. C'est en effet le niveau d'eau déterminé par ces couches qui alimente la plupart des villages de la plaine de Briey, comme nous le montrerons dans le chapitre consacré à l'hydrographie souterraine. A ce titre, le système marno-sableux, qui occupe, dans la Moselle, la base du second groupe de l'oolithe, mérite d'être maintenu comme assise distincte.

Cette assise commence à paraître à la surface du plateau oolithique, à une petite distance de ses rebords, et en général à un niveau un peu inférieur à celui de ces derniers. Comme preuve de la constance de l'assise à cette place, nous pourrions citer, entre la limite de la Meurthe au sud de Metz et celle de la Meuse à l'ouest de Longuyon, une centaine de points où nous l'avons reconnue dans le département. Nous nous contenterons d'indiquer les principaux; ce sont : les côtes au dessus de Novéant, la plaine de Geai au-dessus de Gorze, Saint Privat-la-Montagne, Montois, les environs d'Auboué, de Bricy, de Neufchef et de Ranguevaux, Angevillers et toute la plaine d'Aumetz, Brehain-la-Ville, Tiercelet, les glacis de la place de Longwy, Romain, les minières de Lexy, les tranchées des côtes de Mexy et de Longuyon, enfin le chemin de la Malmaison à Virton.

Le système supérieur est le calcaire jaunâtre, bien connu dans la Moselle, qui fournit, de pierres de taille, toute la partie occidentale du département, et dont le type, pour Metz, se trouve dans les importantes carrières de Jaumont, sur le ban de Raucourt. Aucune assise de l'oolithe inférieure n'a des caractères plus constants que celle-ci. On peut, en effet, la suivre dans les nombreuses localités où elle est exploitée, et constater qu'elle reste constamment semblable à elle-même dans toute l'étendue du département. C'est donc un excellent repère géologique.

Elle se montre, comme la précédente, un peu en arrière des rebords du plateau oolithique. La bande qu'elle y forme en suit les contours; des environs de Metz où elle est assez réduite, elle se dirige d'abord vers le nord et elle s'élargit en débordant constamment vers le couchant, jusqu'à la plaine d'Aumetz où, entre Angevillers et Mercy-le-Bas, elle a un développement de 20 kilomètres; de là, elle tourne à l'ouest et couvre la plus grande partie du plateau dans le voisinage de la Crusne et de la Chiers; puis, par Vezin et les hauteurs d'Allondrelle, elle pénètre dans le département de la Meuse.

L'assise est, en grande partie, composée de bancs calcaires, fort épais qui, sur quelques points, atteignent jusqu'à 3 et 4 mètres de puissance. La roche dominante est constituée par des oolithes miliaires et des débris de coquilles mélangés dans des proportions variables; le ciment y est peu abondant. Dans la partie méridionale du département, l'élément oolithique domine ou existe même seul, comme on le voit dans les carrières du puits de Geai, d'Ancy, de Gorze et de Saint-Julien-lès-Gorze, la pierre est blanchâtre. Presque partout ailleurs, il y a mélange; souvent même les oolithes sont très-rares et les débris de coquilles constituent la masse principale de la roche; la couleur est alors jaune. Dans les bancs tout à fait supérieurs, on rencontre habituellement des oolithes blanches plus grosses que celles que l'on trouve dans les régions inférieures. L'assise est donc presque exclusivement calcaire. Toutefois, on y trouve, sur quelques points, des intercalations de marnes bleuâtres ou noirâtres, remplies de grosses oolithes. Dans les environs de Metz, elle n'a pas plus de 12 à 20 mètres de puissance ; mais elle est plus développée dans la région de la Chiers, où son épaisseur

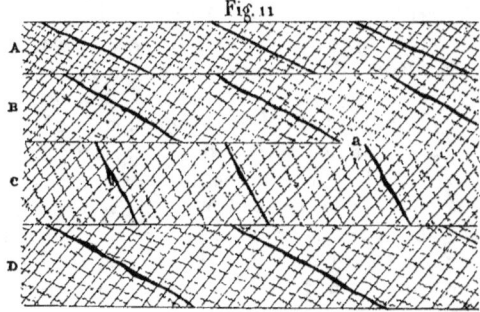

Fig. 11

atteint de 25 à 30 mètres. Un des caractères les plus constants de l'oolithe de Jaumont est de présenter des strates obliques aux plans de séparation des bancs. Dans toutes les carrières où il y a des parements exposés, depuis quelque temps, aux intempéries, cette disposition est mise en évidence par la saillie que forment, à leur surface, les lits composés de débris de coquilles, qui sont généralement d'un calcaire plus dur que le reste de la roche. Ainsi, si l'on a, comme dans la figure 11, des bancs A, B, C, D, superposés en stratification à peu près horizontale, les plans sur lesquels les débris de coquilles reposent par les surfaces de leur plus grande dimension et suivant lesquels ils sont alignés forment, avec les strates, des angles variables dans les différents bancs et qui peuvent s'élever jusqu'à 50°. Souvent cette fausse stratification est accusée par de véritables lits de séparation, et il est alors difficile de la distinguer de celle suivant laquelle les bancs se sont superposés.

Quelquefois même, comme cela a lieu en A, les lits de vraie stratification sont interrompus ; deux bancs successifs paraissent être agrégés et sont néanmoins bien distincts ; car les débris de coquilles existent, dans l'un et dans l'autre, sur des plans de directions différentes.

Les fossiles que l'on rencontre avec le plus d'abondance dans le second groupe de l'oolithe inférieure sont : *Terebratula maxillata, Ostrea acuminata, Trigonia costata, Phaladomya Murchisoni, P. Vezelayi, P. gibbosa, Ammonites Parkinsoni, A. niortensis, Belemnites canaliculatus.* L'*Ostrea acuminata* n'est pas toujours très-commune dans la première assise du groupe ; mais il y a des points, au contraire, où elle existe avec une telle profusion, qu'elle forme certainement la masse principale de la roche : divers cantons de la plaine d'Aumetz, Longwy, minières de Lexy. Elle est donc, par son abondance, très-propre à la caractériser. On la rencontre aussi dans l'assise supérieure, mais elle est rarement entière.

5° Les couches qui constituent la partie de l'oolithe inférieure superposée à l'oolithe de Jaumont, forment, dans la Moselle, un troisième groupe aussi distinct, par sa pétrographie, que par sa faune, des deux précédents. Les calcaires, en effet, n'y tiennent plus la place considérable qu'ils occupent dans ces derniers ; c'est, au contraire, la marne ou l'argile qui en est l'élément dominant. Sous le rapport de la faune, on y constate, il est vrai, la présence de quelques espèces propres au second groupe, telles que : *Terebratula maxillata, T. perovalis, Ostrea acuminata, Pholadomya Murchisoni, P. Vezelayi ;* mais l'*Ostrea costata* commence à s'y montrer avec quelques fossiles nouveaux, notamment *Clypeus patella*. De là une différence de même ordre que celle qui résulte de l'apparition de l'*Ostrea acuminata* dans le second groupe, et qui justifie l'établissement de cette troisième division.

Lorsqu'elle acquiert tout son développement, comme cela a lieu entre Gravelotte et Conflans, sa puissance, qui est, en moyenne, de 40 mètres, s'élève jusqu'à 60. Indépendamment des nombreux îlots qu'elle forme à la surface de l'assise supérieure du second groupe, elle recouvre la plus grande partie du plateau vers les confins de la Meuse. La limite à partir de laquelle elle se montre, sous forme de masse continue, est jalonnée par les localités suivantes : Saint-Julien-lès-Gorze, les Baraques sur le chemin de Gorze à Chambley, Vionville, Rezonville, Gravelotte, Amanvillers, Moineville, Hatrize, Norroy-le-Sec, Landres, Xivry-Circourt, Petit-Xivry, Villers-le-Rond.

Le troisième groupe de l'oolithe peut être partagé, comme le second, en deux assises assez nettement distinctes, sous le rapport pétrographique.

L'assise inférieure est presque exclusivement argileuse ou marneuse. Elle comprend des argiles ou des marnes fortement argileuses, de couleur bleuâtre, brunâtre ou grise, dont le caractère le plus constant est de renfermer une grande quantité de grosses oolithes ferrugineuses, de forme ellipsoïdale, qui ont pu être comparées à des grains de froment. On y trouve quelques roches bien agrégées, constituant des couches, et, le plus souvent, de simples lits de rognons juxtaposés. Ce sont des calcaires, les uns grenus ou terreux, les autres légèrement saccharoïdes, offrant en général une grande ténacité; ils sont grisâtres ou brunâtres, en général pétris de fossiles, et formant de véritables lumachelles ; quelques-uns présentent un noyau central de couleur bleue. Comme les argiles, au milieu desquelles ils sont intercalés, ils contiennent beaucoup d'oolithes aplaties. Cette première assise paraît, dans le voisinage de Metz, à la partie supérieure de la tranchée des Génivaux, sous Gravelotte.

Quant à l'assise supérieure, elle renferme également quelques couches argileuses; mais les calcaires, au lieu d'y être disséminés, comme dans la précédente, sous forme de rognons, y constituent des couches assez bien suivies et y tiennent une place plus importante. La variété de calcaire la plus répandue est grenue, un peu cristalline et toute criblée d'oolithes difformes, blanches ou grises de la grosseur d'un grain de chènevis. Sur quelques points, la roche devient marneuse ; les oolithes se détachent alors facilement de leur gangue et se réunissent à la suite des pluies, dans les dépressions du sol, où on peut les ramasser. On trouve également, parmi les couches les plus élevées de l'oolithe, des calcaires qui ne présentent qu'à un faible degré la texture oolithique; ils sont grenus ou subcristallins, grisâtres ou jaunâtres, ou fréquemment tachés de bleu à l'intérieur ; quelques uns deviennent fétides par la percussion.

Tel est l'ordre invariable suivant lequel se succèdent les assises qui constituent l'oolithe inférieure dans la Moselle. Nous avons essayé de représenter, sur la figure 12, la composition d'ensemble de ce terrain, avec les accidents du sol qui sont propres à ses divers étages.

On n'éprouve aucune difficulté pour faire rentrer ces derniers dans les grandes divisions généralement admises. En effet, le groupe principalement calcaire, placé dans la Moselle, à la base de l'oolithe, correspond, évidemment, à *l'inferior oolithe* des Anglais ; c'est l'étage Bajocien de d'Orbigny et l'équivalent du système que de Bonnard a désigné, dans la Bourgogne, sous le nom de calcaire à entroques. On peut même remarquer que quelques-unes de ses assises reproduisent, avec assez de netteté, les caractères généraux de celles sur l'horizon desquelles elles se trouvent placées. Ainsi l'oolithe commence, dans la Moselle, par des couches qui contiennent une forte proportion de sable et sont assimilables à celles connues en Angleterre, sous la dénomination de *sand of inferior oolite, ferrugineous sand*, et quant au calcaire à entroques de la Bourgogne, il a, dans le pays Messin, son représentant dans les bancs lamellaires, subordonnés au calcaire à polypiers.

Les deux groupes supérieurs ont, comme nous l'avons

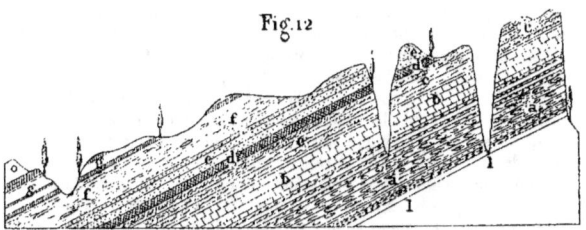

Coupe montrant la composition de l'oolithe inférieure dans la Moselle.
Et. inférieur { a *Calcaire ferrugineux*
b *Calcaire à entroques*
c *Calcaire à polypiers*
Et. supérieur { d *Marnes à Ostrea acuminata*
e *Oolithe de Jaumont*
f *Marnes à Ostrea costata*
g *Calcaires blancs oolithiques*

1. *Lias* 2. *Oolithe moyenne*. *Argile d'Oxford*.
Échelle 100.000 hauteurs × 30

fait voir, une certaine affinité et ne forment qu'un seul système correspondant à l'étage Bathonien de d'Orbigny. Ce système représente en même temps d'une manière plus ou moins complète l'étage supérieur des géologues anglais, dont les subdivisions plutôt locales que générales, en *fuller's earth, great oolite, Bradford-clay, forest-marble* et *cornbrash*, n'ont peut-être pas, toutes, leurs équivalents exacts dans le département[1].

Cette division de l'oolithe de la Moselle en deux étages

[1] Dans l'*Esquisse géologique de la Moselle*, j'ai poussé plus loin les rapprochements et, me conformant à la classification introduite, pour la

réunit toutes les conditions d'une classification géologique naturelle. Elle est à la fois paléontologique et pétrographique.

première, fois je crois, par Victor Simon, dans l'oolithe inférieure du pays Messin, admise d'ailleurs par la plupart des géologues qui ont étudié le sol de la Lorraine, et reproduite dans l'explication de la carte de la France, j'ai assimilé au *fuller's earth* des Anglais les marnes avec Ostrea acuminata auxquelles est superposée l'oolithe de Jaumont, tout en plaçant cette oolithe sur l'horizon de la grande oolithe de Bath et les marnes de la tranchée des Génivaux sur celui du *Bradford-clay*. J'ai ajouté que l'assise des calcaires oolithiques, qui, dans la Moselle, constitue la partie la plus élevée de l'étage Bathonien et est recouverte par l'*Oxford-clay*, tenait, vraisemblablement, la place des systèmes désignés, en Angleterre, sous les noms de *forest-marble* et de *cornbrash*. J'ai jugé à propos de ne plus reproduire ces rapprochements dans la *Description géologique de la Moselle*. La raison en est que, pour être acceptés avec confiance, ils ont besoin d'être étayés par une double série d'études entreprises par le même observateur sur les lieux à comparer et que, jusqu'à ce que ces études aient été faites, il m'a paru prudent de ne point maintenir des conclusions, peut-être trop absolues.

Je n'ignore point que ces conclusions ont été infirmées de la part des géologues qui ont étudié l'oolithe inférieure dans la Meuse, dans les Ardennes et dans l'Aisne. L'objection qu'ils y font consiste à dire : le type incontestable de la grande oolithe se trouve dans les calcaires blancs oolithiques et coquilliers d'Éparcy et de Rumigny; vers la limite commune des Ardennes et de la Meuse, ces calcaires passent transgressivement à des marnes bleuâtres qui entrent dans la Moselle par Han-devant-Marville et Villers-le-Rond et peuvent être suivies, dans toute l'étendue du département, jusqu'à la tranchée des Génivaux sous Gravelotte ; ces marnes étant manifestement superposées à l'oolithe de Jaumont, cette dernière ne saurait représenter la grande oolithe, comme le veulent les géologues lorrains; elle appartient beaucoup plutôt à l'assise inférieure, celle que les Anglais ont désignée sous le nom de *fuller's-earth*. Il convient d'examiner la valeur de cette objection.

Dans leur Statistique géologique des Ardennes, MM. Sauvage et Buvignier divisent l'oolithe inférieure en quatre groupes ou étages de la manière suivante : 1° oolithe inférieure, 2° marne inférieure, 3° grande oolithe, 4° calcaires gris à oolithes blanches. Le premier groupe comprend deux sous-groupes dont l'un correspond à l'étage inférieur, tel qu'il se trouve défini dans la classification que je viens de donner ; tandis que le second n'est autre chose que l'oolithe miliaire jaune, équivalent de celle de Jaumont, laquelle passerait de la Moselle dans les Ardennes à travers la Meuse, en conservant ses caractères essentiels, et serait également exploitée pour pierre de taille dans de nombreuses carrières. Dans le texte explicatif de la carte

On peut remarquer qu'elle est également orographique, car, comme le montre la figure 12, les affleurements de l'étage géologique de ce dernier département. M. Buvignier n'apporte à cette classification que des modifications de détails; il distingue trois groupes dans l'oolithe : 1° oolithe inférieure, 2° marnes du Bradford-clay, 3° calcaires gris oolithiques. Le deuxième groupe est placé sur l'horizon de la grande oolithe des Ardennes auquel il passe transgressivement. Quant à la division désignée sous le nom de marne inférieure et qui a été assimilée au *fuller's earth*, n'ayant plus aucune raison d'être, elle disparait dans la classification de l'oolithe de la Meuse.

Il suffit de se reporter à la description, que j'ai donnée de l'ordre de succession des assises de ce terrain dans la Moselle, pour reconnaitre que les divisions admises par MM. Sauvage et Buvignier ne peuvent s'y adapter. En effet, un des faits les mieux établis, c'est qu'au-dessous de l'oolithe miliaire de Jaumont, on rencontre, dans toute l'étendue du département, des couches plus ou moins marneuses et sableuses, dans lesquelles l'*Ostrea acuminata* existe toujours, et quelquefois en quantité prodigieuse. Ces couches, si elles ne sont pas le *fuller's earth* tout entier, en constituent au moins la première assise. Elles marquent, dans la Moselle, le commencement d'un ordre nouveau sous le double rapport paléontologique et pétrographique et forment la limite la plus naturelle du groupe supérieur de l'oolithe. J'ai établi qu'elles correspondaient également à une limite orographique très-nette. Je suis donc conduit à cette conclusion que les divisions de l'oolithe figurées sur les cartes des Ardennes et de la Meuse sont complétement artificielles, puisqu'elles comprennent, dans un premier groupe, avec l'étage inférieur de la Moselle, l'oolithe de Jaumont, qui en est séparée par les marnes à *Ostrea acuminata* et appartient manifestement à un système distinct.

Cette première rectification était nécessaire. Elle est la conséquence de l'avantage que présentent les plaines de la Lorraine sur la contrée Ardennaise au point de vue des facilités offertes à l'étude de l'oolithe inférieure. Il faut remarquer en effet que, dans la première contrée, les assises de ce terrain sont largement étalées, de telle sorte, qu'il est impossible de ne point les relever toutes, tandis que, dans les Ardennes, elles ne constituent plus qu'une bande étroite, resserrée entre la montagne et les formations plus modernes, et qui est bien loin de présenter des conditions aussi favorables à l'observation. Cet avantage, M. Buvignier ne l'a point méconnu, car il déclare que s'il avait commencé l'étude du terrain oolithique dans la Moselle, la constitution qu'il y présente l'aurait peut-être conduit à d'autres conclusions que celles qu'il a adoptées.

Quelle assise du groupe supérieur de l'oolithe de la région nord-est de la France, faut-il, maintenant, assimiler à la grande oolithe des Anglais dont le type parait être à Minchinhampton dans le Gloucestershire? D'après

supérieur ne commencent généralement à paraître, à la surface de la plaine de Briey, qu'à une certaine distance de ses

les géologues ardennais, cette assise serait assez élevée dans l'étage supérieur et non l'oolithe de Jaumont qui en occupe presque la base, et l'assimilation résulterait de la comparaison de listes de fossiles qui ne laisseraient, à cet égard, aucun doute. Je reconnais que certaines couches de l'oolithe des Ardennes et de l'Aisne présentent une faune très-riche, surtout en Brachyopodes, que l'on ne retrouve point dans la Moselle. C'est là un avantage en sens inverse de celui que je signalais tout à l'heure, puisqu'il est tout au profit des premiers départements. Il ne faudrait cependant pas tirer, de ces rapprochements de quelques espèces fossiles, des conclusions trop absolues. L'identité ne peut s'établir, je le répète, qu'à la suite d'études comparatives qui embrassent l'ensemble des caractères, et jusqu'à ce que celles-ci aient été entreprises, elle restera toujours douteuse et sujette à être controversée. Un des aspects les plus constants de la grande oolithe dans la région sud-ouest de l'Angleterre est de présenter des strates obliques à la stratification. Tous les géologues qui l'ont étudiée, Conybeare, Lycett, ont signalé ce caractère comme étant tellement fréquent qu'il peut presque lui servir de passe-port, propre à constater son identité. Or, l'oolithe de Jaumont l'offre aussi, il ne faut pas l'oublier, à un degré bien remarquable, puisque, parmi les nombreuses carrières ouvertes dans cette assise, sur toute l'étendue de la partie occidentale du département, on n'en trouverait peut-être pas une seule qui ne présente, sur quelques-unes de ses parois, une fausse stratification.

Je n'attache pas, d'ailleurs, à ces rapprochements effectués à distance, avec des éléments insuffisants, plus d'importance qu'ils n'en méritent. Ce qui me paraît beaucoup plus utile, c'est de relever les erreurs propagées dans le cours de la discussion relative au raccordement des assises de l'oolithe inférieure entre les Ardennes et la Meuse d'une part, et la Moselle de l'autre, surtout lorsqu'elles ont pour effet de présenter la constitution géologique de ce dernier département sous un jour que je crois être faux. A ce titre, il m'est impossible de passer sous silence la note sur le gîte des Clapes (Moselle), que M. Ed. Piette a publiée dans le douzième volume du *Bulletin de la Société géologique de France*. La coupe qu'il donne des terrains compris entre Mont-Saint-Martin et Longuyon a besoin d'être rectifiée en deux points essentiels: l'inclinaison des couches est exagérée et le sens n'est pas celui qui y est indiqué. Dans cette région du département, la stratification des assises de l'oolithe est alignée par rapport aux affleurements qui, entre Longwy et Houdlemont, courent à peu près est-ouest; l'inclinaison vers le sud un peu ouest est très-faible. Il en résulte que les localités de Longwy bas et de Longuyon placées dans la profonde vallée de la Chiers, sont dominées, toutes les deux, par des collines qui présentent la même constitution géologique, avec cette différence toutefois, que, la première étant un peu plus

rebords et presque toujours dans une position déprimée par rapport à celle qu'occupe le calcaire à polypiers. C'est au septentrionale, on y observe les couches les plus basses de l'oolithe et même l'oolithe ferrugineuse du lias, tandis qu'à Longuyon la coupe ne commence guère qu'avec le calcaire lamellaire. De part et d'autre, d'ailleurs, les hauteurs sont occupées par l'oolithe de Jaumont, qui se montre aux Maragoles à 1 kilomètre de l'ouest de Longwy et que l'on peut suivre jusqu'à la carrière placée au sommet de la côte de Longuyon, près de la ferme de Wachemont, par Lexy, Villers-la-Chèvre, Frenois-la-Montagne et Bromont, sans jamais perdre de vue cette assise si caractéristique. C'est donc à tort que M. Piette a figuré, dans sa coupe, autant de couches d'oolithe miliaire qu'il a rencontré de carrières sur le plateau entre les Maragoles et Tellancourt. Il n'y a là qu'une seule et même assise, et la conclusion à tirer de cette observation pour l'objet qu'il avait en vue, est que le gîte des Clapes, si remarquable par sa faune, se trouvant dans le fond d'un pli de terrain très-prononcé qui existe entre Villers-la-Chèvre et Tellancourt, appartient à une assise bien rapprochée des marnes à *Ostrea acuminata* placées dans l'*Esquisse géologique de la Moselle* sur le niveau des *fuller's earth*, si ce n'est le *fuller's* lui-même.

Une des conséquences de la coupe donnée par M. Piette, qu'aucun des géologues qui ont étudié le sol de la Moselle n'acceptera, est celle qui fait descendre l'oolithe de Tellancourt au niveau de la Chiers à Longuyon. Il est, en effet, parfaitement établi que c'est l'étage inférieur qui constitue la plus grande partie de la côte au-dessus de cette ville, et sur laquelle s'élève la route de Paris à Luxembourg par Verdun, qu'on y voit notamment très-bien le calcaire à polypiers, les marnes sableuses à *Ostrea acuminata* qui lui sont superposées, et que ce n'est qu'au sommet de la rampe, c'est-à-dire à 70 mètres au-dessus du niveau de la Chiers, que commence à paraître l'oolithe miliaire jaunâtre, exploitée pour pierres de taille sur le plateau dans plusieurs carrières situées de chaque côté de la route. Une fois les faits rétablis, on conçoit très-bien la surprise qu'éprouve M. Piette, en descendant de Tellancourt à Longuyon; il ne retrouve plus, dans les calcaires recoupés par la route, le faciès si caractéristique et si constant de l'oolithe miliaire jaunâtre; aussi est-il obligé d'admettre que ces calcaires ont été déposés dans la pleine mer, tandis que Tellancourt correspond à un dépôt de rivage. Il y aurait donc, suivant lui, ici encore un passage transgressif.

La note de M. Piette ne joue qu'un rôle tout à fait secondaire dans la discussion soulevée entre les géologues ardennais et les géologues lorrains; et si j'ai cru devoir m'en occuper, c'est qu'il m'a paru utile de ne point laisser, dans un recueil aussi accrédité que le *Bulletin de la Société géologique de France*, une coupe présentant la constitution géologique du pays de Longuyon sous un jour erroné, sans chercher à la rectifier. M. Piette résumé la répétition, sur une échelle moindre, de la disposition que l'on observe dans les deux groupes supérieurs du trias et par suite de laquelle les couches du keuper sont si nettement séparées, dans la Moselle, de celles de muschelkalk.

La carte géologique a admis, pour l'oolithe inférieure, cinq grandes divisions qui se réduisent, en réalité, à quatre, car les éboulements qui y sont représentés par une teinte particulière ne constituent pas, à proprement parler, un étage de ce terrain : ce ne sont que de simples accidents qui se rapportent à une époque de beaucoup postérieure à son dépôt.

Il est facile de faire rentrer d'une manière générale, ces divisions dans celles que nous avons été conduit à faire; mais la concordance ne se poursuit pas dans les détails. Ainsi l'oolithe inférieure représentée sur la carte, par la caractéristique I[1] correspond évidemment à notre étage inférieur et, quant aux systèmes désignés par celle-ci sous les noms de fuller's earth marneux, — fuller's earth pierreux, oolithe jaune, grande oolithe et Bradford-clay, — calcaire à oolithes difformes, forest-marble et cornbrash, ils font partie de

---

admet, avec M. Buvignier, que les argiles marneuses superposées à l'oolithe de Tellancourt passent transgressivement aux calcaires oolithiques, qui, dans les Ardennes, correspondent à la grande oolithe du pays de Bath. Je suis certainement bien éloigné de prétendre que de pareils passages n'existent pas dans la nature; mais ils sont beaucoup moins communs qu'on ne le pense généralement ; et, quand on vient à les étudier de près, on reconnaît trop souvent qu'ils ne reposent que sur des erreurs d'observations, comme dans le cas que je viens de signaler, ou sur des failles méconnues. Et puisque j'ai prononcé le mot qui renferme, je crois, la clef du dissentiment qui existe entre les observateurs venus de l'Ardenne et ceux qui ont exploré les plaines occidentales de la Moselle, et que j'en trouve d'ailleurs l'occasion, je ne puis m'empêcher d'exprimer la surprise que j'éprouve, toutes les fois que je compare les deux régions, au point de vue de ces sortes d'accidents. Dans la Moselle, ils sont nombreux, étendus, tous très-apparents dans le relief du sol, comme on peut s'en convaincre, en jetant les yeux sur la carte de la planche V; dans les départements voisins, au contraire, on n'en signale pas un seul. Il y a, dans ce contraste, ample matière à réflexion pour ceux qui, comme moi, n'admettent les passages transgressifs qu'avec les preuves à l'appui.

notre étage supérieur sans qu'on puisse établir la concordance des assises qui s'y trouvent réunies avec celles que nous avons distinguées dans cet étage. Tout ce qu'il est permis d'avancer, d'après le tracé des limites, c'est que la séparation des deux séries de couches comprises dans ce dernier se trouve à peu près, au milieu de la division 1^s de la carte qui a réuni, dans un même groupe, l'oolithe de Jaumont et les marnes de la tranchée des Génivaux.

Comme nous l'avons fait pour le lias, nous passerons en revue les diverses parties de la région du département où l'oolithe se montre, dans le but de justifier l'ordre général de succession des assises de ce terrain, et pour faire connaître en même temps les particularités que sa composition présente.

Côte de Delme. — *Oolithe inférieure entre la Seille et la Moselle.* En dehors du grand plateau situé sur la rive gauche de Moselle, l'oolithe inférieure ne paraît, dans le déparment, que sur deux points : elle couronne la côte de Delme, au-dessus de Moncheux et celles qui s'étendent entre cette rivière et la Seille, au sud de Metz. Ces gisements ne sont point, d'ailleurs, excentriques, car les collines auxquelles ils appartiennent ne sont que des lambeaux, détachés par les accidents du sol, de la plaine élevée qui recouvre toute la partie occidentale du pays Messin. L'outlier de Delme, notamment, constitue, comme nous l'avons montré en décrivant le lias, la pointe la plus avancée vers l'est d'une baie qui s'étendait dans la mer oolithique, entre ce point et Dieulouard, suivant la direction E.30° N., très-nettement accusée encore à la surface du sol, par une suite de protubérances de même nature.

A Moncheux et dans les côtes de la Seille, l'oolithe est réduite à son étage inférieur. Les points culminants de la côte de Delme sont constitués par le calcaire à polypiers, et ce sont les bancs à grosses oolithes associés à ce calcaire qui couronnent les hauteurs comprises entre la Seille et la Moselle. Dans les deux régions, le calcaire à entroques est bien développé ; il renferme, dans la seconde, beaucoup de Gervillies. Quant au calcaire ferrugineux, il ne tient pas une place considérable sur les revers de ces côtes : on constate, néanmoins, parmi ses assises, la présence de celle qui renferme les oolithes brunes, dorées, et dont nous avons annoncé la constance à ce niveau dans toute l'étendue du département.

Les minerais de fer en grains, d'âge tertiaire, dont le gisement habituel est de remplir des cavités disposées sur la périphérie du plateau oolithique, commencent à se montrer dans la petite chaîne de collines qui sépare le bassin de la Moselle de celui de la Seille. Il existe un dépôt de ces minerais dans la côte entre Lorry et Arry : il ne paraît pas être très-riche ; mais il est intéressant en ce qu'il forme une sorte de trait d'union entre les gîtes de premier ordre que le département renferme et ceux d'une importance secondaire qui ont été exploités, dans la Meurthe, sur les hauteurs de Malzeville et dans les bois de Lay-Saint-Christophe.

La carte géologique signale des éboulements étendus dans l'oolithe des côtes de Fayé, de Sommy et de Châtel-Saint-Blaise. Ces phénomènes sont assez communs sur tous les revers des collines couronnées par les calcaires oolithiques ; mais ils se présentent ici, avec des caractères de continuité et d'intensité tellement exceptionnels, qu'ils méritent d'être mentionnés. Nous nous proposons de les décrire dans le chapitre consacré au diluvium, auquel nous croyons qu'ils se rattachent.

Coteaux de la rive gauche de la Moselle aux environs de Metz. — *Gorze.* — De la rive gauche de la Moselle, l'oolithe inférieure passe sur la rive droite, occupant toujours la partie supérieure des côtes entre lesquelles la vallée est encaissée. Elle s'y montre déjà, avec un développement plus considérable, par suite de l'inclinaison assez sensible de ses assises vers l'ouest. A la base de l'escarpement qui termine ces côtes, on trouve le calcaire ferrugineux, avec ses couches sableuses, passant constamment à des grès, dans la partie moyenne, le calcaire lamellaire, et vers le haut, le calcaire à polypiers, fragmentaire et saccharoïde, auquel sont associés, sur les premiers plans du plateau, de gros bancs de calcaire oolithique, grisâtre, tout pétri d'entroques.

Ces derniers sont exploités, sur le Rud-Mont, colline de forme rectangulaire qui s'élève aux confins de la Meurthe, entre Novéant et Arnaville, et ils paraissent être là nettement superposés au calcaire à polypiers fragmentaire. Ce n'est point toutefois leur gisement habituel; car, dans la plupart des cas, ils alternent avec ce calcaire ou s'y mélangent de la manière la plus variable, de telle sorte qu'on peut dire qu'ils lui sont incorporés. Sur le chemin de la Croix-Saint-Marc aux carrières d'Ancy, on voit bien le passage de l'une des roches à l'autre. En général, le calcaire qui termine l'étage inférieur de l'oolithe, forme des masses rocheuses, plutôt que des bancs nettement stratifiés; il est blanchâtre et composé de grosses oolithes enchâssées dans un ciment subcristallin ou terne, dans lequel brillent çà et là des lamelles d'entroques.

Dans la côte au-dessus de Saulny, sur la route de Metz à Briey, on trouve également des calcaires à entroques, associés à l'assise madréporique; mais, ici ils en occupent la base sur une hauteur de 4 à 5 mètres. Ces calcaires ne renferment qu'une faible proportion de petites oolithes; ils offrent assez de dureté, pour qu'on puisse les exploiter pour pavés.

Dans les environs de Metz, le premier groupe du second étage de l'oolithe commence à se montrer à la surface du plateau à une petite distance de ses rebords. L'oolithe de Jaumont, qui en forme la masse principale, est exploitée, non-seulement dans les importantes carrières de ce nom, mais encore à Gorze, à Ancy, à Amanvillers. L'assise inférieure est peu épaisse; elle paraît également être moins argileuse que dans la partie septentrionale du département; elle l'est assez, toutefois, pour former un fond étanche à tous les puits de cette partie du plateau. Près de l'auberge d'Amanvillers, elle a été recoupée par les travaux de la route de Metz à Briey par la vallée de Montvaux; elle renferme là de grosses Pholadomies et quelques *Ostrea acuminata*.

Un puits creusé récemment, pour l'aérage de la mine de Mance sur le plateau du bois des Ognons, a donné une coupe complète de l'étage inférieur de l'oolithe et des assises qui lui sont immédiatement superposées dans la région d'Ars. Ouvert dans les bancs à pierre de taille de l'oolithe de Jaumont, il a été poussé jusqu'au mur de la couche d'hydroxyde oolithique, qu'il a atteint à 110 mètres de profondeur environ.

Voici, en s'en tenant aux généralités, la série des terrains qu'il a traversés.

1° Terre végétale et terrains remaniés.	0^m,40^c
2° Groupe inférieur du second étage de l'oolithe, consistant pour la plus grande partie en bancs de 0^m,30 à 2 mètres de puissance, d'une oolithe miliaire, d'un jaune blanchâtre, très-peu fossilifère; marne noirâtre sur un mètre d'épaisseur vers la base.	20 60
3° Calcaire saccharoïde, gris ou gris jaunâtre, alternant avec quelques minces assises de marne ou de calcaires marneux, noirâtres, quelques lamelles d'entroques dans l'assise inférieure.	21 00
4° Alternances de calcaire semblable au précédent et de bancs bien suivis de calcaire marneux jaune ou noirâtre.	24 00
5° Calcaires plus ou moins sableux, gris ou jaunâtres, séparés par des couches de marnes verdâtres ou noirâtres. On y trouve *Lima proboscidea*, *Gryphea alata* (Desh.), *Ostrea crenata*, *Pholadomya Murchisoni*, qui prouvent que ces couches calcaro-marneuses appartiennent encore à l'oolithe.	20 90
6° Marnes noirâtres, micacées, formant l'assise supérieure du lias.	20 50
7° Hydroxyde oolithique, violacé, avec intercalations de calcaire ferrugineux et de marnes pyriteuses d'un vert foncé.	2 30
TOTAL.	109^m,50^c

L'étage inférieur de l'oolithe présente ici, comme on le voit, une épaisseur de 65^m,90. La particularité la plus intéressante qu'il offre est le développement du calcaire saccharoïde qui règne presque sans discontinuité sur les 21 mètres supérieurs, et reparaît plusieurs fois dans les 24 mètres précédents. Dans l'aperçu général que nous avons donné de la composition de l'oolithe inférieure, nous avons signalé ce fait comme étant assez fréquent, et nous le verrons, en effet, se reproduire sur d'autres points du pays Messin.

Au sud-ouest de Metz, le plateau oolithique est sillonné par une faille qui, partant des environs d'Ars-sur-Moselle, traverse la plaine de Geai, descend à Parfondeval par un vallon situé entre le bois de la Croix-Saint-Marc et celui des Chevaux, coupe le revers septentrional de la côte Mousa, passe derrière Gorze et se dirige, de là, vers Saint-Julien et Charey, par une dépression du sol que le relief de la carte du dépôt de la guerre met bien évidence. C'est à Gorze que l'accident paraît avoir le plus d'amplitude. Ce bourg est situé à la limite du lias avec l'oolithe; à la base de la côte Mousa qui le domine, et sur le revers opposé de la vallée, on observe les calcaires gréseux qui constituent les premières couches du groupe oolithique inférieur, tandis que, de l'autre côté de la côte, on voit des exploitations dans le calcaire oolithique jaune, et qu'à peine engagé dans la montée du chemin de Mars-la-Tour, on constate la présence de l'assise argilo-marneuse avec *Ostrea acuminata*, *O. costata*, *Clypeus patella*, placée à la base du second groupe de l'étage supérieur.

La faille a donc eu pour effet de rapprocher, à Gorze, des bancs qui, dans leur situation normale, sont séparés par toute l'épaisseur de l'étage inférieur de l'oolithe, soit par 50 à 60 mètres au moins.

L'accident est, d'ailleurs, très-accusé dans le relief de la contrée. Le revers septentrional de la côte Mousa, qui se trouve sur la trace de la faille, est un véritable précipice. L'écrasement du sol a, de plus, déterminé la formation au pied de cette côte d'un certain nombre de vallons secs qui, remontant, dans des directions diverses, jusqu'au plateau, figurent assez exactement une rupture étoilée.

L'hydrographie souterraine de la contrée est également en rapport avec la faille de Gorze; car c'est à cet accident qu'il faut attribuer, comme nous le montrerons plus loin, le jaillissement des magnifiques sources des Bouillons et de Parfondeval qui alimentent actuellement la ville de Metz.

Environs de Briey et de Conflans. Vallée de l'Orne. — Une des meilleures coupes de l'oolithe dans la Moselle est celle produite par la vallée de l'Orne. Elle est complète, car, entre Olley où l'Orne entre dans le département et son embouchure en face de Guenange, cette rivière, coulant du sudouest au nord-est, c'est-à-dire à peu près en sens inverse du plongement des couches, les recoupe toutes et montre les moindres-détails de la composition du terrain. Celle-ci présente déjà quelques particularités que la région voisine de Metz ne nous a point offertes. De plus, entre Hatrize et Conflans, le groupe supérieur du second étage se montre avec un développement tout à fait exceptionnel. La coupe de la vallée de l'Orne offre donc, à divers titres, beaucoup d'intérêt.

Elle ne commence qu'à partir du pont de Moyeuvre. Jusque-là, la vallée est assez évasée, et la route qui en occupe le fond, longe le pied des collines, dont les premières pentes, couvertes de vignes, appartiennent encore au lias. Cette dernière atteint l'oolithe à une petite distance à l'ouest de Moyeuvre. Les couches mises à jour par les premières tranchées que l'on rencontre quand on a passé le pont, sont des calcaires ferrugineux, alternant avec des marnes sableuses. Ces calcaires forment de minces assises; quelques-uns sont pétris d'oolithes ferrugineuses brunes, qui donnent à la roche une certaine ressemblance avec l'hydroxyde oolithique placé au sommet du terrain liasique, et exploité à Moyeuvre même pour l'alimentation des forges importantes de ce nom.

Au calcaire ferrugineux succède un calcaire brunâtre ou

grisâtre, qui est lamellaire par suite de la grande quantité de débris d'entroques qu'il renferme ; il alterne, comme le premier, avec des marnes sableuses ; mais il se présente en bancs plus puissants. En continuant à marcher vers Auboué, on atteint le calcaire à polypiers. On le voit d'abord former, sur les flancs de la vallée, des roches abruptes, grisâtres, qui paraissent en saillie au milieu des forêts dont ces flancs sont couverts. Puis, parvenu à la hauteur de Montois et de Jœuf, on peut l'observer dans les carrières qui sont ouvertes pour l'entretien de la chaussée ; il est en assises massives, extrêmement épaisses, à texture saccharoïde. Des couches de calcaire rognoneux, grenu et grisâtre, qui paraissent être intimement mélangées de silice, et renferment des silex bruns se fondant dans la pâte de la roche, lui sont associées. Elles se montrent sur une hauteur de plusieurs mètres, avec des alternances de marnes sableuses et une grande quantité de fossiles, notamment de grands Nautiles, des Ammonites (*Ammonites Blagdeni*) et de grosses Pholadomies. On peut suivre ces couches siliceuses jusqu'à Auboué ; elles se montrent également sur les flancs de la vallée du Woigot, à Moulhiers et à la Caulre, d'où elles s'étendent jusqu'au pied de la rampe qui monte à la partie haute de Briey[1]. Cette rampe, construite en tranchée sur presque tout son parcours, met bien à jour les assises superposées au calcaire à polypiers et qui couronnent l'étage inférieur ; ce sont des bancs à grosses oolithes terreuses, ayant depuis 1 jusqu'à 2 mètres d'épaisseur, alternant avec des marnes sableuses et des calcaires également en couches puissantes, mais renfermant des oolithes plus fines.

[1] Dans la course exécutée à Auboué par la Société géologique de France, en 1852, ces couches siliceuses avec grosses Pholadomies avaient été prises pour l'assise marneuse à *Ostrea acuminata*, placée à la base du second étage de l'oolithe. Cette dernière ne paraît qu'à un niveau notablement plus élevé dans la côte sur laquelle s'élève la route de Metz ; elle est composée, comme d'habitude, de bancs solides et de marnes sableuses qui renferment une grande quantité de fossiles, notamment beaucoup d'*Ostrea acuminata*.

— 276 —

Le premier groupe de l'étage supérieur est très-développé à la surface du plateau dans les environs de Briey. L'oolithe de Jaumont est exploitée aux abords de cette ville, à la Malmaison, à Hatrize, à Valleroy, à Moineville et dans une foule de localités. Quant à l'assise marneuse qui en forme la base, on peut la suivre sur les flancs de la vallée de l'Orne et dans les vallons latéraux ; elle a été notamment reconnue sur un assez grand nombre de points du territoire de Briey, lorsqu'il y a quelques années, on y a exécuté des travaux pour la recherche des eaux.

A partir de Hatrize, l'Orne, dans son cours supérieur, quitte décidément la partie rocheuse de l'oolithe, pour entrer dans le troisième groupe de ce terrain; la vallée où elle coule, ne recoupant plus alors que des couches pour la plupart marneuses et peu consistantes, n'est plus qu'un sillon sans profondeur et sans direction fixe à la surface du plateau. La figure 13, ci-contre, donne une coupe détaillée de ce groupe

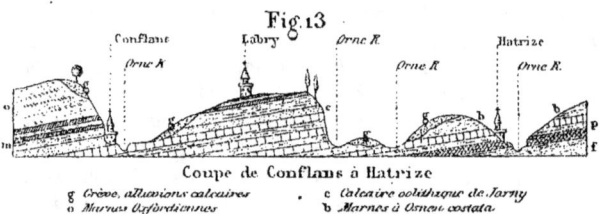

Fig. 13
Coupe de Conflans à Hatrize

g Grève, alluvions calcaires
o Marnes Oxfordiennes
  Calcaire de Briauville
m Marnes du talus de Conflans
c Calcaire oolithique de Jarny
b Marnes à Osnea costata
p Oolithe de Jaumont
t Marnes à Ostrea acuminata

dans les environs de Conflans. On peut y distinguer trois assises qui se succèdent dans l'ordre suivant :

1° Une assise essentiellement marneuse, composée de bancs de marnes argileuses, brunes ou noirâtres, quelquefois gypseuses, qui atteignent jusqu'à 2 mètres et sont séparés, entre eux, par des lits calcaires, ordinairement peu épais. C'est vers la base de l'assise que ces calcaires se montrent avec le plus de fréquence. Ils n'offrent point tous le même aspect ; la plupart sont grisâtres, très-marneux et criblés de taches ocreuses, plus ou moins étendues; d'autres sont grenus ou lamellaires, jaunâtres ou gris et renferment, par veines, beaucoup de débris de coquilles, quelques-uns enfin présentent la structure oolithique plus ou moins développée. Dans le haut de l'assise, on rencontre des bancs qui ont depuis 0^m10 jusqu'à 0^m50 de puissance et qui sont formés d'un calcaire grisâtre, subcristallin, pointillé de petites taches de couleur de rouille.

Cette assise, après s'être montrée, par taches, à la surface du plateau, recouvre un grand espace à l'ouest et au sud de Briey ; on commence à l'atteindre à la Malmaison, sur la route de cette ville à Longuion, le long des rives de l'Orne, à Hatrize, et sur la route de Metz à Paris, dans la tranchée des Génivaux, sous Gravelotte. Les calcaires à points ocreux placés vers son sommet, résistent assez bien aux intempéries ; ils sont exploités pour dalles, servant à faire des marches et des caniveaux à Verneville, Doncourt et dans le fond de la Cuve, sur le ruisseau de Jarny, entre Bruville et Mars-la-Tour.

2° Des bancs calcaires ou marneux très-irrégulièrement agrégés, grisâtres, renfermant en grande abondance des oolithes difformes de la grosseur d'un grain de chènevis, rarement plus fins. Ils ont une puissance d'une quinzaine de mètres. Ils commencent à se montrer vers l'est, sur la route de Metz à Paris, au hameau de la Malmaison et s'étendent jusqu'à l'Yron, occupant d'abord toutes les parties élevées de la plaine jusqu'au méridien de Mars-la-Tour et de Jarny, et ne paraissant plus ensuite que dans les dépressions du sol. On les exploite pour moellon et pour ferrer les routes sur de nombreux points, notamment le long du cours de l'Yron à Hannonville-au-Passage, à Ville, et au sud-ouest de Jarny au confluent du Longeau. Ces assises sont désignées, dans la coupe de la figure 13, sous le nom de calcaires oolithiques de Jarny.

3° Une assise qui comprend, à sa base, sur 8 mètres env.-

ron de hauteur, des marnes noires, feuilletées, un peu gypseuses avec de rares noyaux calcaro-marneux et, à son sommet, 2 à 3 mètres seulement de couches calcaires qui portent, dans la coupe, la dénomination de calcaires de Friauville, tirée du lieu où ils sont exploités sur une grande échelle et bien caractérisés. Ces calcaires ne forment que des lits irréguliers, quelquefois très-fissurés dans le sens vertical, ils n'ont que quelques centimètres d'épaisseur et sont séparés par des couches de marnes verdâtres. La roche est grisâtre, grenue ou subcristalline, pénétrée de taches ocreuses, et rarement oolithique ; elle se débite en dalles dans lesquelles on trouve fréquemment un noyau central, allongé, bleu ou violacé, fétide par percussion. La surface de ces dalles est inégale et souvent couverte d'une mince croûte sableuse, dans laquelle des mollusques bivalves ont tracé des sillons nombreux qui, remplis après coup, ont donné lieu à des sortes de tiges amorphes, présentant les formes les plus diverses. Le faciès du calcaire qui est criblé, en beaucoup de points, de petits trous faits par les lithodomes, le grand nombre de traces semblables à celles que nous venons de décrire, l'abondance d'une petite Térébratule lisse et la présence assez fréquente de l'*Anabacia Bajociana*, constituent un ensemble de caractères qui permettent de reconnaître facilement l'assise.

Les dalles de Friauville passent, progressivement, par des bancs de plus en plus marneux, aux marnes qui forment la base de l'assise. Celle-ci présente une puissance totale d'une quinzaine de mètres, et elle est immédiatement surmontée par les marnes noires, que l'auteur de la carte de la Moselle a considérées comme constituant la base du terrain oxfordien.

Avec l'*Anabacia Bajociana*, on trouve principalement, dans la dernière division du groupe supérieur de l'oolithe, les *Pholadomya Murchisoni* et *Vezelayi*, le *Pleuromya elongata*, le *Gresslya gregarea*, l'*Ostrea acuminata* et l'*Ostrea Knorri*, qui existent abondamment dans les marnes inférieures, le *Terebratula maxillata*, l'*Avicula tegulata*, les *Pecten articulatus* et *textorius*, les *Serpula limax* et *volubilis*. Quoique le *Gresslya gregarea* et peut-être d'autres fossiles apparaissent ici, du moins dans l'état de nos connaissances, pour la première fois, il faut reconnaître que le groupe des fossiles caractéristiques de la première division se maintient bien dans la dernière, et qu'il n'y a pas lieu, par conséquent, d'établir une séparation entre elles au point de vue de la faune. Toutefois les caractères pétrographiques sont assez constants pour qu'il soit possible d'admettre, dans la Moselle comme dans les régions voisines, la division du troisième groupe de l'oolithe inférieure en deux assises, l'une essentiellement marneuse, l'autre principalement calcaire. Dans la contrée parcourue par l'Orne, cette dernière se partage même, d'une manière assez nette comme nous venons de le voir, en deux systèmes formés, le premier par les calcaires à oolithes difformes et le second par les marnes de Conflans et les dalles de Friauville.

Vallée de la Fensch.— Coupe produite par le chemin de fer des Ardennes. — Plaine d'Aumetz. —Un peu au nord de la région parcourue par l'Orne, le chemin de fer des Ardennes, qui suit d'abord la vallée de la Fensch, s'élève ensuite sur le plateau et descend à Audun-le-Roman, dans le bassin de la Meuse, par un des affluents de la Crusne, offre une bonne coupe de l'oolithe que signalent quelques particularités intéressantes. C'est en face du moulin de Gustal que les tranchées de la voie recoupent les premières assises de ce terrain. Les 40 à 50 premiers mètres, à partir de la base, sont composés de bancs de calcaire sableux d'un jaune brunâtre, ayant depuis quelques centimètres jusqu'à 1 mètre d'épaisseur et alternant avec des couches minces de marnes sableuses ou argileuses. Au milieu de ces bancs, apparaissent, par intervalles, des assises plus compactes et de nature moins gréseuse; ce sont les plus épaisses; la roche en est habituellement grise, pointillée de petites taches jaunes; quelques-unes sont subsaccharoïdes avec de rares et grosses oolithes jaunes, d'autres sont lamellaires. On trouve, dans ces bancs calcaires, de nombreux fossiles : *Pecten lens*, *P. personatus*, *P. demissus*, *Trigonia signata*, des Pholadomies, une Mélanie, des Bélemnites et des Trichites. Au-dessus de cette première région, principalement gréseuse, la formation devient, sur une dizaine de mètres, calcaire et marneuse. Cette partie débute par de gros bancs de calcaire gris, les uns cristallins, les autres pénétrés de taches gréseuses, jaunes et, en quelques points, lumachelles. Ces bancs sont séparés par des lits de marne de $0^m,10$ à $0^m,20$ d'épaisseur qui deviennent plus nombreux vers le haut, tandis qu'ils s'amincissent eux-mêmes. Ils sont surmontés par une région franchement calcaire qui règne sur 10 mètres de hauteur environ ; elle est composée de bancs d'entroques ayant jusqu'à 2 mètres de puissance. Quelques-uns de ces bancs sont oolithiques. On voit, au-dessus d'eux, une assise de marnes et de calcaires marneux gris qui a 12 mètres d'épaisseur ; puis de gros bancs de calcaire compacte, grisâtre, dont quelques-uns sont lamellaires, par suite de la grande quantité de débris d'entroques qu'ils renferment, et d'autres pétris d'oolithes miliaires qui se fondent dans la pâte de la roche. Ces bancs règnent sur une hauteur de 24 mètres avec quelques minces alternances de marnes ; ils n'offrent pas tous une stratification bien distincte et paraissent tenir la place du calcaire à polypiers qui ne se trouve point, dans les environs de Fontoy, sous sa forme habituelle de rognons saccharoïdes, empâtés dans des marnes. C'est ce dont on peut facilement se convaincre ; en montant à Havange par la route de Longwy, on passe, d'assises qui dépendent notoirement de l'étage inférieur de l'oolithe, à la région marneuse avec *Ostrea acuminata* placée à la base du second étage qui se montre vers le sommet de la côte, sur 8 mètres de hauteur, associé à des calcaires compactes, lumachelles, grisâtres avec taches bleues, sans rencontrer autre chose que les bancs que nous venons de décrire. On ne saurait d'ailleurs élever des doutes sur le niveau auquel on est parvenu, puisqu'un peu plus loin on trouve l'oolithe de Jaumont exploitée dans plusieurs carrières, et que l'on constate même la présence des premières assises du troisième groupe, à la hauteur du bois de Bouverte et tout le long de la route jusqu'à Havange où elles sont exploitées pour une tuilerie, à l'entrée du village.

L'étage inférieur de l'oolithe a donc une centaine de mètres de puissance dans la région de Fontoy.

Un peu avant d'arriver à la gare de ce nom, on passe sans transition, par suite d'une faille importante, de l'étage inférieur de l'oolithe aux argiles que nous avons placées à la base du troisième groupe de ce terrain. L'assise commence par un calcaire gris jaunâtre, marneux, très-fossilifère, à surface rugueuse, dont les bancs règnent sur 1 à 2 mètres de hauteur. Puis viennent des couches épaisses de marnes noirâtres, dont l'une, voisine de la base, est remarquable par l'extrême abondance de grands cristaux de gypse qu'elle renferme. Elles peuvent être suivies dans toute la contrée qui s'étend entre Fontoy, Havange et Audun-le-Roman. Comme la station qui porte le nom de ce dernier village, est à 60 mètres environ au-dessus de celle de Fontoy, il semblerait qu'en suivant la voie ferrée, on dût voir l'assise dans tout son développement ; mais une étude attentive montre que les couches plongent, dans cette région, avec une pente de 0^m04 à 0^m05 vers le sud-est, d'où il résulte que le chemin de fer se tient à peu près constamment sur le toit des bancs de pierre de taille qui représentent l'oolithe de Jaumont. Ceux-ci apparaissent notamment dans le voisinage de la ferme de Bazonville où ils sont exploités. Au dernier passage à niveau avant la station d'Audun-le-Roman, on retombe, par l'effet d'une nouvelle faille, des argiles, que nous assimilons à celles de Gravelotte, à un niveau un peu inférieur au calcaire à polypiers, et la voie reste ensuite jusqu'à Longuion dans l'étage que ce calcaire couronne. A Audun même, entre la voie et le village, on exploite, au-dessous de ce dernier, des bancs grenus, peu durs, qui sont remarquables par la quantité considérable de coquilles bien conservées de l'*Avicula tegulata* qu'on y trouve, et qui mouchètent, de taches blanches, le fond jaune brunâtre de la roche. Ces bancs règnent, sans stratification apparente, sur 6 à 8 mètres de hauteur. Près de la station de Joppécourt, qui suit celle d'Audun, les tranchées de la voie mettent à jour des calcaires remplis de rognons siliceux qui, quoiqu'ils rappellent ceux des environs d'Auboué, sont vraisemblablement placés un peu plus bas dans l'étage, car ils sont séparés du calcaire à polypiers par des couches, avec nombreuses Avicules qui paraissent être la continuation de celles d'Audun.

Dans la région déjà avancée vers l'ouest que le chemin de fer des Ardennes parcourt à partir de ce dernier village, c'est l'étage Bathonien qui forme le sol des plateaux. Le système inférieur que nous y avons distingué recouvre un espace assez considérable entre Lommerange, Avril, Briey à l'est, et Landres et Xivry-Circourt où se trouvent les carrières les plus occidentales ouvertes dans l'oolithe de Jaumont. Quant au système supérieur il s'étend, sans discontinuité, depuis la ligne déterminée par ces carrières jusqu'aux confins de la Meuse. Le fait le plus saillant qu'il présente ici est l'atrophie de l'assise calcaire, placée vers son sommet, laquelle est bien loin d'acquérir, dans ces parages, le développement qu'elle offre aux environs de Conflans. Les calcaires gris, oolithiques y sont, en particulier, très-réduits en puissance. C'est ce que l'on voit bien, quand on gravit le coteau au sommet duquel est situé le village de Norroy-le-Sec. On trouve d'abord des marnes noires, argileuses, renfermant de rares lits de calcaires marneux, gris et plus haut des couches franchement calcaires, desquelles on tire des pierres pour moellons et pour l'entretien des chaussées. Ces dernières se délitent en dalles, qui offrent la plus grande ressemblance avec celles de Friauville, tant sous le rapport paléontologique qu'au point de vue pétrographique. Le système entier n'a pas ici plus de 40 mètres de puissance.

Au nord du chemin de fer des Ardennes, la plaine d'Aumetz est, pour l'oolithe inférieure, un point d'observation qui présente quelques particularités intéressantes. On se trouve placé là presque à la limite des deux étages que nous avons distingués dans ce terrain, et il est facile de reconnaître qu'ils ne sont, nulle part, aussi bien séparés sous le rapport orographique. La plaine se relève, en effet, d'une manière très-sensible vers l'est, et l'on voit le calcaire à polypiers qui en constitue le sol dans cette direction, former une petite chaîne en saillie à la surface de la partie de la contrée recouverte par l'oolithe de Jaumont et par les marnes à *Ostrea acuminata*.

Cette dernière assise est très-développée autour d'Aumetz ; elle s'y présente habituellement sous la forme d'une marne sableuse, noirâtre, bleuâtre ou jaunâtre, lardée de rognons calcaires, et, sur certains points, remplie de fossiles. Elle renferme également quelques couches plus résistantes. On la voit notamment en descendant à Errouville, sur le chemin d'Audun, près de la ferme d'Hirps, sur la lisière occidentale des bois d'Aumetz et au trou de Butte. Un puits communal, récemment creusé au milieu du village pour l'approvisionner d'eau, a permis d'étudier le contact des marnes à *Ostrea acuminata* et du calcaire à polypiers. Il a donné la coupe suivante :

Au-dessous de 2 mètres de terre végétale et de terrains remaniés :

1° Calcaire marneux, dur, noirâtre..............	0,50
2° Calcaire gris et jaunâtre, dur, à grains fins.......	2,00
3° Marnes bleuâtres.....................	3,50
4° Calcaire gris jaunâtre, fossilifère, avec quelques oolithes	1,30
5° Calcaire grenu, gris, avec lamelles spathiques et rares oolithes...................	0,25
6° Calcaire grenu, jaunâtre, peu consistant........	0,75
7° Calcaire grenu d'un gris blanchâtre, passant sur certains points à la marne.............	1,70
8° Calcaire gris, compacte, passant au subsaccharoïde, avec nombreuses oolithes et lamelles d'entroques.	0,90

9° Calcaire dur d'un gris foncé, oolithique. 0,40
10° Calcaire à polypiers, saccharoïde, non traversé.

On est conduit, par les observations plus complètes auxquelles on peut se livrer sur la route rectifiée d'Aumetz à Crusnes, à placer, dans le puits, la séparation des marnes à *Ostrea acuminata* et de l'étage inférieur à 10 mètres, c'est-à-dire au-dessous de la septième couche. Avant d'arriver au pied de la ligne de collines qui domine le dernier village, cette route se tient, d'une manière à peu près constante, à la hauteur de la limite des deux étages, et elle montre leur contact dans les petites tranchées qui la bordent. On y remarque, au-dessus du calcaire à polypiers saccharoïde, une couche de 1 mètre d'épaisseur, formée d'un calcaire blanc, compacte, oolithique, avec lamelles d'entroques. Les bancs qui la surmontent sont peu épais, gris ou jaunâtres, et plus ou moins marneux ou gréseux ; ils renferment, en grande abondance, l'*Ostrea acuminata*, qui établit nettement leur niveau géologique. Au-dessus de ces bancs, dont la puissance totale est de 4 mètres environ, apparaît la forte assise de marnes bleuâtres, traversée par le puits d'Aumetz. Il y a, comme on le voit, concordance complète entre la coupe du puits et les tranchées de la route, lesquelles s'accordent pour placer à un mètre seulement au dessus du calcaire à polypiers, fragmentaire et saccharoïde, la limite des deux étages de l'oolithe.

Dans la plus grande étendue de la région occidentale du département, la pierre de taille est tirée des bancs jaunâtres à strates obliques qui ont leur type dans les importantes carrières de Jaumont, près de Metz. Toutefois, dans la pointe nord est du plateau, on rencontre, au milieu du calcaire à entroques, des couches qui fournissent des matériaux de construction d'une qualité au moins égale à ceux de cette assise. Leur niveau est un peu inférieur aux calcaires à *Avicula tegulata*. On les exploite à Audun-le-Tiche, à Escherange, à Volmerange et à Ottange. Les carrières de la première localité sont les plus importantes, elles méritent d'être décrites. Elles se présentent aux deux tiers environ de la montée sur la route qui conduit d'Audun à Aumetz. Les fronts de taille, partagés en deux étages, mesurent une épaisseur totale de 20 mètres et montrent la coupe suivante qui est prise du haut vers le bas :

1° Lits minces de calcaires remaniés.	0^m,80
2° Banc calcaire traversé par un petit lit marneux. . .	1 ,80
3° Banc sableux, peu consistant, devenant argileux vers sa base.	2 ,00
4° Bancs calcaires, ayant jusqu'à 0^m,60 d'épaisseur, séparés par des lits de marnes sableuses.	2 ,00
5° Banc marneux, renfermant beaucoup de grands noyaux argileux bleuâtres.	1 ,20
6° Bancs ayant jusqu'à 1^m,50 et 2 mètres d'épaisseur, formés d'un calcaire blanchâtre renfermant de rares oolithes ternes et de nombreuses lamelles d'entroques.	4 ,00
7° Banc gris de mauvaise qualité.	1 ,00
8° Banc de pierre de taille, semblable au n° 6. . . .	1 ,25
9° Banc mince d'un calcaire grisâtre, dur.	0 ,60
10° Bancs épais, semblables aux n°^{s} 6 et 8.	7 ,00
	21^m,65

L'exploitation porte principalement sur les bancs n°^{s} 6, 8 et 10.

Les carrières d'Escherange, situées au sommet de la côte que gravit le chemin qui conduit de ce village à Rochonvillers, sont ouvertes au même niveau géologique que les précédentes; elles montrent, sur 10 mètres de hauteur, de gros bancs atteignant jusqu'à 3 mètres de puissance d'un calcaire blanchâtre tout pétri de lamelles d'entroques et renfermant des oolithes ternes. Ceux de la base sont surtout remarquables par la quantité de débris de pentacrinites qu'ils contiennent.

Dans la plaine d'Aumetz, les failles ne sont ni aussi nombreuses, ni aussi étendues qu'aux environs de Fontoy. Il y en a, toutefois, une très-évidente dans la colline qui domine le village de Crusnes, sur la route de Longwy; car, tandis que du côté d'Aumetz les tranchées de cette route montrent, comme nous l'avons vu, le contact du calcaire à polypiers et des marnes à *Ostrea acuminata*, on recoupe, en gravissant la côte de Crusnes, des assises placées à un niveau assez bas dans le système inférieur, et on n'atteint la limite des deux étages qu'à Brehain-la-Cour; à l'altitude de 434 mètres, soit à peu près à 40 mètres au-dessus d'Aumetz. La faille de Crusnes, très-accusée dans le relief du sol, se prolonge vers Audun-le-Tiche, par la limite méridionale du bois de Butte et le vallon sec, connu sous le nom de Paffendhal.

Environs de Longwy et de Longuion. — Dans la région nord-ouest du département, la falaise qui termine la plaine de Briey, au lieu de courir, comme aux environs de Metz et de Thionville, du sud vers le nord, est orientée parallèlement à l'Ardenne et se dirige, à peu près, de l'est vers l'ouest. De là, une modification profonde dans les allures des couches de l'oolithe qui, en dehors des dérangements produits par les failles ou les autres accidents du sol, sont, en général, alignées dans la Moselle, par rapport à cette falaise. Le recouvrement qui se faisait de l'est vers l'ouest dans les diverses régions du plateau que nous venons de parcourir, a donc lieu du nord au sud un peu ouest dans la pointe occidentale du département qui touche à la Meuse, et où se trouvent situées les villes de Longwy et de Longuion. C'est par là seulement que cette coupe se différencie du reste du plateau, car l'oolithe inférieure y conserve son épaisseur, sa composition et même ses assises essentiellement caractéristiques que, dans le cours de notre description, nous avons eu si souvent l'occasion de signaler comme constituant de véritables horizons et d'excellents points de repère pour l'étude du terrain.

L'étage inférieur se montre toujours sur le rebord du plateau et dans la partie élevée de la falaise qui le termine. Il reparaît, de plus, vers le sud, au milieu des affleurements des couches du système supérieur, par suite des coupures profondes que produisent, dans le relief du sol, les vallées de la Chiers et de la Crusnes.

Dans les environs de Longwy et de Longuion, les bancs à Avicules, placés un peu au-dessous du calcaire à polypiers, sont très-constants ; ils sont exploités, sur de nombreux points, pour pierres de taille et pour moellons. On y rencontre également les couches à oolithes brunes, brillantes qui dépendent du calcaire ferrugineux ; elles sont quelquefois très-développées. Enfin, une particularité qu'offre ce calcaire dans la région que nous considérons, est de renfermer des lits de polypiers analogues à ceux que l'on voit vers le sommet de l'étage. Les tranchées des côtes rectifiées de Mexy et de Longwy ont mis ce fait en évidence. Un puits creusé, dans ces derniers temps, sur le versant droit de la vallée de la Moulaine, à la hauteur de l'usine de ce nom, a montré qu'il n'était point limité à la vallée de la Chiers. Ce puits offre une bonne coupe des 50 mètres inférieurs de l'oolithe, comprenant partie du calcaire à entroques et l'assise gréseuse et ferrugineuse de la base. Il a traversé :

Tufs calcaires. . . . . 2^m, »
Assise à entroques, formée d'une série de bancs calcaires lamellaires, gris, jaunâtres ou bleuâtres, parmi lesquels quelques-uns sont oolithiques, avec de très-rares intervalles marneux. . . . . 14^m, »
Assise du calcaire ferrugineux, composée de calcaires jaunes, plus ou moins ferrugineux ou gréseux, avec de nombreuses intercalations de marnes sableuses. Elle renferme plusieurs bancs à oolithes brunes et du calcaire saccharoïde à deux niveaux, notamment une couche de 2 mètres vers la base. . . . . 39^m,72

Total. . . . . 46^m,72

L'oolithe Jaumont est très-développée entre Longwy et Longuion ; elle commence à paraître à une petite distance des rebords du plateau vers le sud et ce n'est, en général, que sur la rive gauche de la Chiers qu'elle est recouverte par les marnes placées à la base du troisième groupe. On la retrouve encore sur les bords de la Crusnes, le long de la limite commune du département et de la Meuse. Dans tout cet espace, elle est mise à jour par un très grand nombre de carrières : elle est composée d'alternances de bancs calcaires et de marnes bleuâtres renfermant de grosses oolithes. L'assise marneuse sur laquelle elle repose est également très-constante dans la région de Longwy et de Longuion, et il est impossible de recouper la formation sans la rencontrer. Dans la côte au-dessus de cette dernière ville, elle est composée de marnes sableuses renfermant, surtout à la base, une grande quantité d'*Ostrea acuminata* et des rognons ou même des lits assez bien suivis de calcaire lamellaire, grisâtre. Elle a, là, une dizaine de mètres d'épaisseur.

Jusqu'à Longuion on ne trouve, à la surface du plateau, aucune assise supérieure aux argiles marneuses de la tranchée des Genivaux ; mais, à l'ouest de cette ville, la limite commune du département et de celui de la Meuse, après avoir suivi pendant quelque temps la vallée de la Crusnes, fait, vers le sud, une pointe assez avancée pour pénétrer jusqu'aux marnes oxfordiennes. Les calcaires oolithiques qui constituent la masse principale de l'assise placée au sommet de l'oolithe inférieure, reparaissent donc dans cette partie de la Moselle. On les voit, notamment, dans les côtes qui dominent les villages de Grand et de Petit-Failly, où ils sont exploités. Les fronts de taille des carrières ont environ 8 mètres de hauteur ; ils montrent des calcaires d'un gris clair, plus ou moins gélif, à oolithes assez fines, empâtées dans un ciment grisâtre, en quelques points, subcristallin. Les bancs renferment peu de fossiles ; ils ont jusqu'à un mètre de puissance et sont séparés par de minces lits terreux. Ce n'est là, d'ailleurs, qu'une partie de l'assise et, en descendant la côte où les carrières sont ouvertes, on voit les bancs oolithiques régner encore sur 20 à 25 mètres d'épaisseur ; ils deviennent seulement de plus en plus marneux.

Les calcaires oolithiques de Failly reposent sur des marnes noirâtres avec rognons calcaires gris dans lesquelles on trouve avec abondance le *Rynchonella concinna* et les autres fossiles caractéristiques de la base du troisième groupe de l'oolithe. Ils correspondent, par conséquent, aux calcaires de Jarny qui sont figurés dans la coupe de la page 276.

On ne connaît pas bien la manière dont ils se terminent vers le haut. Les couches plongeant d'une manière assez sensible, vers le sud-ouest, on ne découvre pas une grande hauteur de bancs au-dessus des carrières, quoique la côte s'élève un peu au-dessus de ces dernières. Le niveau du *Rynchonella concinna* se retrouve sur le chemin de Grand-Failly à Longuion à peu près à la cote 275 mètres. Dans l'intervalle, les pierres que l'on rencontre dans les champs sont : les unes grisâtres, oolithiques; les autres formées d'un calcaire jaune, compacte, ou pétri de menus débris de coquilles. Il semble que ces deux variétés de calcaire alternent avec des bancs oolithiques semblables à ceux des carrières jusqu'au niveau des marnes oxfordiennes qui forment le sol des bois de Rupt, de Grand-Failly et de Marimont.

Fossiles. — Nous donnons, d'après les indications fournies par M. Terquem, la liste des fossiles que l'on rencontre dans l'oolithe inférieure de la Moselle. Cette liste est partagée en deux séries qui correspondent aux grandes divisions que nous avons admises dans ce terrain. On a cru devoir introduire, dans celle qui concerne l'étage inférieur, deux subdivisions sous les titres suivants :

1°   Calcaire ferrugineux à *Ammonites Sowerbyi* ;

2° { Calcaire à polypiers à *Am. Humphresianus* ;
     { Calcaire subcompacte à *Am. Blagdeni*

A. Étage inférieur. — Bajocien d'Orb.

a 1ʳᵉ SOUS-DIVISION. — CALCAIRE FERRUGINEUX.

PLANTES

CRYPTOGAMES

Chondrites scoparius.

DICOTYLÉDONÉES

Fragments de lignites et de bois, parfois convertis en fer hydroxydé.

ANIMAUX

BRYOZOAIRES

Berenicea Edwarsi.	*J. Haime.*	Diastopora ramosissima.	*J. Haime*
Stomatopora Terquemi.	—	— metensis.	—
Spiropora?	—	— Michelini.	*M. Edw.*
Radiopora?	—	Heteropora reticulata.	*J. Haime.*
Theonea clathrata.	*Lmk.*	— pustulosa.	—
Constellaria Terquemi.	*J. Haime.*	Dacryopora Archiaci.	
Diastopora retiformis.	—	Thecophyllia decipiens.	*Edw. et Haime*
— Terquemi.	—		

ÉCHINODERMES

Pentacrinus (entroques.)		Disaster carinatus.	*Ag.*
Astropecten.		Nucleolites decollatus.	*Quenst.*
Asterias? jurensis.	*Goldf.*		

MOLLUSQUES. — BRACHIOPODES

Lingula Beanii.	*Phil.*	Hemithiris spinosa.	*d'Orb*
Thecidea triangularis.	*d'Orb.*	Terebratula ornithocephala.	*Sow.*
Rhynchonella triangularis.	—	— ovata.	—

ACÉPHALES

Anomia.		Pecten pumilus.	*Lmk.*
Ostrea sandalina.	*Lmk.*	— comatus.	*Mu.*
— crenata.	*Goldf.*	— laminatus.	*Sow.*
— explanata.	—	Perna rugosa.	*Mu.*
— nodosa.	*Mu.*	Gervillia acuta.	*Phil.*
Plicatula tubifera.	*Lmk.*	Inoceramus lævigatus.	*Goldf.*
Hinnites?		Avicula digitata.	*Desl.*
Carpenteria.		— Munsteri.	*Goldf.*
Pecten tuberculosus.	*Quenst.*	Lima tenuistriata	*Mu.*
— demissus.	*Phil.*	— duplicata	*Desh.*
— personatus.	*Goldf.*	— sulcata.	*Mu.*
— articulatus.	*Schl.*	— gibbosa.	*Sow.*
— subtextorius.	—	— proboscidea	—

Lima rigida.	*Desh.*	Astarte elegans.	*Sow.*
— læviuscula.	—	— — major.	*Ziet.*
— notata.	*Goldf.*	— orbicularis.	*Sow.*
Limea duplicata?	*Mu.*	Hettangia.	
Mytilus plicatus.	*Sow.*	Cardium jurense.	*d'Orb*
— cuneatus.	—	Gresslya zonata.	*Ag.*
— compressus.	*Goldf.*	— lunulata.	—
— subæquiplicatus.	—	— latirostris.	—
— semitextus.	*Mu.*	— rostrata.	—
Pinna ampla.	*Sow.*	— truncata.	—
— mitis.	*Phil.*	— latior.	—
Trichites		— striato-punctata.	—
Arca corallivora.	*Buv.*	Ceromya.	
Cucullea elongata.	*Goldf.*	Pleuromya elongata.	*Ag.*
— subdecussata.	*Mu.*	— varians.	—
— cucullata.	—	— tenuistria.	—
— oblonga.	*Sow.*	— Alduini.	—
Nucula nucleus.	*Desl.*	Pholadomya Murchisoni.	*Sow.*
— variabilis.	*Phil.*	— Zieteni.	*Ag.*
Trigonia costata.	*Sow.*	— fidicula.	—
— papillata.	*Ag.*	— triquetra.	—
— denticulata.	—	— pelagica.	—
— lineolata.	—	— nymphacea.	—
— striata.	*Sow.*	— costellata.	*Sow.*
— Goldfussi.	*Ag.*	— media.	—
— signata.	—	— bucardium.	—
— reticulata.	—	— texta.	—
— monilifera.	—	Homomya.	*Ag.*
— perlata.	—	Goniomya proboscidea.	*Ag sp*
Isocardia tenera.	*Sow.*	— angulifera.	—
Astarte excavata.	—	— Dubois.	—
— pulla.	—	Teredo (dans du lignite.)	
— discoïdea.	*Buv.*		

GASTÉROPODES

Dentalium entaloïdes.	*Desl.*	Pleurotomaria tuberculato-costata.	*Mu·*
Pleurotomaria scalaris, v. expansa.	—	— carinata.	*Sow. sp.*
— Brevillei.	—	— ornata, v. macroptyca.	*Desl.*
— precatoria.	—	Turbo spinulosus.	*Mu.*
— mutabilis. v. ambigua.	—	Actæonina pulchella.	*Desl.*
— gyrocycla. v. transilis.	—	Chemnitzia procera.	*d'Orb.*
— de Buchi.	—		

CÉPHALOPODES

Ammonites Humphresianus.	*Sow.*	Ammonites Sowerbyi.	*Mil.*
— linguiferus.	*d'Orb.*	— jugosus.	*Sow.*
— Murchisonae.	*Sow.*	— discus.	—
— Edouardianus.	*d'Orb.*	— subdiscus.	*d'Orb.*
— læviusculus.	*Sow.*	— Tessonianus.	—
— cycloïdes.	*d'Orb.*	Nautilus obesus.	*d'Orb.*

CÉPHALOPODES

Nautilus lineatus.	*Sow.*	Belemnites Blainvillei.	*Voltz.*
Belemnites abbreviatus.	*Mil.*	— giganteus.	*Schl.*

ANNÉLIDES.

Serpula volubilis.	*Mu.*	Serpula tetragona.	*Sow.*
— tricarinata.	*Goldf.*	Galeolaria socialis.	*Lmk.*
— limax.			

CRUSTACÉS. — OSTRACODES

Bairdia.   Cytherella.
Cythere.

DÉCAPODES

Glyphea pustulosa.   *Meyer.*

VERTÉBRÉS. — POISSONS

Acrodus.

---

b. 2ᵉ SOUS-DIVISION. — CALCAIRE A POLYPIERS.

ANIMAUX

AMORPHOZOAIRES

Cribrospongia.	*d'Orb.*	Amorphospongia.	*d'Orb.*
Cnemidium.	*Goldf.*	(Animaux perforants.)	
Stellispongia.	*d'Orb.*	Cupularia (dans l'O. crenata.)	

FORAMINIFÈRES

Placopsilina.	*d'Orb.*	Rotalina.	*d'Orb.*
Dentalina.			

ZOOPHYTES

Confusastrea.		Prionastrea lobata.	*d'Orb.*
Synastrea crenulata.	*J. Haime.*	— Bernardiana.	—
— genevallensis.	—	— ornata.	—
— Terquemi.	—		

BRYOZOAIRES

Berenicea.		Diastopora Michelini.	*J. Haime.*
Reptotubigera Alfredi.	*J. Haime.*	Heteropora pustulosa.	—
— Jacquoti.	—	Stylina.	*d'Orb.*
Diastopora scobaluia.	*Mich.*	Acadophyllia Balcana.	*Edw. et Haime.*
— Terquemi.	*J. Haime.*	Montlivaltia Delabechi.	—

ÉCHINODERMES

Pentacrinus bajocensis.	*d'Orb.*	Asterias jurensis.	*Goldf.*
— inornatus.	—	Cidaris propinquus.	*Ag.*

Cidaris Parandieri.	Ag.	Diadema tetrastichum.	Quenst.
— Thurmanni.	—	— subangulare.	Ag.
— aspera.	—	— homostigma.	—
— coronatus.	—	— priscum.	—
Echinus Caumonti.	Desh.	— complanatum.	—
— giratus.	Ag.	— æquale.	—
— psammophorus.	—	Collyrites ringens.	Cott.
— granularis.	—	Pygaster semisulcatus.	—
— lineatus.	Goldf.	Echinobrissus clunicularis.	—
Hemicidaris Lamarckii.	Ag.	— Goldfussi.	—
— pustulosa.	—	Galeopygus agariciformis.	—
Pedina Gervillei.	Desm.	Hyboclypus canaliculatus.	—
— gigas.	Ag.	— stellatus.	—

BRACHYOPODES

Crania antiquior.	Jely.	Terebratula obovata.	Sow.
Thecidea cordiformis.	d'Orb.	— ornithocephala.	—
— antiqua.	Mu.	— perovalis.	—
Rhynchonella concinna.	d'Orb.	— maxillata.	—
— concinnoïdes.	—	— lagenalis.	Schl.
— varians.	—	— triquetra.	Sow.
— furcillata.	—	— bullata.	—
— flabellula.	—	— lata.	—

ACÉPHALES

Anomia.		Lima læviuscula.	Desh.
Ostrea gregaria.	Sow.	— proboscidea.	Sow.
— nodosa.	Mu.	— substriata.	Mu.
— rostellaris.	—	— gibbosa.	Sow.
— sandalina.	Sow.	— duplicata.	Desh.
— obscura.	—	Avicula digitata.	Desl.
— acuminata.	—	— costata.	Sow.
— exarata.	Goldf.	— Munsteri.	Goldf.
— Marshii.	Sow.	— echinata.	Sow.
— crenata.	Goldf.	Pteroperna emarginata.	Mor.
Plicatula tubifera.	Lmk.	Mytilus. jurensis.	Sow.
Hinnites tuberculosus.	Goldf. Sp.	— tenuistriatus.	—
Carpenteria.	Desl.	— pulcher.	—
Pecten demissus.	Phil.	— parasiticus.	Desl.
— articulatus.	Schl.	— fabellus.	—
— subtextorius.	—	— inclusus.	—
— obscurus.	Sow.	Trichites nodosus.	Lic.
— ambiguus.	Mu.	Pinna cuneata.	Phil.
— annulatus.	Sow.	Isoarca decussata.	Mu.
— laminatus.	—	— bajociensis.	d'Orb.
Perna rugosa.	Mu.	Cucullea obliqua.	Sow.
Gervillia lanceolata	—	— elongata.	—
— acuta.	Sow.	Trigonia costata.	Lmk.

Astarte elegans.	Sow.	Pleuromya tenuistriata.	Ag
— depressa.	Mu.	— jurassi.	—
Opis similis.	Desh.	Pholadomya fidicula.	Sow.
Lucina crassa.	Sow.	— costellata.	Ag.
Cypricardia cordiformis.	Desh.	— Murchisoni.	Sow.
— crassa.	Sow.	— bucardium.	Ag.
Cardita.		— crassa.	
Cardium.		— media.	
Saxicava.		— Vezelayi.	
Gresslya ericina.	Ag.	— gibbosa.	
— lunulata.	—	— proboscidea.	
— concentrica.	—	Teredo.	
Pleuromya elongata.	—		

GASTÉROPODES

Patella.		Delphinula funata.	Goldf.
Cerithium triseriatum.	Desl.	Trochus zetes.	d'Orb.
Rostellaria.		Natica Verneuilli.	—
Trochotoma affinis.	Sow. Sp.	— Lorieri.	
— acuminata.	—	— pictaviensis.	—
Pleurotomaria circumsulcata.	Desl.	— zelima.	—
— mutabilis, v. elongata.	—	Nerinea Lebruniana.	
— obesa.	Desl.	— jurensis.	
— Deshayesi.	—	— imbricata.	
— punctata.	Sow.	Chemnitzia Heddingtonensis.	d'Orb.
— fasciata.	—	— coarctata.	—
Phasianella delia.	d'Orb.	— nioriensis.	—
— striata.	—	— neptuni.	—
Turbo princeps.	Rœm.	— striata.	—
— Meriani.	Goldf.	Bulla.	

CÉPHALOPODES

Ammonites Humphresianus.	Sow.	Belemnites besinus.	d'Orb.
— Martinsi.	d'Orb.	— canaliculatus.	Schl.
— Sauzei.	—	— giganteus.	—
Nautilus obesus.	—		

ANNÉLIDES

Serpula quinquangularis.	Goldf.	Serpula gordialis.	Schl.
— tricarinata.	Sow.	— limax.	Goldf.
— conformis.	Goldf.	— volubilis.	Mu.
— convoluta.	—	— grandis.	Goldf.
— filaria.	—	Galeolaria socialis.	Lmk.
— flaccida	Schl.	Spirorbis.	

VERTÉBRÉS. — POISSONS

Sphenodus longidens.	Pict.	Saurichthys (dent.)
Strophodus.		Acrodus.

b'. CALCAIRE SUBCOMPACTE.

ANIMAUX

ÉCHINODERMES

Echinus Caumonti.   *Desl.*

ACÉPHALES

Ostrea Marshii.	*Sow.*	Mytilus bipartitus.	*Goldf.*
— acuminata.	—	— cuneatus.	*Sow.*
Pecten demissus.	*Phil.*	Pinna.	
Avicula digitata.	*Desl.*	Trigonia costata.	*Lmk*

GASTÉROPODES

Chemnitzia coarctata.   *d'Orb.*   Chemnitzia procera.   *d'Orb.*

CÉPHALOPODES

Ammonites Blagdeni.	*Sow.*	Belemnites giganteus.	*Schl.*
— Edouardianus.	*d'Orb.*		

B. Étage supérieur. — Bathonien *d'Orb.*

PLANTES

Débris de lignites.

ANIMAUX

FORAMINIFÈRES

Marginulina accincta.	*Terq.*	Marginulina disparilis.	*Terq.*
— acutiangularis.	—	— distensa.	—
— biangulata.	—	— flabelloïdes.	—
— bigibbosa.	—	— harpula.	—
— clathrata.	—	— heteropleura.	—
— clausa.	—	— inconstans.	—
— condita.	—	— inversa.	—
— contracta.	—	— macilenta.	—
— cornucopia.	—	— minuta.	—
— crustuliformis.	—	— obstipa.	—
— cytharella.	—	— pauperata.	—

Marginulina pentagona.   *Terq.*   Marginulina scalprum   *Terq.*
— pinguis.   —   — semipartita.   —
— protensa.   —   — solida.   —
— proxima.   —   — subæquilateralis.   —
— sagittiformis.   —   — tumida.   —

ZOOPHYTES

Anabacia bajociana.   *d'Orb.*   Isastrea limitata.   *Edw. et Haime.*
Isastrea Conybeari.   *Edw. et Haime.*   Tamnastrea Defranciana.   —
— tenuistriata.   —   Thecophyllia cyclolitoïdes.   —
— serialis.   —

BRYOZOAIRES

Eschara Ranviliana.   *Mich.*   Dacryöpora Archiaci.   *J. Haime.*
Diastopora diluviana.   *Lmk.*   Stomatopora Desoudini.   —
Heteropora pustulosa.   *J. Haime.*

ÉCHINODERMES

Pentacrinus Buvignieri.   *d'Orb.*   Acrosalenia spinosa.   *Ag.*
Astropecten.   —   Clypeus Kleinii.   *Cot.*
Asterias jurensis.   *Mu.*   — patella.   *Ag.*
Diadema complanatum.   *Ag.*   Pygurus Michelini.   *Cot.*
— subangulare.   —   Collyretes ringens.   —
Pedina gigas.   —   Echinobrissus clunicularis.   —
Cidaris spinulosus.   *Rœm.*   Holectypus depressus.   *Ag.*
Acrosalenia inæqualis.   *Ag.*

MOLLUSQUES. — BRACHIOPODES

Lingula Beanii   *Phil.*   Terebratula maxillata.   *Sow.*
Thecidea triangularis.   *d'Orb.*   — resupinata.   —
Rhynchonella concinna.   —   — obovata   *d'Orb.*
— oxytripa.   *Buv.*   — ornithocephala.   —
— flabellula.   *d'Orb.*   — emarginata.   —
— furcata.   —   — perovalis.   —
— inconstans.   —   — lagenalis.   *Sow.*
— varians.   —

ACÉPHALES

Anomia.   Ostrea expansa.   *Sow.*
Ostrea acuminata.   *Sow.*   Plicatula fistulosa.   *Mor.*
— costata.   —   — tubifera.   *Lmk.*
— gregaria.   —   Pecten lens.   *Sow.*
— Knorii.   *Voltz.*   — articulatus.   *Schl.*
— pulligera.   *Goldf.*   — fibrosus.   *Sow*
— sandalina.   —   — textorius.   *Schl.*
— Marshii.   *Sow.*   — annulatus.   *Sow.*

Pecten obscurus.	*Sow.*	Trigonia Baylei.	*Terq.*
— demissus.	*Phil.*	— monilifera.	*Ag.*
— rigidus.	*Sow.*	— Meriani.	—
— comatus.	—	Opis similis.	*Desh.*
Perna rugosa.	*Mu.*	Hettangia oolithica[1].	*Terq.*
Gervillia lanceolata?	—	Isodonta Buvignieri.	—
— aviculoïdes?	*Sow.*	Cypricardia cordiformis.	*Desh.*
Lima duplicata.	*Desh.*	Isocardia nitida.	*Phil.*
— tenuistriata.	*Mu.*	— rostrata.	*Sow.*
— gibbosa.	*Sow.*	— tenera.	—
— læviuscula.	*Desh.*	Cardium Stricklandi.	*Mor.*
— proboscidea.	*Sow.*	Saxicava phaseolus.	*Desl.*
— cardiiformis.	—	Tellina.	
Linnea duplicata.	*Goldf.*	Psammobia.	
— acuticosta.	—	Corbula.	
Avicula echinata.	*Sow.*	Solemya?	
— tegulata.	—	Gresslya rostrata.	*Ag.*
— digitata.	—	— latirostris.	—
— costata.	—	— gregaria.	*Goldf. Sp.*
Mytilus gibbosus.	*Sow.*	— lunulata.	*Ag.*
— cuneatus.	—	— ericina.	
— bipartitus.	*Goldf.*	— latior	—
— sublævis.	*Sow.*	— latirostris.	—
— asper.	—	— truncata.	
— inclusus.	*Desl.*	Ceromya.	
— parasiticus.	—	Pleuromya elongata.	*Goldf. Sp.*
— subcylindricus.	*Buv.*	— ovalis.	*Ag.*
— cancellatus.	*Goldf.*	— tenuistriata.	—
— semisulcatus.	*Buv.*	— recurva.	—
— pulcher.	*Goldf.*	— decurtata.	—
— plicatus	*Sow.*	— jurassi.	—
— tenuistriatus.	*Mu.*	— marginata.	—
Leda lacryma.	*d'Orb.*	Pholadomya bucardium.	*Ag.*
Nucula nucleus.	*Desl.*	— costellata.	—
Cucullea elongata.	*Sow.*	— parvula.	—
— pulchra.	—	— Murchisoni.	*Sow.*
— oblonga.	*Mil.*	— Vezelayi.	*Laj.*
— fracta.	*Goldf.*	— gibbosa.	*Ag. Sp.*
— (perforante).	—	Fistulana lacryma.	*Desl.*
Trigonia lineolata.	*Ag.*	— corallensis.	*Buv.*
— costata.	*Lmk.*	Teredo.	
— arduenna?	*Buv.*		

GASTÉROPODES

Dentalium nitens.	*Sow.*	Cerithium granulato-costatum.	*Mu.*
Patella rugosa.	—	Purpura bellona.	*d'Orb.*

[1] Dans le département de la Moselle, ce genre se présente avec une extrême abondance dans une assise du lias inférieur et dans une autre du lias supérieur, et se montre fort rare dans l'oolithe inférieure; en Angleterre, on ne le trouve pas dans le lias et il est au contraire très-abondant dans le système oolithique.

Pterocera cornuta.	*d'Orb.*	Trochus lævigatus.	*Mu.*
Rostellaria hamus	*Desl.*	Natica Lorieri.	*d'Orb.*
— composita.	*Phil.*	— pictaviensis.	—
— trifida.	*Desl.*	— pilea.	—
— bicarinata.	*Mu.*	Acteonina Lorieriana.	—
Pleurotomaria discus.	*Desl.*	Nerinea jurensis.	
— agathis.	—	— funiculosa.	*Desl.*
Turbo Davousti.	*d'Orb.*	Chemnitzia normaniana.	*d'Orb.*
— prætor.	*Goldf.*	— aspasia.	—
Solarium.		— coarctata.	—
Trochus angulatus.	*Mu.*	— bellona.	—
— biarmatus.	—	— bedingtonensis.	*Sow. Sp.*
— actæa.	*d'Orb.*	— niortensis.	*d'Orb.*
— brutus.	—	— striata.	*Sow. Sp.*
— luciensis.	—	Bulla.	

CÉPHALOPODES

Ammonites niortensis.	*d'Orb.*	Nautilus obesus.	*d'Orb.*
— Parkinsoni.	*Sow.*	Belemnites Fleuriausus.	*d'Orb.*
— Martinsi.	*d'Orb.*	— excentricus.	*Bl.*
— Humphresianus.	*Sow.*	— giganteus.	*Schl.*
— Blagdeni.	—	— sulcatus.	*Mil.*

ANNÉLIDES

Serpula tetragona.	*Sow.*	Serpula limax.	*Goldf.*
— flaccida.	*Mu.*	— tricarinata.	—
— convoluta.	*Goldf.*	— conformis.	—
— bicarinata.	*Sow.*	Galeolaria socialis.	*Lmk.*
— grandis.	*Goldf.*		

CRUSTACÉS. — OSTRACODES

Bairdia.   Cytherella.
Cythere.

DÉCAPODES

Glyphea crassa.   *Opp.*

VERTÉBRÉS. — POISSONS

Strophodus longidens.   *Ag.*   Asteracanthus (ichthyodorulite).

RÉCAPITULATION DES ESPÈCES CONTENUES DANS L'OOLITHE
INFÉRIEURE DE LA MOSELLE.

Étage inférieur.	Calcaire ferrugineux, espèces déterminées.	158	236
	Calcaire ferrugineux, espèces indéterminées.	78	
	Calcaire à polypiers, espèces déterminées.	195	298
	Calcaire à polypiers, espèces indéterminées.	103	
	Calcaire subcompacte, espèces déterminées.	14	21
	Calcaire subcompacte, espèces indéterminées	7	
Étage supérieur, espèces déterminées.		236	400
— — indéterminées.		164	
	Total		955 [1]

Usages économiques. — L'oolithe inférieure est, de tous les terrains du département, celui qui offre le plus de ressources à l'art des constructions. La plupart des bancs calcaires qu'il renferme sont propres à faire du moellon ; aussi trouve-t-on des carrières ouvertes pour cet usage à tous les niveaux où il existe de pareils bancs. Les exploitations de pierres de taille, sans être aussi communes, sont néanmoins encore très-répandues dans ce terrain. Les bancs d'oolithe

[1] Le prodrome de d'Orbigny, qui comprend une faune universelle, indique, pour ce terrain, 1,106 fossiles, quantité un peu plus forte que celle obtenue dans la Moselle; mais nous devons faire remarquer que l'étude de la faune microscopique de l'étage bajocien est à faire et que la publication de celle de l'étage supérieur est à peine commencée. D'après les matériaux réunis on peut présumer qu'ils viendront apporter un tribut de près de 500 espèces nouvelles de toute nature, depuis les Amorphozoaires et les Bryozoaires dont on retrouve les spicules jusqu'aux Gastéropodes.

miliaire jaunâtre qui ont leur type à Jaumont et qui régnent, sans presque changer de faciès, dans toute la région occidentale du département, sont ceux qui fournissent les matériaux les plus estimés. On en tire des pierres de très-grand échantillon. Viennent ensuite les calcaires gris, lamellaires, un peu celluleux et sableux dont nous avons signalé la présence à Audun-le-Tiche, Escherange, Ottange, etc., et qui paraissent former un accident local dans l'étage inférieur. Les calcaires à avicules, subordonnés au calcaire à entroques donnent aussi des pierres de taille. Le calcaire à polypiers saccharoïde est l'assise que l'on préfère pour l'entretien des routes. Il sert également de castine dans la plupart des usines à fer des arrondissements de Briey et de Thionville. Il y a, enfin, dans ces arrondissements, quelques tuileries qui tirent leurs terres de l'assise argilo-marneuse placée à la base du troisième groupe que nous avons distingué dans la formation.

Considérations générales sur l'oolithe inférieure. — Comme le lias auquel elle succède, l'oolithe est un terrain dont les assises présentent, dans toute l'étendue du département, une constance de composition remarquable. En le suivant sur les divers points de la région occidentale qu'il recouvre presque complétement, nous n'avons eu, en effet, qu'à enregistrer quelques modifications de détail, peu importantes. Il faut en conclure que le dépôt de l'oolithe s'est effectué avec une grande régularité.

Cette formation est en grande partie calcaire et le caractère le plus saillant de quelques-unes de ses assises est d'être pétries de polypiers. Il faut, dès lors, se représenter la mer dans laquelle elles se sont déposées comme étant encombrée de récifs de coraux ou atoles analogues à ceux qui entourent aujourd'hui certaines îles de l'Océanie. C'est vers la fin de la période qui correspond à l'étage inférieur que l'accumulation des zoophytes a atteint son maximum. Toutefois le phénomène s'est reproduit plusieurs fois pendant le temps qu'a duré le dépôt de cet étage; cela est prouvé par la présence des polypiers à diverses hauteurs dans le système.

Ces animaux ne pouvant, pas plus que les coquilles adhérentes et fixées sur le fond, vivre sous une profondeur d'eau considérable, et l'oolithe ayant dans la Moselle une puissance de 130 à 180 mètres certainement supérieure à cette profondeur, on est conduit à admettre que le niveau relatif de la surface de la mer, par rapport au fond, a varié d'une manière graduelle pendant le temps qu'a exigé le dépôt de cette formation. Des considérations trop longues à développer portent à penser que c'est ce dernier qui a dû s'enfoncer et que les eaux se sont retirées de plus en plus vers le centre du bassin. De là la disposition du terrain par bandes successives, étagées de l'est vers l'ouest. On peut encore conclure des inégalités constatées dans l'épaisseur de la formation, sur les divers points du plateau occidental du département, que l'enfoncement ne s'est point effectué d'une manière égale dans toute cette étendue. Il a été moins lent dans la partie nord-est et, en général, tout le long du rivage qui baignait le pied de l'Ardenne, et c'est pourquoi l'oolithe s'y présente avec un développement beaucoup plus considérable qu'aux environs de Metz.

Le dépôt de l'oolithe de Jaumont paraît correspondre à un régime des eaux différent de celui qui a présidé à la formation des calcaires de l'étage inférieur. On ne saurait, en effet, expliquer la masse considérable de débris de coquilles renfermés dans cette assise sans supposer une mer agitée, et la fausse stratification que l'on y remarque porte à penser que de forts courants existaient dans cette mer.

Terre végétale et cultures. — L'oolithe offre des sols de composition assez variée. L'étage inférieur, qui s'étend à la périphérie du plateau, est habituellement recouvert d'une terre rouge, ferrugineuse et argilo-siliceuse, qui a peu de fond et n'offre pas de grandes ressources à la culture. C'est pourquoi cette portion de la plaine de Briey est, en grande partie encore, occupée par des forêts ou par des terres vaines. Ces dernières n'offrent que de maigres pâturages; en revanche les forêts sont fort belles; ce qu'il faut attribuer à la perméabilité du sous-sol composé de calcaires fissurés sur lequel elles végètent; elles sont peuplées d'essences diverses où dominent le chêne, le hêtre et le charme. Les bois de Gorze, de Vaux, de Châtel, de Moyeuvre, d'Ottange, de Klaise, de Selomont et de Saint-Pancré appartiennent à cette première région de la plaine de Briey, voisine de l'escarpement qui la termine à l'est et au nord. Le reste de la plaine est affecté à la production des céréales. C'est, sous ce rapport, une des contrées les plus riches du département. Le sol est assez souvent composé d'une mince assise de limon jaune, diluvien. Quand il y a mélange de ce limon avec les marnes de l'oolithe, on a ce que l'on a coutume d'appeler les terres blanches qui paraissent être les meilleures de la plaine de Briey. Il faut également mentionner dans cette plaine les terres argilo-marneuses, qui s'étendent sur l'assise à *Ostrea costata* superposée à l'oolithe de Jaumont; elles comptent parmi les plus fertiles du pays Messin. Les vignes ne sont point cultivées sur l'oolithe inférieure à raison de l'altitude considérable du plateau, si ce n'est dans un petit canton situé, vers la limite de la Meuse, au sud-ouest de Longuion, où elles recouvrent les calcaires gris, oolithiques qui couronnent la formation.

CHAPITRE XII

OOLITHE MOYENNE

Aperçu général. — Composition et étendue de l'oolithe moyenne dans le département. — Lorsqu'en suivant, vers l'ouest, la formation qui vient d'être décrite, on a atteint, sur le plateau, le niveau des derniers bancs calcaires qui la composent, on voit la plaine limitée au couchant par des collines dont l'aspect révèle l'apparition d'un nouveau terrain. Ces collines, dont la hauteur est en général d'une vingtaine de mètres seulement, sont reconnaissables à leurs formes adoucies et à l'apparence de *tumulus* allongés qu'elles présentent. Ce caractère particulièrement saisissant pour celles d'entre elles qui ne sont pas recouvertes de forêts, est, pour prendre un exemple, facilement apprécié par le spectateur qui se trouve placé à Fléville sur la route de Briey à Étain. Il est là au centre d'une sorte de demi-amphithéâtre formé au sud et à l'ouest par les collines dont il est question, et traversé dans son milieu par le ruisseau de l'Othain[1]. On n'en est pas moins frappé lorsqu'on regarde, de la route de Labry à Hatrize, la côte sur laquelle est bâti le village d'Abbéville, et dans beaucoup d'autres localités situées d'une manière semblable.

Vue d'une certaine distance, la faible ride que dessine la

---

[1] Les collines qui s'allongent à l'ouest et au nord de Fléville et de Lixières, entre l'Othain et le bois Grélion, sont couvertes par le terrain que nous décrivons, quoique la carte les désigne comme étant formées de Bradford-Clay.

ligne de ces tumulus disparait entièrement, et elle n'est, en réalité, qu'un accident tout à fait insignifiant dans le grand plateau qui s'étend entre la crête du versant gauche de la Moselle et les montagnes de la Meuse. Il n'est pas inutile cependant d'attirer l'attention sur son existence au point de vue orographique; car elle forme, à proprement parler, la limite orientale de la grande plaine argileuse de la Woëvre qui est occupée par l'Oxford-clay. D'après l'auteur de la carte, les assises qui affleurent sur les versants et des tumulus constituent la base de cet important terrain.

On voit d'abord apparaître, à leur partie inférieure, immédiatement au-dessus des calcaires dont nous avons montré le type à Friauville, des bancs de marnes argileuses, noires, remarquables par la grande quantité d'*Ostrea acuminata* qu'elles renferment, associées avec le *Rynchonella varians*. A mesure qu'on s'élève dans ces marnes qui règnent sur une épaisseur d'environ 10 mètres, ce fossile devient plus rare et finit par disparaître. Au-dessus, les argiles continuent, mais on y remarque sur une hauteur de quelques mètres, des bancs plus solides. Ce sont, pour la plupart, de minces lits de calcaire gris, extrêmement marneux, se délitant avec une grande facilité. Quelques-uns cependant présentent, surtout dans leurs parties centrales, des noyaux ou des veines plus solides, formées d'un calcaire ordinairement violacé, quelquefois bleu; on trouve dans certains bancs, des parties renfermant de rares oolithes brunes. Cette région est fossilifère, et sa faune, qui présente une constance remarquable, est le caractère le plus propre à la faire reconnaître; on y découvre toujours ensemble : le *Rynchonella concinna* qui est le plus abondant, le *Terebratula lagenalis*, le *Gresslya gregarea*, une grande huître de forme grossière et à coquille épaisse, non encore déterminée, trois espèces de *Montlivaltia*, et l'*Ammonites Backeriæ*. A ces fossiles sont mêlées un grand nombre de ces tiges dont nous avons parlé au sujet des calcaires de Friauville, et qui proviennent du remplissage de sillons tracés par les bivalves.

Cette partie calcaro-marneuse couronne généralement la crête des tumulus dont il a été parlé plus haut. A partir de là, la formation s'étend dans la plaine, sous forme de terres argileuses d'un noir tirant sur le verdâtre, rarement jaunâtre, et l'on n'y rencontre plus que peu de fossiles. Les parties solides y sont extrêmement rares, et l'on n'y trouve absolument aucuns matériaux de construction ni d'empierrement. On peut signaler seulement plusieurs bancs calcaires qui règnent sur une faible épaisseur à quelques mètres au-dessus des assises précédemment décrites, et des rognons calcaires que l'on trouve au milieu des terres à l'extrême limite ouest du département.

Les bancs calcaires sont de diverses natures, les uns sont pétris de fines oolithes blanchâtres ou grisâtres, passablement terreuses; d'autres sont marneux, gris ou jaunes, et pénétrés, au centre, de calcaire subcristallin, violacé; d'autres enfin sont jaunâtres ou d'un rouge foncé et renferment de nombreux débris de coquilles.

Les noyaux calcaires sont gris, compactes et durs, à cassure légèrement conchoïdale, généralement plus foncés au centre qu'à la circonférence.

Le chemin de grande communication qui conduit de Friauville à Conflans, puis à Abbéville, à Ozerailles, à Fléville et à Norroy-le-Sec offre de grandes commodités pour l'étude de la partie inférieure du terrain, car il coupe successivement plusieurs des collines qu'elle constitue. Il serait superflu de les décrire successivement, car elles sont toutes exactement semblables, présentant à leur partie supérieure les calcaires marneux, fossilifères et au-dessous les marnes à *Ostrea acuminata* et à *Rynchonella varians*. Entre Fléville et Abbéville, les dépressions qui séparent les tumulus, sont à peu près au niveau de la base de ces marnes; mais entre la côte de Conflans et celle d'Abbéville, on atteint, dans la vallée de l'Orne, les calcaires à oolithes, et entre Fléville et la côte qui précède Norroy, on marche sur des alternances de marnes et de calcaires qui représentent ceux de Friauville.

Les collines isolées couvertes d'Oxford-clay qui, ainsi que l'indique la carte, s'avancent dans le département de la Moselle entre Gondrecourt et Xivry-le-Franc, au-dessus d'Affléville, de Jondreville, de Pienne, de Domprix, ont généralement leurs sommets à la hauteur des calcaires marneux à *Rynchonella concinna, Terebratula lagenalis,* etc., etc. Au sud, celles qui dominent les villages de Puxieux, de Chambley, de Sponville, de Xonville, d'Hagéville, de Dampvitoux, n'atteignent qu'en fort peu de points ce niveau géologique. La partie du département où l'on s'élève le plus haut dans le terrain oxfordien est celle d'Olley, Brainville-en-Woëvre et Allamont.

Les derniers bancs calcaires, que nous avons signalés dans la description générale, passent sous le sol de la vallée du Longeau dans les environs de Dompierre. Au-dessus, on ne trouve plus que des argiles noires qui constituent la hauteur de Brainville et celles qui sont à l'ouest de Puxe. C'est entre ces deux villages que l'on constate la présence dans les argiles des rognons calcaires dont nous avons parlé. Ils sont fort rares de même que les fossiles. En somme, on ne voit de l'Oxford-clay, dans notre département, qu'une trentaine de mètres de hauteur; ce qui n'est qu'une faible fraction de sa puissance totale. Cet étage recouvre, vers la lisière de la Meuse, une surface d'environ 160 kilomètres carrés, formant à peu près 3 pour 100 de la superficie du département.

Usages économiques. — Les argiles de ce terrain peuvent servir à la fabrication de la tuile et on a employé celles de la base pour cet usage dans un établissement situé entre Xonville et Puxieux. C'est le seul côté utile qu'elles aient jamais présenté dans la Moselle au point de vue industriel. On trouve à leur surface en quelques points, et notamment sur la côte qui sépare Conflans et Friauville, et sur celle d'Abbéville, quelques fragments de minerai de fer d'alluvion, mais ces gisements sont inexploitables. Par contre, on exploite, dans plusieurs localités, la grève qui les recouvre, surtout dans les vallées de l'Orne et du Longeau, mais aussi en des points élevés tel, que le sommet de la côte qui domine Conflans.

Fossiles. — La liste des fossiles que nous avons trouvés dans le terrain oxfordien et qui ont été reconnus par M. Terquem est la suivante :

Solarium
Natis ou Turbo.
Belemnites canaliculatus.
Ammonites Backeriae.
Pholadomya.
Pleuromya jurensis?
Pleuromya.
Astarte elegans ?
Astarte.
Trigonia costata.
Mytilus gibbosus.
Mytilus cancellatus.
Avicula tegulata.
Pecten lens.
Pecten obscurus.
Pecten.
Limea duplicata.
Ostrea acuminata.
Ostrea obscura.

Ostrea...
Rynchonella concinna.
Rynchonella varians.
Terebratula lagenalis.
Terebratula maxillata.
Terebratula globata ?
Serpula vertebralis.
Serpula flaccida.
Serpula limax.
Serpula volubilis.
Delthyris?
Gresslya gregarea.   *Goldf. sp.*
Cypricardia.
Corbis.
Nucula nucleus.
Fistulane.
Myoconcha ?
3 espèces de Montlivaltia.

Terre végétale et cultures. — Les terres de l'Oxford clay sont éminemment propres à la culture des céréales. On y sème à peu près exclusivement du blé et de l'avoine ; on y plante beaucoup de pommes de terre. On trouve généralement dans les vallées de très-belles prairies ; beaucoup de hauteurs sont couvertes de bois de chênes et de charmes.

CHAPITRE XIII

TERRAIN DILUVIEN

Généralités. — Dans un grand nombre de localités, situées au-dessus du niveau des plus fortes crues des fleuves et des rivières, on observe des dépôts mal stratifiés, composés de gravier, de sable et de limon. L'origine de ces dépôts ne peut, d'après la position qu'ils occupent, être rapportée aux causes actuellement agissantes. Il faut, pour la concevoir, admettre que la surface du globe a été sillonnée, à plusieurs reprises, par des courants d'une extrême violence qui ont déterminé dans le sol des dénudations profondes, ouvert les vallées dites d'érosion et achevé celles qui doivent leur existence à des fractures. Un de leurs effets, conséquence des dénudations qu'ils ont produites, a été d'accumuler, soit dans le fond des vallées, soit sur les plateaux, une grande quantité de matériaux roulés. On donne le nom de terrain diluvien ou de *diluvium* à ces matériaux incohérents et meubles que l'on rencontre formant une mince pellicule en un grand nombre de points, et dont l'origine ne peut être expliquée par les crues des rivières. Le terrain diluvien est surtout développé dans le voisinage des grands cours d'eau.

Dans la Moselle, le diluvium des plateaux se distingue assez nettement de celui des vallées.

Ce qui caractérise le premier, c'est qu'il est uniforme sur quelques points du département qu'on l'observe, et quelle que soit la formation sur laquelle il repose[1]. Il est composé d'un

[1] Cette remarque ne s'applique pas seulement au département; elle est beaucoup plus générale. Le limon jaune, diluvien est, en effet, un dépôt

limon argilo-sableux, jaune, jaspé de blanc; on y remarque des taches noires produites par l'oxyde de manganèse qui s'y trouve également à l'état de concrétion ; on y trouve aussi quelques cailloux exclusivement quartzeux. Ce limon est peu épais; il atteint rarement, dans la Moselle, une puissance de 3 à 4 mètres.

Le second, indépendamment du limon jaune et des cailloux de quartz, renferme toujours une certaine proportion de galets de roches qui proviennent de la chaîne des Vosges, ou qui sont empruntés aux terrains des vallées dans lesquelles on l'observe; c'est par là qu'il se différencie du premier.

Pour compléter ces généralités, il importe de suivre le diluvium dans le voisinage de chacune des grandes vallées qui sillonnent le département, et de donner quelques indications sur les particularités qu'il présente.

Vallée de la Sarre. — Dans la partie orientale du département, le terrain diluvien commence à se montrer avec un certain développement sur les bords de la Sarre, entre Sarralbe et Sarrebrück. Il est surtout étendu sur la rive gauche de cette rivière. Les plateaux qui la dominent de 50 à 80 mètres, sont couverts de limon jaune jusqu'à une distance de 10 à 12 kilomètres de ses bords. Sur les pentes des coteaux entre lesquels la rivière est encaissée, on observe des cailloux de quartzite et des traînées de sable. Le limon est, quelquefois, assez épais sur les plateaux des bords de la Sarre; mais il n'est, nulle part, aussi développé qu'à la limite du terrain houiller et du grès des Vosges, un peu à l'ouest de Schœnecken. Il y a là, sur le territoire prussien,

dont le faciès et les caractères sont constants dans toute l'étendue de la France et même de l'Europe. Tel on le voit dans la Moselle, tel il paraît dans le bassin de la Seine et sur le versant septentrional de la chaîne des Pyrénées. De l'uniformité de composition, ne faut-il pas conclure à l'identité d'origine et admettre que la formation du limon jaune est le résultat d'une cause qui a agi avec un caractère de généralité très-remarquable.

un petit hameau portant le nom suffisamment caractéristique de Krüghütte qui n'est composé que de briqueteries et de tuileries, tirant, toutes, leurs terres du dépôt argilo-sableux, diluvien [1].

Diluvium sur les bords des Nieds. — Le limon jaune est également très-étendu sur les bords des Nieds; ce qu'il faut attribuer à la facilité avec laquelle le terrain keupérien, dans lequel ces rivières ont leurs lits, s'est prêté aux dénudations. C'est lui qui forme le sol de toutes les grandes forêts qui se trouvent à proximité de ces cours d'eau, notamment du Bischwald, du Grossenwald et de la forêt de Remilly; il y est assez épais. Dans les vallées, on trouve quelquefois, au-dessous du limon, du sable ou même un gravier assez grossier, formé aux dépens des roches dures du voisinage; cela a lieu, en particulier, près de Gomelange et d'Aube. Dans les environs de Thimonville et de Courcelles-sur-Nied, le limon jaune renferme de gros grains d'hydroxyde de fer, manganésifère, à surfaces émoussées, présentant dans leur intérieur une structure lamellaire, et empâtant des grains arrondis de dimensions plus petites. En parcourant les bords des Nieds, on peut remarquer que le diluvium n'est pas réparti indifféremment sur les revers des coteaux entre lesquels coulent ces rivières; on le trouve plus fréquemment recouvrant les flancs des collines opposés à ceux qui contiennent les affleurements et où les pentes sont en général plus douces. Cela est surtout très-sensible dans la vaste forêt de Remilly.

Environs de Metz. Diluvium de la Moselle et de la Seille. — Le point où on peut le mieux observer le diluvium sur les

---

[1] La carte géologique est bien loin d'indiquer le diluvium sur tous les points où il paraît dans la Moselle. Ainsi, elle n'en fait point figurer dans le voisinage de la vallée de la Sarre, où il recouvre cependant des espaces considérables. Il faut reconnaître qu'on le supprime, quelquefois, par convention, en vue de ne point faire disparaître, sous une teinte uniforme, les limites des terrains stratifiés et de rendre la structure du sol plus distincte.

rives de la Moselle, est, sans contredit, la vaste plaine qui s'étend au sud de Metz, entre cette rivière et la Seille, et dont une partie porte le nom caractéristique de Sablon. Cette plaine est remarquablement unie et plate ; son altitude est d'environ 200 mètres ; son élévation au-dessus du niveau de la Moselle d'une trentaine de mètres. Le sol en est, pour la plus grande partie, composé d'un gravier dont les éléments assez volumineux offrent divers degrés d'usure et sont empruntés tant aux formations du voisinage qu'aux roches qui constituent le noyau central des Vosges. Toutefois, le gravier est recouvert sur de nombreux points et principalement vers le sud, par le limon jaune, et cette superposition est très-constante. On observe également, une certaine symétrie dans le dépôt de gravier; ainsi on le trouve fréquemment déposé par bandes offrant des compositions différentes ou divers degrés de trituration. Cela se voit bien dans les environs de Pournoy-la-Chétive, où il y a quelques petites exploitations de sable; les tranchées du chemin de fer et les nombreuses sablonnières ouvertes dans le voisinage de Metz ont également mis ce fait en évidence. Le gravier diluvien de la plaine du Sablon se prolonge vers le Nord, sur une partie du territoire de cette ville. Dans les environs de Coin-les-Cuvry, on le trouve aggluliné par un ciment calcaire, analogue à celui qui empâte quelquefois les minerais de fer en grains.

Le diluvium étendu au sud de Metz recouvre la partie moyenne du lias, qui est composée d'assises marneuses, étanches; il forme, au-dessus de ces assises, un vaste remblai dont l'épaisseur moyenne peut être évaluée de 10 à 15 mètres, et qui est terminé, de toutes parts, par une petite terrasse. Les eaux circulant librement dans ce remblai, et étant, au contraire, arrêtées par les marnes du lias, il y a, au contact de deux terrains, une nappe aquifère qui se fait jour sur toute la périphérie et donne lieu à un grand nombre de sources.

De Metz, le diluvium se prolonge vers Thionville; il occupe

toute la plaine qui s'étend, entre ces deux villes, sur la rive gauche de la Moselle, et il remonte même jusqu'à une certaine hauteur sur les flancs des coteaux qui limitent la vallée du côté du couchant. Il s'avance, dans cette direction, jusqu'à une distance des bords de la rivière, qui varie entre 3 et 6 kilomètres. Il est, au contraire, très-peu étendu sur la rive droite, le long de laquelle le lias moyen forme un escarpement presque continu et assez abrupte. Le terrain diluvien de la Moselle se montre donc, comme celui des Nieds, principalement développé sur le flanc de la vallée qui présente la pente la plus douce [1].

Aux environs de Thionville, le diluvium renferme des gîtes de minerai de fer en plaquettes, que nous nous proposons de décrire dans le chapitre consacré aux gisements métallifères.

Éboulements dans les côtes oolithiques. — Nous rapportons également, à la période diluvienne, les glissements si remarquables des assises de l'oolithe inférieure qui ont été observés par M. Victor Simon sur les côtes situées entre Jouy-aux-Arches et Corny [2]. Sur les versants de Sommy et de Châtel-Saint-Blaise qui regardent la Moselle, on constate la présence de couches de ce terrain, beaucoup au-dessous du niveau qu'elles occupent habituellement; elles sont relevées sous des angles considérables et forment une longue traînée à peu près rectiligne. Sur la côte de Fayé qui domine Corny,

[1] C'est encore là un fait très-général. Dans toute l'étendue de l'Europe, les cours d'eau qui, comme la Moselle entre Metz et Thionville, coulent dans une direction voisine du sud au nord, ont, à l'est, une rive escarpée, à l'ouest, au contraire, une rive qui se raccorde par une pente douce au relief de la contrée, et le diluvium se trouve principalement développé dans cette dernière direction. On a essayé d'expliquer, par le mouvement de rotation de la terre, cette disposition qui est remarquablement uniforme et ne présente presque pas d'exception.

[2] Victor Simon. Observations sur les derniers temps géologiques et sur les premiers temps humains dans le département de la Moselle. (*Bulletin de la Société d'histoire naturelle de Metz*, sixième cahier.)

les glissements embrassent une étendue de 2 kilomètres environ ; dans cet espace les bancs calcaires de l'oolithe inférieure se montrent déprimés en masse ; ils ne forment des assises suivies sur aucun point de la côte ; ils sont brisés et fracturés dans tous les sens. Ces dérangements ont été certainement produits par une cause identique à celle qui agit encore aujourd'hui et se manifeste, toutes les fois que l'on opère des coupures ou des tranchées dans la base marneuse des coteaux que l'oolithe couronne. Il arrive alors que les marnes, n'étant plus soutenues, glissent sur leur base, et que, l'éboulement se propageant de proche en proche jusqu'aux sommets des côtes, des masses énormes de roches s'en détachent et viennent, en roulant, couvrir leurs flancs. C'est à des actions de cette nature, mais ayant eu une intensité considérable et qui remontent vraisemblablement à l'ouverture de la vallée de la Moselle ou du moins à l'érosion qui lui a donné son relief, que nous rapportons les glissements des côtes de Fayé et de Sommy. Dans ces deux localités, les roches éboulées sont recouvertes d'un sable diluvien qui semble corroborer cette appréciation, en assignant l'époque à laquelle les glissements se sont produits[1].

Remaniements opérés sur les gîtes de minerais de fer de la période tertiaire. — Blocs de quartz jaspe à la surface de la Woëvre. — Nous rapportons également, au diluvium, les remaniements superficiels opérés sur les gîtes d'hydroxyde de fer en grains, d'âge tertiaire, qui remplissent des cavités dans l'oolithe inférieure. Les effets produits, dans la Moselle, par ces remaniements sont assez variés. Ainsi, on remarque que, dans le voisinage de la surface, les grains d'hydroxyde

[1] Les principaux glissements reconnus sur les flancs des coteaux oolithiques, notamment ceux que nous avons décrits, sont figurés sur la carte géologique, mais ils ne tiennent point, dans la légende qui l'accompagne, la place qu'ils devraient occuper. Ils sont, en effet, compris dans l'accolade qui réunit les divers étages de l'oolithe inférieure, et semblent dès lors n'être qu'une des divisions de ce terrain, tandis qu'ils appartiennent, en réalité, comme nous venons de le montrer, à la période diluvienne.

sont, presque toujours, roulés, tandis que l'argile sableuse qui en forme la gangue, renferme des ossements de grands mammifères appartenant à la période diluvienne. Dans bien des cas, l'action a été moins locale, et elle a eu pour résultat le déplacement d'une partie du gîte. C'est à une action de cette espèce que nous attribuons l'existence, à la surface du plateau oolithique, de ces dépôts tout à fait superficiels, et uniquement composés de petits grains arrondis d'hydroxyde de fer qui y sont si communs. Tous les éléments renfermés dans les gîtes de minerais d'âge tertiaire ont nécessairement été dispersés sous l'influence des courants diluviens. On n'éprouve donc aucune difficulté pour remonter à l'origine des blocs de quartz jaspe qui se sont accumulés sur quelques points de la plaine de Briey, car on retrouve leurs analogues dans les parties de ces gîtes restées intactes. Ces blocs ont leurs angles toujours émoussés; il y en a de fort volumineux. Ils commencent à se montrer à la surface du plateau, au nord de Briey, dans les environs de Landres et de Saint-Pierremont, ils deviennent très-communs dans le voisinage des minières de Saint-Pancré, à la hauteur de Longuion.

Fossiles. — Le diluvium des vallées renferme des ossements de grands Pachydermes. Le Sablon, les vallées de la Moselle, de la Seille, de la Sarre, des Nieds, de la Chiers, sont les points du département où ces ossements se rencontrent avec le plus d'abondance. Les travaux exécutés dans le voisinage de Metz, pour la construction des chemins de fer, en ont aussi mis à jour une assez grande quantité. Les débris fossiles rencontrés dans le diluvium sont généralement des molaires qui appartiennent aux deux espèces :

Rhinoceros tichorinus. *Cuv.*
Elephas primigenius. *Blum.*

Toutefois, on a également signalé, dans le Sablon, des os de cheval ayant des proportions plus considérables que celles de l'espèce existante.

Dans une sablonnière des environs de Metz, on a découvert une défense d'éléphant fortement arquée, qui avait plus de 3 mètres de développement sur 30 centimètres d'épaisseur à la racine; mais l'ivoire était tellement décomposé qu'il a été impossible de la transporter.

Le musée de Metz possède une défense de 1^{m}20 de longueur qui a été trouvée à Kœnigsmacker et donnée par la ville de Thionville.

Usages économiques. — *Terre végétale et cultures.* — On tire, du diluvium, de l'argile pour la fabrication des tuiles et des briques, du sable pour la construction et des graviers pour l'entretien des chaussées. Les quartz-jaspes répandus à la surface de la plaine de Briey sont également exploités, depuis quelques années, pour ce dernier usage. Quant au minerai de fer d'origine diluvienne, son extraction est peu active.

Les sols formés aux dépens du diluvium ont des caractères excessivement tranchés et pour ainsi dire opposés, suivant que celui-ci se trouve sur les plateaux ou dans les vallées. Dans le premier cas, ils sont argileux, très-compactes et uniquement propres à la culture du bois. Aussi tous les défrichements effectués sur ce terrain n'ont-ils produit que des déceptions. Dans le diluvium des vallées, au contraire, tous les éléments qui constituent les bonnes terres, l'argile, le sable et, sur quelques points, le carbonate de chaux, sont associés en proportion favorable à la végétation. On trouve, en outre, dans cette formation, des débris de roches feldspathiques, riches en potasse. De la réunion de tous ces éléments, qui se décomposent et se désagrégent facilement, résulte une terre un peu graveleuse, suffisamment perméable à l'air et à l'eau. C'est, sans contredit, la meilleure et la plus productive de toutes celles que l'on rencontre dans le département; ce qui ne pourra être révoqué en doute, lorsque nous ajouterons que la plaine, aussi riche que variée, située à l'ouest de la Moselle, entre Metz et Thionville, lui doit son étonnante fertilité.

Toutes les terres diluviennes des vallées sont affectées à la grande culture : on y rencontre quelques prairies et on y récolte beaucoup de graines oléagineuses et de racines.

CHAPITRE XIV

DÉPOTS DE LA PÉRIODE ACTUELLE

Nomenclature de ces dépôts. — Il nous reste à décrire les dépôts qui se sont produits depuis le commencement de l'ère actuelle et qui continuent à se former ou à se modifier sous nos yeux. Ces dépôts comprennent, dans la Moselle, les alluvions modernes, le tuf et la tourbe. Nous rapportons également à la période actuelle la plupart des éboulements de roches que l'on remarque sur les flancs d'un grand nombre de collines du département, et nous croyons devoir en faire une mention spéciale, à cause des erreurs d'observations auxquelles ils peuvent donner lieu.

Alluvions modernes. — Les cours d'eau renferment, dans leurs lits, des débris de toutes les roches solides appartenant aux vallées qu'ils arrosent. Ces débris, qui sont plus ou moins usés et arrondis, s'accroissent incessamment à la suite des orages et des crues ; ils constituent ce que l'on appelle les alluvions modernes. Il résulte de cette définition que les alluvions des rivières et des ruisseaux sont en rapport avec la constitution géologique des contrées qu'ils traversent et que leur composition est très-variable. Ces dépôts, essentiellement meubles, s'arrêtent naturellement à la limite des plus hautes crues que les cours d'eau peuvent atteindre ; ils ne sont jamais bien épais.

Les alluvions de la Moselle, de la Seille et celles des Nieds après leur réunion, entre Boulay et Bouzonville, sont les seules qui aient quelque étendue dans le département. Celles des deux dernières rivières sont exclusivement formées de roches d'origine neptunienne, empruntées à toutes les formations que celles-ci traversent ; elles sont recouvertes d'un limon argileux qui s'accroît lors des crues. Quant aux alluvions de la Moselle, elles sont principalement composées de roches dures, arrondies par le frottement et qui proviennent de la partie centrale des Vosges. Elles ne sont pas faciles à circonscrire, attendu qu'elles ne sont que le remaniement d'un dépôt meuble plus ancien au milieu duquel le fleuve a creusé son lit. Dans les environs de Metz, elles s'étendent sur une largeur de 1 kilomètre environ[1].

Dans la contrée arrosée par l'Orne, on désigne, sous le nom de *grève*, des alluvions formées de menus débris de roches calcaires, empruntés aux assises de l'oolithe inférieure et de l'oolithe moyenne. Ces débris sont à angles vifs, et disposés par veines formant des talus ; ce qui prouve qu'ils ont été déposés par des courants et n'ont pas été roulés sur de

---

[1] En lavant du sable de la Moselle recueilli aux environs de Metz, M. Daubrée y a constaté la présence du fer oxydulé titanifère, du zircon, ainsi que de petites paillettes d'or de même espèce que celles du Rhin. Ces dernières ne se trouvent dans l'alluvion qu'en proportion extrêmement faible, puisqu'il n'existe qu'une paillette dans 40 kilogrammes de sable et qu'avec une semblable teneur le travail d'une journée ne donnerait pas de l'or pour la valeur de trois centimes. Avant les observations de M. Daubrée, la présence de ce métal n'avait pas été signalée dans la vallée de la Moselle. Il reste à rechercher s'il provient des roches cristallines des Vosges ou du quartzite qui est disséminé en cailloux dans les alluvions anciennes et modernes des bords de la rivière. (A. Daubrée, Note sur la présence du zircon dans les granites et syénites des Vosges, et sur celle de l'or dans la Moselle ; *Bulletin, Société géologique de France*, tome VIII, 2e série.)

grandes distances. Ils sont quelquefois agglutinés par un ciment calcaire.

La grève existe partout le long du cours supérieur de l'Orne, à Labry, Conflans, Boncourtz, Jeandelize, Puxe. On la rencontre également dans la vallée de l'Yron et dans celle de son affluent le Longeau. Dans ces vallées, elle n'est autre chose que les alluvions des cours d'eau sujets à des crues considérables et rapides, en raison de l'imperméabilité de la plaine de la Woëvre, où ils prennent naissance. Mais les gisements de grève ne sont pas limités aux fonds des vallées ; on les voit monter à des hauteurs considérables sur leurs versants, surtout lorsque ceux-ci affectent des pentes douces, comme dans les parages de la ferme de la Moulinelle. Quelques gisements sont même complétement isolés de la rivière et se trouvent sur des sommets élevés : tels sont ceux de la côte de Conflans, des environs de Jarny sur l'Yron, et de la côte au-dessus d'Auboué, sur le Woigot.

Ces derniers dépôts occupent des points que les plus fortes crues des cours d'eau actuels ne pourraient atteindre, et, à ce titre, ils pourraient être considérés comme diluviens. Ce qui nous a engagé à les confondre avec les dépôts des vallées sous la dénomination d'alluvions, c'est la parfaite similitude qu'ils présentent avec ceux-ci, sous le rapport des causes toutes locales qui les ont produits. Il est probable que l'Orne, rencontrant dans le premier étage de l'oolithe une barrière où elle n'a creusé son lit qu'à la suite de longs efforts, a formé originairement, à la surface de la plaine de Briey, un courant d'une largeur exceptionnelle, et que c'est à ce courant qu'il faut rapporter les dépôts de grève qui se trouvent aujourd'hui isolés sur les hauteurs qui dominent le cours d'eau.

Tourbe. — Les tourbières constituent, également, un dépôt moderne qui s'accroît, tous les jours, sous nos yeux ; elles sont le produit de l'accumulation et de l'altération sous l'eau de plantes herbacées et aquatiques appartenant, pour la plupart, au genre *Sphagnum*. Les bas-fonds des vallées peu inclinées et les marais présentent les circonstances les plus favorables à la formation de la tourbe.

Les principaux dépôts tourbeux du département sont situés dans les vallées de la région occupée par le grès vosgien ; on en trouve aussi bien dans le pays de Bitche que dans la plaine de Creutzwald. Ils n'ont pas une grande épaisseur ; la tourbe qu'ils renferment est passablement terreuse ; on y rencontre beaucoup de racines et de tiges d'arbres partiellement carbonisées.

En dehors de ce gisement principal, la tourbe ne forme, dans la Moselle, que quelques dépôts superficiels ; on l'a, cependant, exploitée autrefois dans un vallon dépendant du territoire de Vittoncourt et appartenant au terrain keupérien.

Tuf. — Toutes les eaux qui, avant de s'épancher au jour, traversent des formations calcaires, dissolvent du carbonate de chaux, au moyen de l'acide carbonique qu'elles renferment en proportion plus ou moins considérable. A peine sorties du sein de la terre, elles abandonnent une partie de ce gaz et une quantité correspondante de carbonate de chaux, rendue libre, se précipite. Tels sont l'origine et le mode d'action des sources incrustantes. Le carbonate de chaux grenu et poreux qu'elles déposent est connu sous le nom de tuf.

Les dépôts de tuf ne remontent pas au delà de l'époque à laquelle les sources ont pris naissance, c'est-à-dire qu'ils sont postérieurs aux dernières révolutions du globe, à celles qui lui ont donné son relief actuel. De plus, ils s'accroissent journellement en proportion du volume et de la propriété incrustante des eaux auxquelles ils doivent leur origine. Ce sont donc des dépôts modernes. Toutefois, dans quelques vallées du département, ils acquièrent une telle puissance qu'on ne saurait attribuer complétement leur formation aux causes encore agissantes, et qu'il faut admettre, pour expliquer leur origine, l'existence de masses d'eau beaucoup plus considérables que celles que les sources débitent aujourd'hui, et une plus grande puissance dissolvante, ayant pour cause probable l'extension du sol boisé. La disposition de certains de ces dépôts par lits réguliers porte également à penser qu'ils ont été effectués dans des eaux tranquilles, retenues par des barrages naturels, placés dans les parties basses des vallées.

Les dépôts de tuf se trouvent dans toutes les vallées où il existe des sources calcaires. Dans la Moselle, notamment, on en rencontre aussi bien dans les contrées que recouvrent le muschelkalk et le lias, que dans celle qui est occupée par l'oolithe inférieure, mais il s'en faut de beaucoup que les premiers soient aussi importants et aussi étendus que les seconds. En effet, les vallées du plateau oolithique, surtout dans leurs parties supérieures, sont toutes remblayées par des dépôts souvent fort épais de tuf. Celui-ci constitue également des masses irrégulières qui sont suspendues aux flancs des collines, au-dessous des points où il y a des sources fortement incrustantes, comme cela se voit à Boismont, dans la vallée de la Crusnes et à la belle fontaine de Clouange, dans celle de l'Orne.

La roche qui constitue ces dépôts, est connue, dans la Moselle, sous le nom de *cron*; elle est grenue, grisâtre, très-poreuse. Elle est rarement bien agrégée; néanmoins, dans quelques localités, elle acquiert assez de consistance pour pouvoir être taillée. Sur quelques points elle renferme des pisolithes. Elle contient également des débris organiques de l'époque actuelle, des empreintes de végétaux, des coquilles fluviatiles et terrestres, des bois de cerf. Le cron forme des masses puissantes qui n'offrent que bien rarement des traces de stratification; on y remarque, assez souvent, des lits de bois fossiles, en partie carbonisés. Toutes les vallées hautes du plateau oolithique renferment du cron. Les localités dans lesquelles on trouve les dépôts les plus importants sont les environs de Moyeuvre (vallées latérales à l'Orne, notamment celle du Conroi), Knutange (vallée de la Fensch), les environs de Villerupt (vallée de l'Alzette et vallons latéraux), Mainbottel (vallée de la Crusnes), Saint-Jacques (vallée de la Moulaine), les environs de Rehon et de Cons-Lagrandville (vallée de la Chiers et vallons latéraux), enfin Gorcy (vallon de l'Arivaux).

Éboulis. — Rien de plus fréquent que de rencontrer, sur les revers des coteaux, des éboulis provenant des roches supérieures; c'est une observation que l'on peut faire à chaque pas, surtout si ceux-ci présentent des pentes un peu fortes. Dans la Moselle, les éboulis ne sont nulle part aussi communs que sur les flancs de la falaise qui termine le plateau oolithique et dans les vallées qui le sillonnent. Nous avons été conduit à rapporter au terrain diluvien ceux que l'on observe sur les côtes de Fayé et de Sommy. Toutefois, beaucoup d'éboulis ont une origine bien moins ancienne et ne remontent pas audelà de la période actuelle, et c'est ce dont on peut se convaincre, si l'on remarque que mention en est souvent faite dans les chroniques locales ou que la tradition en a conservé le souvenir. Quelques-uns de ces accidents sont même contemporains; tel est celui qui est survenu à Champigneulles (Meurthe) lors de la construction de la voie de fer de Paris à Nancy. On sait qu'une simple tranchée ouverte à cette époque, dans les marnes moyennes du lias qui constituent la base de la colline de Champigneulles, provoqua un éboulement qui, se propageant jusqu'au sommet de la côte, détermina la chute d'une masse assez considérable de roches appartenant à l'oolithe, et amena un changement de direction dans le tracé du chemin.

De pareilles chutes ne peuvent se produire sans qu'il en résulte des arrachements dans les bancs de l'oolithe. On en a un spécimen dans les rochers de la Phaze qui forment, au-dessus de Novéant, un escarpement presque vertical. Ce sont les traces encore visibles et, en quelque sorte, les témoins des déchirures produites par les accidents de cette espèce.

Deux raisons nous ont engagé à insister sur ces accidents plus peut-être que ne le comportait leur importance dans l'ordre des faits géologiques. En les exposant avec détail, nous avons eu, d'une part, pour but de prémunir les personnes qui s'occupent de constructions contre les dangers qu'il y a à faire des déblais, ou même de simples coupures, dans les marnes du lias ; et, de l'autre, nous avons voulu montrer à combien de fausses conclusions se trouvent exposés les observateurs qui ne tiennent pas un compte suffisant de ces phénomènes d'éboulis si communs dans la partie occidentale du département.

Brèches de la vallée de l'Orne. — Dans la plupart des cas, les éboulis sont composés de roches fragmentaires, incohérentes. Toutefois, sur quelques points du département, ils sont agglutinés par un ciment calcaire, à texture lamellaire; ils forment alors de véritables brèches assez consistantes. On en rencontre, notamment, à différentes hauteurs, sur le revers de la côte de Moutois, dans la vallée de l'Orne. L'origine moderne de ces roches n'est, en aucune façon, douteuse. En effet, le carbonate de chaux, qui produit l'adhérence, rappelle, d'une manière complète, par sa texture, celui que l'on observe à la surface des bancs fissurés de l'oolithe en contact avec les eaux qui y circulent et produisent les sources, et il est manifeste qu'il provient du dépôt que ces dernières forment en coulant à la surface du sol. Les brèches de la côte de Moutois sont agglutinées par les nombreuses sources qui s'épanchent à la surface des couches argileuses à *Ostrea acuminata*, et c'est pourquoi elles ne remontent pas au-dessus de cette assise..

Fossiles. — Dans les tourbières du pays de Bitche, on a trouvé des bois de cerfs de grande taille et bien conservés.

On rencontre, près de la ferme de Chaudebourg, dans la direction d'Elange, un tuf ancien, qui peut être considéré comme un calcaire lacustre par le caractère physique de la roche; il est siliceux, très-compacte, il renferme des coquilles terrestres et lacustres appartenant aux genres :

    Helix.   Planorbis.
    Puppa.   Paludina.
    Lymnea.

Les tufs modernes des vallées de la région occidentale du département renferment des coquilles terrestres et des débris de plantes carbonisés.

L'exploitation de cron de Knutange a mis au jour un bois de cerf de très-grande taille. On a également trouvé, dans les environs de Longwy, une corne de bœuf qui, par suite de ses dimensions gigantesques, a dû être rapportée à l'Aurochs.

Usages économiques.—Les alluvions des vallées fournissent du sable et du gravier. Les tourbières sont l'objet d'une exploitation peu active dans le pays de Bitche et aux environs de Saint-Avold. Quant au cron, il donne, sur quelques points, des pierres de taille légères, employées dans la construction des voûtes. On s'en sert aussi comme castine dans les usines à fer de la région occidentale du département et on en exporte une petite quantité en Belgique, où il est employé à l'amendement des terres qui ne renferment pas de carbonate de chaux.

CHAPITRE XV

GITES MÉTALLIFÈRES

Généralités.—Les minéraux métalliques se trouvent accumulés sur quelques points de l'écorce solide du globe que leur importance industrielle met en évidence et auxquels on donne le nom de gîtes ou dépôts métallifères.

Ces gîtes ont plusieurs manières d'être. Dans quelques cas, les minéraux qui y sont disséminés, s'étendent, sous forme de couches régulières, au milieu des terrains neptuniens; ils en font alors, incontestablement, partie au même titre que les autres assises qui entrent dans leur composition. Les couches d'hydroxyde oolithique intercalées dans la partie supérieure du lias offrent un exemple remarquable de ce mode de gisement dans la Moselle. Dans d'autres cas, les gîtes métallifères, se trouvant toujours intercalés au milieu des terrains neptuniens, présentent une puissance considérable par rapport à leur étendue; on dit alors qu'ils y forment des amas. Les terrains de transport de tout âge renferment également des minéraux métalliques; c'est notamment dans ces terrains que l'on rencontre habituellement l'or et quelques autres métaux précieux. Toutefois, le gisement le plus répandu, pour les substances métallifères, est de traverser, dans une position voisine de la verticale, les formations sédimentaires sous forme de grandes plaques qui en sont indépendantes. Ces plaques, auxquelles on donne le nom de filons, paraissent provenir du remplissage de fentes préexistantes par des matières amenées de l'intérieur du globe, soit à l'état gazeux, soit en dissolution dans des eaux portées à une température élevée.

§ 1. — **Gîtes ferrifères.**

1° FILONS DANS LE GRÈS VOSGIEN.

Filons d'hydroxyde de fer dans le grès des Vosges, âge de ces gîtes. — Le grès des Vosges renferme, dans la Moselle, de l'hématite, sous forme de filons assez étendus, mais, en général, peu développés dans le sens de l'épaisseur. Le minerai qu'ils fournissent est un oxyde de fer hydraté contenant, en grande abondance, des grains de quartz amorphes et translucides, provenant de la roche encaissante. Ce n'est qu'accidentellement que l'on y trouve de l'hématite brune, en masses fibreuses et testacées. La disposition de ces gîtes est assez remarquable : la matière ferrugineuse s'y présente sous la forme d'une multitude de petites veinules s'entre-croisant en tous sens, et dont l'ensemble figure un réseau très-compliqué dans les interstices duquel on trouve du sable blanc ou gris, identique à celui des couches de grès voisines. Dans la plus grande partie des cas, elle ne se sépare pas bien nettement de ces dernières; dans d'autres, elle a une salbande argileuse. Elle est toujours manganésifère et l'on voit fréquemment l'oxyde de ce métal former de petites taches noires dans la substance du filon. Elle renferme, en outre, d'une manière accidentelle, de la baryte sulfatée en cristaux et en masses lamellaires, et aussi, mais plus rarement, de la galène, de la blende et de la pyrite de fer.

Trois filons principaux, appartenant à cette classe de gîtes, ont été reconnus et exploités dans la plaine de Creutzwald ; l'un s'étend, entre ce village et Falck, dans une direction voisine de la ligne sud-est, nord-ouest; les deux autres traversent la forêt de Saint-Avold parallèlement à l'axe de soulèvement des Vosges. Ces derniers dépassent vraisemblablement la frontière et viennent se relier, dans leur prolongement septentrional, à ceux qui ont été autrefois exploités en Prusse, dans la forêt de Warentwald. Leur puissance reste, communément, entre 0^m30 et 0^m50 ; elle atteint rarement 1 mètre et elle se réduit souvent à quelques centimètres. Les filons des environs de Creutzwald font, avec l'horizon, un angle de 70 à 80 degrés et paraissent s'appauvrir dans la profondeur, il est douteux qu'ils descendent au delà de 50 mètres. Chacun d'eux est accompagné d'une grande quantité de ramifications s'étendant quelquefois à plusieurs centaines de mètres de la masse principale.

La plaine de Creutzwald n'est pas le seul point du département où ces gîtes aient été rencontrés. Près de Vieille-Verrerie on a ouvert, au milieu du grès vosgien, quelques exploitations sur un filon d'hématite, qui a été reconnu avoir une longueur d'au moins 1,500 mètres. De semblables gisements existent également dans le pays de Bitche, sur les territoires de Rappewiller et d'Althorn, où il paraît qu'ils ont donné lieu autrefois à des travaux considérables [1].

Tous ces gîtes ont la plus grande analogie avec ceux qui ont été reconnus sur le revers opposé de la chaîne des Vosges, aux environs de Wissembourg et de Lembach. Dans la Moselle, comme dans le Bas-Rhin, le caractère qui les distingue essentiellement, est leur continuité sur des étendues considérables, et c'est la raison qui a déterminé, malgré quelques circonstances contraires, à les ranger dans la classe des filons. Ceux de la plaine de Creutzwald ont, tous, été reconnus sur un espace de plusieurs lieues.

Les filons d'hydroxyde propres au grès vosgien ne pénètrent point dans le grès bigarré et, selon toute vraisemblance, le remplissage des fentes auxquelles ils correspondent a immédiatement suivi le soulèvement des Vosges. C'est du moins ce que l'on peut inférer du parallélisme qui existe entre la direction de quelques-uns d'entre eux et l'axe de

---

[1] L'hydroxyde que l'on extrait du grès vosgien est pauvre; il ne rend guère, en moyenne, que 25 p. 100 de fonte; il est, en outre, siliceux et a besoin, pour être fondu, d'être allié à des minerais calcaires et alumineux.

Un échantillon de minerai grillé, provenant de la forêt de Saint-Avold et paraissant représenter la moyenne de la richesse de ces sortes de gîtes, a donné à l'analyse :

Peroxyde de fer.	0,360
Oxyde de manganèse.	0,005
Eau.	0,060
Alumine.	0,007
Sable quartzeux avec très-peu de silice. . .	0,540
	0,972

La quantité d'eau trouvée correspond presque exactement à celle qui est contenue dans l'hématite brune, dont la formule est :

$$2Fe^2O^3 + 3Aq.$$

cette chaîne de montagnes. Une observation que l'on peut faire dans les environs de Vaudrevange, près Sarrelouis, conduit à la même conclusion. Dans les collines situées au nord de ce village on voit un filon d'hématite traverser, suivant une ligne peu éloignée de la verticale, les assises du grès vosgien et s'arrêter au terrain de grès bigarré, à la base duquel il forme une espèce d'épanchement.

2° AMAS DE MINERAIS DE FER EN GRAINS.

Gîtes de minerais de fer en grains remplissant des cavités dans l'étage oolithique inférieure. — *Caractères généraux de ces gîtes.* — De nombreux gisements de minerais de fer en grains existent, dans le département de la Moselle, à la surface du plateau formé par l'oolithe inférieure.

Le minerai que ces gîtes renferment le plus habituellement est un oxyde de fer hydraté, légèrement caverneux, d'un brun jaunâtre; sa poussière est jaune. Il est associé au quartz, qu'on trouve intimement mélangé dans la masse de la roche et tapissant, à l'état de cristaux, les géodes dont elle est criblée. On rencontre cependant aussi, dans ces gîtes, du minerai contenant une proportion d'eau moindre que celle qui est propre à l'hydrate de peroxyde; cette variété est brune très-foncée, tachée de rouge; sa poussière est d'un rouge brunâtre. L'une et l'autre passent, par une addition de quartz, à des roches de nature et de structure assez variées; ce sont des espèces de grès ferrugineux à grains très-fins, presque indistincts, se présentant sous forme d'une poudre blanche, quand le ciment fait défaut; elles sont connues des mineurs sous les noms de *coquins* ou de *faux*. On rencontre aussi, dans les gîtes de minerais de fer en grains de la Moselle, des masses siliceuses, grises, opaques et caverneuses qui ressemblent assez aux meulières des terrains tertiaires.

L'hydroxyde de fer et le quartz qui l'accompagne, sont le

plus souvent amorphes; cependant quelques échantillons conservent la structure du calcaire jurassique auquel ces minéraux se sont substitués, et il n'est pas rare d'y rencontrer des moules ou des empreintes de fossiles appartenant à cette formation. On a également trouvé, dans les minières d'Aumetz, des troncs d'arbres transformés en hydroxyde et dans lesquels la structure ligneuse était parfaitement reconnaissable.

Le minerai et les masses siliceuses qui l'accompagnent, se présentent en grains et en masses rognoneuses de diverses grosseurs ; il y a des grains qui ne dépassent pas les dimensions d'une tête d'épingle et des blocs dont le volume atteint plusieurs centaines de mètres cubes. Ils sont disséminés dans des argiles sableuses, jaunes ou rouges, qui se divisent en fragments irréguliers, recouverts à la surface d'un enduit très mince d'oxyde de fer ou d'oxyde de manganèse. Cette argile est rarement en contact avec la roche calcaire ; il arrive le plus souvent qu'elle repose sur une argile stérile, plus compacte, que les mineurs savent très-bien distinguer et qu'ils désignent sous le nom de *paroi* ou de *talus*. La disposition relative de ces deux sortes d'argile est quelquefois très-complexe et très-bizarre, comme le montre le croquis ci-dessous

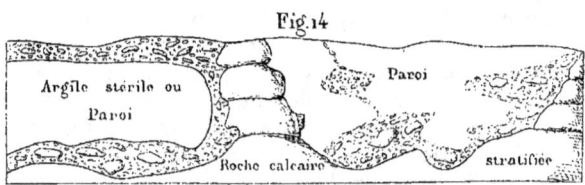

Vue d'une exploitation de minerai de fer en grains, ouverte dans les bois de Ville-Houdlemont, en 1848.

pris sur une exploitation qui était en activité, en 1848, dans le bois de Ville-Houdlemont.

Le gisement des minerais de fer en grains est de deux

sortes. Tantôt ils remplissent de grandes poches coniques en forme d'entonnoirs, des cavités allongées ou même de simples crevasses souterraines, sinueuses, dans les assises de l'oolithe inférieure; tantôt ils sont simplement superficiels.

Dans le premier cas, les blocs et les grains d'hydroxyde présentent presque constamment des surfaces couvertes d'aspérités délicates et offrent tous les caractères d'un dépôt qui s'est effectué sur place. Tel est, selon toute vraisemblance, le mode de gisement originaire de tous les minerais de cette catégorie. Mais quelques-uns d'entre eux, longtemps après avoir été déposés, ont subi l'action des courants diluviens ; ils ne fournissent que des grains de petites dimensions, à surfaces lisses, au milieu desquels on rencontre quelques cailloux roulés et des ossements de grands Pachydermes. C'est ce qui arrive le plus souvent pour les dépôts superficiels[1].

Place qu'ils occupent. — L'arrondissement de Briey est celui qui renferme le plus grand nombre de gîtes de minerais de fer en grains. Ceux-ci ne sont pas uniformément répandus à la surface du plateau jurassique que cet arrondissement recouvre; les principaux d'entre eux sont alignés le long de la falaise qui le termine du côté du nord, et on n'en trouve plus que de faibles traces au sud d'une ligne tirée d'Aumetz à Longuion. Les communes de cette région, dans lesquelles les minerais en grains ont été rencontrés jusqu'ici, sont celles de Wolmerange, Ottange, Aumetz, Audun-le-Tiche, Villerupt, Tiercelet, Brehain-la-Ville, Crusnes, Fillières, Hussigny, Longwy, Cosnes, Saint-Pancré, Gorcy, Ville-Houdlemont, Fresnois-la-Montagne, Tellancourt, Lexy, Cons-Lagrandville, Bromont, Montigny-sur-Chiers, Allondrelle, la Malmaison, Vezin et Longuion.

Ces communes ne sont pas également riches en minerais ;

[1] Les minerais en grains constituent une ressource extrêmement précieuse pour les usines à fer du département. Ils ont originairement déterminé la création de la plupart des établissements métallurgiques des arrondissements de Briey et de Thionville, et les ont, pendant longtemps, alimentés

quelques-unes ne possèdent même que des dépôts insignifiants. Trois gîtes méritent surtout d'être cités à raison de leur importance et de la surface qu'ils embrassent, ce sont : 1° celui d'Aumetz, qui s'étend sur 125 hectares des bois communaux d'Aumetz, d'Audun-le-Tiche, d'Ottange et de la forêt de Bockholz; 2° celui qui occupe une partie de la forêt de Butte; 3° celui qui comprend le groupe des bois de Saint-Pancré, situé au nord de la route de Longwy à Longuion, à la hauteur de Tellancourt. Il est juste d'ajouter que ce dernier est à peu près épuisé.

La falaise qui termine le plateau jurassique du côté de l'est, renferme aussi quelques dépôts de minerais de fer en grains ; ce sont ceux d'Escherange, de Molvange, d'Angevillers, de

d'une manière presque exclusive. C'est, par conséquent, à ces minerais, dont la richesse varie entre 40 et 50 pour 100, qu'est due la vieille réputation des fontes et des fers au bois de la Moselle.

Nous donnons ici les résultats de trois analyses faites sur des minerais provenant des principaux gîtes de l'arrondissement de Briey.

	BUTTE n° 1	AUMETZ n° 2	FRESNOIS n° 3
Peroxyde de fer	0gr680	0gr685	0gr770
Oxyde de manganèse	»	0 005	»
Eau	0 100	0 110	0 080
Alumine	0 020	0 025	0 040
Chaux	»	»	traces
Magnésie	»	0 004	traces
Silice	0 200	0 055	0 060
Sable		0 110	0 050
Totaux	1gr000	0gr994	1gr000

N° 1. Minerai de la forêt de Butte, brun veiné de jaune, à poussière jaune.

N° 2. Minerai du quart en réserve des bois d'Aumetz, brun, traversé par de petites veinules de quartz, à poussière jaune.

N° 3. Minerai du quart en réserve des bois de Fresnois-la-Montagne ; il est brun, taché de rouge ; sa poussière est d'un rouge brunâtre assez foncé. Il renferme moins d'eau que les précédents et ne rentre point dans la formule de l'hydroxyde naturel.

Ranguevaux, de Malancourt, de Norroy-le-Veneur et d'Arry. Quoique ces gîtes n'aient, sous le rapport de l'étendue et de la richesse, aucune importance, ils n'en sont pas moins intéressants, parce qu'ils constituent autant de jalons qui relient les principaux dépôts de la Moselle aux amas des environs de Nancy et montrent leurs relations.

Disposition des dépôts de minerais en grains. — Ces dépôts offrent, dans leur disposition, quelques particularités dignes de remarque. Ils se composent uniformément d'un groupe d'entonnoirs très-profonds, lequel occupe le centre et le point culminant du gîte, et de cavités qui s'étendent, en ligne droite, à des distances assez considérables, sur les flancs des collines qui le renferment. Dans la Moselle, chaque gîte a deux systèmes de semblables cavités; l'un fait, avec l'Est, un angle de 30 à 40 degrés du côté du Nord, l'autre s'éloigne peu de la ligne Nord-Sud. Ces grandes veines, comparables, par leur alignement, aux fentes des filons, ainsi que les entonnoirs, sont remplis par l'argile minérale, et celle-ci s'étend également à la surface du sol sur une certaine épaisseur, de manière à relier entre elles les cavités isolées. On la rencontre aussi dans les bas-fonds et elle pénètre quelquefois dans les roches sous-jacentes, où se trouvent des galeries souterraines, des espèces de boyaux et de sacs qu'elle a remblayés.

Pour donner une idée plus complète de la disposition des gîtes de minerais de fer en grains, nous avons représenté en plan et en coupe, sur la figure 15 ci-après, le dépôt de Saint-Pancré.

Mode de formation de ces dépôts. — La formation des puissants dépôts d'Aumetz, de Butte et de Saint-Pancré se rattache à deux ordres de phénomènes bien distincts et successifs. D'une part, l'ouverture des principales cavités dont les gîtes se composent est en relation, comme nous le montrerons bientôt, avec les failles et les grands accidents de la contrée. Quant au remplissage, il est de beaucoup posté-

— 352 —

rieur et paraît devoir être attribué à des sources minérales, lesquelles, au moyen de l'acide carbonique dont elles étaient chargées, tenaient en dissolution de l'oxyde de fer et de la silice. Ces sources sont vraisemblablement arrivées au jour

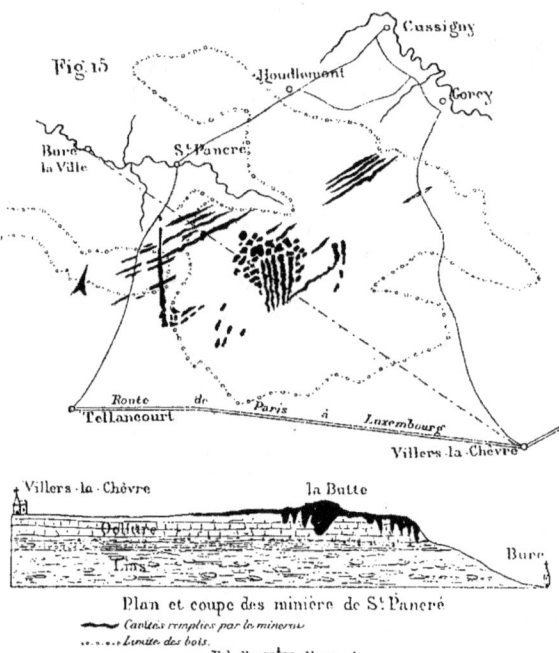

Plan et coupe des minières de St Pancré
— Cavités remplies par le minerai
..... Limite des bois
Echelle 60,000 Haut. 5

par des conduits souterrains dans le fond des grandes cavités placées au centre et au point culminant du gîte; elles les ont élargies en corrodant leurs parois ; puis, le trop-plein s'est déversé dans les fissures latérales et a creusé, dans les roches voisines, ces galeries que l'on observe fréquemment à l'extrémité des veines. Le carbonate de fer et la silice ont dû se déposer, à mesure que l'acide carbonique se dégageait, le premier corps à l'état d'hydrate de peroxyde, car il n'a aucune stabilité. Lors de la précipitation, les particules similaires se sont réunies sous l'influence de l'attraction moléculaire et ont formé ces composés si divers qui comprennent tous les degrés depuis le minerai presque pur jusqu'au quartz-jaspe qui ne renferme que des traces d'oxyde de fer. Quant à l'argile, au milieu de laquelle la cristallisation et la réunion des particules se sont opérées, elle a été apportée, soit par les sources elles-mêmes, soit par les eaux qui se trouvaient à la surface et qui remplissaient les cavités par le haut.

Ce mode de formation a, comme on le voit, quelque analogie avec ce qui se passe dans les geysers ou volcans de boue. Il rend un compte exact de toutes les circonstances de gisement des minerais de fer en grains. Il explique très-bien, par exemple, comment l'oxyde de fer et la silice ont pu se substituer, soit à des fragments de calcaire jurassique, de manière à en reproduire la structure et à conserver les empreintes des fossiles, soit aux bois qui croissaient sur le sol que ces gites occupent. D'un autre côté, l'action corrodante, exercée sur les parois de la roche encaissante, par les eaux qui ont amené le minerai, est un des faits les plus saillants que ces sortes de dépôts offrent à l'observation ; cette roche est quelquefois perforée en tous sens sur une épaisseur de plusieurs pouces. Mais ce qui donne surtout, au mode de formation que nous avons décrit, un grand degré de probabilité, c'est l'état concrétionné de certaines masses siliceuses que l'on rencontre au milieu de ces amas, état de tous points semblable à celui des dépôts qui se forment de nos jours dans un grand nombre de sources minérales.

Age des minerais de fer en grains. — L'âge des dépôts de minerais de fer en grains de la Moselle est fort difficile à assigner, car il n'y a, dans leur gisement, rien qui puisse le faire préjuger, et ces minerais ne contiennent notamment aucun fossile qui leur soit propre. C'est à cause de leur analogie frappante avec les amas analogues, exploités en Alsace, en Franche-Comté et dans le Berri, que nous avons été conduit à les rapporter à l'étage moyen des terrains tertiaires[1].

[1] Nous renvoyons, pour plus détails, à la description que nous avons donnée, dans le tome XVI de la 4ᵉ série des *Annales des Mines*, des dépôts de minerais de fer en grains de la Moselle. Deux années plus tard, M. Thirria, inspecteur général des mines, a publié, dans le même recueil, un mémoire où il a établi, avec beaucoup d'évidence, les similitudes qui existent entre les minerais de fer en grains de la Franche-Comté et ceux du Berri. Les observations recueillies dans la Moselle paraissent n'avoir pas été connues de l'auteur de ce mémoire, sans quoi il aurait certainement pu ajouter un terme de plus à sa comparaison. On ne peut, en effet, qu'être frappé, en rapprochant les descriptions, des analogies qui existent entre tous ces gisements. D'un autre côté, ayant eu l'occasion d'étudier, dans les environs de Fumel, les minières les plus importantes, dépendantes du groupe du Périgord, nous avons reconnu qu'elles offraient les mêmes circonstances de gisement que celles de la Moselle. Les fissures dans lesquelles elles se sont déposées sont même alignées, comme les grandes veines d'Aumetz et de Saint-Pancré.

La conclusion à tirer de tous ces rapprochements est que la formation des minerais de fer en grains, qui constitue une des principales richesses minérales de la France, se présente partout avec des caractères identiques et correspond à un ordre de phénomènes déterminés, très-vraisemblablement synchroniques.

La détermination de l'âge de cette formation a donné lieu à de nombreuses discussions. En examinant de près les dissidences qui existent encore à cet égard, on reconnaît qu'elles tiennent surtout à ce que les termes de comparaison choisis n'ont pas toujours été pris parmi les véritables dépôts de minerai de fer en grains, ou à ce qu'on a trop négligé de tenir compte des remaniements opérés sur ces sortes de dépôts par les eaux diluviennes. Les gîtes de la Haute-Saône appartiennent à l'époque miocène, car on a trouvé, dans quelques minières, des ossements de Mastodontes, espèces qui vivaient à cette époque. Ceux des environs de Montbéliard sont recouverts par des lambeaux de marnes dans lesquelles on trouve un grand nombre de fossiles d'eau douce : Paludines, Planorbes, Mélanies et Néritines. Quant à ceux du Berri, ils sont en relation avec un calcaire tertiaire, renfermant en abondance des Lymnées, des Hélices et des Paludines. Ces assises d'eau douce étant très-vraisemblablement miocènes, on est conduit à rapporter à la même époque les minerais qui sont dans leur dépendance et, par analogie, ceux de la Moselle, dont les gisements sont de tous points identiques aux dépôts de la France centrale.

D'après cela, ils seraient contemporains du grès de Fontainebleau, du calcaire siliceux et des meulières de la Brie. Toutefois, il ne faut point perdre de vue que, si l'on peut rapporter à cette époque l'origine des amas de minerais de fer en grains les plus importants du département, la plupart d'entre eux ont été profondément remaniés sur place par les eaux diluviennes ; ce qui est établi par la présence, dans l'argile minérale, de cailloux roulés et d'os de grands Pachydermes. Il est même hors de doute, comme nous l'avons montré en décrivant le diluvium, qu'il y a eu, dans bien des cas, transport d'une partie du dépôt, et que telle est l'origine des gîtes superficiels observés à la surface du plateau jurassique.

Minerais de fer en grains dans le muschelkalk. — La formation des minerais de fer en grains, si précieuse pour l'industrie du fer, se retrouve à l'autre extrémité du département dans les collines qui dominent les villages de Berweiler, Nieder-Villing, Rémering et Château-Rouge ; mais elle y est bien moins développée que dans l'arrondissement de Briey. Le minerai de fer de ces localités est en petits grains roulés, rarement plus gros que le poing ; il est disséminé dans une argile ocreuse, veinée de gris, qui remplit, sur une hauteur de 1 à 4 mètres, des fentes sinueuses, des espèces de cavernes creusées dans les couches solides du muschelkalk moyen. Indépendamment du minerai, l'argile renferme des fragments de silex et des galets de quartz roulés ; elle contient aussi des os de mammifères, ce qui porte à penser que ces gîtes ne sont que des remaniements opérés par les eaux diluviennes sur des amas analogues à ceux d'Aumetz, de Butte et de Saint-Pancré, mais beaucoup moins puissants qu'eux.

3° MINERAIS DE FER EN COUCHES.

Composition et caractères généraux de l'oolithe ferrugineuse. — Place et étendue de cette assise dans la Moselle. — Nous avons signalé, à la partie supérieure du lias, l'existence d'un gîte d'hydroxyde oolithique qui forme une ou plusieurs couches entre le grès supraliasique, auquel il passe, dans bien des cas, sans transition nettement marquée, et les marnes micacées, verdâtres ou grisâtres qui constituent la dernière assise de ce terrain.

La roche propre à ce gisement est un agrégat de petits grains qui atteignent ordinairement la grosseur d'une tête d'épingle et deviennent quelquefois assez fins pour être difficilement perceptibles à l'œil nu. La plupart de ces grains ont une forme lenticulaire, d'autres sont ellipsoïdaux ou ressemblent à des prismes et à des cylindres allongés ; on en trouve, enfin, un grand nombre qui n'ont aucune figure régulière et présentent l'apparence de fragments amorphes dont les angles sont plus ou moins émoussés. Ces éléments constitutifs essentiels du gîte d'hydroxyde sont confondus sous la dénomination d'oolithes, quoiqu'ils s'en éloignent quelquefois beaucoup par leurs formes et par leur structure.

La couleur des grains est variable dans les différentes régions du gisement ; en certains points ils sont d'un jaune brunâtre plus ou moins foncé, et offrent alors une surface brillante ; en d'autres, ils sont noirs, rarement rougeâtres, plus rarement encore bleuâtres. Examinés au microscope, un grand nombre d'entre eux, et surtout ceux qui ont des formes régulières, apparaissent composés de couches concentriques, entourant un petit noyau amorphe.

Le ciment qui agrège les grains oolithiques, et en fait une roche compacte, est calcaire ou argileux et toujours ferrugineux. Quand il est abondant, celle-ci acquiert de la consistance ; lorsqu'il disparaît, la gangue des oolithes n'existe plus que sous forme de petits grains de quartz jaunâtres, translucides, et on parvient, sans peine, à les égrener avec les doigts. La couleur de la roche est variable, ordinairement elle est d'un brun passant au rouge ou au jaune, mais elle est aussi assez souvent grise ou verte. L'avancement considérable qu'ont atteint certains travaux de mines a permis de faire, à ce sujet, une remarque intéressante : c'est que la couleur jaunâtre ou rougeâtre du ciment ne persiste généralement pas et qu'à une certaine profondeur sous les côtes elle est remplacée par le vert. Il semble en résulter que le ciment calcaire ou marneux qui empâte les oolithes, est coloré, dans son état normal, par des combinaisons de protoxyde de fer avec la silice et l'alumine, et qu'il faut attribuer, à sa peroxydation sous l'influence des agents atmosphériques, la couleur jaune ou rouge que l'on observe près des affleurements. Dans les positions intermédiaires, où la décomposition est moins avancée, l'hydroxyde oolithique présente naturellement une certaine bigarrure de couleurs.

Quant aux oolithes elles-mêmes, elles sont, en général, même dans les parties profondes, composées de peroxyde de fer hydraté uni à des éléments terreux. La variété bleuâtre qui paraît formée d'un silicate de protoxyde de fer fait seule exception à cette règle. Cette dernière est magnétique, mais non magnéti-polaire.

Comme le grès supraliasique, sur lequel il repose, l'hydroxyde oolithique est traversé, en tous sens, par de petites veinules de fer oxydé brun.

On trouve disséminés dans cette assise quelques minéraux métalliques ou autres. On y rencontre, en particulier, mais assez rarement, de la galène, de la blende et de la baryte sulfatée en noyaux cristallisés qui atteignent la grosseur d'une noix. La pyrite de fer y est plus commune; elle se montre, soit en rognons et en veinules dans les fissures qui traversent la roche, soit en petits cristaux disséminés dans le minerai lui-même. Le manganèse s'y présente à l'état d'enduit formant des taches noires. On constate, en outre, dans tous les échantillons d'hydroxyde oolithique, la présence de l'acide phosphorique qui s'y trouve, vraisemblablement, à l'état de phosphate de chaux. Enfin, le titane doit également exister, en particules indiscernables, dans le minerai oolithique, puisqu'on en recueille, après chaque campagne, dans les creusets des hauts-fourneaux où ce dernier est fondu.

Les affleurements du gîte d'hydroxyde oolithique peuvent être facilement suivis sur les revers escarpés du grand plateau qui s'étend sur toute la partie occidentale du département, tant dans le val de la Moselle que le long de la frontière, entre Ottange et Vezin. Ils apparaissent également dans les déchirures formées par les vallées secondaires qui sillonnent ce plateau. L'allure générale du gisement, conforme à celle du terrain au milieu duquel il est intercalé, est, d'ailleurs, fort simple. Dans la partie septentrionale du plateau, les couches plongent vers le sud-sud-ouest, tandis que dans la région moyenne et orientale, c'est-à-dire aux environs d'Hayange et de Moyeuvre, l'inclinaison a lieu sensiblement vers l'ouest. Par suite de cette inclinaison, le gîte d'hydroxyde qui se montre à peu près aux deux tiers de la hauteur de l'escarpement terminal du plateau vers le nord et vers l'est, s'abaisse, en pénétrant dans les vallées latérales, et finit bientôt par passer au dessous du fond de ces vallées. La bande de terrain, située au pourtour de cet escarpement, dans laquelle les affleurements sont apparents, a une profondeur variable entre 3 et 8 kilomètres.

Quant à la puissance et à la composition du gîte, elles sont extrêmement variables. Les bancs superposés, calcaires, marneux ou siliceux, les uns riches, les autres pauvres ou même stériles dont il est formé, changent, d'un point à l'autre, de nature et d'épaisseur, dans des limites assez étendues. La seule remarque générale qu'il soit possible de faire, c'est que la puissance la plus grande est atteinte dans l'angle nord-est du plateau, aux environs d'Ottange, où elle a une trentaine de mètres, qu'elle diminue progressivement en allant vers le sud, jusque dans les parages d'Ars-sur-Moselle et de Novéant où elle descend au-dessous de 2 mètres, enfin, qu'elle s'affaiblit de même vers l'ouest, du côté de Gorcy et de Vezin, où le gîte devient inexploitable et disparaît même complètement. Pour qu'on puisse se rendre compte de ces variations, il est nécessaire de suivre le gîte d'hydroxyde dans les localités où il est le mieux connu et d'en donner une description succincte. Une pareille description ne manque point, d'ailleurs, d'intérêt, tant à raison de l'importance des exploitations dès aujourd'hui ouvertes, qu'au point de vue de celles qui pourront être tentées dans l'avenir.

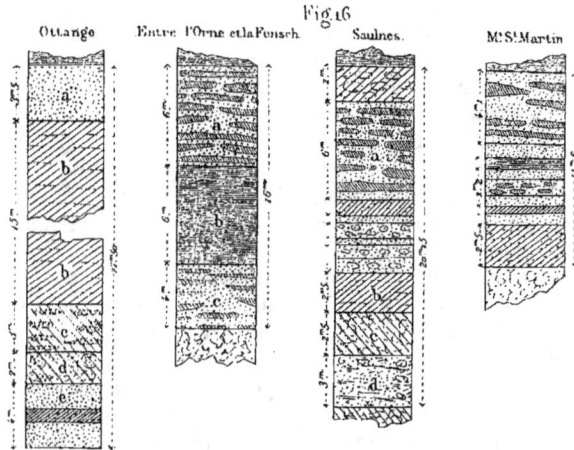

Vallées d'Ottange et de l'Alzette. — C'est dans le promontoire que forme le plateau oolithique, entre les vallées d'Ottange et de l'Alzette, que le gîte atteint, comme nous venons de le dire, sa plus grande épaisseur. Dans la première de ces vallées, ses affleurements se montrent sur le territoire français, depuis la frontière jusqu'à une petite distance en aval du village d'Ottange; ils sont inclinés du nord vers le sud. La coupe du gisement est représentée dans la figure 16 ci-dessus, elle comprend les assises suivantes, qui sont disposées à partir du toit :

A. Couche, de 3^m50 de minerai, rouge, peu cimenté, renfermant beaucoup de quartz en petits grains. On remarque, au-dessus d'elle, un lit calcaire qui contient des grains de minerai pauvre, dont la grosseur atteint celle d'une noix, et beaucoup de coquilles brisées. Ce lit fait déjà partie des marnes grises, micacées, qui ont, à Ottange, une vingtaine de mètres de puissance et contiennent beaucoup de Belemnites.

B. Bancs de calcaire marneux, verdâtre, entièrement stériles, ayant ensemble une puissance de 15 mètres.

C. Alternance, sur une hauteur de 3 mètres, d'assises de calcaire avec des veines friables et siliceuses de minerai jaune et de lits de minerai à ciment calcaire, bigarrés de gris, de vert, de jaune et de rouge, et contenant des fragments de coquilles brisées. Ces veines de minerai, qui sont prises dans les exploitations à ciel ouvert, possèdent, ensemble, une épaisseur d'un mètre.

D. Assise de 2 mètres, formée de rognons et de bancs irréguliers d'un calcaire gris, lamellaire, très-fissile, qui renferme du minerai, mais est trop pauvre pour pouvoir être exploitée.

E. Banc de minerai gris qui constitue la principale richesse du gisement. C'est le seul qui soit, jusqu'à présent, exploité par travaux souterrains. Il présente une épaisseur de 3^m50 à 4 mètres et une texture variable, suivant la proportion dans laquelle y entre le ciment des oolithes, qui est de nature calcaire. Dans les bonnes parties, le minerai est d'un gris verdâtre, moucheté çà et là de petits points jaunes; les oolithes sont très-petites et d'un noir terne, très-foncé. L'ensemble est assez friable, et ce n'est que lorsque la proportion du calcaire augmente, que la roche acquiert de la consistance. Vers le milieu de l'assise, le ciment devient très-abondant, et l'on a, à cette hauteur, dans certaines régions, un lit qui a 1 mètre de puissance et est considéré comme inutilisable[1].

Lorsqu'on suit le gisement, à partir d'Ottange, soit vers l'ouest, soit vers le sud, on reconnaît que, jusqu'à une assez grande distance, il est toujours formé de deux étages séparés par des assises stériles; mais on constate bientôt une interversion dans la nature de ces deux étages, celui du haut se développant et devenant de plus en plus calcaire, l'inférieur s'appauvrissant, au contraire, par la prédominance de l'argile et du quartz. Ce fait est déjà très-sensible dans les minières luxembourgeoises d'Esch-sur-Alzette, où le minerai rouge est, à peu près exclusivement, exploité; il se produit également sur le territoire français, dans les environs d'Audun-le-Tiche, de Russange et de Villerupt. La partie supérieure du

---

[1] Dans les études minéralogiques et chimiques sur les minerais de fer du département de la Moselle, publiées en collaboration avec M. Langlois, nous avons fait connaître la composition des diverses variétés de minerais que présente le gîte d'hydroxyde oolithique. Nous extrayons de ce travail deux analyses qui se rapportent : la première à l'assise rouge, placée à la partie supérieure du gisement; la seconde au banc inférieur qui était, anciennement, exploité à Valerz par tranchée à ciel ouvert et qui est maintenant l'objet de l'exploitation souterraine. Ce banc renferme une petite quantité de protoxyde de fer; il rentre dans la catégorie des minerais que nous avons désignés sous le nom de bigarrés, et qui ne sont autre chose que des mélanges des trois variétés brune, bleue et verte.

	N° 1. OTTANGE. assise rouge.	N° 2. VALERZ. minerai bigarré.
Peroxyde de fer	0,585	0,630
Protoxyde de fer	»	0,040
Eau	0,095	0,082
Alumine	0,045	traces
Silice	0,475	0,060
Sable		0,015
Carbonate de chaux	traces	0,120
Carbonate de magnésie	»	0,035
Totaux	1,000	0,982

Nous reproduisons également les résultats de quelques analyses qui ont

gîte est formée, dans ces localités, d'alternances de couches minces de minerai brun et de calcaire lamellaire sableux, renfermant quelques grains d'hydroxyde[1].

Vallées de la Côte-Rouge et de la Moulaine. — L'interversion signalée à Esch et aux environs d'Audun apparaît surtout été faites au bureau d'essai de l'École des Mines sur divers échantillons des minerais d'Ottange.

	MINERAI ROUGE.		MINERAI JAUNE.	MINERAI GRIS.		
	N° 1.	N° 2.	N° 1.	N° 2.	N° 3.	
Peroxyde de fer. .	0,510	0,540	0,531	0,572	0,675	0,816
Silice et quartz. .	0,376	0,230	0,225	0,224	0,161	0,066
Chaux.	0,010	0,030	0,040	0,040	0,020	0,020
Perte au feu. . .	0,100	0,196	0,200	0,156	0,123	0,092
Soufre	»	»	»	»	0,015	»
	0,996	0,996	0,996	0,992	0,992	0,994

L'échantillon de minerai gris n° 2 est moucheté de pyrite et, quant au n° 3, il est traversé par de nombreuses veines d'hématite, ce qui explique sa richesse tout exceptionnelle pour cette classe de minerais.

L'essai par voie sèche d'un grand nombre d'échantillons de minerais gris a donné des teneurs en fonte comprises entre 38 et 58,50 pour 100. Cette fonte a été trouvée renfermant sur 100 parties :

De 0,18 à 0,56 de silicium,
De 0,00 à 2,50 de soufre,
De 0,20 à 1,12 de phosphore.

[1] Un minerai exploité à ciel ouvert, au sommet de la côte de Russange, a donné à l'analyse :

Peroxyde de fer.	0,425
Eau.	0,085
Sable et silice.	0,110
Alumine.	0,030
Carbonate de chaux.	0,270
Carbonate de magnésie.	0,055
Total.	0,975

Ce minerai est d'un brun rougeâtre taché de jaune; on y distingue beaucoup de lamelles calcaires provenant de coquilles brisées. La couleur de la poussière est rouge de brique.

dans les vallées du ruisseau de la Côte-Rouge et de la Moulaine, près d'Herserange et de Saulnes. Dans ces localités, le gîte d'hydroxyde oolithique a une vingtaine de mètres de puissance et il offre, en allant du haut vers le bas, la coupe suivante qui est représentée sur la figure 16, page 339 :

A. Étage supérieur d'une hauteur totale de 12^m15, comprenant :

2 mètres de calcaire cristallisé, renfermant de rares oolithes jaunes et passant, en de nombreux points, à une lumachelle ;

6 mètres d'alternances de bancs de calcaire cristallin, contenant quelques oolithes ferrugineuses avec des couches de minerai rouge, friable. Les premiers ne sont pas réguliers et ne consistent souvent qu'en lits de gros rognons calcaires ; dans les exploitations à ciel ouvert, ils se reconnaissent, de loin, par la saillie qu'ils forment à la surface du front de taille ;

1 mètre de minerai brun, assez consistant et assez riche, à grains fins, à ciment jaune marneux ;

0^m30 de minerai rouge violacé, friable, marneux, moins riche que le précédent ;

0^m80 de minerai, d'un brun rougeâtre, friable, à grains fins et serrés, renfermant des noyaux de calcaire ferrugineux ;

0^m45 de minerai d'un rouge brun, marneux, assez riche ;

0^m80 de minerai brun, friable, à grains fins, marneux, assez riche, avec noyaux de calcaire ferrugineux ;

0^m80 de minerai brun, assez consistant, riche, mais renfermant des noyaux marneux.

B. Assise stérile, intermédiaire entre les deux étages. Elle n'a que 2^m50 de puissance et est formée d'un grès jaune en gros bancs séparés par quelques lits peu épais de sable.

C. Étage inférieur, comprenant d'abord 2^m50 de minerai jaune rougeâtre, marneux, peu consistant, traversé par de nombreuses veines d'hématite, puis 5 mètres de minerai brun, à grains très-fins, presque sans ciment et extrêmement friable, avec noyaux marneux noirs, riches en oolithes, quelques veines jaunes irrégulières, pauvres, et plusieurs lits de schistes argileux, noirâtres.

Ce dernier banc de minerai repose sur les sables jaunes du grès supraliasique qui, dans leur partie supérieure, sont remplies de veinules d'hématite[1].

Vallée de la Chiers. — La séparation du gisement en deux étages bien distincts apparaît encore sur le versant gauche de la vallée de la Chiers jusqu'à la hauteur de Longwy, malgré une diminution progressive et rapide de son épaisseur totale; mais sur le versant droit, aussi bien qu'en aval de cette ville, l'assimilation devient très-difficile. Dans la mine de Mont-Saint-Martin, qui est ouverte sur le flanc droit de la vallée, à peu près en face du village de Longlaville, l'assise n'a plus que 11m60 de puissance. Elle se décompose de la manière suivante, en partant du haut :

4m10 de minerai calcaire, généralement pauvre ;

0m90 de minerai rouge, siliceux, peu riche ;

0m70 de marnes dures, coquillières, dans lesquelles il faut peut-être voir la représentation des assises stériles

---

[1] Nous donnons deux analyses qui se rapportent à l'hydroxyde oolithique de ces localités : la première a été faite sur le minerai exploité près de l'ancien ermitage de Saint-Jacques, dans la vallée de la Moulaine, et qui appartient à la masse supérieure du gisement ; la seconde sur un échantillon de ces plaquettes brunes, passant à l'hématite si commune à la butte du Stemery, territoire de Saulnes, dans l'assise inférieure.

	N° 1. ST-JACQUES.	N° 2. HÉMATITE DE SAULNES.
Peroxyde de fer	0,720	0,620
Eau	0,145	0,120
Silice, sable et argile	0,075	0,150
Alumine	0,047	0,017
Carbonate de chaux	traces	0,030
Carbonate de magnésie	traces	0,060
Totaux	0,987	0,977

qui, à Ottange et à Saulnes, séparent les deux étages du gîte;

0ᵐ60 de minerai brun foncé, friable, riche;

1ᵐ20 de minerai brun, friable, riche, renfermant des veines et des rognons plats de calcaire ferrugineux;

0ᵐ40 de minerai rouge;

C'est dans les trois bancs qui précèdent que se tient l'exploitation souterraine; elle s'arrête généralement à un banc de 0ᵐ30 de minerai calcaire, pauvre, au-dessous duquel on trouve encore:

0ᵐ90 de minerai siliceux, pauvre;

2ᵐ50 de grès ferrugineux passant au grès supraliasique[1].

La coupe du gîte d'hydroxyde à Mont-Saint-Martin est représentée sur la figure 16, page 339.

Ce gîte s'enfonce au-dessous du niveau de la vallée de la Chiers, à la hauteur du moulin de Chenières, qui se trouve un peu en aval du village de Rehon. Sa puissance ne diminue que faiblement depuis Mont-Saint-Martin, car elle a encore de 9 à 10 mètres en ce point; mais sa composition subit des modifications considérables: la partie supérieure devient

---

[1] Le tableau suivant donne les résultats des analyses qui ont été faites, au bureau d'essai de l'École des Mines, sur trois échantillons de minerai de Mont-Saint-Martin.

	N° 1.	N° 2.	N° 3.
Peroxyde de fer et alumine.	0,7266	0,5933	0,4333
Argile, quartz et silice.	0,1000	0,1133	0,1000
Chaux.	0,0266	0,1166	0,2300
Perte au feu.	0,1450	0,1700	0,2356
Totaux.	0,9982	0,9932	0,9989

Les quantités de fonte obtenues par voie sèche ont été, pour le premier échantillon, de 44; pour le second, de 36, et pour le troisième, de 33,33 pour 100. On a reconnu sur 100 parties de ces fontes:

	N° 1.	N° 2.	N° 3.
Silicium.	0,46	0,94	0,94
Soufre.	0,48	0,44	0,45
Phosphore.	0,21	0,14	0,91

essentiellement marneuse et la partie inférieure, friable, ne renferme plus qu'une faible proportion de calcaire. Cette dernière se rapproche plus, par sa nature, du banc inférieur de Saulnes que de ceux qui sont exploités à Mont-Saint-Martin.

Vallée du Coulmy. — En marchant de l'est vers l'ouest, on voit la puissance du gîte diminuer très-rapidement à partir de Longwy. Si celle-ci atteint, en effet, encore de 4 à 5 mètres à l'origine du fond du Coulmy, où on observe deux couches de minerai brun, friable, séparées par une assise de calcaire marneux verdâtre, de 0^{m}75 d'épaisseur, elle est réduite de moitié au moins dans la mine de Romain, à la hauteur de Warnimont, et, à 3 kilomètres plus loin, en face de Gorcy, elle est presque insignifiante. Plus à l'ouest encore, sur les territoires de Ville-Houdlemont et de Saint-Pancré, on n'a point constaté l'existence du gîte d'hydroxyde, quoique les travaux des minières qui dépendent de ces localités, aient quelquefois pénétré jusqu'aux assises du lias supérieur[1].

M. Munier, ingénieur à Longwy, a déduit, de cotes prises dans la vallée de la Chiers et dans celle du Coulmy, l'allure du gîte d'hydroxyde oolithique aux environs de cette ville. Il a trouvé que sa direction générale faisait, avec le sud vrai, un angle de 73° 37′ du côté de l'ouest, et que l'inclinaison était de 0^{m}021 par mètre vers le sud-sud-ouest.

---

[1] Le minerai que l'on extrait de la mine du Coulmy est composé de petites oolithes associées à des grains de quartz et simplement juxtaposées. Il tombe en poudre aussitôt qu'on l'expose à l'air; sa poussière est d'un jaune brunâtre. Nous en donnons l'analyse :

Peroxyde de fer.	0,630
Eau.	0,135
Sable et silice.	0,185
Alumine.	0,050
Carbonate de chaux.	traces
Acide phosphorique.	0,0055
Total.	1,0055

Vallée de la Chiers après sa réunion avec la Crusnes. — Cette allure, toutefois, ne se maintient pas régulièrement tout le long de la frontière nord-ouest du département; car le lias supérieur, après avoir disparu au-dessous du fond de la vallée de la Chiers, à la hauteur de Rehon, se montre de nouveau dans la partie inférieure du cours de cette rivière, aux environs de Charency-Vezin. Le gîte d'hydroxyde reparaît avec cet étage; mais il est réduit à une assise de peu d'épaisseur, et trop pauvre pour pouvoir être exploitée.

Vallées de la Fensch et de l'Orne. — En marchant, à partir d'Ottange, dans la direction du sud, on ne tarde pas à atteindre la vallée de la Fensch, et un peu plus loin celle de l'Orne. Les nombreux travaux entrepris pour la recherche et l'exploitation du minerai oolithique dans la région comprise entre ces deux vallées en ont fait connaître le gisement avec beaucoup de détails. On a pu notamment en déduire son inclinaison, qui est très-sensiblement de 0^m02 à 0^m03 par mètre vers l'ouest. Dans la vallée de la Fensch, le gîte disparaît au-dessous du sol près du Moulin de Brouque, situé entre Knutange et Fontoy.

Dans le fond du Conroi, tributaire de l'Orne, les affleurements se montrent bien, comme l'indique la carte géologique, sur une certaine étendue en amont du point de la vallée placé sur le parallèle de Neufchef; mais, en se dirigeant vers le sud, on remarque qu'ils sont rejetés, par une faille importante, beaucoup au-dessous du niveau du ruisseau, et on ne le retrouve plus qu'en arrivant à Moyeuvre-Petite.

Comme à Ottange, le gîte se présente, entre l'Orne et la Fensch, nettement formé de deux étages distincts, séparés par des assises stériles. Il est représenté, en coupe, sur la figure, 16 page 339. Sa puissance totale s'élève encore, comme on le voit, à 16 mètres environ : mais la partie supérieure est pauvre.

Au-dessous des marnes micacées, grises, qui ont une dizaine de mètres d'épaisseur, on a :

A. 6 mètres de bancs calcaires, séparés par des veines extrêmement irrégulières de minerai friable, rouge ou brun, constituant un ensemble fort pauvre ;

B. 6 mètres de marnes grises et verdâtres ;

C. Puis la partie du gîte, d'une épaisseur de 4 mètres environ, où sont établies toutes les exploitations.

Elle est composée de minerai marneux dont la couleur normale, propre aux parties profondes, paraît être le brun ou le vert ; tandis que, près des affleurements, elle est le plus souvent jaune ou rougeâtre.

Les deux mètres supérieurs sont généralement riches, quoiqu'ils soient assez généralement traversés par des bandes irrégulières de calcaires. Les deux autres mètres sont plus pauvres, soit que les bancs calcaires s'y multiplient et s'y épaississent, soit que la roche devienne gréseuse et passe aux sables du grès supraliasique. Il en résulte qu'il arrive bien rarement que l'exploitation puisse être faite sur toute la hauteur de l'assise inférieure, comme cela se voit pourtant sur certains points des mines de Hayange et de Moyeuvre.

La couleur verte olivâtre est très-fréquente dans les deux mètres inférieurs de la couche ; quelquefois elle ne règne que dans les rognons gréseux ou marneux qui y sont disséminés ; mais souvent aussi elle envahit complétement l'assise. On peut même citer une région dans laquelle l'étage entier est vert, sauf les 40 centimètres les plus rapprochés du toit qui sont devenus bruns par peroxydation. Ce fait intéressant a été constaté, entre Knutange et Neufchef, dans le petit fond de Pampleur, qui dépend de la vallée d'Hameviller.

Au-dessous des assises que nous venons de décrire, on trouve les sables jaunes du grès supraliasique avec leur réseau de veines d'hématite. Ils renferment quelquefois des rognons verts grèseux, analogues à ceux que l'on rencontre au milieu du minerai[1].

Entre la vallée de l'Orne et Ars-sur-Moselle. — *Mine de Marange.* — Le gîte d'hydroxyde oolithique s'étend, sans discontinuité, de la vallée de l'Orne jusqu'à Ars. On l'a suivi, pour ainsi dire, pas à pas dans tout cet espace, il y a une vingtaine d'années, et partout on a constaté sa présence à la partie supérieure du lias, soit dans les collines qui forment le flanc gauche de la vallée de la Moselle, soit dans les petits vallons latéraux qui y aboutissent. Les nombreuses recherches exécutées entre Rombas et Ars ont, en même temps, appris qu'au sud de l'Orne la puissance du gîte allait en décroissant d'une manière très-rapide. Ainsi, près du village de Marange, où une concession a été instituée, le mi-

---

[1] Nous extrayons, du mémoire déjà cité, les résultats de quelques analyses exécutées sur des minerais provenant des exploitations de Hayange et de Moyeuvre.

Les minerais bruns ou jaunes sont les plus communs dans ces mines; quelques-uns sont bigarrés par suite du mélange d'une certaine proportion de silicate de protoxyde de fer. L'échantillon analysé sous le n° 1 provient de la mine de Moyeuvre et se rapporte à la première variété, il est à très-petites oolithes et de couleur jaune grisâtre; l'échantillon n° 2 a la même provenance, il est composé de petites oolithes brunes, empâtées dans un ciment bleu, il appartient à la seconde variété.

	MOYEUVRE. N° 1.	MOYEUVRE. N° 2.
Peroxyde de fer.	0,665	0,540
Protoxyde de fer.	»	0,095
Eau.	0,136	0,160
Alumine.	0,055	0,045
Silice.	0,090	0,050
Sable et argile.		0,020
Carbonate de chaux.	0,030	0,090
Carbonate de magnésie.	0,022	
TOTAUX.	0,998	1,000

Un échantillon de minerai vert, provenant de la galerie dite des Fours, à Hayange, a donné à l'analyse :

nerai exploitable semble être réduit à deux couches, séparées par un lit terreux de 0ᵐ10 d'épaisseur; la supérieure, qui est rouge, a entre 0ᵐ60 et 0ᵐ80 de puissance; l'inférieure est de couleur grisâtre et n'a que 0ᵐ50. Le ciment est calcaire.

Vallée de Mance. — Aux environs d'Ars-sur-Moselle, le gîte se réduit également à une seule assise qui est marneuse et brune dans les parties profondes, jaune ou rougeâtre près des affleurements. Sur le revers gauche de la vallée de Mance, son épaisseur est, généralement, de 1ᵐ80, elle atteint même en quelques points, 2ᵐ50. Le toit est formé par les marnes micacées et le mur par une assise marneuse qui renferme une forte proportion de pyrite. Dans les régions où la couche

Peroxyde de fer.	0,210
Protoxyde de fer.	0,220
Eau.	0,170
Silice.	0,095
Alumine.	0,035
Carbonate de chaux.	0,190
Carbonate de magnésie.	0,027
Sable.	0,035
TOTAL.	0,982

Quant au minerai bleu, provenant également de la galerie des Fours, à Hayange, il renferme :

Peroxyde de fer.	0,411
Protoxyde de fer.	0,320
Eau.	0,105
Silice.	0,085
Alumine.	0,022
Carbonate de chaux	0,022
Carbonate de magnésie.	0,018
Sable.	0,010
Acide phosphorique.	0,007
TOTAL.	1,000

Nous considérons le minéral auquel il doit sa couleur et sa propriété magnétique comme un silicate basique de protoxyde de fer qui est représenté par la formule

$$3((FeO)^2SiO^3) + 2Aq.$$

atteint son maximum de puissance, un lit de minerai jaune persiste à sa base, à une assez grande distance des affleurements. Sur le flanc droit, le minerai conserve sa composition, mais son épaisseur est un peu plus faible. Cette décroissance du gîte à partir d'Ars est très-marquée dans la direction de Novéant et dans celle de Gravelotte, c'est-à-dire vers le sud et l'ouest. Ainsi, un peu en amont de la première localité, la puissance utilisable atteint 2 mètres et à 3 ou 4 kilomètres au delà ; en remontant le ruisseau, elle descend à 1 mètre. Dans la région moyenne, le gisement se décompose, d'ailleurs, de la manière suivante, du toit au mur :

0^m,70 à 1^m,10 d'un minerai brun, marneux, riche ;
0 ,10 à 0 ,30 de minerai calcaire, pauvre, non utilisable ;
0 ,20 à 0 ,35 de marnes bleues, tantôt presque stériles, tantôt moyennement riches [1].

———————
1^m,00 à 1^m,75

Novéant. — Arry. — Dans les environs de Novéant, l'épaisseur du minerai est réduite à un mètre environ ; il est d'ailleurs appauvri par une sorte d'intrusion des sables du grès supraliasique, aussi a-t-il été considéré comme ne pouvant être exploité.

Dans la côte d'Arry, située un peu au sud de Novéant, de l'autre côté de la Moselle, la puissance du gîte ne paraît pas

[1] Nous extrayons du travail déjà cité trois analyses qui se rapportent à des minerais bruns et rouges, extraits de la mine de la Charbonnière, à Ars.

	N° 1.	N° 2.	N° 3.
Peroxyde de fer.	0,530	0,530	0,506
Eau.	0,140	0,140	0,130
Sable et silice.	0,200	0,150	0,040
Alumine.	0,080	0,050	0,030
Carbonate de chaux.	0,030	0,110	0,280
Carbonate de magnésie.	0,010	0,010	0,010
Acide phosphorique.	0,004	0,004	0,004
	0,994	0,994	1,000

dépasser 1ᵐ,10; mais le minerai se montre assez riche dans certaines régions.

Les explorations qui ont été faites dans les environs de Novéant et d'Arry, ont, sans doute, besoin d'être complétées. Toutefois, on ne peut se dissimuler que, d'une manière générale, le gisement se présente extrêmement appauvri entre Novéant et Marbache. Il n'est, jusqu'à présent, exploité en aucun point dans cette étendue[1].

4° GÎTES DILUVIENS.

Minerais de fer en plaquettes associés à des sables diluviens. — En décrivant les dépôts diluviens du département, nous avons signalé l'existence, au milieu d'eux, de gîtes de mi-

[1] L'oolithe ferrugineuse est le seul gîte important de minerais de fer en couches que le département renferme. Il importe, toutefois, pour ne rien omettre, de signaler, comme appartenant à cette catégorie de gisements, les hydroxydes de fer en rognons que l'on rencontre intercalés dans le keuper et dans le lias de la Moselle. Ces minerais n'ayant jamais été exploités que d'une manière temporaire, nous ne les mentionnons ici que pour mémoire.

Les minerais du keuper se présentent, avec quelque abondance, dans les bois des communes d'Alzing, Brettnach, Velving et Valmunster, où ils ont donné lieu à une exploitation entreprise pour l'usine de Cuntewald, qui a duré depuis 1815 jusqu'en 1824. Ce sont des rognons aplatis, disposés par lits immédiatement au-dessous du grès keupérien. Ils paraissent avoir été originairement à l'état de carbonate triple de protoxyde de fer, de chaux et de magnésie, mais ils se présentent ordinairement sous la forme d'hydrates de peroxyde d'un brun jaunâtre. Ils sont assez pauvres et ne peuvent guère être utilisés que comme fondants, usage auquel la magnésie et la chaux qu'ils renferment les rend très-propres. En décrivant les marnes irisées, nous avons montré que les rognons du bois de Velving n'étaient point un accident dans ce terrain et qu'ils paraissaient se trouver en relation avec le grès dans toute l'étendue du département.

Les deux analyses suivantes se rapportent à des variétés de minerais de cette catégorie; elles ont été faites, l'une et l'autre, sur des échantillons recueillis à la surface du sol dans les bois de Valmunster et de Velving. Le premier échantillon, de couleur brune, est entièrement transformé en hydroxyde et représente assez bien la richesse moyenne des minerais keu-

nerais de fer qui en font incontestablement partie. L'élément constitutif, essentiel de ces sortes de gites dans la Moselle, est de l'hématite brune en petits fragments aplatis, émoussés seulement sur les angles, que l'on désigne habituellement sous le nom de plaquettes. On trouve aussi, mais assez rarement, quelques morceaux de fer oxydé brun, qui se différencient par leur forme arrondie, de la masse du mi-

périens qui est d'environ 25 pour 100; le second, d'un gris bleuâtre, taché de jaune et de rouge, renferme encore une certaine proportion de protoxyde de fer.

	VALMUNSTER. N° 1.	VELVING. N° 2.
Peroxyde de fer.	0,435	0,197
Protoxyde de fer.	»	0,013
Eau et acide carbonique.	0,150	0,580
Silice.	0,070	0,055
Alumine	0,040	traces
Chaux.	traces	0,230
Magnésie.	traces	0,055
Argile et sable.	0,285	0,102
TOTAUX.	0,980	0,992

Les minerais en rognons dans le lias ont encore moins d'importance que ceux des marnes irisées. Si ces minerais sont, en effet, assez abondants dans les deux étages supérieurs, comme nous l'avons fait voir en décrivant la formation, s'ils sont, de plus, sur certains points, assez riches, leur qualité est médiocre, car ils renferment toujours de l'acide phosphorique et assez fréquemment du soufre. C'est sans doute cette raison qui a déterminé l'abandon presque immédiat d'une exploitation entreprise vers 1816, pour l'usine de Creutzwald, sur des ovoïdes ferrugineux, disséminés dans les champs qui dominent le village de Saint-Julien-lès-Metz. Un échantillon de ces ovoïdes, soumis à l'analyse, a donné les résultats suivants :

Peroxyde de fer.	0,505
Eau.	0,160
Silice.	0,050
Alumine.	0,040
Argile et sable.	0,225
Acide phosphorique.	0,0055
Soufre.	traces
TOTAL.	0,9855

nerai. On y rencontre également des débris roulés de roches calcaires. Enfin, quand on vient à examiner, avec attention et de près, tous les éléments du dépôt, on y discerne de petits grains arrondis et brillants d'hydroxyde de fer, assimilables aux oolithes du gîte qui occupe la partie supérieure du lias.

Les minerais en plaquettes sont disséminés, sans ordre, dans un sable quartzeux, légèrement micacé, gris. Le dépôt n'a jamais plus de quelques mètres d'épaisseur ; il est recouvert par le limon jaune diluvien qui renferme, habituellement, lui-même, de nombreux fragments de la roche ferrifère.

Il est facile d'expliquer l'existence de ces sortes de gîtes au milieu du diluvium et de remonter à l'origine des éléments qui entrent dans leur composition. En effet, le sable micacé qui forme la gangue du minerai, provient évidemment de la destruction du grès supraliasique avec lequel il a la plus grande analogie. Les plaquettes d'hématite ne sont autre chose que des débris de ces veinules d'hydroxyde si abondantes dans le grès du lias supérieur et dans l'oolithe ferrugineuse. C'est cette dernière assise qui a fourni les oolithes que l'on retrouve dans le sable. Quant aux minerais de forme arrondie, ils ont originairement appartenu à des amas analogues à ceux d'Aumetz et de Butte. Enfin, les détritus calcaires proviennent des assises de l'oolithe inférieure, auxquelles ils se rattachent par leur faciès. On doit donc considérer les dépôts de minerais en plaquettes, comme de véritables gîtes d'alluvion résultant de la destruction et du lavage d'une partie de l'escarpement qui, dans la Moselle, comprend le lias supérieur et le premier étage de l'oolithe.

La position qu'ils occupent corrobore cette manière de voir. Ils sont, en effet, déposés aux pieds de l'escarpement aux dépens duquel ils ont été formés et ils l'enveloppent comme une ceinture. Bien qu'ils soient assez étendus dans le département, ils n'ont été exploités jusqu'ici qu'en deux points : dans la forêt domaniale de Florange et au-dessous du village de Russange; l'argile sableuse qui les renferme, repose, dans ces deux localités, sur les marnes moyennes du lias. Les minerais en plaquettes sont assez riches; malheureu-

Fig 17

Vue de l'exploitation de minerai de fer de Florange

sement ils renferment de l'acide phosphorique en proportion assez notable, et c'est sans doute à cette circonstance qu'on doit attribuer le peu d'extension qu'a pris leur exploitation[1].

La figure 17 ci-dessus offre une élévation de l'exploitation du bois de Florange, telle qu'elle était en 1848.

C'était une tranchée ayant environ 50 mètres de longueur et 1^{m}50 de hauteur moyenne, dans laquelle on remarquait une bande de sable argileux et micacé entièrement stérile, qui divisait le dépôt en deux parties. On retrouvait le même sable, sous forme de poches ou de nids, au milieu du minerai.

[1] Nous extrayons du travail déjà plusieurs fois cité, deux analyses qui fixent la composition des minerais de Florange et de Russange.

	N° 1. FLORANGE.	N° 2. RUSSANGE.
Peroxyde de fer.	0^{gr}720	0^{gr}664
Eau.	0 125	0 120
Silice gélatineuse	0 025	0 015
Alumine.	0 028	0 025
Chaux et magnésie.	traces	»
Sable et argile.	0 097	0 160
Acide phosphorique. . . .	traces	0 008
	0^{gr}985	0^{gr}992

N° 1. Minerai de la forêt de Florange; il est en plaquettes et en gros grains arrondis; sa poussière est jaune.

N° 2. Minerai provenant des champs au-dessous du village de Russange, en plaquettes, à surfaces mamelonnées et roulées.

§ 2. — Gîtes de plomb, cuivre et argent.

Situation, étendue et âge des gîtes de plomb et de cuivre de la Moselle. — La partie du département de la Moselle, voisine de la Sarre, renferme des gîtes de plomb et de cuivre qui paraissent avoir été, anciennement, exploités sur une assez large échelle et dont le gisement est très-remarquable. Ces gîtes sont situés à mi-côte dans la chaîne de collines qui encadre la plaine de Creutzwald. Ils paraissent être contemporains du dépôt des couches au milieu desquelles ils sont intercalés, car on les trouve toujours associés au calcaire dolomitique qui couronne la formation du grès des Vosges, quelquefois au-dessous, mais le plus souvent au-dessus de cette assise. Ils appartiennent, par conséquent, aussi bien au grès bigarré qu'au grès vosgien. Toutefois ils ne sont point constants à ce niveau et ils ne se sont développés que dans les points où la stratification est interrompue par des failles dont nous rapportons l'ouverture au soulèvement des Vosges, c'est-à-dire précisément à l'époque qui sépare le dépôt des deux terrains. Aussi est-on fondé à penser que ces accidents ont joué un rôle considérable dans la formation de ces sortes de gîtes, en servant de canaux aux émanations métallifères auxquelles ceux-ci doivent leur existence.

Les minerais que ces gîtes renferment sont, pour le plomb, la galène argentifère et le carbonate; pour le cuivre, les deux carbonates : le vert et le bleu. Ils sont disséminés, sous forme de nodules, de mouches, d'enduits et de veinules, dans les poudingues et dans les grès qui accompagnent la dolomie vosgienne laquelle est, elle-même, assez fréquemment métallifère. Ils se trouvent, le plus souvent, dans les bancs qui lui sont immédiatement superposés. Ces bancs consistent en grès à gros grains de quartz cristallisé et, bien qu'un certain nombre d'entre eux appartiennent incontestablement au grès bigarré, ils rappellent plutôt le type habituel au grès des Vosges que celui de ce dernier. Ils sont associés à une brèche dolomitique qui paraît avoir été formée aux dépens de la dolomie vosgienne. Toutes les assises métallifères sont traversées par des fissures obliques à la stratification et dont les surfaces sont recouvertes d'un enduit ferrugineux.

Les minerais sont bien loin d'être uniformément répandus dans ces assises; ils y forment tantôt de véritables taches irrégulières, tantôt de petites veinules qui semblent être en rapport avec la stratification. Ils sont, surtout, concentrés le long des fissures qui traversent les bancs gréseux ou au contact des veinules ferrugineuses qui les sillonnent. Ces bancs ne renferment point, d'ailleurs, de débris organisés fossiles, si ce n'est quelques empreintes charbonneuses qui proviennent de la décomposition des végétaux de l'époque triasique. A Beckingen, entre Sarrelouis et Mertzig, la substance de ces végétaux a été remplacée par du cuivre carbonaté vert.

La séparation des gîtes plombifères et cuprifères est un fait très général. Les deux métaux ne se trouvent réunis qu'accidentellement et, dans la plupart des cas, on les rencontre dans des gisements complètement indépendants[1].

---

[1] Ces gîtes paraissent, de tous points, identiques à celui de Commern, situé dans la Prusse-Rhénane, entre Bonn et Aix-la-Chapelle, et qui est plus connu sous le nom de Bleyberg, que porte également une des mines de la Moselle. Il suffit de lire la description qu'en donne Dufrénoy, dans son *Traité de minéralogie*, pour être frappé des analogies qui tendent à rapprocher ces gisements. Le gîte de Commern appartient, comme ceux des bords de la Sarre, aux couches qui forment le passage du grès des Vosges au grès bigarré et, comme ces derniers, il est surtout développé dans le voisinage des failles. Cette époque paraît d'ailleurs avoir été marquée dans toute l'Europe par d'abondantes émissions métallifères qui ont laissé des traces dans les dépôts sédimentaires qui s'effectuaient alors. C'est à elle notamment, qu'appartiennent les riches amas de calamine de la péninsule ibérique, dont l'exploitation a pris dans ces derniers temps un développement si considérable.

Nous ajouterons, à ces généralités, quelques détails sur les points où les anciens travaux ont mis les gîtes à jour. Ces points sont, dans les environs de Saint-Avold, le Bleyberg, le Hauwald et le Castelberich ; dans le voisinage d'Hargarten, la Petite-Saule, le bois de Berin et la Grande-Saule.

Le Bleyberg. — Le Bleyberg est une colline d'un nom caractéristique[1] qui s'élève abruptement au sud un peu ouest de Saint-Avold. Les anciens travaux sont ouverts sur des bancs de grès grisâtre, à grains de quartz assez grossiers, qui affleurent à mi-côte. Ils ont environ 400 mètres d'amplitude dans le sens de l'inclinaison du gîte et 80 mètres suivant la direction. Ces bancs sont traversés par des veinules d'hydrate de peroxyde de fer et tachés par de l'oxyde de manganèse ; ils renferment quelques petits galets de quartz, peu de mica, et des nids d'argile ainsi que quelques plantes carbonisées. Ils sont associés à la brèche dolomitique dont nous avons fait mention. La place qu'ils occupent est la base du grès bigarré, car, en descendant à Saint-Avold, on voit, à une petite distance au-dessous d'eux, le calcaire dolomitique de la formation vosgienne. Ils ont une inclinaison d'environ 10 degrés vers le sud, tout à fait anormale pour la contrée ; leur puissance est d'environ 3 mètres. La galène est le minerai le plus commun, elle y est disséminée en mouches, sous forme d'amandes, de nids ou de petites veinules. Il y a également du carbonate de plomb formant de petits points blancs, opaques au milieu du grès qui est très-friable. En parcourant les travaux, on remarque que les minerais se sont concentrés et forment des espèces de bandes le long des parois des fissures dont la roche est remplie. Les bancs dans lesquels ceux-ci sont ouverts ne sont pas seuls métallifères, car les eaux qui filtrent du toit et tombent dans la mine, déposent du carbonate de plomb sous forme de stalagmites ;

[1] Bleyberg, montagne de plomb.

on trouve même quelquefois ce minéral cristallisé en belles aiguilles soyeuses.

Le Hauwald et le Castelberich. — Au Hauwald et au Castelberich, collines boisées qui s'élèvent de chaque côté de la route de Saint-Avold à Château-Salins, près du point où elle s'embranche sur la route de Mayence, il n'y a eu que des recherches superficielles qui paraissent avoir porté sur un même banc, placé un peu au-dessous du gîte de calcaire dolomitique et appartenant, par conséquent, à la partie supérieure du grès des Vosges. Ce banc a 5 mètres de puissance environ ; il est formé par un grès à gros grains, avec galets de quartz. Les travaux ont fait voir qu'au Hauwald il est traversé par des veinules de cuivre carbonaté et qu'il renferme également quelques taches de carbonate bleu. Dans le Castelberich, au contraire, c'est la galène qui paraît avoir été l'objet des recherches ; elle s'y montre en petites mouches dans le banc de grès, principalement dans le voisinage des fissures remplies d'hydrate de fer qui traversent ce banc. En descendant de la galerie dans la plaine, on aperçoit, le long du chemin, un très-grand nombre de fissures semblables : elles affectent généralement la direction nord-sud.

La Petite-Saule. — La Petite-Saule ou le Langenberg est, comme l'indique la carte géologique, un promontoire qui se détache, près de Guerting, de l'escarpement triasique et s'avance vers le nord presque jusqu'à la route de Creutzwald à Hargarten. La pointe septentrionale de ce promontoire est toute couverte d'excavations qui proviennent, soit d'anciennes fouilles, soit d'éboulis provoqués à la surface par les travaux. Ceux-ci sont ouverts dans un grès grisâtre, passablement micacé qui renferme de la galène en nodules généralement plus volumineux que ceux du Bleyberg. Une brèche dolomitique et ferrugineuse est associée aux bancs de grès ; elle est métallifère comme eux et rappelle complètement celle de cette localité. Cette analogie n'est pas la seule qui rapproche les deux mines, car elles occupent exactement le même niveau géologique. Le gîte de la Petite-Saule appartient, en effet, à la base du grès bigarré, puisqu'on voit, un peu au-dessous du plateau qui renferme les fouilles, la dolomie vosgienne qui couronne la formation de ce nom.

Mine du bois de Berin. — Sur le revers opposé de la vallée dont la Petite-Saule forme un des flancs, se trouvent les travaux très-étendus de la mine du bois de Berin. On y pénètre par une galerie située en face du moulin dit Hellermuhl. La mine se compose d'un dédale très-irrégulier de galeries étroites, basses et très-sinueuses. Le gisement est identique à celui de la Petite-Saule, dont il est évidemment la continuation vers l'ouest.

La Grande-Saule. — La Grande-Saule, outlier isolé de grès vosgien, couronné par le grès bigarré inférieur, auquel est adossé le village de Falck, est également métallifère. Toutefois, et malgré la faible distance qui sépare cette colline de la Petite-Saule, le gisement paraît être à un niveau inférieur à celui de cette localité. Les travaux les plus étendus sont, en effet, ouverts près du sommet de la colline, mais au-dessous du calcaire dolomitique qui marque la limite du grès des Vosges. On n'aperçoit, sur les parois des galeries qui sont très-larges, très hautes et d'une conservation parfaite, que de rares mouches de galène et de carbonate de cuivre; mais il paraît que toute la masse de la roche est imprégnée de carbonate de plomb. En descendant sur le revers méridional de la Grande-Saule on remarque, dans les bancs inférieurs, des traces d'exploitation dont les entrées sont indiquées par des affouillements superficiels. La masse entière de cette colline paraît donc avoir été excavée à des niveaux différents[1].

---

[1] Les points que nous avons décrits ne sont point les seuls où on ait constaté la présence de gisements métalliques dans l'escarpement en forme de cirque qui encadre la plaine de Creutzwald. On en a également reconnu

CHAPITRE XVI

HYDROGRAPHIE SOUTERRAINE

Rapports de l'hydrographie souterraine avec la structure du sol. — L'hydrographie souterraine ou la connaissance des circonstances dans lesquelles se forment les sources, au moyen des eaux que les météores accumulent incessamment dans le sein de la terre, constitue l'une des applications les plus importantes de la géologie. C'est, en effet, la géo-

des indices au Hiéraple près Cocheren, à Hombourg-l'Évêque et au Steinberg, au nord de Saint-Avold.

Ces gîtes se prolongent, avec l'escarpement, sur le territoire prussien. On les retrouve, notamment, dans les collines ardues qui dominent le bourg de Vaudrevange, près Sarrelouis, où il y a des travaux très-étendus ouverts sur deux couches de grès appartenant à l'étage du grès bigarré et toutes criblées de petits nodules de carbonate de cuivre. Cette exploitation de Vaudrevange, qui a été, dans ces dernières années, l'objet d'une tentative de reprise bientôt abandonnée, remonte à une haute antiquité, elle était déjà en activité au temps de l'occupation romaine, comme l'atteste l'inscription suivante que l'on voit au-dessus d'une galerie située près du hameau de Sainte-Barbe :

INCEPTA OFFI
CINA EMILIANA
NONIS MART

Dans sa *Cronicque abrégée, par petits vers huitains, des Empereurs, Roys et Ducs d'Austrasie, avecque le quinternier et singularitez du Parc d'honneur*, Voleyr de Serouville signale une particularité intéressante de l'exploitation à l'époque de la Renaissance.

Le cuivre carbonaté bleu que l'on tirait alors des mines de Vaudrevange était employé comme couleur et il s'exportait jusqu'en Italie.

logie qui pose les principes à l'aide desquels on peut se guider dans la recherche des eaux souterraines ou dans l'étude de la manière dont les sources sont distribuées à la surface du sol. Dans les pays de plaine, comme l'est le département de la Moselle, cette distribution, loin d'être accidentelle, est soumise à des lois fixes et invariables. On remarque que les eaux météoriques qui pénètrent dans les couches fissurées de l'écorce terrestre, finissent par atteindre une assise imperméable sur laquelle elles coulent, et elles s'épanchent, à la surface, aux points où cette assise vient affleurer. Une semblable nappe d'eau peut donner naissance à un très-grand nombre de sources qui, bien qu'elles soient souvent placées à des altitudes différentes, sont néanmoins situées sur le même horizon géologique; c'est ce que l'on appelle un niveau d'eau. On comprend de suite combien la connaissance de ces niveaux est importante : elle révèle même des faits inattendus, en montrant que la position des groupes d'habitation a été déterminée, dans la plupart des cas, par des considérations hydrographiques et qu'elle se trouve en relation intime avec la situation des niveaux d'eau. Dans l'étude de la position des sources du département, nous aurons plus d'une fois occasion de faire remarquer combien ce principe est général.

Nous étudierons successivement les niveaux d'eau auxquels les sources du département doivent leur existence, les résultats obtenus ou à attendre des puits artésiens, et les sources minérales qui, sous quelques rapports, diffèrent des sources ordinaires et méritent une mention spéciale.

§ 1. — **Sources.**

Niveau d'eau au contact du terrain houiller et du grès des Vosges. — Sur la rive gauche de la Sarre, entre Forbach et Merten, la limite du terrain houiller et du grès des Vosges est marquée par un niveau d'eau extrêmement abondant et qui donne lieu à un très-grand nombre de sources. Toutefois, comme le premier terrain n'affleure pas, dans le département, toutes ces sources sont situées sur le territoire étranger; l'une d'elles est indiquée sur la carte du Dépôt de la Guerre à une distance de 200 mètres à peine du hameau de Schœnecken, qu'elle alimente.

Dans le grès des Vosges. — Le grès vosgien étant très-perméable et presque toujours fissuré n'a aucune assise qui puisse arrêter les eaux. Aussi ne rencontre-t-on jamais, dans ce terrain, de sources sur les flancs des montagnes; elles sourdent toutes dans le fond des vallées; elles sont abondantes, fraîches et d'une grande pureté. Dans le pays de Bitche, tous les villages sont, comme les sources, groupés dans les profonds replis du sol, et le reste de la contrée est inhabité [1].

Dans le trias. — Le grès bigarré est moins riche en sources que le grès vosgien; il en renferme néanmoins quelques-unes; mais il n'y a pas, à proprement parler, de niveau d'eau dans ce terrain.

[1] Nous donnons, pour chaque niveau d'eau, quelques résultats hydrotimétriques que nous empruntons à un travail de M. Raillard, ingénieur en chef des ponts et chaussées à Saint-Quentin, sur la composition des eaux potables du département.

L'hydrotimétrie est un procédé d'analyse fondé sur la propriété que possède le savon de ne produire de mousse dans les eaux chargées de sels terreux, et particulièrement de ceux à base de chaux et de magnésie, qu'autant que ces sels ont été décomposés par une portion équivalente de savon et que celui-ci se trouve en petit excès dans la liqueur. Il donne donc approximativement le poids de ces sels et est, par suite, très-propre à faire apprécier la dureté des eaux qui est en rapport avec leur proportion.

Les eaux qui sourdent du grès des Vosges ont un degré hydrotimétrique compris entre 4 et 5; c'est-à-dire que la quantité de sels terreux contenue dans un litre d'eau est approximativement de $0^g,04$ ou $0^g,05$. Telles sont, par exemple, la Sainte-Fontaine à l'Hôpital et les fontaines publiques de Hanwiller, Eguelshardt, Bitche, Stürtzelbronn, Mouterhausen. Il n'y a pas, dans le département, d'eaux ayant un degré hydrotimétrique moindre que celles du grès vosgien.

Il en existe, au contraire, un très-abondant au-dessus des glaises bigarrées avec gypse qui forment la base du muschelkalk. Ce niveau donne lieu à un très-grand nombre de belles sources et, en particulier, à celles qui alimentent le hameau de Rustroff, près Sierck, ainsi qu'un certain nombre de villages placés à mi-côte dans l'amphithéâtre de collines qui entoure la plaine de Creutzwald, tels que : Berweiler, Remering, Bisten-im-Loch, Œtingen, Spichéren, Alsting, Hesseling et Zinzing. Beaucoup de sources, dans le canton de Rohrbach, prennent également naissance à la jonction des marnes et des glaises du muschelkalk.

Un autre niveau se montre, avec une constance remarquable, au contact des couches dolomitiques qui constituent le troisième étage du muschelkalk et des marnes verdâtres sur lesquelles elles reposent. Il s'épanche à la base des plateaux que ces assises recouvrent, aux points où elles commencent à disparaître sous les marnes irisées. Ce niveau est notamment bien accusé dans la région comprise entre les deux Nieds, où le système supérieur du muschelkalk acquiert un développement exceptionnel ; il y a déterminé l'emplacement des villages de Courcelles-Chaussy, Chevillon, Maizeroy, Bazoncourt, Villers-Stoncourt et Servigny-lès-Raville qui sont tous alimentés par de belles sources. Les mêmes considérations hydrographiques ont amené la fondation de centres de population plus importants qui occupent, dans le département, une situation identique et se trouvent dans des conditions analogues, tels que Sarreguemines, Faulquemont, Boulay et Bouzonville.

Nous avons déjà eu occasion d'annoncer que la contrée occupée par les marnes irisées était mal pourvue d'eau. Les assises marneuses qui constituent la masse principale de ce terrain étant imperméables, les sources qu'on y rencontre ne peuvent prendre naissance que dans les couches dolomitiques ou gréseuses qui s'y trouvent intercalées ; elles sont peu volumineuses et très-sujettes à tarir pendant l'été. Par l'effet de ces conditions hydrographiques, tous les villages appartenant à la région keupérienne sont placés sur la dolomie qui couronne l'étage inférieur ou un peu en contre-bas de cette assise, et quand elle ne fournit point d'eau courante, ce qui est le cas le plus général, ils s'approvisionnent dans le grès, au moyen de puits plus ou moins profonds [1].

[1] Nous ne trouvons, dans le travail déjà cité, qu'une seule source vraisemblablement placée dans le grès bigarré, c'est celle qui alimente le hameau d'Holbach, annexe de Siersthal; son degré hydrotimétrique est de 12, ce qui veut dire qu'elle renferme environ $0^g,12$ de sels terreux par litre d'eau.

Au niveau placé au-dessus des glaises bigarrées du muschelkalk paraissent appartenir les eaux de la fontaine publique d'Apach, dont le degré hydrotimétrique est de 27, celles d'une source à 1,000 mètres à l'ouest de Tritteling et qui a 25 degrés, enfin celles qui alimentent la petite ville de Sierck et dont le degré hydrotimétrique, élevé de 78, ne peut s'expliquer que par la présence d'une certaine quantité de sulfate de chaux en dissolution dans ces eaux.

Nous rapportons au niveau du muschelkalk supérieur les sources suivantes, dont les degrés hydrotimétriques varient entre 21 et 124 :

Fontaine à 1,000 mètres au sud-ouest de Dorvillers.	21°
Fontaine publique, basse de Sarreguemines.	29°
Source près la ferme de Berfang, à 1,800 mètres sud-ouest de Folschwiller.	29°
Fontaine publique de Valmont, près Saint-Avold.	38°
Fontaine à 500 mètres nord-est de Folschwiller.	40°
Fontaine publique de Bionville.	46°
Source de Treiborn, à Boulay.	55°
Fontaine publique de la rue de la Montagne, à Sarreguemines.	55°
Fontaine publique de Morlange, annexe de Bionville.	62°
Fontaine du lavoir de Bouzonville.	77°
Fontaines publiques de Boulay	122°
Source près du ruisseau de Denting, à 500 mètres au nord de Boulay.	122°
Source de la Chapelle, à Boulay.	124°

La présence du sulfate de chaux en quantité plus ou moins considérable dans les dolomies de l'étage supérieur du muschelkalk, rend très-bien compte des différences accusées par l'analyse entre toutes ces sources qui font, néanmoins, partie d'un même niveau. Les premières donnent des

Dans le grès infraliasique. — La constitution géologique de cette assise présente des circonstances favorables à la formation des sources; toutefois, comme les couches gréseuses qu'elle renferme, les seules qui puissent recéler de l'eau, sont peu développées, elles ne donnent lieu qu'à quelques suintements rarement assez abondants pour être utilisables [1].

Dans le lias. — Dans le lias, il existe un niveau d'eau à la partie inférieure de la formation, le long de la ligne de contact du calcaire à gryphées arquées et des argiles rouges qui dépendent du grès infraliasique. Il donne lieu à un grand nombre d'assez belles sources. On rencontre également des eaux, toutefois peu abondantes, ou de simples suintements dans les calcaires à *Ammonites Davœi*, dans le grès médioliasique et dans celui qui est subordonné à l'hydroxyde ooli-

---

eaux potables de bonne qualité; tandis que les dernières prennent place parmi les plus dures de tout le département.

Les eaux de la région occupée par le keuper offrent, sous ce rapport, des conditions encore plus défavorables; ce qu'il faut attribuer aux nombreux dépôts de gypse intercalés dans ce terrain. Aucune de celles qui ont été essayées par M. Raillard ne présente un degré hydrotimétrique inférieur à 42 et, pour plusieurs, il s'élève à plus de 200 degrés. Ce sont, suivant l'ordre ascendant :

Puits particulier à l'entrée de Dalstein, à gauche de la route.	42°
Fontaine publique de Hestroff	44°
Puits de la brasserie des Roches, à Kédange	45°
Fontaine publique de Freistroff	62°
Fontaine publique de Menskirch	82°
Fontaine Sainte-Marguerite, près Hellimer	197°
Puits Belleville, à Pange	212°
Source de la Bonne-Fontaine, commune de Cappel	220°
Fontaine publique de Hombourg-Kédange	230°

[1] Les eaux qui sourdent du grès infraliasique sont, comme on devait s'y attendre, d'assez bonne qualité. Nous trouvons, dans le travail de M. Raillard, deux sources qui se rapportent évidemment à ce niveau, ce sont :

La fontaine publique de Kédange	20°
Et une source à 1,000 mètres à l'est de Maxstadt	20°

thique. Enfin, dans la partie septentrionale du département on voit sourdre de belles fontaines à la base du grès d'Hettange. Si on considère que le premier niveau est le seul qui ait en même temps de l'étendue et de l'importance, et qu'il se trouve placé aux extrêmes confins, vers l'est, de la région occupé par le lias, on ne peut s'empêcher de reconnaître que celle-ci est assez mal pourvue d'eau potable. Aussi les nombreux centres de population qu'elle renferme se trouvent-ils dans l'obligation de se procurer, au moyen de puits, celle qui est nécessaire à leurs besoins[1].

[1] Nous extrayons du travail déjà cité, la composition d'un assez grand nombre de sources qui ont leurs points d'émergence dans le lias.

Voici celles qui nous paraissent se rapporter à la base du calcaire à gryphées arquées :

Fontaine près Chelaincourt, commune de Flévy.	31°
Fontaine publique de Mey.	31°
Source à la sortie du village de Vantoux, près du moulin.	32°
Fontaine publique de Metzerwisse.	32°
Eau salée de la grande pompe de la Hautonnerie, commune de Louvigny.	34°
Eau du vieux puits de la Hautonnerie.	34°
Source de la ferme de Maizery, à M. Lapointe.	34°
Source du lavoir de Luttange.	43°
Petit puits de la Hautonnerie, dans la cour.	54°
Fontaine publique de Haute-Kontz.	62°

Les petites sources de l'assise à *Ammonites Davœi* ont une composition assez constante; leur degré hydrotimétrique ne diffère guère de celui du niveau précédent et reste compris entre 32 et 42 degrés. Nous en trouvons sept dans le travail de M. Raillard :

Fontaine près de la mare des Seigneurs, entre Ennery et Rugy.	32°
Fontaine à 600 mètres nord-est de Charly.	32°
Fontaine à 1,600 mètres nord-est du château de Logne.	34°
Fontaine à 400 mètres nord de Malroy.	34°
Fontaine dans le parc de Grimont, près des étangs.	34°
Fontaine du lavoir d'Antilly.	40°
Fontaine publique de Tremery.	42°

A la base du grès d'Hettange appartiennent les deux sources suivantes :

Fontaine publique de Boust.	25°
Fontaine de Rodemack	40°

Dans l'oolithe inférieure. — Le terrain oolithique inférieur, avec ses alternances de couches calcaires, perméables, et de marnes argileuses, étanches, offre une disposition éminemment propre à la production des sources. On rencontre, dans ce terrain, trois nappes principales, qui sont placées dans l'ordre ascendant suivant : 1° à la base de la formation, où la puissante assise des calcaires de l'étage inférieur repose sur les marnes liasiques subordonnées au gîte d'hydroxyde oolithique; 2° au contact des marnes argileuses et sableuses à *Ostrea acuminata* et de l'oolithe de Jaumont; 3° enfin, aux points où les calcaires gris à grosses oolithes se superposent aux argiles de Gravelotte. On trouve également quelques suintements dans les couches calcaires intercalées au milieu de ces argiles; mais ils sont peu volumineux et très-sujets à tarir pendant l'été.

La première nappe est, de beaucoup, la plus importante. Correspondant à une puissante assise de calcaires fissurés, et recueillant même, comme nous l'expliquerons tout à l'heure, une partie des eaux des terrains supérieurs à cette assise, elle donne lieu à des épanchements très-considérables. La plus grande partie des sources qui existent dans les vallées à l'ouest de la Moselle, tirent leurs eaux de cette nappe; ce sont, en particulier, les Bouillons de Gorze, les sources de Mance et de Montvaux, celles de Scy, de Lessy, de Saulny, de Marange, de Pierrevillers, de Rombas, la belle fontaine de Clouange dans la vallée de l'Orne, les sources de la Fensch, de l'Alzette et des ruisseaux de la Côte-Rouge et du Coulmy. La Chiers a également sa source à ce niveau, sur le territoire de Differdange, à une petite distance de la frontière du département.

Le niveau d'eau qui correspond aux marnes à *Ostrea acuminata*, s'épanche à la surface en sources assez rapprochées mais peu volumineuses. La plupart des petites fontaines qui prennent naissance sur le plateau à une petite distance de ses rebords, appartiennent à ce niveau; telles sont celles d'Auboué, de Briey, de Beuvillers, de Boulange, de Cosnes, de Lexy, de Tellancourt et de Bromont.

La troisième nappe donne lieu à des sources qui ne manquent pas d'importance et notamment à celles de Saint-Julien-lès-Gorze, Chambley, Tronville, Vionville, Puxieux, vers les confins de la Meurthe, et à celles des deux Failly et du Petit-Xivry dans le canton de Longuyon. La région de la plaine de Briey, la moins bien pourvue d'eau, est, comme on le voit,. celle qui s'étend sur les argiles placées à la base du troisième groupe de l'oolithe ; on n'y rencontre que quelques suintements peu volumineux, circonstance qu'il faut attribuer à la compacité de cette assise et au peu d'étendue des couches perméables qui y sont intercalées. Aussi les eaux météoriques s'écoulent-elles à la surface de cette région et se rendent-elles aux cours d'eau, sans pénétrer dans le sol. L'extrême perméabilité des calcaires de l'étage inférieur donne lieu, au contraire, à des phénomènes inverses. Il n'est pas rare de voir un ruisseau, après avoir coulé pendant quelque temps à la surface du plateau, disparaître tout à coup dans ces calcaires. Ces pertes d'eau sont assez communes dans l'arrondissement de Briey ; les plus connues sont celles de Havange et du Grand-Bichet, commune de Mercy-le-Bas. Selon toute vraisemblance, les eaux qui disparaissent ainsi contribuent à alimenter les sources qui prennent naissance dans les vallées voisines à un niveau géologique inférieur[1].

---

[1] Nous continuons à extraire du travail de M. Raillard quelques données sur la composition des sources de l'oolithe inférieure.

Voici, d'abord, celles qui appartiennent à la première nappe :

Source de Konacker, n° 3, commune de Marspich.	16°
Id. n° 1, id.	18°
Fontaine à 500 mètres au nord du village de Longlaville.	18°
Source de Konacker n° 2.	19°
Fontaine publique de Knutange.	21°
Sources de Morlange.	25°

C'est principalement dans l'oolithe que l'on peut remarquer les rapports qui existent, d'une manière presque constante, entre la position des habitations et la distribution des eaux souterraines et des sources. Une première ligne de villages est placée à mi-côte sur la falaise qui termine le plateau ; elle est habituellement alimentée par les sources du premier niveau. Novéant, Dornot, Vaux, Jussy, Lessy, Scy, Plappeville, Saulny, Marange, Pierrevillers, Rombas et une

Sources de Scy, fontaine de la Pucelle, à Metz.	24°
Sources des Bouillons, à Gorze.	24°
Fontaine publique de Corny.	25°
Fontaines de l'hôtel de ville à Gorze.	25°
Source de Parfondeval, à Gorze.	25°
Fontaine de la Gueule, à Gorze.	27°
Puits public de Longwy-Haut.	27°
Fontaine publique de Jouy, haut du village.	28°
Fontaines publiques de Moyeuvre.	29°
Fontaine incrustante de la Roche, à Clouange.	32°
Fontaine publique de Chazelle, annexe de Scy.	32°
Fontaine publique de Beuvange-sous-Justemont.	36°
Fontaine publique de Jouy, milieu du village.	41°
Source à Beuvange-sous-Justemont, jardin de M. Job.	51°
Sources de Konacker, n°^{s} 4 et 5.	54°

Nous rapportons à la seconde nappe les eaux des sources suivantes :

Fontaine publique de Beuvillers.	21°
Fontaine de Boulange.	22°
Fontaine de Briey.	27°
Fontaine d'Auboué.	31°
Puits de la Chesnois, près Briey.	97°

Enfin, la troisième nappe donne les résultats suivants :

Fontaine de Moiré, à 600 mètres au sud de Puxieux.	26°
Fontaine Saint-Paulin, commune d'Anoux.	26°
Fontaine Saint-Jean, au nord de Chambley.	27°
Fontaine du lavoir de Puxieux, à 400 mètres au nord du village	28°
Fontaine à 600 mètres au nord de Giraumont.	29°
Fontaine Penne-Valle, au sud de Chambley.	30°
Fontaine d'Imonville, commune d'Anoux.	30°
Fontaine publique de Vionville.	31°
Fontaine de la Nocq, territoire du Petit-Xivry.	34°

foule d'autres localités sont situées dans cette position. Sur le plateau, les villages sont souvent groupés au contact des marnes à *Ostrea acuminata* et de l'oolithe de Jaumont, où il existe de petites sources ; mais on en voit aussi beaucoup sur cette dernière assise ; ceux-là se procurent l'eau qui leur est nécessaire, en creusant des puits qui descendent généralement jusqu'aux premières couches du système marneux placé à la base de l'étage supérieur. Il n'y a jamais de groupes d'habitations, au contraire, sur le calcaire à polypiers, parce qu'il faudrait descendre à une trop grande profondeur pour y rechercher l'eau. Nous ne connaissons, dans

<blockquote>
Les trois nappes d'eau auxquelles se rapportent la plupart des sources de la région occidentale du département sont, comme on devait s'y attendre, placées dans des conditions à peu près identiques en ce qui touche la proportion des sels terreux qu'elles tiennent en dissolution. A part quelques exceptions, que la position des lieux expliquerait sans doute, cette proportion ne descend pas au-dessous de $0^g,16$ par litre d'eau, et elle s'élève rarement au-dessus de $0^g,30$. Le carbonate de chaux est l'élément qui y domine.

On a d'ailleurs des analyses complètes pour quelques-unes des sources qui appartiennent à la première nappe. En effet, à l'occasion de la distribution d'eau projetée dans la ville de Metz, M. Langlois a analysé, en 1847, les sources de Scy et de Lessy, et celles de la vallée de Montvaux, et, en 1854, une commission, composée de MM. Taillefer, Rousset et Gehin, a soumis à des essais détaillés, les eaux des Bouillons et de Parfondeval. Il résulte de ces travaux que les sources des environs de Metz qui sourdent à la base de l'oolithe, tiennent en dissolution des proportions de sels variant entre $0^g,160$ et $0^g,240$ par litre d'eau. Les sources les moins chargées de sels sont celles du Pré-Lacour et de la Borne-Brute à Montvaux. Celle qui l'est le plus, est la source des Bouillons, qui entre pour les deux tiers environ dans la masse des eaux servant actuellement à l'alimentation de la ville chef-lieu. Le carbonate de chaux forme communément les trois quarts du poids total des sels tenus en dissolution dans ces eaux ; le reste est composé de sulfate et de nitrate de chaux, de chlorure de calcium, de carbonate et de sulfate de magnésie, de sulfate d'alumine, de chlorure de potassium, de silicate de potasse, de carbonate de fer et de matières organiques.

On remarquera la concordance qui existe entre les résultats de ces analyses et ceux accusés par l'hydrotimétrie. Ces derniers, toutefois, sont toujours un peu plus élevés que les premiers ; ce qui tient à ce que l'acide carbonique libre qui existe dans l'eau, exerce une action sur la dissolution de savon.
</blockquote>

la Moselle, que Longwy qui fasse exception à cette règle; les puits qui alimentent cette ville, traversent toute l'oolithe inférieure; l'eau s'y tient à 60 mètres au-dessous du sol. Mais il faut remarquer que Longwy est une place de guerre dont l'emplacement a été déterminé bien plutôt par des considérations statégiques que par la nature. Les villages de la partie occidentale de la plaine de Briey sont, en général, alimentés par la troisième nappe; aussi la plupart d'entre eux sont-ils placés sur la ligne de contact de l'assise argilo-marneuse à *Ostrea costata* et des calcaires oolithiques gris, qui la surmontent.

Dans l'oolithe moyenne. — Il n'y a pas de nappe d'eau dans la partie exclusivement argileuse de l'oolithe moyenne qui affleure dans le département.

Dans le diluvium. — Le diluvium, quand il est à l'état de gravier ou de sable, et qu'il repose sur un terrain étanche, peut donner lieu à de belles sources. Celles du Sablon, près Metz, n'ont pas d'autre origine; elles forment une ceinture à la base de l'îlot de gravier qui, dans cette localité, est superposé au lias [1].

---

[1] Parmi les eaux mentionnées dans le travail de M. Raillard, et qui se rapportent à ce niveau, nous trouvons :

Source de Marspich, dite du Lavoir, avec un degré hydrotimétrique de.	8°
Source dite du Tonneau.	10°
Puits de l'entrepôt des Douanes, sur la place de la Comédie, à Metz.	20°
Puits du Moulin-Neuf, commune de Vitry-sur-Orne.	31°
Source du Sablon, fontaine de la rue des Allemands, à Metz. .	35°
Id. fontaine Saint-Nicolas.	34°
Fontaine Reinert, dans le village de Montigny-lès-Metz. . . .	35°
Puits de la gare de Thionville.	40°
Sources dans le perré du chemin de halage, à Thionville. . .	47°

M. Langlois a fait une analyse complète des sources du Sablon. Elles renferment 0^g,252 de produits solides par litre d'eau ; elles sont calcaires comme celles de l'oolithe inférieure ; mais elles s'en distinguent par la présence de deux sels de potasse, le silicate et le chlorure.

§ 2. — Puits artésiens.

Généralités. — Dans les contrées dépourvues de sources, ou qui n'en renferment que d'insuffisantes, on est quelquefois conduit à rechercher, par la voie du forage, celles qui gisent dans la profondeur. Ces sources sont dites artésiennes, parce que c'est en Artois que l'on a, pour la première fois et très-anciennement, constaté leur existence et l'on donne également le nom d'artésiens aux puits ou sondages entrepris en vue de les amener au jour.

La possibilité d'obtenir, dans une contrée donnée, des eaux jaillissantes est subordonnée à deux conditions : il est nécessaire, en premier lieu, qu'il existe dans la profondeur un de ces courants souterrains qui circulent dans toutes les couches perméables ; il faut de plus que l'orifice du trou de sonde soit placé à un niveau inférieur à celui qui mesure la pression de la nappe aquifère.

Projets de forage à Metz. — *Sondage de Thionville.* — Dans un rapport adressé, en 1848, à la Commission municipale des eaux et usines de la ville de Metz, nous avons examiné si ces conditions se trouvaient remplies pour cette localité et nous nous sommes prononcé pour l'affirmative. Nous avons établi, dans ce document, que les terrains qui entrent dans la constitution du sol du département, se relevant tous d'une manière assez prononcée dans la direction de l'est, vers la chaîne des Vosges, présentaient des circonstances éminemment favorables au foncement des puits artésiens. Passant en revue les assises que ces terrains renferment, nous en avons indiqué deux comme recélant d'une manière incontestable des nappes d'eau : le grès infraliasique qui affleure le long des bords de la Nied, entre Pange et les Étangs, et le grès bigarré qui se montre plus à l'est dans les coteaux qui entourent la plaine de Creutzwald. Nous ne nous sommes prononcé qu'avec doute sur la possibilité d'obtenir, à Metz, des eaux jaillissantes de la première, à cause de la faible altitude de ses affleurements; mais nous avons estimé, au contraire, qu'un forage poussé jusqu'à la seconde présenterait des chances sérieuses de réussite. La profondeur à atteindre n'aurait pas été au-dessous de 600 à 700 mètres.

Ces appréciations sont relatives à la ville chef-lieu; mais elles peuvent être considérées comme s'appliquant également à la plus grande partie de la vallée de la Moselle comprise dans le département et aux localités situées dans le voisinage de cette vallée.

A notre connaissance, un seul sondage a été exécuté dans le département en vue de rechercher des eaux jaillissantes; c'est celui qui a été foré, en 1824, sur une des places de Thionville. Il a été poussé jusqu'à 152 mètres, sans avoir atteint le résultat pour lequel il avait été entrepris; il paraît ne pas être sorti du lias.

Autres forages. — En revanche, plusieurs des forages exécutés dans la Moselle pour y rechercher le prolongement du bassin de la Sarre ont procuré un résultat inattendu, en mettant à jour des sources artificielles. Nous citerons, notamment, le sondage du Gloukenkof comme ayant amené à la surface une petite source qui continue à couler, malgré l'époque déjà reculée à laquelle remontent les travaux, et surtout ceux beaucoup plus récents du moulin de Porcelette, de l'Hôpital, de Freyming, du Hochwald, de Ham et de la Houve. Les eaux jaillissantes qui s'en échappent sont très-abondantes; elles s'élèvent dans quelques-uns jusqu'à 600 et même 800 litres à la minute. La profondeur à laquelle la nappe a été rencontrée varie dans des limites très-étendues; dans quelques sondages, et en particulier dans celui de Porcelette, on l'a trouvée à une faible distance de la surface; dans d'autres, au contraire, et principalement dans celui de Ham, l'eau n'est arrivée que très-tard jusqu'à l'orifice du trou. On a remarqué qu'elle sortait habituellement de sables coulants ou de poudingues fissurés. La source est rarement venue d'un seul jet, et son volume a été le plus souvent en augmentant avec l'approfondissement.

L'un des sondages exécutés de 1819 à 1821, à Teterchen, pour y rechercher la houille, a également mis à jour, à la profondeur de 35 mètres, une source jaillissante, aujourd'hui peu apparente, mais dont le débit devait s'élever originairement à 300 litres par minute. Le point d'émergence de cette source se trouvait dans un banc calcaire placé au-dessous d'argiles imperméables, appartenant au terrain de muschelkalk.

Ces derniers exemples justifient pleinement les déductions théoriques tirées de la disposition d'ensemble des assises dans le département, et qui nous ont conduit à admettre la possibilité d'obtenir, sur quelques points de la Moselle, des eaux abondantes au moyen de puits artésiens.

§ 3. — Sources minérales.

Sources salines des environs de Sierck. — Le département de la Moselle possède plusieurs sources d'eau minérale ; mais aucune d'elles n'est thermale.

Il y a lieu de citer, en première ligne, à cause de leur importance, les sources salines qui sourdent dans la vallée de la Moselle aux environs de Sierck. Elles sortent des glaises avec gypse qui forment la base du muschelkalk ; elles appartiennent par conséquent à la nappe dont les eaux sont utilisées à Mondorf et à Rilchingen. Celle de Basse-Kontz a été l'objet de quelques travaux de recherches qui l'ont dégagée ; elle peut fournir environ 100,000 litres d'eau par 24 heures. L'analyse qui en a été faite par M. Hautefeuille a donné les résultats suivants :

Chlorure de sodium.	7gr,594
— de potassium.	0 ,443
— de calcium.	2 ,786
— de magnésium.	0 ,269
Sulfate de chaux.	0 ,736
Carbonate de chaux.	0 ,325
Carbonate de magnésie.	0 ,122
Sous-phosphate de protoxyde de fer.	0 ,018
Silice.	0 ,021
Matières organiques.	traces.
Total.	12gr,314

M. Hautefeuille a trouvé de l'arsenic et du manganèse dans le dépôt ocreux que la source de Kontz abandonne au contact de l'air. Il n'a pas eu à sa disposition une assez grande quantité d'eau pour y rechercher l'iode et le brome ; mais MM. Luxer et Gehin y ont constaté la présence de ces corps, et ont ainsi établi qu'elle renfermait les mêmes principes que l'eau de Mondorff et à peu près dans les mêmes proportions. Il résulte, en outre, de leurs recherches, que le gaz qui se dégage par grosses bulles, et d'une manière intermittente, de la source de Kontz, est composé, sur 100 parties, de :

Azote.	95,986
Acide carbonique.	4,014

Le gaz que l'eau tient en dissolution est également formé d'azote et d'acide carbonique, mais dans des proportions différentes. Un litre de cette eau donne, à la température de 10° centigrades et sous la pression ordinaire, 64 centimètres cubes de gaz contenant :

Azote.	26 cent. c.
Acide carbonique.	38 —
Total.	64 cent. c.

Comme celle de Mondorff, l'eau de Basse-Kontz est limpide; mais en perdant le gaz qu'elle renferme, elle se trouble et laisse déposer un précipité ocreux qui fait effervescence avec les acides ; sa saveur est salée, un peu amère. Au mois de juillet 1853, on a trouvé que sa température était de 15° cent. et sa densité de 1,0088.

Dans le compte rendu des travaux de la Société des sciences médicales de la Moselle pour 1850, M. Langlois a donné l'analyse d'une source de Rettel, connue sous le nom de source de la Chartreuse, qui dépend certainement de la nappe de Mondorff, quoiqu'elle soit bien moins chargée de principes salins. Cette source contient par litre d'eau :

PRODUITS GAZEUX.

Acide carbonique.	38 cent. c.
Azote.	15 —
Oxygène.	4 —

SUBSTANCES SALINES.

Chlorure de sodium.	2^{gr},145
Sulfate de soude.	0 ,480
Sulfate de chaux.	0 ,120
Chlorure de magnésium.	0 ,110
Bromure id. (traces très-sensibles).	
Iodure id. id.	
Carbonate de chaux.	0 ,280
— de magnésie.	0 ,040
— de protoxyde de fer.	0 ,025
Total.	3^{gr},200

Source saline de Salzbronn. — Sur un autre point du département, fort éloigné de Sierck, à Salzbronn, près Sarralbe, il existe également une source salée qui est utilisée par les habitants du voisinage, à raison de ses qualités purgatives. Elle est jaillissante et provient d'un des sondages exécutés dans l'enceinte de la saline pour rechercher la masse de sel gemme qui se trouve à la base du muschelkalk. Ce n'est point toutefois son niveau, car elle a été rencontrée à la profondeur de 74^m,53, à la partie inférieure des marnes irisées. Son volume, mesuré en novembre 1841, était de 78 litres par minute; sa température, de 14° centigrades, est un peu supérieure à celle qui résulte de la température moyenne de Sarralbe, cumulée avec l'augmentation provenant de la profondeur.

L'analyse de l'eau de la fontaine jaillissante de Salzbronn a été faite à l'Institut chimique de l'université de Heidelberg, sous la direction de M. Bunsen; elle a démontré que 1,000 grammes de cette eau renfermaient :

Chlorure de sodium.	1^{gr},92701
— de potassium.	0 ,15164
Sulfate de chaux.	2 ,14490
— de magnésie.	0 ,22990
— de soude.	0 ,15180
Carbonate de chaux.	0 ,09265
— de magnésie.	0 ,26360
— de protoxyde de fer.	0 ,00483
Silice.	0 ,00750
Acide carbonique.	0 ,24140
Acide crénique et apocrénique.	traces.
Brome.	id.
Total	5,21523

1,000 grammes de cette eau renferment 122 centigrammes d'acide carbonique libre[1].

Sources ferrugineuses. — Il existe dans le lias, c'est-à-dire à un niveau géologique beaucoup plus élevé que celui des sources de Sierck et de Salzbronn, une nappe d'eau minérale qui donne lieu, dans le département, à un nombre très-

---

[1] Renseignements communiqués par M. de Thon, directeur de la saline.

considérable de sources. Cette nappe paraît emprunter les sels qu'elle tient en dissolution aux ovoïdes calcaro-ferrugineux et pyritifères que l'on rencontre dans l'étage supérieur du terrain liasique; elle s'épanche à la base de cet étage, un peu au-dessus du grès médioliasique. Parmi les sources qu'elle alimente, celles de la Bonne-Fontaine et de Lorry sont surtout connues à Metz; mais il en existe un grand nombre de toutes semblables dans la Moselle, et notamment à Thimonville, au pied de la côte de Delme, à Fey, à Corny, à Ars-sur-Moselle, à Rombas, à Bétange, à Chaudebourg, près de Thionville; et dans les environs de Longwy, à Mont-Saint-Martin et à Gorcy. Toutes ces sources sont froides et ferrugineuses; elles ont une saveur astringente très-prononcée; quelques-unes d'entre elles sont utilisées pour le traitement de certaines affections.

M. Langlois a analysé la source qui se trouve sur la route de Lorry, et qui peut être considérée comme le type de celles que nous venons de mentionner; il y a trouvé, par litre d'eau :

PRODUITS GAZEUX.

Acide carbonique.	60 cent. c.
Azote.	21 —
Oxygène.	7 —

SUBSTANCES SALINES.

Carbonate de chaux.	0gr,576
— de magnésie.	0 ,008
— de protoxyde.	0 ,025
Sulfate de magnésie.	0 ,086
— de potasse.	0 ,049
— de chaux.	0 ,340
Chlorure de calcium.	0 ,012
Total.	0gr,896

Le dépôt ocreux que la source de Lorry abandonne, en coulant à la surface du sol, contient une quantité notable d'arsenic; mais on n'en trouve point dans l'eau.

Au-dessus de la ferme de Poncillon, territoire de Sorbey, une source fortement ferrugineuse sourd au fond d'une petite cuvette des affleurements du calcaire à gryphées arquées; elle abandonne, en coulant, un précipité rouge d'hydrate de fer, et paraît provenir de la décomposition des pyrites qui se rencontrent quelquefois dans les bancs de cet étage.

Sources diverses. — Les sources minérales que nous venons de décrire sont les seules qui aient quelque importance dans le département. Toutefois, pour ne rien omettre, nous devons mentionner les eaux salées de Cocheren, celles de la vallée de la Nied française, et celles qui sourdent, près du pont de Saint-Julien, dans une des galeries du fort Belle-Croix. Ces deux dernières paraissent emprunter leur salure aux marnes irisées; quant à celles de Cocheren, leur gisement ne nous est pas bien connu; nous n'osons pas les rapporter au grès vosgien, quoique ce soit le niveau que leur assigne leur situation dans l'intérieur même du village.

En terminant ce qui a rapport aux sources minérales, nous rappellerons que les moines de l'abbaye de Stürtzelbronn avaient mis en crédit, au dix-septième siècle, une source d'eau sulfureuse dont nous avons en vain cherché les traces dans cette commune; l'existence d'une pareille source dans cette localité nous paraît très-problématique.

Celle de Walschbronn, plus connue, est enfouie depuis longtemps sous les ruines du château, et complétement perdue; elle renfermait du pétrole blanc. L'existence de cette source remarquable est attestée par des documents authentiques; il paraît même qu'en 1775, le roi Stanislas la fit rechercher sous les décombres qui l'obstruaient, et que l'année suivante, le bassin fut réparé par son ordre. Nous ne connaissons pas les circonstances qui ont amené la perte définitive de la source de Walschbronn.

Enfin on indique encore des sources minérales dans les communes suivantes : Mairy, Tucquegneux, Pierrevillers, Fléville, Longuyon, Herserange, Faulquemont, Plantières, Marieulles, les Étangs, Hettange-Grande et Sarreinsming. Nous n'avons point vérifié l'existence de toutes ces sources : nous croyons même que la plupart d'entre elles ne sont point minérales; dans tous les cas, elles n'ont aucune importance.

CHAPITRE XVII

STRUCTURE DU SOL

Objet de ce chapitre. — Dans les chapitres précédents, nous avons passé en revue les assises qui forment le sol de la Moselle, en allant de l'est vers l'ouest, c'est-à-dire en suivant l'ordre dans lequel elles se sont déposées. Nous avons été conduit à y distinguer un certain nombre de groupes naturels ou de terrains, et nous avons donné, de chacun de ces groupes, une description détaillée. La composition du sol du département s'est trouvée ainsi fixée; mais ce n'est là qu'un des éléments de sa constitution géologique. Il ne suffit pas en effet de définir les caractères pétrographiques et paléontologiques du sol ; il n'est pas moins utile de rechercher comment les grandes masses minérales qui concourent à le former, sont disposées les unes par rapport aux autres. A cette condition seule, on peut se rendre compte des rapports de position des assises diverses dont on a reconnu les affleurements, prévoir celles que l'on rencontrera, en creusant sur un point déterminé; en un mot, conclure, de ce que l'on voit à la surface, à ce qui se passe dans les régions profondes du sol. On ne saurait, de plus, aborder cette recherche, sans essayer de remonter aux causes auxquelles il faut attribuer la disposition d'ensemble des terrains et les accidents dont ils portent les traces, ainsi que le relief du sol, qui n'est, en définitive, que la résultante toujours très-expressive de sa structure intérieure. Telle est l'étude que nous nous proposons d'entreprendre dans ce chapitre, étude non moins intéressante que la première et qui en forme, comme on le voit, le complément indispensable.

Disposition d'ensemble des terrains stratifiés en Lorraine et dans le département de la Moselle. — Déjà, en donnant, dans le chapitre Ier, un aperçu de la constitution géologique du département, nous avons eu l'occasion de faire connaître, d'une manière sommaire, la disposition des terrains stratifiés qui forment le sol de la plaine étendue au pied occidental des Vosges. A ne voir que l'ensemble, on reconnaît qu'ils s'appuient, en se recouvrant avec une inclinaison faible, suivant l'ordre de leur ancienneté, sur le revers de cette chaîne. Il en résulte que leurs affleurements, débordant toujours un peu vers l'est, constituent autant de bandes alignées parallèlement à l'axe de soulèvement de ces montagnes.

Rien n'est, d'ailleurs, plus simple que de concevoir cette disposition. Le soulèvement principal auquel les Vosges doivent leur relief a eu lieu immédiatement après le dépôt du grès vosgien; il s'est traduit par l'élévation en masse de la partie de ce terrain qui est située dans le massif montagneux. Une fois émergées, ces montagnes formèrent une île au milieu de la mer triasique; de là vient leur isolement, trait essentiellement caractéristique de leur configuration. A la suite de cette révolution, le grès bigarré qui constitue la partie inférieure du trias, s'est déposé sur la portion non soulevée du grès des Vosges : ses affleurements marquent encore aujourd'hui les limites de la région montueuse. Le muschelkalk, puis les marnes irisées, le grès infraliasique et les divers membres de la série jurassique se sont ensuite formés dans une mer dont les rivages ont été reportés, de plus en plus, vers l'ouest, à mesure que les sédiments s'y accumulaient, en conservant, toutefois, dans leur direction des traces de la révolution qui les a primitivement façonnés. Le soulèvement des Vosges est donc l'accident qui a laissé la plus forte empreinte dans la structure du sol de la plaine située au couchant de ces montagnes, c'est-à-dire de la Lorraine.

Dans le département de la Moselle, les choses ne se sont pas passées aussi simplement. Nous avons déjà fait remarquer que les zones déterminées par les affleurements des terrains y étaient doublement infléchies, et qu'elles avaient la forme

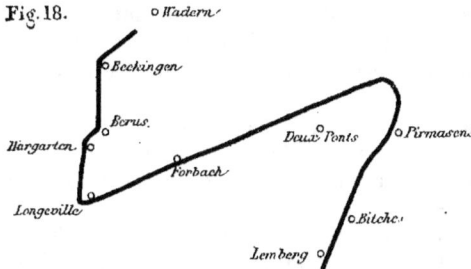

Fig. 18.

Ligne d'affleurement du grès bigarré dans la Moselle et autour du bassin de la Sarre.

d'un Z renversé ou simplement couché. La figure qui résulte de leurs traces rapportées sur une carte, est, en réalité, un peu plus compliquée. Nous reproduisons ici celle que l'on obtient, en suivant les affleurements du grès bigarré depuis Lemberg, où ils pénètrent dans la Moselle, jusqu'à Bérus, où ils quittent le département, pour s'avancer vers Wadern, en passant par Beckingen.

C'est, comme on le voit, une ligne plusieurs fois brisée, et composée d'éléments rectilignes, alignés suivant deux directions principales. L'une de ces directions est parallèle aux Vosges et se rapproche du nord; elle comprend les éléments Lemberg-Pirmasens, Longeville-Beckingen et, en dehors du département, Bérus-Beckingen ; l'autre est orientée à peu près E. 30° N., O. 30° S. ; il faut y rapporter les alignements Deux-Ponts-Longeville, Hargarten-Bérus ainsi que celui de Beckingen-Wadern qui est situé au delà de la frontière. Les zones produites par les affleurements des autres terrains sont toutes modelées sur celle du grès bigarré. Nous avons vu que la baie formée par le lias inférieur vers Puttelange et la côte oolithique de Delme n'étaient, en définitive, que la conséquence de la double inflexion que les zones subissent, en traversant le territoire de la Moselle. Il y a donc, pour le département, deux alignements principaux auxquels sont subordonnées la direction et l'inclinaison des assises qui en forment le sol. C'est par là qu'il se différencie du reste de la Lorraine.

Il importe de passer en revue les accidents qui se rapportent à ces alignements, afin d'établir la part d'influence que chacun d'eux a eue dans la structure et dans le relief du sol de la Moselle.

Contrée située à l'est de la Sarre. — Faille de Bitche. — Dans la pointe, beaucoup plus longue que large, formée par le département à l'est de la Sarre, les masses minérales qui entrent dans la constitution du sol sont alignées parallèlement aux Vosges. C'est ce dont on peut se convaincre en jetant les yeux sur la carte géologique. On y voit les affleurements des divers membres du trias déterminer autant de bandes qui traversent la région dans une direction voisine du N. 21° E. qui est celle de l'axe de cette chaîne de montagnes. En décrivant le grès vosgien, nous avons eu occasion d'appeler l'attention sur la structure du sol de cette contrée. La région montagneuse est séparée de celle des plateaux par une faille, à l'ouest de laquelle ce terrain se montre déprimé en masse d'environ 80 mètres. Cet accident est représenté sur la figure 4, page 121 ; au nord de Bitche, il suit presque exactement la vallée du Hornbach et vient passer, au sud, non loin de Lemberg et de Gœtzenbrück. Sa direction générale, qui est, dans la Moselle, N. 23° E., se retrouve dans la structure du sol de toute la région située à l'est de la Sarre. Cette partie du département ne diffère donc, sous aucun rapport, de la Lorraine, dont elle forme la pointe la plus avancée vers le Nord.

Région comprise entre la Sarre et la Moselle. — Accidents dirigés E. 30° N.— O. 30° S.—Dans la région comprise entre la Sarre et la Moselle, c'est au contraire l'alignement E. 30° N. — O. 30° S. qui est prépondérant, et l'on ne retrouve plus que de faibles traces de la direction propre à la chaîne des Vosges.

Si on envisage d'abord la partie orientale de la contrée, celle qui confine à la Sarre, on ne peut qu'être frappé de la fréquence avec laquelle se reproduisent les accidents qui caractérisent le soulèvement de ces montagnes ; seulement ils y affectent des orientations différentes. A Spicheren, non loin de la frontière prussienne, au Schlossberg, qui domine la ville de Forbach, au Hiéraple près Cocheren, à Hombourg-l'Évêque et à Saint-Avold, on voit le grès bigarré déposé aux pieds de buttes élevées, entièrement formées par le grès vosgien. Les dérangements se prolongent même tout le long de l'escarpement qui domine, à partir de Longeville, la route de Paris à Mayence, et si sur quelques points ils deviennent peu apparents, cela tient uniquement à ce qu'ils sont très-inégaux. Ils font donc incontestablement partie d'une faille orientée, comme l'escarpement lui-même, suivant la direction E. 30° N.

Nous avons déjà eu occasion de faire remarquer que cette direction est le trait caractéristique de la structure et du relief du sol dans toute la partie médiane du département. Entre Longeville et la frontière prussienne, les affleurements du grès bigarré lui sont sensiblement parallèles ; ils donnent lieu à une première ligne de collines assez ardues que termine un petit plateau où se montre l'assise marneuse qui couronne ce terrain. Le muschelkalk, placé un peu en arrière du grès, forme une seconde ligne de coteaux superposée à la première et dans laquelle paraissent toutes les couches qui constituent cette formation depuis les glaises bigarrées de la base jusqu'aux calcaires dolomitiques qui en forment le sommet. Toutes ces assises plongent dans une direction normale à la ligne des affleurements, c'est-à-dire vers le sud-est. Quant aux marnes irisées qui s'étendent entre la base des plateaux recouverts par le muschelkalk et la lisière de la Meurthe, elles font plusieurs ondulations autour d'une ligne dirigée E. 30° N. Enfin cette direction se reproduit encore, comme nous l'avons vu, dans la baie liasique qui, des environs de Remilly, s'avance vers Puttelange, et dans le golfe de la mer oolithique dont la côte de Delme constitue le vestige le plus saillant vers l'Est. Elle est donc profondément empreinte dans la structure souterraine de toute cette contrée.

La configuration du sol lui est également subordonnée. On peut s'en convaincre en parcourant le pays dans une direction voisine du nord au sud ; on voit toutes les routes présenter, dans ce sens, une suite non interrompue de montées et de descentes. Mais c'est dans l'accident orographique le plus considérable de la contrée que la relation entre la structure du sol et le relief se produit avec le plus d'évidence. Il est, en effet, impossible de ne pas être frappé de la coïncidence qui existe entre la faille de Saint-Avold et l'escarpement aux pieds duquel se tient la route de Paris à Mayence entre Longeville et Sarrebruck. Il est évident que c'est cette faille qui a favorisé la dénudation à laquelle l'escarpement doit son relief.

La côte qui s'étend entre Hargarten et Bérus, en regard de celle de Saint-Avold, présente une structure analogue. On y voit, en effet, les affleurements du grès bigarré courir, suivant une ligne dirigée E. 30° N., et plus au nord, entre Merzig et Wadern, ils pénètrent dans une grande baie allongée suivant cette direction. Les assises de ce terrain et celles du muschelkalk ont, dans ces parages, une tendance à verser vers le nord-ouest, et les marnes irisées sont constamment déposées aux pieds des plateaux occupés par ce dernier, de façon à reproduire quelquefois par leur contact l'orientation indiquée, comme cela se remarque entre Teterchen et Varize.

La partie du département voisine de la Sarre renferme

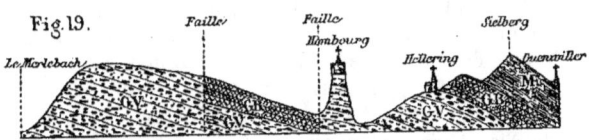

Coupe transversale à la vallée de la Rosselle par Hombourg-l'Évêque.
G.V. Grès vosgien. G.B. Grès bigarré. M. Muschelkalk.
Echelle 80,000 haut. x 10.

une troisième faille qui, par suite de l'absence de repères dans le terrain de grès vosgien qu'elle recoupe sur la plus grande partie de sa trajectoire, est bien moins apparente que les précédentes. Révélée par les différences que le sondage du Hochwald d'une part et de l'autre ceux de Merlebach et de Freyming ont présentées dans la nature et l'allure des terrains traversés, cette faille a été mise, plus tard, complétement en évidence par celles du même ordre, que l'on a constatées dans les forages de la plaine au nord de Saint-Avold. Elle paraît être dirigée de Merlebach sur un point situé un peu au sud de Longeville et se trouve, par conséquent, orientée à peu près parallèlement à celle qui longe l'escarpement triasique. La faille de Merlebach devient, d'ailleurs, très-apparente à la surface du sol dans les environs de Hombourg-l'Évêque, ou, comme le montre la coupe de la figure 19 ci-contre, dirigée transversalement à la Rosselle, on observe, dans le grès bigarré, deux coupures très-nettes, dont l'une s'étend à la base du monticule sur lequel ce bourg est bâti et l'autre se trouve sous le parallèle de Freyming.

Enfin, la vallée de la Nied, dans la partie inférieure de son cours, correspond également à une faille. L'accident se présente surtout avec une grande évidence dans la colline isolée du Siersberg, près de Siersdorf, village prussien, où l'on voit les assises du grès bigarré et du muschelkalk butter contre de gros bancs de grès qui appartiennent manifestement au grès vosgien. On en retrouve, du reste, des traces tout le long de la route de Rehlingen à Bouzonville : un peu au-dessus de Berus, on passe sans transition du grès des Vosges aux couches supérieures du grès bigarré; plus loin près de Nied-Altdorf, les marnes irisées sont déposées au pied d'un plateau élevé de muschelkalk et la même disposition s'observe près de Bouzonville, entre Aidling et Filstroff.

On compte donc, dans la région du département attenante à la Sarre, quatre failles très-nettes qui se présentent dans l'ordre suivant, quand on va du sud vers le nord. :

1° La faille de Saint-Avold et de Forbach qui coïncide avec l'escarpement aux pieds duquel chemine, à partir de Longeville, la route impériale de Paris à Mayence;

2° Celle de Merlebach, laquelle traverse vraisemblablement la concession de Schœnecken ;

3° Celle qui est représentée par l'escarpement triasique situé entre Hargarten et Bérus, parallèle et opposée à celui qui domine la route de Mayence ;

4° Enfin, la faille de la vallée de la Nied dirigée à peu près du sud-ouest au nord-est.

Si on quitte les bords de la Sarre, pour se diriger vers la Moselle et la Seille, on observe une suite d'accidents qui se rapprochent par leur orientation de ceux que nous venons de signaler. Ce sont les failles d'Achâtel, de Mécleuves, du Haut-Chemin et de la vallée de la Moselle entre Thionville et Sierck dont il a été question, avec détail, dans le chapitre consacré à la description du terrain liasique. Nous nous contenterons donc de les mentionner, en plaçant, en regard de chacune d'elles, la direction relevée dans la partie la plus apparente de son trajet :

1° Faille d'Achâtel, E. 24° N.;
2° Failles de Mécleuves, E. 24° 1/2 N.;
3° Faille du Haut-Chemin, E. 30° 1/2 N.,
4° Vallée de la Moselle entre Thionville et Basse-Kontz, N. E. S. O.

Faute de trouver de bons points de repère dans le massif presque exclusivement marneux du keuper, il est assez difficile de rattacher ces accidents à ceux que l'on observe sur les bords de la Sarre. Aussi n'avons-nous point essayé de les raccorder sur la petite carte de la planche V, où les uns et les autres sont figurés. Toutefois, en jetant les yeux sur cette carte, on ne peut s'empêcher de faire quelques rapprochements. Ainsi la faille d'Achâtel est exactement dans l'alignement de l'accident qui s'étend entre Forbach et Longeville. Celle de Mécleuves prolongée et se relevant un peu vers le nord, suit, entre Varize et Teterchen, la limite du muschelkalk et des marnes irisées, et elle profile ensuite l'escarpement triasique qui s'étend entre Hargarten et Berus. Quant à la faille du Haut-Chemin, elle semble, par suite d'un relèvement dans le même sens dont on voit quelques traces entre Rurange et Piblange, se rattacher à celle de la vallée de la Nied.

Les accidents dirigés E. 30° N., — O. 30° S., caractérisent le pays Messin. Généralité de cette orientation dans la partie centrale du département. — Ces failles constituent les accidents géologiques et orographiques les plus considérables de la contrée comprise entre la Sarre et la Moselle. Ce ne sont point toutefois les seuls, car on retrouve l'alignement E. 30° N. dans un grand nombre de vallons et de collines de cette région. On composerait une liste interminable si on voulait noter tous les accidents du sol qui, dans la partie centrale du département, affectent cette direction. Nous nous contenterons d'indiquer les principaux. Parmi les vallées qui la reproduisent avec le plus de netteté, il faut citer, en première ligne, celle que parcourt la Nied allemande. On peut même remarquer que cette rivière, prenant sa source non loin de la Sarre, ne revient s'y jeter près de Rehlingen, qu'après avoir fait un circuit considérable, en forme de fer à cheval, dont les deux grands éléments parallèles sont presque exactement orientés E. 30° N. Une foule de vallons secondaires qui dépendent du bassin des Nieds et de la Seille, sont également alignés suivant cette direction.

On la retrouve aussi sur la rive droite de la Moselle, car c'est, comme nous l'avons vu, celle qu'affecte la faille de Gorze, laquelle n'est autre chose que le prolongement occidental de l'accident du Haut-Chemin, et nous aurons prochainement l'occasion de la signaler dans la faille d'Audun-le-Roman. D'un autre côté, en décrivant les gisements de minerai de fer en grains de l'arrondissement de Briey, nous avons fait remarquer que les principales veines de ces gîtes, comparables, par leur étendue, à certains filons, étaient orientés E. 30° N. Enfin, les grandes vallées de la partie occidentale du département reproduisent cette direction : celle de l'Orne depuis Hatrize jusqu'à Rombas, c'est-à-dire dans toute la partie de son parcours où elle est encaissée entre les parois rocheuses de l'oolithe inférieure, celle de la Chiers entre Longuyon et Longwy, celle du Rupt de Mad entre Rembercourt et Onville. Cette remarque a d'autant plus d'importance, que ces vallées, sillonnant un plateau composé de roches dures, il est bien difficile de concevoir qu'elles aient pu se former par la seule action des eaux et sans le secours de fractures préalables, à travers lesquelles celles-ci se sont frayé une voie.

La direction E. 30° N.-O. 30° S. se présente, comme on le voit, avec une extrême fréquence dans la structure souterraine et la configuration du sol de la partie médiane du département. C'est elle qui préside en partie, comme nous l'avons fait remarquer, à la disposition du terrain dans cette région. Cette direction si générale forme le trait essentiellement caractéristique du pays Messin et ce qui le distingue, comme région naturelle, de la Lorraine, au nord de laquelle il est situé. On ne constate, en effet, que des différences légères dans la composition des terrains, en passant d'une contrée dans l'autre ; mais il y en a de considérables dans la disposition stratigraphique de ces derniers. Ces différences, par cela même qu'elles tiennent à la stratigraphie, laquelle joue un rôle si important dans le relief et la configuration du sol, sont destinées à être davantage remarquées et il est impossible de parcourir la partie centrale du département, sans être à chaque instant frappé de la tendance qu'ont les accidents du sol à se rapprocher de la direction E. 30° N., O. 30° S. Toute cette région présente une suite de ridements plus ou moins étendus suivant cette orientation.

Metz, placée sur la Moselle au confluent de la Seille, qui, vers sa source, coule dans une dépression produite par une de ces rides, et à une petite distance des Nieds, qui en reproduisent si fidèlement la direction dans diverses parties de leur cours, forme le centre naturel de cette région distincte de la Lorraine, où tous les accidents géologiques et orographiques ont une tendance à se rapprocher de la direction E. 30° N. Aussi est-ce avec une intention bien marquée que nous l'avons désignée sous le nom de pays Messin, qui a, comme on le voit, sa signification propre, de même que le nom de Lorraine a la sienne, en tant qu'il s'applique à la région plus méridionale où les ridements sont alignés suivant la direction N. 21° E., qui est celle du soulèvement de la chaîne des Vosges.

Le sol de la ville chef-lieu est d'ailleurs affecté, comme nous l'avons fait remarquer en décrivant le lias, par une des failles dirigées E. 30° N., celle de Haut-Chemin. Il en résulte que Metz a un relief très-tourmenté et dont l'ensemble est assez exactement représenté par une colline abrupte, allongée suivant cette direction. Cette colline aux revers escarpés, protégée par les deux rivières qui baignent ses pieds, est une position fortifiée par la nature qui a dû attirer l'attention, bien longtemps avant que l'art s'en soit emparé pour en faire un des boulevards de la France septentrionale. Aussi nous plaisons-nous à retrouver, dans la configuration du sol de Metz, l'une des causes et peut-être la plus directe de ses anciennes et glorieuses destinées.

Les accidents du pays Messin se rattachent à ceux du bassin de la Sarre. — Les accidents que nous venons de suivre dans le pays Messin ne sont autre chose que les éléments de failles beaucoup plus étendues qui ont leurs points de départ dans la contrée comprise entre la Sarre et le Rhin. C'est donc là qu'il faut chercher les causes et, pour ainsi dire, la clef de ces accidents.

La partie de cette contrée située en regard du département de la Moselle est occupée par le terrain houiller de la Sarre. C'est, sous le rapport géologique, une région dont la symétrie est le caractère essentiel. Qu'on étende les limites du bassin houiller jusqu'au pied du Hundsrück, comme l'ont fait les auteurs de la Carte géologique de la France, ou qu'on les restreigne en reportant au sud de Sarrelouis celles du grès rouge, elle conserve, dans les deux cas, la forme d'un parallélogramme, allongé dans le sens du Hundsrück. Cette forme est le résultat de plusieurs grands accidents qui s'étendent depuis la Sarre jusqu'au Rhin, et qui, bien qu'ils ne soient point tous connexes, sont néanmoins bien près d'être parallèles. Le plus ancien de ces accidents est le soulèvement du massif montagneux du Hundsrück, dont l'orientation, prise entre Dreisbach et Bingen, est E. 34° N. Vient ensuite la faille qui, vers le sud, sépare la partie du terrain houiller qui a été redressée de celle qui est restée à peu près horizontale; elle s'étend du pied du mont Tonnerre à Sarrebruck; sa direction est E. 35° N. Nous retrouvons encore cette orientation dans la ligne qui relie, au pied du Hundsrück, le Littermont à Kreuznach, en passant par les centres des éruptions porphyriques de la partie septentrionale du bassin, Aussen, le Harchenberg et les environs de Birkenfeld. Le dyke de mélaphyre du Dagstuhl, qui n'a pas moins de 20 kilomètres de longueur entre Wadern et Birkenfeld, est également dirigé E, 35° N., et c'est aussi le sens suivant lequel courent beaucoup de collines de mélaphyres, tant dans les environs de Tholey qu'au pied du Mont-Tonnerre. Enfin, un peu au sud de la faille terminale du bassin et presque parallèlement à sa direction, s'étend une dépression dans le grès des Vosges qui n'est point en rapport avec le cours des eaux et qui correspond à un grand accident ; c'est celle que suivent la route de Paris à Mayence et le chemin de fer du Palatinat. Vers l'ouest, les dérangements qui accompagnent cette vaste dépression se retrouvent tout le long de la vallée du Scheidterbach, ruisseau qui se jette dans la Sarre, à quelques kilomètres au sud de Sarrebruck. La direction de la dépression de Hombourg est exactement E. 27° N.

Cette dépression, la faille profonde qui limite, du côté du sud, la partie redressée du terrain houiller, les groupes porphyriques qui s'étendent, dans le nord, aux pieds des pentes du Hundsrück sont autant de grands accidents qui sillonnent le bassin dans toute sa longueur, et dont le parallélisme avec l'axe de redressement de cette chaîne imprime, à la région comprise entre Mayence, Worms, Sarrebruck et Merzig, ce caractère de symétrie que nous avons signalé comme en formant le trait distinctif. Les dykes de mélaphyre qui traversent des portions plus ou moins étendues du bassin, constituent des accidents plus circonscrits que les précédents, mais qui procèdent manifestement de la même cause.

En prolongeant vers l'est, les accidents qui traversent le pays Messin, on n'est pas peu surpris de voir qu'ils viennent se raccorder, et, en quelque sorte, se souder avec ceux du bassin de la Sarre, de telle sorte qu'ils leur sont non-seulement parallèles, mais qu'ils en forment encore la continuation.

En effet, la faille qui longe le pied septentrional de la côte de Delun et qui est représentée, dans la partie orientale du département, par l'escarpement triasique des environs de Saint-Avold et Forbach, se rattache à la dépression de Hombourg et de Landstuhl pour les dérangements signalés dans la vallée du Scheidterbach. C'est donc un accident que l'on peut suivre pas à pas, sans jamais le perdre, entre la Moselle et le Rhin. Nous avons également vu que la faille terminale du bassin houiller se prolongeait sur le sol de la Moselle, au moins jusque dans les parages de Longeville. Quant à la côte de Mécleuves et à l'escarpement qui en forme le prolongement entre Hargarten et Bérus, ils sont jalonnés dans la région de la Sarre par les mélaphyres des environs de Saint-Wendel. Enfin la faille du Haut=Chemin et la vallée basse de la Nied se trouvent dans l'alignement du dyke de mélaphyre du Dagstuhl.

Comment on les explique. — On ne manquera pas de remarquer que les accidents qui sillonnent le bassin de la Sarre sont tous antérieurs au dépôt de la plus grande partie des terrains qui lui sont superposés. Il paraît, en effet, bien établi que l'éruption des porphyres quartzifères qui a amené la dislocation du bassin, a immédiatement suivi la formation du terrain houiller et que les roches mélaphyriques sont contemporaines du grès rouge. On est dès lors naturellement amené à se demander comment des terrains plus modernes, tels que le trias, le lias et même l'oolithe ont pu se trouver affectés par les dérangements que l'apparition au jour de ces roches ont produits. Il faut, pour le concevoir, admettre que les portions de l'écorce terrestre qu'elles ont fracturées se sont réouvertes, longtemps après avoir été désunies, et que de nouveaux affaissements se sont produits, lesquels se sont propagés dans les terrains superposés.

La manière dont nous expliquons l'espèce de réaction que les fractures de l'écorce terrestre ont exercée sur des terrains qui n'étaient pas encore formés à l'époque où elles se sont produites, peut être appuyée par quelques motifs puissants. Il est difficile, en effet, d'imaginer une dislocation aussi profonde et aussi étendue que la faille qui termine la partie apparente du bassin de la Sarre, du côté du sud, par exemple, sans admettre qu'elle a dû plusieurs fois s'ouvrir sous l'influence des commotions des premiers âges, alors que l'enveloppe solide du globe était loin d'avoir l'épaisseur qu'elle possède aujourd'hui. On serait presque tenté de comparer une pareille dislocation à une cicatrice imparfaitement fermée, dont les bords, en se séparant, déchirent l'appareil qui la recouvre. Quoi qu'il en soit, le fait de la réaction exercée par les failles sur des dépôts postérieurs à leur apparition me paraît être établi, dans le pays Messin, avec une évidence irrécusable; on en trouve à chaque pas des exemples qui ne laissent aucune place au doute.

Les accidents n'ont point été simultanés. — Quand on étudie de près l'influence que les dislocations originaires du bassin de la Sarre ont exercée sur les dérangements qui affectent les formations plus modernes, on reconnaît bien vite qu'elle s'est fait sentir à différentes reprises. L'escarpement qui existe entre Forbach et Saint-Avold, sur le prolongement de la dépression de Hombourg, paraît être le fait du soulèvement des Vosges; du moins, le grès vosgien et le grès bigarré y présentent-ils les accidents qui ont, depuis longtemps déjà, été remarqués au pied de cette chaîne. Une seconde action doit avoir suivi de près le dépôt du trias et avoir déterminé, dans les marnes irisées, ces sillons que l'on remarque près de Puttelange et de Dieuze et dans lesquels la mer liasique a pénétré sous forme de golfes allongés vers le nord-est. Enfin, il faut bien admettre que les failles originaires du bassin se sont ouvertes à une époque plus récente, puisque le lias et même l'oolithe manifestent, dans leur prolongement, des traces de bouleversements nombreux. Il est difficile, sinon impossible, d'indiquer la date de cette dernière action. Si l'on n'avait égard qu'au relief accidenté et parfaitement conservé des failles des environs de Metz, on serait tenté de lui assigner une époque peu reculée[1].

[1] Les études géologiques sur le pays Messin, insérées dans le tome XI des *Annales des Mines*, 5ᵉ série, contiennent une étude détaillée des failles de cette région, à laquelle nous avons fait de nombreux emprunts. Nous ne pouvons naturellement reproduire ici tous les développements dans lesquels nous sommes entré. Nous croyons toutefois devoir mettre en évidence une des particularités de l'allure de ces accidents, qui a une conséquence d'une application assez importante dans l'étude du relief du sol. En décrivant les failles du lias, nous avons fait remarquer que leur amplitude était très-variable, suivant les points sur lesquels on la mesurait, ou, en d'autres termes, que les assises correspondantes avaient été dénivelées de quantités fort inégales le long de l'accident. C'est là un fait très-général dans le pays Messin. Quand on vient à examiner de près les variations que subissent les amplitudes des failles, on reconnaît qu'il y a entre elles une certaine relation, et que, la suture une fois produite, des portions de terrain plus ou moins étendues se sont effondrées, en tournant autour d'une charnière qui est restée fixe. Cette dernière correspond aux points où le dérangement est nul et la faille indistincte. Il y en a d'autres, au contraire, où elle atteint son maximum d'amplitude ; entre les deux, l'écartement des assises correspondantes reste proportionnel à la distance qui sépare, de la charnière, le point où l'observateur est placé. Dans tous les cas, l'écartement n'est jamais qu'une fraction très-faible de cette distance.

La conséquence qui en résulte est que cette disposition ne peut se concevoir sans des accidents latéraux. Si l'on considère, en effet, deux portions de terrain ayant joué, chacune séparément, autour d'une charnière restée fixe, il arrivera que, quelque faible que soit l'écartement au point où elles se rencontrent, les assises correspondantes ne pourront se raccorder ; c'est

Faille de la région occidentale du département ; Gorze, Amanvillers, Hayange, Hettange, Fontoy, Audun-le-Roman, Crusnes. — Les failles qui sillonnent le département ne sont point toutes concentrées dans sa partie médiane. Il en existe également dans la région située à l'ouest de la Moselle. Toutefois, celles-ci paraissent avoir moins de suite et d'étendue que les premières. Les accidents de la plaine de Briey, qui, à raison de leur importance, méritent d'être mentionnés, sont au nombre de six ; ce sont, en allant du sud vers le nord, ceux de Gorze, d'Amanvillers, d'Hayange, de Fontoy, d'Audun-le-Roman et de Crusnes.

La faille de Gorze a été déjà en partie décrite dans le chapitre consacré à l'oolithe inférieure. Elle n'est, comme nous l'avons fait remarquer, autre chose que le prolongement occidental de l'accident du Haut-Chemin, lequel, après avoir marqué son passage dans le sol accidenté de Metz, se dirige par la vallée de la Moselle sur le vallon de Mance, dont il entame le flanc septentrional à 1,000 mètres environ à l'ouest du village d'Ars. A partir de ce point, son trajet est assez nettement accusé à la surface du sol, d'abord par le bourrelet qui règne dans les bois au sud des puits de Geai,

la conséquence nécessaire de ce qu'elles auront dû conserver chacune leur longueur. De là des accidents qui s'étendront latéralement à une distance plus ou moins considérable de la ligne que la faille détermine. En parcourant le pays Messin, on observe à chaque instant de semblables accidents latéraux aux grandes failles qui le sillonnent. On en rencontre à chaque pas autour de la côte de Delme et au sud-ouest de Boulay ; mais l'un des plus nets est celui qui se détache, près de Pange, de la faille de Mécleuves et qui remonte le long du petit vallon de Maizery. En général, ces accidents sont perpendiculaires aux failles, dont ils ne sont que des ramifications, et c'est pourquoi l'on retrouve si fréquemment aux environs de Metz, dans le relief du sol ou la direction des vallées, une orientation qui se rapproche du N. 30° O. La côte de Delme, les Nieds, dans diverses parties de leur cours, beaucoup d'autres vallées secondaires, la reproduisent, et l'on peut dire qu'elle forme un des traits caractéristiques du pays Messin, bien qu'elle s'applique à une série d'accidents moins étendus et moins profonds que les grandes failles dirigées E. 30° N.

puis par l'escarpement du revers occidental de la côte de Mousa et, en dernier lieu, par une dépression très-apparente sur la carte du dépôt de la Guerre qui s'étend, presque sans discontinuité, depuis Gorze jusqu'à Charey dans la Meurthe, en passant par la ferme de la Hauville et au-dessous de Saint-Julien. Entre ce dernier village et Ars, la direction moyenne de la faille est E. 33° N.

Tout le long de ce trajet, les assises correspondantes éprouvent, du côté de l'ouest, un rejet plus ou moins considérable. Ce rejet est déjà très-manifeste à l'entrée de la vallée de Mance, car les falaises de calcaire à polypiers du bois de Gorgimon sont à 40 mètres environ au-dessus de celles du bois de Vaux. A la hauteur du puits de Geai, on a vers le nord-ouest des carrières ouvertes dans l'oolithe de Jaumont à 15 mètres au-dessus du chemin, tandis que dans le sens opposé, il faut s'élever de 50 mètres au moins pour

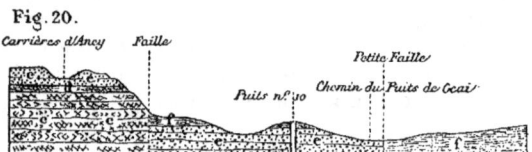

Fig. 20.

Coupe normale à la faille de Gaze par les carrières d'Ancy
c Calcaire à polypiers. d Marne à Ostrea acuminata. e Oolithe de Jaumont.
f Marne à Ostrea Costata.

atteindre le calcaire à polypiers. La figure 20 ci-contre présente une coupe prise par les carrières d'Ancy normalement à la faille. La partie marneuse, placée à la base du troisième groupe que nous avons distingué dans l'oolithe, bien caractérisée par ses fossiles, vient butter contre les tranches des assises du calcaire à polypiers ; le rejet est encore, en ce point, de 40 à 45 mètres. Mais c'est dans la vallée de Gorze, comme nous avons eu occasion de le faire remarquer, que l'accident atteint son maximum d'amplitude. Sur le versant occidental de la côte Mousa, on exploite, en effet, des bancs de pierres de taille dépendant de l'oolithe de Jaumont, alors que, de l'autre côté de la faille, on trouve des couches qui appartiennent incontestablement à l'étage inférieur de l'oolithe. Le rejet est ici au moins de 50 à 60 mètres. L'accident est encore accusé par la dénivellation qui affecte vers le nord-ouest les *Autels*, falaise de calcaire à polypiers que l'on voit à mi-côte dans le bois de la Croix-Saint-Marc. Enfin, on remarque, au nord de Gorze, plusieurs vallons secs aux flancs ardus, qui remontent à la surface du plateau et ne sont autre chose que des accidents latéraux à la faille. Elle est donc ici très-nettement accusée à la surface du sol. C'est d'ailleurs ce que l'on peut constater tout le long du prolongement occidental de l'accident vers la Meurthe, où la dénivellation est toujours du sud-est vers le nord-ouest et oscille entre 40 et 60 mètres.

Au nord de la faille de Gorze, on constate, tout le long de la vallée de Mance, l'existence d'un accident beaucoup moins profond qui paraît s'y souder dans les environs du puits de Geai et en être, par conséquence, une dépendance latérale. Il est déjà très-net dans la tranchée des Génivaux sous Gravelotte, où on voit l'oolithe de Jaumont butter contre le calcaire à polypiers. De ce point il se dirige sur le fond de Bronvaux, en coupant la vallée de Montvaux un peu à l'est d'Amanvillers

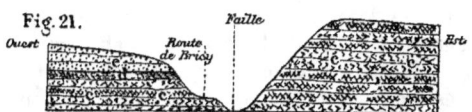

Coupe de la vallée de Montvaux à la hauteur de Montigny-la-Grange
c *Calcaire à polypiers.* d *Marne à Ostrea acuminata.* c. *Oolithe de Jaumont.*

et de Montigny-la-Grange. C'est à la hauteur de la ferme de ce nom, où la vallée lui emprunte sa direction sur 300 à

400 mètres, qu'il est le plus visible. En suivant le chemin de Briey qui entame le flanc droit de la vallée, on passe, sans transition, des bancs de pierre de taille de l'oolithe miliaire, jaunâtre, au calcaire à polypiers, commé le montre la coupe ci-contre, figure 21.

Le rejet n'a pas ici moins de 30 mètres de hauteur. On peut encore remarquer que l'accident est bien accusé sur la route directe de Briey; car, après avoir gravi la côte de Saulny et constaté, à son sommet, l'existence du calcaire à polypiers qui couvre la surface du plateau jusqu'à la hauteur du chemin d'Amanvillers, on tombe brusquement le long de ce chemin sur les carrières de pierre de taille du second groupe de l'oolithe. La direction de la faille d'Amanvillers est nord un peu est.

La contrée parcourue par la Fensch est traversée par plusieurs failles. Il y en a une très-apparente un peu à l'ouest du bourg d'Hayange. On voit, en effet, l'hydroxyde oolithique exploité en face de la fonderie, à une petite hauteur seulement au-dessus du niveau du cours d'eau, plonger avec une pente notable vers l'ouest et passer bientôt au-dessous du fond de la vallée, tandis qu'à la hauteur de Knutange, il se relève tout à coup à 65 mètres environ au-dessus de ce fond. La même observation peut être faite le long du chemin de fer des Ardennes. Après avoir dépassé la station d'Hayange, les tranchées de la voie recoupent la côte de Volkrange et mettent à jour le grès supraliasique, le minerai oolithique, les marnes micacées qui couronnent le lias et les premières assises de la formation oolithique; toutes ces couches plongent d'une manière très-sensible vers l'ouest. Les tranchées qui entament la côte de Nilvange ne montrent, au contraire, que les marnes argileuses noires inférieures au grès supraliasique, bien que là voie ne cesse de s'élever. La faille traverse donc le col qui sépare les deux côtes, avec un relèvement de l'est vers l'ouest. On ne peut estimer ce relèvement, le long de la voie, à moins de

50 mètres; il est d'environ 80 mètres dans les parages de Knutange.

Du côté du sud, la faille d'Hayange se dirige vers Neufchef, descend ensuite dans la vallée du Conroi par le ravin profond qui longe, sur la droite, la nouvelle route de ce village à Briey et elle vient se rattacher à un accident très-net qui descend d'Avril vers le ruisseau de Mance, avec le vallon qui prend naissance dans cette localité. Sur le plateau même de Neufchef, elle court le long d'un bourrelet du sol, normalement auquel les terrains présentent la coupe figurée ci contre.

Coupe transversale à la faille de Hayange prise sur le plateau de Neufchef.

c Calcaire à polypiers. d Marne à Ostrea acuminata. e Oolithe de Jaumont.

Vers le nord, il est difficile d'en suivre la trace au milieu des marnes du lias, à cause de la grande épaisseur et de l'uniformité de composition de cette assise. Il est, toutefois, vraisemblable qu'elle se prolonge dans cette direction et qu'elle vient se rattacher à la faille d'Hettange que nous avons décrite dans le chapitre consacré au lias, car elle est sur sa direction et dans le même sens. L'orientation de la faille d'Hayange, entre la Fensch et le Conroi, est E. 48° N.

Une seconde faille existe à Fontoy, à la naissance de la vallée de la Fensch. Elle paraît se diriger, d'une part, vers Angevillers par le ravin qui traverse le bois de Langherder et, de l'autre, vers un point situé entre la Grange du Sart et Trieux. Elle n'a pas encore été reconnue en dehors de ces limites; elle est donc peu étendue.

La disposition des terrains est assez uniforme le long des

bords de la faille. Au sud-est, le plateau est formé par les assises qui représentent le calcaire à polypiers et, sur quelques points seulement, il s'élève jusqu'à l'oolithe de Jaumont. Au nord ouest, au contraire, on constate la présence des bancs marneux et pierreux placés à la base du troisième groupe de l'oolithe. Un des points de la faille se trouve exactement à la rencontre de la voie de fer des Ardennes et du chemin qui monte de Fontoy à Lommerange. On observe, là, les argiles de Gravelotte en contact avec le calcaire à polypiers. Le rejet est donc, dans le sens inverse de la faille d'Hayange, de l'est vers l'ouest ; à Fontoy même, il peut être évalué à 40 mètres environ. Quant à la direction, elle diffère peu de cette dernière, elle est E. 46° N.

Les sources importantes d'où sort la Fensch sont en relation manifeste avec la faille de Fontoy.

Cette faille présente cette particularité remarquable, déjà signalée dans la description du terrain oolithique, que les assises déprimées, au lieu d'affecter l'inclinaison générale des terrains dans cette partie du département, qui est assez sensiblement de l'est vers l'ouest, plongent, au contraire, vers le sud-est. L'accident présente donc une espèce de gouttière, le long de laquelle les couches ont, de part et d'autre, une inclinaison en sens inverse très-marquée.

Les assises inférieures du troisième groupe de l'oolithe règnent le long du chemin de fer des Ardennes, dans toute la distance comprise entre Fontoy et Audun-le-Roman, sauf sur quelques points où l'on aperçoit le toit des bancs d'oolithe miliaire. Près de la station de ce dernier village, il y a interruption brusque; aux argiles de Gravelotte succèdent, sans transition, les couches de l'étage inférieur de l'oolithe qui sont placées au-dessous du calcaire à polypiers. Celui-ci est exploité pour empierrements à une quinzaine de mètres au-dessus des rails, et il s'élève presque jusqu'au niveau du village d'Audun qui est bâti sur les marnes à *Ostrea acuminata*.

De cette observation, il faut conclure à l'existence d'une

faille ayant relevé les terrains au sud-ouest de 40 à 50 mètres. Son trajet à la surface du plateau est peu distinct. Toutefois elle paraît se diriger, du côté du nord-est, vers un pli de terrain que l'on remarque sous les villages de Boulange et de Bassompierre et vers la perte d'eau indiquée, sur la carte du dépôt de la Guerre, entre Havange et Tressange et, du côté du sud-ouest, suivre un sillon qui remonte à Malavillers. Elle n'a pas encore été reconnue en dehors de ces limites. La direction de la faille d'Audun-le-Roman, prise suivant ce parcours peu étendu, est E. 30° N. Elle mérite d'être signalée principalement sous ce rapport qu'elle occupe le sommet du faîte qui sépare le bassin de la Moselle de celui de la Meuse, au point où ce faîte se dessine le mieux, entre la Fensch et la Crusnes. Il faut remarquer surtout qu'elle forme la limite bien nette des pentes vers le sud-est qu'affectent les couches dans la contrée comprise entre le chemin des Ardennes et la route de Fontoy à Havange. A l'ouest de la faille, on rentre dans l'étage inférieur de l'oolithe qui plonge de nouveau, dans le sens de la voie, c'est-à-dire vers l'ouest, avec une inclinaison d'un centimètre par mètre environ.

Un peu au nord de la faille d'Audun, il en existe une autre qui est bien plus nettement accusée, à la surface, par le relief du sol. Il est impossible, en effet, de parcourir le terrain ou seulement de jeter les yeux sur la carte du dépôt de la Guerre, sans être frappé de la disposition surplombante de la côte escarpée sur laquelle s'élève la route de Metz à Longwy au-dessus de Crusnes. L'accident court au pied de cette côte et affecte, par conséquent, sa direction qui est E. 65° N.

Géologiquement la faille de Crusnes est mise en évidence par la dénivellation du calcaire à polypiers qui, du sommet de la côte où il est exploité à l'altitude de 435 mètres, descend, dans la plaine d'Aumetz, à 50 mètres au moins plus bas. Le rejet a donc lieu de l'ouest vers l'est.

Des hauteurs qui dominent Crusnes, la faille se dirige vers la naissance du vallon d'Audun-le-Tiche, en suivant la dépression qui marque la limite orientale du bois de Butte. Du côté du sud, elle reste très-nettement visible jusqu'à Serrouville où elle traverse la rivière et présente la même disposition que sur la route de Metz à Longwy, avec cette différence toutefois que le rejet de l'assise à polypiers vers l'est n'est plus que d'une vingtaine de mètres.

Indistincte au sud de Serronville et dans la traversée du chemin de fer des Ardennes, la faille de Crusnes devient de nouveau visible à quelques kilomètres vers le sud et on la retrouve très-nette dans le vallon qu'occupe le village de Bonvillers. Bien avant d'entrer dans ce vallon, sur le chemin de Malavillers à Mont, on constate déjà, à trois kilomètres de ce dernier village, l'existence d'un bourrelet du sol qui marque le passage de l'accident, car on voit l'oolithe miliaire jaunâtre à son sommet aussi bien qu'à sa base. En avançant vers le sud, on remarque que la dénivellation, résultat de l'accident, augmente, car les premières assises du troisième groupe apparaissent de ce dernier côté.

A la hauteur de Mont le rejet de l'oolithe de Jaumont est d'environ 30 mètres, toujours dans le même sens, c'est-à-dire vers l'est. Dans son trajet méridional, la faille de Crusnes vient se rattacher, aux environs de Malavillers à l'accident moins étendu et moins profond d'Audun qui n'en est peut-être qu'une digitation.

Les failles que nous venons de décrire ne sont pas les seules qui existent dans la plaine de Briey. On en connaît quelques autres sur lesquelles on n'est pas encore éclairé d'une manière complète. Ainsi on observe des dénivellations de terrain tout le long du fond de Kaler qui sépare les bois d'Ottange de la plaine d'Aumetz, dans le petit fond occupé par le village de Murville et au point où le chemin de fer des Ardennes entre dans la vallée de la Crusnes, en amont de Joppécourt; mais ce ne sont là, sans doute, que des accidents de peu d'étendue qui se trouvent dans la dépendance de la faille de Crusnes.

Remarques générales sur les failles de la plaine de Briey. — En suivant vers le nord-ouest la série des failles qui sillonnent la plaine de Briey, on peut remarquer que celle de Gorze est la dernière qui affecte l'orientation E. 30° N. Celle d'Audun-le-Roman seule, qui n'est constatée que sur une distance assez peu considérable, offre la même direction. Toutes les autres se relèvent sensiblement vers le nord.

Si, parmi ces dernières, on laisse de côté la faille d'Amanvillers qui ne joue qu'un rôle secondaire, on n'a plus à considérer que le groupe de celles d'Hayange, de Fontoy et de Crusnes. Elles affectent des terrains situés dans le golfe que les mers triasique et liasique ont occupé, sur le terrain Luxembourgeois, en enclave dans le grand massif dévonien du Hundsrück et de l'Eifel. On remarque que le bord sud-est de ce golfe a, dans son ensemble, la direction N. 45° E., et le bord nord-ouest celle N. 50° O., les sinuosités de ces bords présentant d'ailleurs de nombreuses parties qui se rapprochent plus encore de la direction nord-sud. Il semble naturel d'en conclure que les failles d'Hayange, de Fontoy et de Crusnes, et sans doute, d'autres encore qui seront découvertes, plus tard, dans la région située au nord-est de celles-ci, sont des accidents se rattachant à ceux qui ont déterminé la délimitation si nette des bords du golfe, au milieu du massif dévonien. C'est sans doute, d'ailleurs, à des affaissements successifs du fond de ce golfe qu'il faut attribuer l'augmentation d'épaisseur que les terrains jurassiques présentent dans la contrée où il existait.

Le caractère des failles dont nous venons de nous occuper est d'être essentiellement discontinues ; on les voit se réduire à rien, à de faibles distances des points où leurs rejets sont les plus considérables.

Elles jouent un rôle important dans la structure du plateau jurassique. Dans la partie sud-ouest, cette structure qui, là, n'est peut-être pas encore parfaitement connue, paraît assez simple et les couches semblent plonger d'une manière uniforme, comme le sol lui-même, vers le sud-ouest. Il n'en est pas de même dans la partie septentrionale et orientale, comprise entre l'Orne, de Moyeuvre à Auboué, et le cours de la Crusnes, et dont on peut dire, pour la définir en un mot, que c'est celle qui attire les yeux, sur la carte, par le caractère essentiellement abrupt des vallées qui la sillonnent. Dans cette région, la pente des couches est loin d'être uniforme.

Entre la vallée de la Moselle et la faille de Fontoy; entre l'Orne et la faille d'Avril elles plongent vers l'ouest avec une pente très-notable; mais les deux accidents forment en quelque sorte des gouttières à partir desquelles les pentes se relèvent brusquement, en sens inverse, en allant vers le nord-ouest. La plongée des terrains a lieu vers le sud-est jusqu'au sommet du faîte qui sépare le bassin de la Moselle de celui de la Meuse, c'est-à-dire jusqu'à la hauteur d'Audun-le-Roman. La faille qui passe par cette localité, forme exactement, à ce point même, la limite à partir de laquelle les couches s'inclinent de nouveau vers le sud-ouest, en allant vers la Crusne et le Chiers. Dans le nord, vers le pays d'Aumetz et dans le sud, vers Malavillers et Murville, cette limite n'est pas encore connue; nous pouvons seulement faire remarquer que la bande tout à fait septentrionale du département paraît échapper aux grandes inversions que nous venons de signaler dans l'allure des couches; la faille de Fontoy finit aux environs d'Angevillers et, au-dessus, dans la région de Wolmerange, d'Ottange, de Cantebonne, les terrains plongent, d'une manière générale, constamment vers une direction comprise entre le sud et l'ouest.

A partir du faîte d'Audun-le-Roman, la pente vers le sud-ouest règne sans discontinuité jusqu'aux limites du département de la Moselle.

On voit que, dans la région du plateau que nous venons de considérer, les couches suivent le relief du sol dans leur allure générale, grâce uniquement à des failles et à des inversions brusques de pente, car, en aucun point, on n'a pu constater encore une inflexion courbe des assises de l'oolithe inférieure de nos contrées. On ne peut expliquer le relèvement en angle des couches vers le faîte d'Audun-le-Roman que par un soulèvement qui se serait fait sentir sur un espace assez étendu et auquel se rattacherait sans doute la formation de la colline de la Borne de Fer et l'éruption des sources ferrugineuses qui ont produit les minerais tertiaires d'Aumetz.

Ridement entre Sierck et Hombourg, dirigé E. 50° S. O. 50° N. — En dehors des grandes failles qui sillonnent le département on observe, dans la région voisine de la Sarre et suivant une ligne dirigée E. 50° S., qui s'éloigne peu de l'orientation de la vallée dans laquelle cette rivière coule, un ridement très-prononcé qui paraît avoir suivi immédiatement le dépôt du trias. Il s'étend entre Hombourg et Sierck. Tout autour de cette dernière ville, les assises du terrain triasique offrent des inclinaisons considérables ; elles y sont ployées en forme de voûte. C'est-ce qui se voit bien dans l'Altenberg et mieux encore dans le Stromberg, colline isolée qui s'élève sur les bords de la Moselle, en face de Sierck. Le grès bigarré ne paraît même dans la vallée, au-dessous des formations plus récentes, que par suite d'un soulèvement qui a affecté tous les étages du trias. Le lias, au contraire, qui se montre à une petite distance du Stromberg, paraît se trouver encore dans la position où il a été déposé. Sur un autre point du département, près du gros bourg de Hombourg-l'Évêque qui domine, dans la situation la plus pittoresque, la vallée de la Rosselle, on observe des faits analogues : le grès bigarré, le seul des membres du trias qui paraisse dans cette localité, est redressé sous des angles considérables et dans des directions souvent opposées. Près de la gare du chemin de fer, il plonge vers le nord-est. A Vaudreching près de Bonzonville et entre Teterchen et

Hargarten-aux-Mines, le terrain triasique a été également bouleversé d'une manière profonde. Or, Hombourg, Hargarten, Vaudreching et Sierck sont très-exactement situés sur une ligne droite dirigée E. 50° S. et parallèle à l'axe de la chaîne du Thuringerwald. Il est donc hors de doute que le soulèvement de cette chaîne a laissé des traces sur le sol du département de la Moselle.

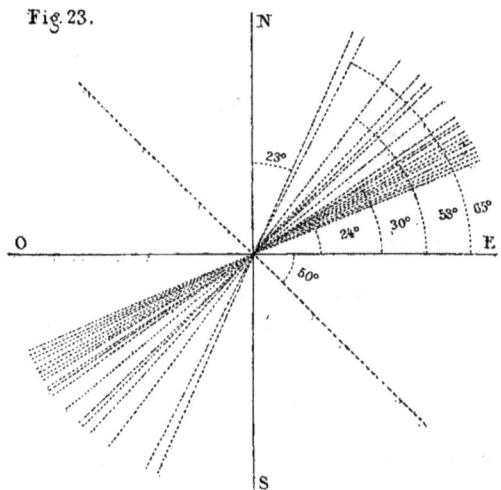

Fig. 23.

Faisceau des failles de la Moselle.

Résumé. — La figure 23 ci-contre présente, sous une forme géométrique saisissante, le résumé des développements dans lesquels nous venons d'entrer sur les accidents qui sillonnent le sol du département et le bassin de la Sarre.

On y reconnaît de suite la tendance qu'ont la plus grande partie d'entre eux à se rapprocher de l'orientation E. 30° N.

qui caractérise le redressement des couches du terrain houiller de Sarrebruck et le système du Mont-Tonnerre. C'est ce qui ressort, d'ailleurs, encore mieux de l'énumération des failles correspondantes aux directions figurées, car on reconnaît qu'une seule des lignes du faisceau orienté E. 30° N. représente souvent cinq ou six accidents différents.

Faille d'Achâtel.	E. 24° N.
Côte de Mécleuves.	E. 24° 1/2 N.
Marnes irisées de Valmont à Gaubiving. . . .	E. 25° 1/2 N.
Dépression de Hombourg à Landsthul.	E. 27° N.
Escarpement de Forbach à Longeville,— Faille de Saint-Avold, — Chemin de fer entre Faulquemont et Petit-Eberswiller, — Orne	E. 28° 1/2 N.
La Chiers de Longuion à Longwy et la Sauvage.	E. 28° 3/4 N.
Direction des couches du bassin de la Sarre,—. Faille de Sarrebruck,—Axe du golfe liasique entre Remilly et Puttelange,— côte de Delme, — Veines d'Aumetz et de Saint-Pancré, — Faille d'Audun-le-Roman. . . . . , ...	E. 30° N.
Côte au-dessus de Failly, — Faille du Haut-Chemin.	E. 30° 1/2 N.
Côte au-dessus de Chanville,— Ruisseau de la Houtte.	E. 31° N.
Moselle près Metz,— Marnes irisées entre Boulay et Teterchen, — Faille de Gorze.	E. 33° N.
Rupt de Mad, entre Rembercourt et Onville. . .	E. 33° 1/2 N.
Dyke de mélaphyre du Dagsthul dans le bassin de la Sarre.	E. 35° N.
Limite extrême de la ligne qui représente le redressement des couches du bassin de la Sarre.	E. 40° N.
La Moselle entre Thionville et Sierck.	E. 45° N.
Faille de Fontoy.	E. 46° N.
Faille de Hayange.	E. 48° N.
Faille de Crusnes.	E. 65° N.
Faille de Bitche.	N. 23° E.
Ride entre Hombourg et Sierck	E. 50° S.

TROISIÈME PARTIE

STATISTIQUE MINÉRALOGIQUE

Les minéraux dignes de figurer dans les collections se rencontrent surtout dans les terrains d'épanchement et dans les filons. Les premiers terrains manquant complétement dans le département, et les seconds n'y étant que faiblement représentés, il ne faut pas s'attendre à y trouver une grande variété de minéraux. Toutefois il nous a paru qu'il y avait quelque intérêt à présenter un tableau succinct de ceux que renferment les formations dont nous vous avons donné la description, en renvoyant, pour ce qui concerne leur gisement, aux détails dans lesquels nous sommes entrés. Nous avons adopté, pour cette énumération, la classification du traité de minéralogie de Dufrénoy.

PREMIÈRE CLASSE

CORPS SIMPLES FORMANT UN DES PRINCIPES ESSENTIELS DES MINÉRAUX COMPOSÉS

Quartz. — Le terrain de transition des environs de Sierck et les grès qui entrent dans la constitution du sol du département, sont essentiellement formés de quartz en petits grains. Dans le grès des Vosges, ces grains offrent habituellement des facettes cristallines. A Sierck, les quartzites présentent de belles géodes tapissées de cristaux de quartz transparent. On rencontre également de semblables cristaux, mais seulement avec de petites dimensions, dans les minerais d'Aumetz et de Saint-Pancré, ainsi que dans les rognons de gypse qui accompagnent les marnes irisées inférieures.

Le quartz silex ou pierre à fusil existe, sous forme de rognons et en petits lits, dans le muschelkalk et dans les calcaires de l'oolithe inférieure.

Le jaspe a été rencontré, en rognons, dans le grès des Vosges des environs de Saint-Avold ; il est habituellement associé aux assises dolomitiques, placées au sommet de la formation. Il se trouve, avec beaucoup plus d'abondance, dans les gîtes de minerai de fer en grains de l'arrondissement de Briey, où il constitue des masses quelquefois très-puissantes au milieu du dépôt minéral. Quelques variétés de ces dernières pierres mériteraient d'être polies, elles présenteraient de beaux effets.

Arsenic sulfuré jaune ou orpiment. — Un bel échantillon d'arsenic sulfuré jaune nous a été remis par le maire d'une des communes du canton de Boulay qui prétendait l'avoir trouvé dans les filons d'hématite des environs de Creutzwald. N'ayant point recueilli nous-même ce minéral et ne l'ayant jamais rencontré dans le gisement qui lui est assigné, nous ne signalons son existence qu'avec quelques doutes.

Acide arsénique. — L'acide arsénique entre comme élément constitutif des eaux ferrugineuses qui sourdent au-dessus du grès médiosialique. M. Langlois a reconnu son existence dans le dépôt ocreux qu'abandonne la source de Lorry-les-Metz, en coulant à la surface du sol.

DEUXIÈME CLASSE

SELS ALCALINS

Potasse nitratée. — Indépendamment des efflorescences qu'il forme à la surface des roches calcaires dans les lieux bas et humides, le nitrate de potasse existe encore, en dissolution, dans quelques eaux de source du département. M. Langlois a signalé sa présence dans celles du Sablon près Metz.

Sel gemme. — Le sel gemme forme un dépôt puissant dans le muschelkalk des environs de Sarralbe; il est associé aux glaises bigarées avec gypse qui constituent la base de ce terrain. Il existe aussi, mais seulement en petits filets ramifiés, inexploitables, à la partie inférieure des marnes irisées, tant dans cette localité qu'à Remilly. Il se trouve également en dissolution dans un grand nombre d'eaux potables. Les sources de Basse-Kontz et d'Apach dans la vallée de la Moselle, et celle de Cocheren près Forbach contiennent assez de chlorure de sodium pour constituer de véritables eaux minérales. Les deux premières tirent incontestablement leur salure de gîtes placés au même niveau que celui qui est exploité à Sarralbe.

TROISIÈME CLASSE

TERRES ALCALINES ET TERRES

Baryte sulfatée. — La baryte sulfatée existe, en masses cristallines, dans les filons d'hématite des environs de Creutzwald. Elle tapisse, sous forme de tables rhomboïdales, des géodes dans le gîte d'hydroxyde oolithique, placé vers le sommet du terrain liasique. On la rencontre également dans les ovoïdes qui accompagnent les marnes de ce terrain.

Strontiane sulfatée. — Elle n'est pas rare dans la partie supérieure du keuper, où l'y rencontre sous forme de petites aiguilles roses ou blanches. Elle tapisse aussi des géodes dans les œtites du lias supérieur.

Chaux carbonatée. — La chaux carbonatée à l'état compacte constitue de puissants dépôts dans quelques unes des formations du département, notamment dans le muschelkalk, le lias et l'oolithe inférieure. Elle y est rarement pure. On la trouve, le plus souvent, associée à une certaine proportion d'argile ou de quartz.

Certains calcaires de l'étage jurassique inférieur sont oolithiques, structure qui n'est point exclusivement propre à ce terrain, puisqu'on rencontre également, d'une manière assez constante, de semblables calcaires dans quelques assises du muschelkalk.

La chaux carbonatée se présente aussi, mais seulement d'une manière accidentelle, à l'état cristallin, au milieu des masses calcaires. C'est ainsi qu'elle tapisse des géodes dans le calcaire à polypiers et dans le grès d'Hettange.

Enfin, elle existe en dissolution dans la plupart des sources du département. Quelques-unes de celles de l'oolithe renferment même une proportion assez considérable de ce sel pour jouir de la propriété d'incruster les objets qu'on y plonge.

Dolomie. — Comme la chaux carbonatée, la dolomie se rencontre, à divers états, dans beaucoup de formations du département où elle constitue des dépôts étendus. Nous citerons, en particulier, le grès bigarré, le muschelkalk, surtout celui des environs de Sierck, et principalement les marnes irisées. Les roches grenues ou marneuses que l'on trouve dans ces divers terrains ne sont pas toutes des dolomies, c'est-à-dire qu'elles ne renferment pas le carbonate de chaux et le carbonate de magnésie, atome à atome. Toutefois, si, dans le plus grand nombre d'entre elles, le carbonate de chaux prédomine, la combinaison a presque toujours lieu dans des proportions définies.

On trouve la dolomie en cristaux tapissant des géodes dans le gîte propre au grès vosgien.

Chaux sulfatée ou gypse. — Le gypse forme des amas, à différents niveaux, dans le trias ; il y est en masses cristallines ou lamellaires, quelquefois fibreuses, rarement en cristaux. Il existe dans les glaises qui constituent la base du muschelkalk et à trois niveaux dans les marnes irisées. Certains gîtes de ce dernier terrain renferment la variété saccharoïde et grenue, connue, dans les arts, sous le nom d'albâtre.

On trouve aussi de la chaux sulfatée dans les marnes du lias et dans celles du troisième groupe de l'oolithe inférieure, dans le premier terrain elle est habituellement en cristaux figurant des prismes rhomboïdaux.

Enfin elle se forme, journellement, dans les terrains qui renferment de la pyrite de fer, par la transformation de ce minéral en sulfate de fer et l'action que ce sel exerce sur le carbonate de chaux.

Chaux anhydro-sulfatée ou anhydrite. — L'anhydrite est associée au sel gemme. Des bancs assez puissants de cette substance ont été traversés par les sondages de Remilly et de Salzbronn.

Chaux nitratée. — La chaux nitratée se rencontre avec le nitrate de potasse, à la surface des roches calcaires exposées à l'humidité ; elle l'accompagne également dans les eaux des sources du Sablon.

QUATRIÈME CLASSE

MÉTAUX

Fer sulfuré ou pyrite de fer. — Le fer sulfuré existe dans plusieurs des terrains qui composent le sol du département.

Nous avons signalé sa présence dans le terrain houiller, dans le grès des Vosges des environs de l'Hôpital et de Merlebach, dans le gypse et la houille du keuper, dans toute la formation du lias, dans l'hydroxyde oolithique et jusque dans le calcaire à polypiers. Il existe également dans les filons de la plaine de Creutzwald. Toutefois, s'il est disséminé dans un aussi grand nombre d'assises, il n'est, nulle part, assez abondant pour pouvoir être exploité. Son gisement habituel est de se trouver en rognons lenticulaires, souvent cristallisés à la surface, ou en particules indiscernables dont l'analyse chimique seule peut révéler la présence.

Dans le lias, la pyrite de fer remplit assez souvent des moules de coquilles fossiles.

Fer oxydulé. — On trouve de beaux cristaux de fer oxydulé dans le calcaire à polypiers des environs de Jussy et de Vaux.

Le lavage a décelé la présence, dans le sable de la Moselle, du fer oxydulé titanifère.

Fer oligiste. — Le fer oxydé rouge amorphe a été rencontré dans un des sondages de Forbach ; il se trouve en rognons au milieu d'argiles schisteuses bigarrées qui dépendent du terrain houiller. Le forage de l'Hôpital a aussi ramené au jour un bel échantillon de fer oligiste épigénique, remplaçant du bois fossile.

Fer oxydé hydraté. — On trouve, dans le département, plusieurs variétés de fer oxydé hydraté.

L'hématite brune forme des filons dans le grès des Vosges des environs de Creutzwald et du pays de Bitche.

Les couches ferrugineuses oolithiques qui constituent un horizon d'une constance remarquable, au sommet des lias, sont également constituées par l'hydrate de peroxyde de fer ; du moins pour la plus grande partie, car elles renferment assez souvent quelques autres minéraux du genre fer, ainsi que du calcaire et de l'argile.

C'est également l'hydroxyde qui entre dans la composition des minerais de fer en grains de l'arrondissement de Briey.

Il constitue, enfin, les rognons bruns ou œtites que l'on rencontre, à différents niveaux, dans les marnes du lias et dans le keuper; mais il ne s'y trouve que par suite d'une décomposition opérée sur le carbonate de protoxyde de fer qui formait primitivement la substance de ces roches.

En dehors de ces gisements, on peut encore signaler la présence de l'hydrate de fer, soit en veinules, soit seulement comme matière colorante, dans un grand nombre d'autres dépôts, et il n'est, pour ainsi dire, pas de terrain, ni même de couche, qui n'en renferme quelques traces. Il existe notamment, à l'état de petites plaquettes et avec abondance, dans les couches inférieures du grès des Vosges de la région de la Sarre, ainsi que dans le grès qui accompagne l'hydroxyde oolithique.

C'est à la destruction de cette dernière assise qu'il faut rapporter les gîtes de minerais de fer en plaquettes de la période diluvienne.

Chamoisite ou silicate de protoxyde de fer. — Le gîte d'hydroxyde oolithique qui occupe la partie supérieure du lias, contient, assez fréquemment, en mélange avec l'hydrate de peroxyde, des silicates de protoxyde de fer. On en connaît deux variétés assez bien définies qui proviennent de la mine de Hayange. La première est un silicate basique, représenté par la formule $3f^2S + 2Aq.$; elle est d'un gris bleuâtre et très-fortement magnétique. La seconde est d'un vert olivâtre et ne jouit point de la propriété magnétique; c'est un silicate moins basique que le précédent.

Fer carbonaté. — Le fer carbonaté spathique se trouve, assez fréquemment, dissiminé, en petites lamelles cristallines, brunâtres, dans les géodes du calcaire à polypiers.

Le fer carbonaté lithoïde ou compacte forme, avec la chaux carbonatée et l'argile, la substance des rognons que l'on trouve dans les schistes houillers; dans les marnes irisées et dans celles qui dépendent du terrain liasique.

Fer phosphaté.—Toutes les variétés de minerai hydroxydé oolithique renferment une certaine proportion de phosphate de fer.

Pyrolusite. — Dans notre mémoire sur la composition des minerais de fer de la Moselle, nous avons, M. Langlois et moi, signalé une variété particulière de peroxyde de manganèse, terreuse et tachant fortement les doigts. Elle est associée aux dépôts de minerais de fer en grains de l'arrondissement de Briey, et a été principalement rencontrée dans le bois de Butte. Elle est composée de :

Peroxyde de manganèse.	0,843
— de fer.	0,040
Eau.	0,035
Silice gélatineuse.	0,030
Alumine.	0,020
Magnésie.	0,020
Sable.	0,020
	1,008

L'oxyde de manganèse entre également dans la composition d'un certain nombre de minerais de fer du département. Les filons de Creutzwald et les gîtes en grains de Berweiler et de l'arrondissement de Briey en renferment, habituellement, une faible proportion.

Zinc sulfuré ou blende. — La blende existe, en lamelles cristallines, dans les filons d'hématite de la plaine de Creutzwald.

On la trouve aussi, sous cette forme, dans les oetites du lias et dans le gîte d'hydroxyde oolithique.

Plomb sulfuré ou galène. — Comme la blende, la galène argentifère accompagne, en cristaux ou en lamelles cristallines, l'hématite de fer des environs de Creutzwald. Elle se rencontre aussi dans les marnes inférieures du muschelkalk, dans les dolomies qui couronnent cette formation, ainsi que dans l'oolithe ferrugineuse. Toutefois, elle ne se montre, dans ces divers gîtes, qu'accidentellement et sous forme de nids de peu d'étendue.

Le seul gisement de plomb sulfuré qui ait, dans le département, quelque importance est celui du Bleyberg, de Saint-Avold et des environs de Hargarten-aux-Mines. Il appartient, comme nous l'avons vu, aux assises inférieures du grès bigarré. Le plomb sulfuré argentifère s'y trouve disséminé, en nodules empâtant du sable, dans le voisinage de failles évidentes. Son exploitation a donné lieu à des travaux étendus qui ont été poursuivis jusqu'à la fin du siècle dernier.

Plomb carbonaté. — Le plomb carbonaté est associé à la galène dans les filons de la plaine de Creutzwald et dans les gîtes subordonnés au grès bigarré. Comme il est soluble dans l'eau chargée d'acide carbonique, on le trouve souvent cristallisé, sous forme de belles aiguilles soyeuses, au toit des galeries de la mine du Bleyberg.

Cuivre oxydé noir. — Le cuivre oxydé noir se rencontre, à l'état de mouches ou de simple enduit, dans les couches supérieures du grès vosgien et à la base du grès bigarré, aux environs de Saint-Avold.

Cuivres carbonatés bleu et vert. — Les deux variétés de cuivre carbonaté, la bleue et la verte, sont associées à l'oxyde de cuivre dans ce gisement, qui n'a aucune importance dans le département.

Or natif. — La présence de l'or natif a été signalée, par M. Daubrée, dans le sable de la Moselle. Ce métal y est en petites paillettes, mais en proportion très-faible, puisque 40 kilogrammes de sable ne renferment en moyenne qu'une seule paillette et que sa richesse se trouve être ainsi cent fois moindre que celle du gravier du Rhin. L'or provient soit des roches cristallines des Vosges, soit du quartzite qui est disséminé en galets dans les alluvions anciennes et modernes de la vallée de la Moselle.

CINQUIÈME CLASSE

SILICATES

Silicates d'alumine hydratés, argiles. — On trouve diverses variétés d'argiles dans les formations qui constituent le sol du département, notamment dans le terrain houiller, le muschelkalk, le lias, l'oolithe moyenne et le diluvium. Elles y sont rarement pures et presque toujours associées à une certaine proportion de sable quartzeux et de carbonate de chaux.

Zircon. — Le zircon existe, avec l'or, dans le sable de la Moselle; il s'y trouve en petits cristaux incolores, semblables à ceux qui existent dans les roches cristallines de la chaîne des Vosges.

Mica. — On trouve le mica en paillettes provenant de la destruction des terrains anciens, dans un grand nombre d'assises appartenant aux terrains du département. Celles qui en renferment le plus, sont les grès, principalement le grès bigarré. Ce dernier a quelquefois ses strates littéralement recouvertes de paillettes de mica d'un gris d'argent; il est alors très-schisteux.

SIXIÈME CLASSE

COMBUSTIBLES

Pétrole. Bitume. — Le pétrole était un des produits de la source de Walschbronn, avant qu'elle fût perdue. Dans l'étage supérieur du lias, on rencontre des marnes qui renferment assez d'huile et de bitume pour pouvoir brûler toutes seules, lorsqu'elles sont enflammées; ce sont celles qui ont donné lieu à des exploitations à Aubange et à Grandcourt (Belgique). En outre, un grand nombre de roches calcaires et de dolomies exhalent, par la percussion, une odeur fétide qu'elles doivent au mélange d'une certaine quantité de matière bitumeuse. Nous citerons, comme étant dans ce cas, le calcaire à gryphées arquées, beaucoup de dolomies keupériennes et quelquefois le calcaire à polypiers.

Houille. — On la trouve en couches dans le terrain houiller des environs de Forbach et de Creutzwald. Elle forme également un banc peu puissant et peu suivi à la partie moyenne du keuper.

Lignite. — De petites veines de lignites ont été rencontrées, sur différents points du département, dans les marnes bitumineuses du lias, superposées au grès médioliasique ; mais elles ont trop peu de puissance et de continuité pour pouvoir être exploitées.

QUATRIÈME PARTIE

EXPLOITATION DES MINÉRAUX
ET ROCHES UTILES

Tout ce qui concerne la description des minéraux et roches utiles, tant au point de vue de la position qu'ils occupent dans la série des étages géologiques, qu'à celui de la nature et de l'allure de leurs gisements, a été donné dans les précédents chapitres. Il reste seulement à faire connaître le point où en sont arrivées aujourd'hui les explorations et les exploitations dont ils ont été l'objet. Cette étude, qui permet de jeter un coup d'œil sur le présent et l'avenir des différentes industries, présente un grand intérêt dans un département comme celui de la Moselle, où ces industries jouent, dans le développement de la richesse publique, un rôle extrêmement considérable.

Houille. — A la suite des travaux qui ont été exécutés dans les environs de Forbach et dans la plaine de Creutzwald pour la recherche de la houille, onze concessions ont été instituées. Leurs limites ont été tracées sur la carte géologique, et l'énumération des communes sur lesquelles elles s'étendent suffit pour les faire reconnaître. Nous les nommons dans l'ordre des dates auxquelles elles ont été accordées :

1° Concession de Schœnecken, instituée par ordonnance royale du 20 septembre 1820, occupant une étendue de 2 679 hectares dans les communes de Forbach, Petite-Rosselle et Stiring-Wendel, arrondissement de Sarreguemines. Elle appartient aujourd'hui à la compagnie anonyme des houillières de Stiring.

2° Concession de Forbach, instituée par décret impérial du 28 juin 1856, en faveur de MM. du Maisniel, Lefebvre-Delaroche, Béjot et Desgranges. Elle occupe une superficie de 2 468 hectares dans les communes de Forbach, Rosbruck, Morsbach, Kerbach, Folckling, Oetingen, Etzling et Spicheren, arrondissement de Sarreguemines.

3° Concession de Carling, instituée par décret impérial du 17 juin 1857 en faveur de MM. Maximilien Pougnet et Ce, constituant la Compagnie houillère de la Moselle. Elle occupe une superficie de 2 767 hectares dans les communes de Creutzwald, l'Hôpital, Carling, Porcelette, Saint-Avold et Ham-sous-Varsberg, arrondissements de Sarreguemines, de Thionville et de Metz.

4° Concession du Hochwald, instituée par décret impérial du 30 juillet 1857 en faveur de MM. Minangoy, Delloye, Javal et Vuillemin, contituant la Compagnie charbonnière du Hochwald. Elle occupe une superficie de 2424 hectares dans les communes de Freyming, Merlebach, Rosbruck, Cocheren, Folckling, Morsbach, Theding, Béning, Betting, Hellering, Hombourg-Haut, Hombourg-Bas, Saint-Avold, Macheren et Petit Eberswiller, arrondissement de Sarreguemines.

5° Concession de l'Hôpital, instituée par décret impérial du 30 juillet 1857 en faveur de MM. Emile et Isaac Pereire et Mony, constituant la Société houillère de Saint-Avold et l'Hôpital. Elle occupe une superficie de 2880 hectares dans les communes de l'Hôpital, Saint-Avold, Macheren, Petit-Eberswiller, Hombourg-Haut, Hombourg-Bas et Freyming, arrondissement de Sarreguemines.

6° Concession de la Houve, instituée par décret impérial du 28 avril 1858 en faveur de MM. Simon, Couderc de Saint-Chamant, Blondin, Karcher, Westermann, Gougeon, Schlinker, Appolt et Guéninger, constituant la Société de Creutzwald-la-Houve. Elle occupe une superficie de 1732 hectares dans les communes de Creutzwald, Merten, Guerting, Ham-sous-Varsberg et Porcelette, arrondissements de Thionville, de Metz et de Sarreguemines.

7° Concession de Falck, instituée par décret impérial du 2 juillet 1859 en faveur de MM. Chevandier et Toussaint, qui ont constitué la Compagnie houillère de Falck. Elle occupe une étendue de 1442 hectares dans les communes de Creutzwald, Falck, Merten, Hargarten-aux-Mines, Guerting, Coume et Dalheim, arrondissement de Metz et de Thionville.

8° Concession de Ham, instituée par décret impérial du 28 mai 1862, en faveur de MM. Vuignier, Jeandel et Bertrand, constituant la Société Nancéenne. Elle s'étend sur 893 hectares dans les communes de Porcelette, Ham, Guerting et Varsberg, arrondissements de Sarreguemines et de Metz.

9° Concession de Boucheporn, instituée par décret impérial du 28 mai 1862, en faveur de MM. Lequin, héritiers Gardeil et consorts, constituant la Compagnie la Lorraine. Elle occupe une étendue de 1,145 hectares dans les communes de Coume, Guerting, Varsberg, Ham-sous-Varsberg, Porcelette, Boucheporn et Bisten-im-Loch, arrondissements de Sarreguemines et de Metz.

10° Concession de la Forêt, instituée par décret impérial du 28 mai 1862, en faveur de MM. Lallier, Vuillemin, Javal, Maréchal, Favier, Gervais et Voinier, constituant la compagnie houillère de l'Est. Elle s'étend sur 1,712 hectares dans les communes de Boucheporn, Porcelette, Saint-Avold et Longeville, arrondissements de Metz et de Sarreguemines.

11° Concession de Dalheim, instituée par décret impérial

du 12 août 1863, en faveur de MM. Levylier (Joseph) et Levylier (Salmon). Elle s'étend sur 1,608 hectares dans les communes de Berweiler, Villing, Rémering, Tromborn, Dalheim, Hargarten-aux-Mines, Falck, Bibling, Merten et Téterchen, arrondissements de Thionville et de Metz.

L'ensemble des concessions de mines de houille jusqu'à présent instituées dans la Moselle embrasse ainsi une superficie totale d'environ 217 kilomètres carrés. Aucune d'elles n'a été accordée, sans qu'une ou plusieurs couches exploitables aient été découvertes dans ses limites par un ou plusieurs sondages, et l'on compte, en somme, dans l'étendue totale concédée, vingt-cinq trous de sonde ayant traversé de semblables couches. Ainsi on peut dire, en considérant ce chiffre d'une manière générale, qu'aucun des carrés de 3 kilomètres de côté entre lesquels on peut partager par la pensée notre bassin houiller, n'est resté, avant concession, sans avoir été exploré et sans que l'existence du combustible exploitable y ait été constatée. Il n'est donc pas douteux que des exploitations puissent être ouvertes sur la superficie entière du bassin. Cependant, comme on l'a déjà vu, trois concessions seulement sont jusqu'à présent l'objet de semblables travaux, ce sont celles de l'Hôpital, de Carling et de Schœnecken[1].

Exploitation dans la concession de l'Hôpital. — La couche de houille, recoupée à la profondeur de $315^m,10$ par le puits n° 1, qui doit servir à l'aérage, est aujourd'hui exploitée par ce puits au niveau même où elle a été découverte. Plusieurs tailles y sont poussées du côté du sud-ouest; au nord-est, la

---

[1] L'obligation où l'on s'est trouvé de hâter autant que possible, pour répondre au vœu du Conseil général, la publication du texte de la carte géologique de la Moselle, a conduit à imprimer chacun des chapitres dont il se compose, au fur et à mesure de leur rédaction. Il en résulte que les indications qui sont données, au commencement du livre, sur les travaux en cours d'exécution dans les exploitations houillères sont notablement en retard sur les derniers faits qui se sont produits. Il est donc nécessaire de les compléter ici par quelques renseignements qui feront connaître la situation au commencement de juin 1868.

galerie de direction a rencontré, à 30 mètres du puits, la faille qui avait été traversée par celui-ci à la profondeur de 285^m,80, et la houille n'a pas encore été retrouvée au delà de cet accident.

Au niveau de l'exploitation, une galerie à travers bancs a été ouverte pour mettre en communication les travaux du puits n° 1 et le puits n° 2. Celui-ci a été alors creusé sous stock en même temps qu'on en continuait l'approfondissement à partir du jour; les deux portions sont sur le point de se rejoindre. Le terrain houiller a été rencontré à 230 mètres comme dans le puits d'aérage; la profondeur totale atteinte sous stock est actuellement de 340 mètres. Le puits a traversé, à 326 mètres, la couche exploitée au n° 1, et se tient, depuis ce niveau, dans des grès très-durs.

Les constatations faites par les travaux ont rectifié les idées que l'on s'était primitivement faites sur l'allure des terrains et ont jeté quelque lumière sur la manière dont ils se comportent dans l'espace occupé par le sondage et par les deux puits.

En résumé, la couche exploitée est inclinée de 17 degrés vers le nord-ouest. Son épaisseur a été trouvée sensiblement constante; elle est formée comme il suit, en allant du toit au mur :

0^m,18 Sillon de houille donnant du gros.
0^m,38 Escaillage et schistes charbonneux.
1^m,04 Gros banc de charbon en lits de 0^m,15 à 0^m,20, séparés par de petites veines schisteuses.
───────
1^m,60

Le charbon est sec, à longue flamme, bon principalement pour les grilles des chaudières et des foyers domestiques.

La faille est inclinée de 45 degrés à peu près vers le nord-est. Elle se relève donc, du puits n° 1, vers le n° 2 et vers le sondage, et, ayant recoupé le premier puits à 285^m,80, elle a traversé le n° 2 à 264 mètres et recoupe sans doute le sondage à 201 mètres.

On peut conclure de l'ensemble des faits reconnus, comparés aux résultats du sondage, que le n° 2 doit atteindre vers la profondeur de 350 mètres, c'est-à-dire très-prochainement, une série de plusieurs belles couches de houille. S'il en est réellement ainsi, l'exploitation de l'Hôpital prendra rapidement de l'importance, car les installations extérieures sont préparées de manière à ce que l'extraction puisse faire en peu de temps de grands progrès.

Dans la concession de Carling. — L'exploitation était considérablement entravée, depuis plus de trois ans, par l'état fâcheux du cuvelage du puits Saint-Max, et les fuites qui s'y produisaient avaient obligé à remettre en marche, vers le milieu de l'année 1866, les pompes et la machine d'épuisement. Dès lors, les travaux avaient dû être concentrés uniquement dans les deux couches Berthe, d'où l'on a extrait de la houille jusqu'à la fin de juin 1867. Cette houille continuait à se signaler par sa pureté; elle constituait un combustible à longue flamme, excellent pour les usages domestiques et l'emploi sur les grilles des chaudières[1].

A partir du mois de juillet 1867, les difficultés ne laissèrent plus de relâche et il fut impossible de continuer l'exploitation. Dès le mois de novembre précédent, il avait été décidé qu'il serait paré aux fuites par la pose d'un cuvelage en fonte

---

[1] Une analyse faite au laboratoire de l'École centrale d'un gros morceau qui renfermait un noyau de schistes a donné les résultats suivants :

Eau d'interposition. 4,30
Gaz de houille. 20,10
Goudron. 16,80
Carbone fixe. 47 92
Cendres. . . . . 10,88 ,

composées de carbonates de potasse, de soude, de magnésie, de chaux; de traces de chlorures, de peroxyde de fer, de sulfates de chaux et d'alumine, de mica et de sable quartzeux.

intérieur au premier. Ce travail a été exécuté du 3 décembre 1867 au 25 avril 1868. Le nouveau cuvelage est établi depuis le niveau de 168 mètres jusqu'à celui de 76 mètres. Il est parfaitement étanche et il ne s'agit plus que d'intercepter complétement l'eau qui sort à son niveau supérieur. On combine en ce moment la pose d'un joint hermétique à cette hauteur. Aussitôt que cette opération sera terminée, on commencera les travaux d'approfondissement et d'exploration, vers le sud, au niveau de 355 mètres, sur lesquels repose l'avenir de l'exploitation.

Dans la concession de Schœnecken. — Les travaux de Petite-Rosselle sont toujours activement poussés. En même temps qu'on poursuit les explorations en profondeur à Saint-Charles, on continue le dépilage des couches Saint-Jean, Désirée et Trompeuse. La houille qu'elles fournissent peut être considérée comme demi-grasse, à longue flamme. Elle a été essayée dans des fours du système Appolt et a donné un coke bien aggloméré ; cependant on n'a pas encore pratiqué industriellement cette opération. Elle sert habituellement aux usages métallurgiques et donne, dans cet emploi, d'excellents résultats. Fournissant, en effet, une flamme assez longue pour le travail, elle colle assez pour que le menu ne tombe pas entre les barreaux toujours espacés des fours à puddler et à réchauffer. En général, 1 mètre cube de houille en place donne une tonne et quart tout venant, en wagon ; il remplit 15 hectolitres. Il en résulte que l'hectolitre de houille en wagon tout venant pèse 83 kil. 33.

En moyenne, les rendements par mètre carré des couches prises aux points où elles sont les plus régulières, sont :

```
Pour Saint-Jean de . . . . . . . . . . .  2,11 tonnes.
Pour Désirée de . . . . . . . . . . . .  3,25    —
Pour Trompeuse de . . . . . . . . . . .  2,11    —
```

A Urselsbronn, le puits Wendel est achevé jusqu'à la profondeur de 187 mètres, à laquelle il rencontre la veine Henri.

L'exploitation de cette couche est préparée entre les niveaux de 141 mètres et de 175 mètres, et l'on monte en ce moment la machine d'extraction. Les travaux seront donc très-prochainement en mesure de fournir une production considérable. Le chemin de fer, conduisant d Urselsbronn au pied du plan incliné de Saint-Charles, est terminé. L'emplacement du puits Vuillemin, à 385 mètres à l'ouest du puits Wendel, est préparé et rattaché au chemin de fer.

On avait sérieusement agité, à la fin de l'année 1866, la question de reprendre l'un au moins des deux puits de Sainte-Stéphanie par le procédé de fonçage de MM. Kind et Chaudron, mais aucune suite n'a encore été donnée à ces projets.

Production et avenir du bassin de la Moselle. — Si l'on ne tient pas compte des extractions insignifiantes qui ont été faites, de 1830 à 1835, dans les anciens travaux de Schœnecken, on peut dire que le bassin houiller de la Moselle n'a commencé à produire que dans l'année 1856, pendant laquelle le puits Saint-Charles de Petite-Rosselle a fourni quelques centaines de tonnes. En 1863, la production avait atteint le chiffre de 125,213 tonnes, représentant une valeur de 1,276,766 francs; les travaux avaient occupé 1,142 ouvriers. Ces chiffres se sont considérablement accrus dans les années suivantes, en effet,

En 1864 on a extrait 140,701 tonnes valant 1,445,623 fr., et l'on a occupé 1,185 ouvriers.
```
   1865   —   151,564   —   1,664,089   —   1,365   —
   1866   —   181,893   —   2,208,046   —   1,686   —
   1867   —   180,678   —   2,139,310   —   1,383   —
```

La petite réduction des chiffres de 1867, par rapport à l'année précédente, tient à la situation particulière dans laquelle se sont trouvés les travaux de Carling et qui a été expliquée. On n'a pas d'ailleurs compris, dans le chiffre de l'extraction de 1867, les faibles quantités de houille produites par les premières galeries d'exploration ouvertes, vers la fin de l'année dernière, dans la couche de l'Hôpital, et d'où l'on tire actuellement une trentaine de tonnes par jour.

Il est hors de doute que le développement de la production du bassin continuera maintenant dans une progression beaucoup plus rapide. En effet, les chiffres précédents sont formés, pour les neuf dixièmes, des extractions de Petite-Rosselle seules. Il faudra, maintenant, y ajouter la production de l'Hôpital qui, suivant toute probabilité, prendra très-prochainement, comme il a déjà été dit, une importance considérable, et celle de Carling qui pourra être reprise et s'accroître, lorsque les travaux du puits Saint-Max seront terminés. Mais, en dehors de ces deux dernières mines, la concession de Schœnecken seule produira beaucoup plus désormais qu'elle ne l'a fait jusqu'ici, car les travaux d'Urselsbronn viendront ajouter leur extraction à celle de Petite-Rosselle. Il n'est pas douteux que par ce dernier fait seul, la production totale ne puisse être doublée d'ici à quelques années.

En résumé, le bassin houiller de la Moselle mérite, en ce moment plus que jamais, d'attirer l'attention des industriels qui vont chercher tout ou portion de leurs approvisionnements de combustible dans la région de la Sarre, et la phase actuelle de son histoire forme une transition entre l'époque écoulée pendant laquelle les progrès de l'exploitation n'ont été accomplis qu'avec une grande lenteur, au prix de continuels et pénibles efforts, et l'époque à venir pendant laquelle on pourra faire des pas plus sûrs et plus rapides. En effet, la mise en valeur de ce bassin présentait, il ne faut pas l'oublier, deux difficultés principales : la première, d'arriver au terrain houiller par des puits percés au travers des bancs aquifères du grès des Vosges ; la seconde, de trouver dans ce terrain houiller des couches assez épaisses et assez suivies pour permettre une exploitation avantageuse. Les résultats obtenus par les sondages et les travaux jusqu'à présent entrepris permettent de considérer cette dernière question comme entièrement résolue. La première est réso-

lue également par la réussite du procédé de fonçage de
MM. Kind et Chaudron dans les deux puits de l'Hôpital. En
opérant mécaniquement le creusement et la descente des
cuvelages, ce procédé dispense de l'épuisement des eaux et
des sables qui affluent dans les puits foncés par la méthode
ordinaire, et présente ainsi des garanties de sûreté et d'économie considérables. On peut dire qu'il est la clef des difficultés qui ont occasionné les échecs des travaux de Stiring-
Wendel, de Merlebach, de Falck et de Sainte-Stéphanie.
Depuis que sa réussite à l'Hôpital est connue, l'attention de
quelques-uns des concessionnaires du bassin et d'autres industriels est attirée de nouveau sur les concessions de la
Moselle qui étaient frappées depuis une dizaine d'années
d'un injuste discrédit. Un mouvement se fait dans les esprits,
qui, il faut l'espérer, ne tardera pas à se traduire en efforts
nouveaux pour mettre en valeur les richesses houillères que
renferme notre sol.

Les plus beaux débouchés sont à l'avance ouverts aux
produits du bassin, car, sur les 3,008,691 tonnes qui ont
été extraites en 1866 des mines prussiennes, immédiatement voisines de nos frontières, 1,521,255 tonnes, représentant sur le carreau des exploitations une valeur de
14,440,000 francs, ont été consommées en France, et y sont
entrées par des chemins de fer et des canaux qui sont à la
portée de nos propres concessions.

Combustibles pyriteux du keuper. — Deux concessions ont
été instituées sur les gisements de combustibles pyriteux,
subordonnés au grès du keuper. La première, qui appartient à M. Bouvier-Dumolard, a été instituée par ordonnance
royale du 9 avril 1817, sous le nom de mine de lignite,
alun et vitriol de Valmunster. Elle occupe une superficie de
172 hectares dans les communes de Valmunster, Ottonville et
Velving, arrondissement de Metz. La seconde a été instituée
par décret impérial du 28 février 1857, en faveur de
MM. Gustave Rolland et Pougnet, sous le nom de mine de

houille et de pyrite de fer de Piblange. Elle s'étend sur 601 hectares dans les communes de Hestroff, Saint-Bernard, Piblange et Villers-Bettnach, arrondissement de Metz.

On a cessé, depuis plus de vingt ans, l'exploitation du gite de Valmunster, qui renferme plusieurs lits de combustible séparés par des schistes alumineux, et dont les produits étaient employés à la fabrication de l'alun et du vitriol. Avant d'appartenir à MM. Rolland et Pougnet, le gisement de Piblange avait déjà été l'objet d'une concession qui avait donné lieu à une renonciation, le combustible pyriteux qu'il fournissait n'ayant pu être avantageusement utilisé. Les nouveaux concessionnaires n'en ont pas repris l'exploitation.

Tourbe. — La tourbe n'est exploitée dans le département de la Moselle que d'une manière irrégulière et très-peu active, ce qui tient à ce que les gîtes de cette espèce de combustible sont placés dans des contrées où le bois n'a pas une grande valeur, et où la houille arrive elle-même à assez bon compte. Cette situation ne peut que se confirmer de plus en plus dans l'avenir, l'un des centres d'extraction de la tourbe étant voisin maintenant d'exploitations houillères en activité et étant desservi d'ailleurs par une voie ferrée qui peut amener les houilles de Prusse, l'autre devant être très-prochainement traversé par une voie semblable. Le premier de ces centres est situé au nord de Saint-Avold, dans les communes de Ham-sous-Varsberg, Porcelette et l'Hôpital; le second comprend les petites exploitations qui sont disséminées dans les vallées du pays de Bitche. Dans ces diverses localités, les bancs tourbeux reposent sur le grès vosgien. La tourbe qui en provient, est brune, peu compacte, très-mélangée de racines; les cendres qu'elle fournit renferment une assez grande proportion de grains quartzeux.

Sel gemme. — Trois concessions ont été instituées par ordonnances royales du 25 novembre 1843 sur le gisement de sel gemme que renferme le muschelkalck inférieur dans les environs de Sarralbe. Ce sont : celle des mines de sel gemme de Salzbronn qui couvre une superficie de 231 hectares dans les communes de Sarralbe et de Willerwald, arrondissement de Sarreguemines, et dans celles de Keskastel et d'Herbitzheim, département du Bas Rhin, accordée à MM. de Thon, Dorr et C°; celle des sources d'eau salée de Sarralbe qui s'étend sur 80 hectares dans la commune de Sarralbe, accordée à MM. Aubert, Gouvy et C°; celle des sources d'eau salée du Haras qui s'étend sur 100 hectares dans la commune de Sarralbe, accordée à MM. Burgun, Gast, Lorin, Sonis et Tinchant.

Chacune de ces concessions a donné lieu à la création d'un établissement où s'opère la préparation du sel, qui est extrait, à l'état de dissolution, au moyen de pompes montées sur des trous de sonde. Huit de ces trous ont été percés dans la concession de Salzbronn, deux d'entre eux sont complètement abandonnés; trois seulement, qui ont l'un 220 mètres, les deux autres 244 mètres de profondeur, fonctionnent habituellement. La concession de Sarralbe en renferme trois qui ont atteint les profondeurs de 220, 231 et 236 mètres; deux seulement fonctionnent habituellement. Enfin trois trous de sonde ont été également percés dans la concession du Haras, sur lesquels deux sont ordinairement exploités; ils ont, l'un 220 mètres, l'autre 241 mètres de profondeur.

Dans les trois concessions, le sel est rencontré par les sondages entre les niveaux de 210 et de 220 mètres; les eaux qui en opèrent la dissolution proviennent d'infiltrations naturelles. Elles sont extraites, au Haras, au moyen de manéges à chevaux, à Salzbronn et à Sarralbe, au moyen de machines à vapeur. Leur degré de salure est en moyenne de 24 à 25° de l'aréomètre de Baumé, dans l'état de l'extraction actuelle. Il serait susceptible de faiblir, si l'épuisement devenait plus actif[1].

---

[1] Une analyse des eaux salées de Salzbronn, faite par M. Persoz, a donné les résultats suivants : un litre d'eau salée ayant été soumis à l'évaporation

Les eaux extraites des trous de sonde sont conduites dans des réservoirs où la magnésie est précipitée par addition de chaux ; de là elles vont aux poêles de concentration et de cristallisation qui sont chauffés à la houille.

L'importance de la fabrication du sel avait constamment diminué dans la Moselle, depuis 1852 jusqu'en 1865, par suite de la concurrence qui a été faite aux établissements de Sarralbe par ceux que l'on a créés sur le magnifique gisement que les marnes irisées renferment dans le département de la Meurthe. En 1852, la production atteignait le chiffre de 10,000 tonnes ; en 1865, elle était réduite à 5,242 tonnes. Mais l'entente qui s'est établie pour la vente, vers cette dernière époque, entre les salines de la Meurthe et celles de Sarralbe a déjà porté de bons fruits ; en 1866, la fabrication, qui a occupé 87 ouvriers, s'est relevée à 6,708 tonnes ; en 1867, elle a dépassé 8,000 tonnes.

Minerais de fer. — Ainsi qu'on l'a vu par la description des terrains, les minerais de fer existent dans la Moselle à six niveaux géologiques différents, savoir :

1° De l'hématite brune en filons, dans le grès vosgien ;

2° Du minerai carbonaté en rognons stratifiés, dans le keuper ;

3° Du carbonate de fer argileux également en rognons, dans les marnes à ovoïdes du lias ;

et le résidu desséché à 110°, ce résidu salin pesait $0^k,291$ et se trouvait composé de :

    0,00700 de sulfate de chaux.
    0,00469 de chlorure de calcium.
    0,00375 de chlorure de magnésium.
    0,27000 de chlorure de sodium.

Ensemble 0,28544.

Une portion de la différence qui existe entre la somme et le poids constaté de $0^k,291$, doit être attribuée à la présence de matières organiques, d'une petite quantité d'iode et de brome, et d'eau restée avec les chlorures de calcium et de magnésium.

4° De l'hydroxyde oolithique en couches, à la partie supérieure du lias ;

5° Du minerai en grains appartenant à la période tertiaire ou au diluvium, dans les anfractuosités de l'oolithe inférieure et du muschelkalk ;

6° Enfin des minerais en plaquettes dans des sables de la période diluvienne.

Sans revenir sur les détails qui concernent les gisements de ces divers minerais, nous allons passer en revue les exploitations auxquelles ils donnent lieu et fournir quelques renseignements techniques sur chacune d'elles.

1° L'extraction du minerai de fer qui existe en filons dans le grès vosgien, paraît avoir été pratiquée à une époque assez ancienne, car elle fut concédée au fourneau de Creutzwald sur une étendue de 3 lieues de circonférence, par arrêt du Conseil des finances de Lorraine du 13 janvier 1759. Cette concession, confirmée par ordonnance royale du 6 août 1823, fut alors réduite à 1067 hectares dans les communes de Creutzwald et de Porcelette. Elle appartient aux héritiers de Madame veuve Payssé, qui en employaient les minerais pour l'alimentation de leur haut-fourneau au charbon de bois de Creutzwald. Leur pauvreté et leur nature siliceuse ont conduit à abandonner les travaux en 1861 ; le haut-fourneau de Creutzwald a été d'ailleurs éteint depuis cette époque.

2° Les minerais en rognons de la formation du keuper ont été exploités dans les bois communaux de Velving vers 1820, puis vers 1853, pour l'usine dont il vient d'être parlé ; mais, aux deux époques, les travaux n'ont eu que peu de durée.

3° Les minerais en rognons des marnes du lias n'ont donné lieu qu'à une exploitation temporaire, faite il y a quarante-cinq ans environ, sur le territoire de la commune de Saint-Julien-les-Metz. Ces minerais, qui sont assez riches, renferment de l'acide phosphorique et du soufre et ne pouvaient donner que des produits médiocres.

4° L'hydroxyde oolithique est exploité et fondu dans la Moselle depuis fort longtemps, car on trouve, en différents endroits où son gisement apparaît au jour et a été fouillé par de vieilles galeries, notamment dans la vallée du Conroi, des tas de scories provenant de feux où le fer était directement obtenu et sur l'ancienneté desquels ni les écrits ni la tradition ne donnent de renseignements. Il fournit la presque totalité des minerais aujourd'hui exploités dans le département. Rentrant dans la catégorie des gîtes concessibles, il a donné lieu, jusqu'ici, à vingt-deux concessions dont les limites sont marquées sur la carte et qui sont dénommées, ci-après, dans l'ordre où elles ont été accordées :

Concession de Coulmy, instituée par ordonnance royale du 26 juillet 1844. Elle couvre une étendue de 62 hectares sur le territoire de la commune de Cosnes, arrondissement de Briey, et appartient actuellement aux héritiers des concessionnaires primitifs, qui étaient MM. Nicolas et Pierre Gérard.

Concession du Châtelet, instituée par ordonnance royale du 9 novembre 1844. Elle n'occupe qu'une superficie de 581 ares dans la même commune que la précédente et appartient actuellement à MM. Boutmy père, fils et Cie.

Concession d'Ottange, accordée par ordonnance royale du 17 juillet 1847 à M. d'Hunolstein. Elle s'étend sur 554 hectares dans la commune d'Ottange, arrondissement de Thionville.

Concession de Rosselange, instituée par ordonnance royale du 16 janvier 1848. Elle s'étend sur 116 hectares dans les commune de Rosselange et de Vitry, arrondissement de Thionville, et appartient aujourd'hui à MM. Dupont, Louis Aron Cahen et Prosper Aron Cahen.

Concession de Romain, instituée par arrêté du chef du pouvoir exécutif du 9 août 1848, appartenant aujourd'hui à M. Labbé. Elle couvre 140 hectares sur le territoire de Cosnes.

Concession de la Charbonnière, instituée par arrêté du chef du pouvoir exécutif du 25 septembre 1848 en faveur de MM. Dupont et Dreyfus. Elle couvre 294 hectares sur les communes d'Ars-sur-Moselle, Vaux, Jussy et Rozerieulles, arrondissement de Metz.

Concession des Varraines, instituée par arrêté du même jour que la précédente et appartenant aujourd'hui aux mêmes maîtres de forges. Elle couvre 286 hectares sur les communes d'Ars-sur-Moselle, Vaux et Jussy.

Concession de Gorgimon, accordée par arrêté du même jour à Madame veuve de Wendel. Elle s'étend sur 494 hectares dans les territoires d'Ars-sur-Moselle, Ancy et Dornot.

Concession de Vaux, instituée par décret impérial du 11 janvier 1853. Elle s'étend sur 130 hectares dans les communes de Vaux, Jussy et Rozérieulles et appartient aux héritiers de Madame veuve Payssé.

Concession de Novéant, accordée par décret impérial du 20 décembre 1854 à MM. Puricelli. Elle couvre une étendue de 300 hectares dans les communes de Novéant et d'Ancy-Dornot, arrondissement de Metz.

Concession de Varnimont, accordée par décret impérial du 24 juillet 1857 à M. de Ludres. Elle s'étend sur 114 hectares dans la commune de Cosnes.

Concession d'Arry, accordée par décret impérial du 16 août 1859 à M. de Fréhaut. Elle couvre une superficie de 461 hectares dans les commune d'Arry, de Lorry-devant-le-Pont et de Marieulles-Vezon, arrondissement de Metz.

Concession de Marange, accordée par décret impérial du 19 décembre 1860 à M. Pougnet. Elle s'étend sur 637 hectares dans les communes de Pierrevillers, Montois, Malancourt, Roncourt, Bronvaux et Marange-Silvange, arrondissements de Metz et de Briey.

Concession d'Hayange, instituée par décret impérial du

7 mars 1863 en faveur de MM. le fils de François de Wendel et C°. Elle s'étend sur 1957 hectares dans les communes de Hayange, Erzange, Fameck, Ranguevaux, Avril, Neufchef, Knutange et Nilvange, arrondissements de Thionville et de Briey.

Concession de Moyeuvre, accordée à la même date que la précédente aux mêmes maîtres de forges. Elle couvre 2302 hectares dans les communes de Moyeuvre-Grande, Moyeuvre-Petite, Rosselange, Vitry, Fameck, Ranguevaux et Neufchef, arrondissements de Briey et de Thionville.

Les deux concessions actuelles de Moyeuvre et d'Hayange ont été substituées à celles du même nom qui avaient été accordées à MM. de Wendel et Cie par les ordonnances royales du 18 juillet 1834.

Concession de Senelle, accordée par décret impérial du 24 février 1864 à MM. Boutmy père, fils et Cie. Elle renferme 208 hectares dans les communes de Longwy, Herserange et Rehon, arrondissement de Briey.

Concession de Mont-Saint-Martin, instituée par décret impérial du 17 septembre 1864. Elle s'étend sur 576 hectares dans les communes de Longwy, Mont-Saint-Martin, Lexy et Cosnes, et appartient à M. Labbé et à MM. d'Adelswærd et consorts.

Concession de Mance, instituée par décret impérial du 29 mars 1865 en faveur de MM. Karcher et Westermann. Elle couvre 319 hectares sur les territoires d'Ars sur-Moselle, Gravelotte, Gorze, Ancy et Dornot, arrondissement de Metz.

Cette concession a été substituée à celle du même nom qui avait été accordée par arrêté du 25 septembre 1848 à MM. Karcher et Westermann.

Concession de Mexy, accordée par décret impérial du 7 février 1866 à MM. Giraud et Cie. Elle s'étend sur 230 hectares dans les communes de Longwy et de Rehon-Mexy.

Concession de Saulnes, accordée par décret impérial du 14 août 1867 à MM. d'Huart père et fils, couvrant une superficie de 90 hectares dans la commune de Saulnes, arrondissement de Briey.

Concession de Lexy, accordée par décret impérial du 21 décembre 1867 à la Société anonyme des hauts-fourneaux et forges de la Providence. Elle s'étend sur 469 hectares dans les communes de Cosnes, Lexy et Rehon.

Concession de Pulventeux, accordée par décret du même jour que la précédente à M. de Lambertye, et comprenant 216 hectares sur les territoires de Longwy, Cosnes, Lexy et Rehon.

Les vingt-deux concessions jusqu'à présent accordées dans le département de la Moselle sur le gisement du minerai oolithique couvrent ensemble une superficie de 100 kilomètres carrés environ. Disséminées, d'une manière irrégulière, sur les affleurements du gîte, le long des bords oriental et septentrional du plateau jurassique, elles forment plusieurs groupes distincts. Le premier, au sud de Metz, comprend, entre le ruisseau de Vaux et la limite du département, sept concessions dont l'une sur la rive droite de la Moselle. Il est à noter que ce groupe touche, dans sa partie sud, à une portion pauvre du gisement qui s'étend de Novéant à Marbache dans la Meurthe et qui paraît inexploitable, au moins dans les environs des affleurements. Ces affleurements ne paraissent pas moins pauvres autour de Metz ; aussi faut-il remonter jusqu'à la hauteur des villages de Bronvaux et de Marange pour trouver la concession suivante qui est celle de Marange. Les terrains concédés à MM. de Wendel et Cie couvrent entièrement la superficie comprise entre l'Orne, le Conroi, la vallée de Neufchef et la Fensch, sauf l'espace occupé par la petite concession de Rosselange qui est accolée, au sud-est, à celle de Moyeuvre. Bien que la richesse du gisement dans le versant nord de la Fensch, sur le bord du plateau entre Knutange et la frontière luxembourgeoise et dans la vallée de Wolmerange-lès-Œutrange, soit dès aujourd'hui constatée et connue, aucune concession n'a encore été instituée dans ces parages. Celle d'Ottange s'étend sur les deux bords de la vallée du même nom. Toutes les autres sont situées aux environs de Longwy, dans les vallées de la Chiers, de la Moulaine, du ruisseau de la Côte-Rouge et du Coulmy. L'espace compris entre la concession d'Ottange et la vallée de la Moulaine, bien que renfermant une portion très-riche du gisement, n'a encore été concédé dans aucune de ses parties.

Sur les vingt-deux concessions, on en compte quatre qui n'ont jamais été l'objet d'aucune exploitation, et où l'on s'est borné à faire les travaux de recherches nécessaires pour constater l'existence du gîte. Ce sont celles de Novéant, Varnimont, Saulnes et Pulventeux. Les fouilles pratiquées dans la première n'ont montré qu'un minerai peu puissant et pauvre, et la grande usine de Novéant-Basse qui avait été construite pour s'y alimenter, n'a jamais pu fonctionner. Les trois autres renferment certainement du minerai exploitable. Celle de Varnimont, placée dans la vallée du Coulmy, est un peu loin des voies de transport économiques, mais les deux autres, situées respectivement dans la vallée du Ruisseau de la Côte-Rouge et dans celle de la Chiers, et qui sont d'ailleurs de date toute récente, ne tarderont certainement pas à être exploitées.

Sept autres concessions ont été exploitées, mais sont abandonnées actuellement. Ce sont celles d'Arry, Marange, Gorgimon, Vaux, Rosselange, Romain et Châtelet. Les concessions d'Arry et de Marange ont été créées pour la vente des minerais et en ont exporté une petite quantité en Prusse vers l'époque de leur institution ; mais la mise en exploitation des affleurements dans les vallées luxembourgeoises d'Ottange et de l'Alzette et l'ouverture récente du canal de la Sarre qui a relié le pays de Sarrebruck au gisement de Nancy a rendu ce débouché difficile. Quoique rattachée au chemin de fer de l'Est à la gare de Maizières-lès-Metz par la voie particulière qui sert à l'exploitation des importantes carrières de Jaumont, la mine de Marange n'a pu encore être reprise. La concession de Rosselange a été exploitée jusqu'à la fin de 1849 pour l'alimentation de l'usine de la Caulre, qui était située dans la vallée du Woigot près de Briey. Mais cet établissement ayant alors disparu, les travaux ont été abandonnés en même temps dans la mine. Les concessions de Vaux et de Gorgimon servaient respectivement à l'alimentation du haut-fourneau de Creutzwald et de ceux de Stiring-Wendel. Le premier est éteint et les autres s'approvisionnent dans les mines d'Hayange et de Moyeuvre. MM. Wendel et Cie sont d'ailleurs en instance pour abandonner leur concession de Gorgimon en échange d'une extension qui serait accordée à celles d'Hayange et de Moyeuvre entre les vallées de la Fensch et du Conroi. La mine du Châtelet a été affermée en 1865 par MM. Boutmy et Cie à M. de Lambertye pour l'alimentation de ses usines de Cons-Lagrandville. Mais ces établissements étant actuellement en chômage, elle n'est pas exploitée. Du reste la concession, qui n'a qu'une étendue insignifiante, a été fouillée par d'anciens travaux sur la plus grande partie de sa surface. La concession de Romain a été exploitée jusque dans ces derniers temps pour l'alimentation des hauts-fourneaux de Gorcy; mais on préfère aujourd'hui pour ces approvisionnements les minerais de Mont-Saint-Martin et la mine est pour le moment en chômage.

Les onze dernières concessions qu'il nous reste à examiner sont actuellement en exploitation. Deux d'entre elles, celles de Senelle et du Coulmy ne sont attachées à l'alimentation d'aucune usine spéciale et fournissent seulement au commerce; leur production est relativement minime. Toutes les autres approvisionnent des établissements métallurgiques importants qui appartiennent à leurs concessionnaires et sont activement exploitées; celles de Mexy et de Mont-Saint-Martin livrent en même temps, au commerce français et étranger, des quantités considérables de minerai.

En 1866, les mines d'hydroxyde oolithique de la Moselle ont occupé 1393 ouvriers et fourni 610 398 tonnes de minerai, représentant, aux lieux des exploitations, une valeur de 2 070 912 francs. En 1867, malgré la crise qui a pesé sur l'industrie, la production a encore augmenté et a atteint environ 660 000 tonnes. Il est intéressant de mettre en regard de ces chiffres ceux de l'année 1859 qui a précédé la signature des traités de commerce. Pendant cette année, 532 ouvriers avaient extrait 186 698 tonnes de minerai valant 590 304 francs.

Dans aucune des mines, l'extraction ne se fait, jusqu'à présent, par puits ; on entre dans le gisement par des galeries ouvertes dans les affleurements du minerai. L'étendue sur laquelle ils apparaissent au jour dans les différentes vallées permet de choisir les ouvertures de ces galeries de façon à pouvoir les diriger suivant des pentes favorables, circonstance qui facilite l'aérage et l'écoulement des eaux. Les ventilateurs et même les puits d'aérage sont rares, et ce n'est qu'exceptionnellement que l'on est obligé de faire usage de pompes, de syphons ou de procédés mécaniques quelconques pour l'enlèvement de l'eau.

On a vu par la description du gisement du minerai oolithique que sa formation atteint, dans le nord du département, une épaisseur considérable, et comprend plusieurs couches diversement réparties sur cette épaisseur, et séparées entre elles par des bancs mêlés de parties pauvres ou même complétement stériles. On comprend que cette disposition est éminemment favorable à l'exploitation à ciel ouvert. Aussi a-t-on établi, dans la région dont nous parlons, des carrières que l'on pousse en avançant dans les côtes jusqu'à ce que les hauteurs de déblais à faire au-dessus des couches de minerai soient telles que les frais de l'extraction dépassent ceux qui sont afférents aux exploitations souterraines. Dans la vallée d'Ottange, où le gisement est le plus puissant, on a pu aller ainsi jusqu'à 16 mètres de déblais; les exploitations à ciel ouvert sont également très-belles dans les vallées de l'Alzette, du Ruisseau de la Côte-Rouge, de la Moulaine, de la Chiers et du Coulmy, qui sont les seules où elles aient été jusqu'à présent pratiquées.

L'exploitation à ciel ouvert a occupé, en 1866, 230 ouvriers et a produit 131 046 tonnes valant, aux lieux d'extraction, 262 092 francs environ. L'extraction a diminué un peu en 1867, tant en raison de la crise qui a réduit les demandes du commerce qu'à cause de la concurrence faite aux minières par les mines nouvelles; elle est descendue à 110 000 tonnes environ. En 1859, ce mode d'exploitation n'existait encore qu'à Mont-Saint-Martin et au Coulmy où l'extraction avait été de 2500 tonnes seulement.

La description du gisement de l'hydroxyde oolithique a montré combien sa puissance est variable et combien le nombre et la nature des couches qui y sont renfermées, varient aussi. Le minerai est de nature calcaire, marneuse ou siliceuse, suivant celles de ses couches où il est puisé, et suivant les points mêmes où il est pris dans chacune des couches. Sa richesse est ainsi très-variable; on la trouve comprise, pour les parties utilisables, entre 28 et 40 p. 100. Au sortir de la mine, le minerai est directement porté au haut-fourneau; on est le plus souvent obligé de le mélanger pour la fusion avec de la castine; une seule mine, dans le département de la Moselle, fournit des produits qui peuvent se passer de cette addition. Dans certaines usines, il faut ajouter jusqu'à 800 kilogrammes de castine à la tonne de fonte, soit 25 p. 100 du poids du minerai. Le rendement du lit de fusion est généralement de 30 p. 100 environ; il monte exceptionnellement à 35 p. 100.

5° Les minerais en grains des anfractuosités du muschelkalck ont été quelque peu exploités autrefois, dans les environs du village de Berweiler, pour le haut-fourneau de Creutzwald, mais ils sont complètement abandonnés depuis une quinzaine d'années. Leur importance n'a jamais été comparable à celle des amas qui sont disséminés dans la région nord du plateau jurassique et se trouvent dans des fissures irrégulières creusées vers le haut de la division la plus basse de l'oolithe inférieure. Ces derniers gisements sont renommés, de temps immémorial, pour leur abondance et la qualité de leurs produits. Ils ont toujours fourni, tant à notre contrée elle-même qu'à celle de la Meuse et des Ardennes, les éléments d'une fabrication de choix, justement réputée, et sont aujourd'hui encore, malgré la tendance bien constatée des marchés métallurgiques à sacrifier le meilleur au moins coûtant, l'objet d'une exploitation considérable. On ne les trouve pas seulement en amas plus ou moins puissants, voisins des points où sont émergées les sources ferrugineuses auxquelles il faut attribuer leur formation, on les rencontre aussi en groupes de fragments plus ou moins roulés, arrachés évidemment à ces amas par les érosions diluviennes et mêlés à des argiles rougeâtres ou quelquefois à des graviers calcaires. Aussi leur allure est-elle extrêmement variable ; en certains points ils sont tout à fait superficiels, tandis qu'en d'autres ils règnent sur des hauteurs de plus de 50 mètres. On les extrait à ciel ouvert, mêlés aux terres argileuses et sableuses qui les contiennent et on les soumet au lavage dans de simples lavoirs à bras. Ainsi préparés et débarrassés des cailloux quartzeux qui les accompagnent dans leur gisement et se sont formés en même temps qu'eux, ils donnent un rendement d'environ 38 p. 100 de fer [1].

[1] La composition d'un échantillon de minerai prêt à être porté au haut-fourneau a été trouvée la suivante :

Oxyde de fer.	0,554
Argile insoluble.	0,316
Alumine soluble.	0,038
Eau.	0,092
	1,000

Cet échantillon a bien fondu avec 20 p. 100 de carbonate de chaux, et a produit 39,2 p. 100 de fonte d'un blanc gris, un peu lamelleuse, et une scorie d'un blanc d'émail un peu bleuâtre.

Les minières d'où ces minerais sont tirés dans le département de la Moselle étaient autrefois fort nombreuses ; mais la plupart d'entre elles sont aujourd'hui abandonnées, soit en raison de leur épuisement, soit à cause de l'abaissement des prix des fontes fortes qui ne permet plus l'exploitation des minerais trop difficiles à extraire, à laver ou à transporter. C'est pour ces deux raisons à la fois que l'on a cessé, depuis deux ans, tout travail dans les minières de Saint-Pancré, qui étaient les meilleures et les plus connues de toutes et que l'on exploitait déjà activement il y a deux siècles. Celles qui sont renfermées dans les bois communaux d'Aumetz et d'Audun-le-Tiche, et dans les forêts particulières voisines, dites de Butte et de Bockholtz, sont seules aujourd'hui le siége d'extractions importantes. Il n'y a du reste à y ajouter, pour compléter la liste des exploitations actuelles, que quelques trous dans les forêts particulières ou communales du territoire de Wolmerange-lès-Œutrange et d'autres dans les terres cultivées sur les bans d'Audun-le-Tiche, de Cantebonne et de Brehain-la-Cour ; mais ces dernières minières ne produisent que des quantités insignifiantes.

En 1866, l'extraction des minerais dont nous nous occupons a atteint le chiffre de 32 604 tonnes représentant, aux lieux d'extraction, une valeur de 297 649 francs ; elle a occupé 229 ouvriers. En 1867, la production est descendue à 26 244 tonnes. On peut citer les années 1861 et 1865 comme ayant été favorables à l'exploitation ; la première a produit 38 468, la seconde 58 422 tonnes. En 1859, l'extraction avait occupé 314 ouvriers et fourni 47 480 tonnes, valant, aux lieux d'extraction, 555 339 francs.

6° L'exploitation du gîte de minerais en plaquettes qui se faisait, d'une manière peu active, dans la forêt domaniale de Florange, pour l'usine de Hayange, a cessé depuis 1859.

Usines métallurgiques et commerce de minerais. — Comme on le voit par les chiffres qui précèdent, la production totale des minerais de fer dans le département de la Moselle a été, en 1867, de 796 244 tonnes. Il faut ajouter à ce chiffre celui des importations, consistant en :

5000 tonnes environ de minerais du Nassau, employés, partie dans l'usine de Mouterhausen pour faire des fontes au charbon de bois destinées à la fabrication des fers aciéreux ou de l'acier, partie dans les hauts-fourneaux au coke d'Ars-sur-Moselle pour faire des fontes destinées à la fabrication de la tôle ;

10,103 tonnes de minerai oolithique, introduites de la partie des territoires luxembourgeois et belge, immédiatement voisine de la frontière française, pour être employées, en raison de circonstances spéciales, dans les usines de Rehon et de Gorcy;

33,316 tonnes de minerais en grains, tertiaires, semblables à ceux d'Aumetz, mais de qualité inférieure, tirés de gisements analogues à ceux du département situés en Belgique et dans le grand-duché de Luxembourg, à Athus, Ruette, Sterpernich, etc. On les mélange avec le minerai oolithique, dans les hauts-fourneaux, au coke du pays de Longwy, en proportion de 10 à 15 pour 100;

Soit en totalité, un poids de 844,663 tonnes de minerais divers, extraits ou importés dans la Moselle. Sur cette quantité, on a exporté, en 1867, 119,096 tonnes qui se décomposent de la manière suivante :

3,271 tonnes de minerais en grains des pays d'Audun-le-Riche, de Villerupt et de Wolmerange-lès-Œutrange, exportées dans le grand-duché de Luxembourg et en Prusse;

372 tonnes des mêmes minerais des pays d'Aumetz et d'Audun-le-Tiche, exportées dans les départements de la Meuse et des Ardennes ;

60,527 tonnes de minerai oolithique, provenant des vallées d'Ottange et de l'Alzette ou des environs de Longwy, exportées dans le Luxembourg et en Prusse;

54,926 tonnes de minerai oolithique du pays de Longwy,

exportées dans les départements du Nord, des Ardennes et de la Meuse.

Il reste donc un poids de 725,567 tonnes consommées dans les usines du département, dont 664,650 de minerai oolithique, et le reste composé de minerais en grains tertiaires et d'un peu de minerai du Nassau.

Depuis longtemps le département de la Moselle est le premier en France pour la production métallurgique, et ce rang lui sera de moins en moins disputé. A la vérité, la fabrication de la fonte et des fers au charbon de bois a baissé progressivement dans ces dernières années, comme cela est arrivé dans toute la France; mais la fabrication au combustible minéral s'est, au contraire, accrue dans une grande proportion. Les grandes usines à fer se sont encore développées et il s'est créé, dans les environs de Longwy, un centre important pour la fabrication de la fonte. Tous les établissements ont été d'ailleurs construits et outillés suivant les méthodes les plus nouvelles, de façon à pouvoir soutenir la concurrence étrangère dans la limite des traités de commerce.

Les usines de la Moselle sont actuellement au nombre de vingt, en ne comptant que celles qui sont en activité. Ce sont : les usines à fonte de Mont-Saint-Martin, du Prieuré, de Longwy-Bas, de Rehon, de Senelle, de Novéant, de Villerupt et d'Audun-le-Tiche; les usines à fonte et à fer de Hayange, de Moyeuvre, de Stiring-Wendel, de Saint-Paul et de Saint-Benoît, d'Ars-sur-Moselle, de Gorcy, d'Ottange et de Sainte-Claire, l'usine de Mouterhausen, où l'on fait à la fois de la fonte, du fer et de l'acier; l'usine de Bærenthal, où l'on fait de l'acier et du fer; l'aciérie de Hombourg. Il faudrait ajouter à cette liste les noms des usines à fonte de Moulaine, d'Herserange et de Cons-Lagrandville, qui seront certainement remises en activité dans un temps prochain. Ces 23 établissements comprennent 14 hauts-fourneaux au bois, 45 hauts-fourneaux au coke, 163 fours à puddler, 80 fours à réchauffer et 26 foyers d'affinerie pour la fabrication du fer; 12 fours à puddler, 15 fours de chaufferie, 8 feux d'affinerie et 1 foyer Bessemer pour la fabrication de l'acier.

La production a été, en 1866, de 16,921 tonnes de fonte au charbon de bois; 243,121 tonnes de fonte au coke; 643 tonnes de fer affiné et réchauffé au charbon de bois, et 2,102 tonnes de fer affiné et réchauffé à l'aide des deux combustibles; 110,667 tonnes de fer affiné et réchauffé à la houille; 6,810 tonnes de tôle; 6,352 tonnes de fil de fer et de pointes; 2,299 tonnes de petit matériel de chemin de fer, chaînes et ustensiles de ménage en fer battu; 3,259 tonnes d'aciers divers.

Soit une production totale de 392,174 tonnes ayant une valeur de 51,515,000 francs.

L'extraction du minerai oolithique pour la vente, soit dans les départements voisins, soit à l'étranger, qui a atteint, en 1867, le chiffre de 115,453 tonnes, est appelé à faire encore de grands progrès. Déjà un grand nombre des établissements métallurgiques belges viennent chercher à Longwy une partie des approvisionnements qui leur sont nécessaires. Les quantités qu'ils y achèteront deviendront de plus en plus considérables à mesure que les gisements du nord-ouest de l'arrondissement de Briey seront exploités sur une plus grande échelle par travaux souterrains, et que les affleurements luxembourgeois marcheront vers leur épuisement. Les mines de la Moselle fourniront de même, presque exclusivement, les approvisionnements des hauts-fourneaux qui subsisteront dans le nord de la France. Le chemin de fer de Valenciennes à Hirson, qui sera prochainement ouvert, sera pour les minerais et pour les fontes qui prendront cette dernière direction, une voie de transport très-économique.

Minerais de cuivre, de plomb et d'argent. — Ces minerais, qui ont été complétement décrits dans le chapitre traitant des *gîtes métallifères*, ont donné lieu à une concession qui a été instituée en faveur de M. Meurer, par décret impérial du

5 février 1862, sous le nom de mines de cuivre, plomb et argent de Saint-Avold. Elle couvre une superficie de 4,782 hectares dans les communes de Saint-Avold, Dourdhal, Folschwiller, Valmont, Macheren, Landrefang, Tritteling, Boucheporn et Longeville-lès-Saint-Avold, arrondissements de Sarreguemines et de Metz.

La seule exploitation qui ait été reprise dans cette concession, est celle des minerais de cuivre, qui a été pratiquée, de 1860 à 1864, dans la mine du Hauwald. Cette mine a pris son nom de la colline où elle a été ouverte, entre le village de Dourdhal et la route de Château-Salins à Saint Avold, sur le versant qui regarde cette route. Le minerai y est exclusivement cuivreux, formé de mouches de carbonates bleu et vert ou d'oxydule, et se trouve répandu dans une série de bancs, ayant en tout 9 mètres de puissance et formant l'assise supérieure du grès des Vosges. Immédiatement au-dessus, on trouve une couche d'argile rouge dont l'épaisseur, quelquefois très-faible, atteint, en certains points, jusqu'à 2 mètres, et qui représente la couche argileuse et dolomitique limitant la formation du grès des Vosges dans le nord de la Lorraine. Les assises métallifères sont constituées par un grès grossier peu agrégé dans les parties qui ne sont pas cuivreuses. Celle du bas est, cependant, formée d'un conglomérat de cailloux de quartz blanc laiteux richement imprégné de cuivre carbonaté.

Une petite usine fut bâtie, en 1861, sur le carreau de la mine pour traiter les minerais par la voie humide; le cuivre, précipité de sa dissolution par des rognures de fer était expédié, sous forme de cément, dans l'établissement de Sternerhütte, situé près de Linz, sur le Rhin, pour y être fondu.

En 1862, on a extrait 1,351 tonnes de minerai qui ont fourni 6,806 kilogrammes de cuivre rosette.

En 1863, on a extrait 9,070 tonnes de minerai qui ont fourni 51,745 kilogrammes de cuivre rosette. Enfin, en 1864, on a extrait 9,981 tonnes de minerai. Le nombre des ouvriers employés était d'une trentaine. A la fin de l'année 1864, les minerais étant descendus à une teneur de 0,25 pour 100, les travaux ont été abandonnés. Des recherches avaient été faites, en 1863, dans la forêt domaniale du Steinberg, près Saint-Avold, pour trouver le gisement cuivreux ; mais quoiqu'on eût découvert des parties riches en carbonate vert, l'ensemble fut jugé trop pauvre pour être exploité.

Par acte notarié du 5 juin 1867, M. Meurer a vendu la concession de Saint-Avold à MM. le comte de Nesselrode-Ehreshoven et le prince de Salm-Dyck.

Pierres de taille. — Les pierres de taille le plus communément employées dans la Moselle sont tirées du grès bigarré et de l'assise de l'oolithe inférieure que nous avons décrite sous le nom d'oolithe de Jaumont. Les bancs massifs qui constituent la partie inférieure de la première formation, fournissent à peu près exclusivement celles qui sont utilisées dans la partie orientale du département; la région occidentale s'approvisionne dans la seconde.

La pierre que l'on extrait du grès bigarré est vulgairement connue sous le nom de pierre de sable. Elle est tendre et très-facile à travailler. Il en résulte que si, d'un côté, elle a l'avantage de bien se prêter à la sculpture pour l'emploi dans les grandes constructions, d'un autre côté, elle s'use rapidement lorsqu'on en fait usage, ce qui arrive fréquemment, sous forme de dalles soumises à un frottement répété, par exemple pour pavage de couloirs, marches d'escaliers, etc. Cette pierre résiste bien, du reste, aux influences atmosphériques. Les bigarrures de couleur qu'elle présente, et qui ne sont point agréables à l'œil, lorsqu'on les laisse confusément mêlées, peuvent être utilisées pour la formation d'assises alternatives rouges et blanches qui, bien combinées, produisent un heureux effet ; on en voit plusieurs exemples dans des églises de la contrée récemment construites. Certains bancs du grès bigarré peuvent fournir des pierres de dimensions très-considérables, qu'on utilise principalement pour en faire des auges; on tire aussi, dans les carrières de Lemberg, des dalles destinées à faire, dans les usines de Mouterhausen et de Bærenthal, des fonds de foyers d'affinerie. La principale carrière est celle qui a été récemment ouverte vers le milieu du versant nord-ouest du Creutzberg, près Forbach. Elle est reliée à Stiring-Wendel par un plan automoteur et une voie ferrée, et fournira les grandes quantités de pierres employées dans les nombreuses constructions qui s'élèvent journellement autour de l'usine de MM. de Wendel et Cie, et dans la concession houillère de Schœnecken, pour les logements d'ouvriers. Ces pierres étaient prises auparavant dans les carrières de Spicheren qui sont voisines. Les autres carrières les plus importantes sont celles de Forbach (route de Sarreguemines), Saint-Avold (à la Carrière), Longeville-lès-Saint-Avold, Bambiderstroff, Téterchen, Hellering, Rohrbach, Alsting, Etzling, Rahling, Bitche, Montbronn, Lemberg et Siersthal.

La pierre de taille fournie par la seconde division de l'oolithe inférieure est tirée des gros bancs qui règnent à sa partie supérieure. On sait déjà, cependant, que les premières assises, vers le toit, sont généralement pétries plus grossièrement et formées d'oolithes plus grosses que celles qui leur succèdent, et que, vers le bas au contraire, les bancs deviennent peu épais, prennent un caractère grénu et ne sont plus propres qu'à faire des pavés ou des moellons. C'est dans les gros bancs intermédiaires que l'on prend les pierres de taille sur une hauteur qui est, en général, d'à peu près 8 mètres. Cette pierre est pétrie, dans des proportions variables, d'oolithes et de débris de coquilles réunis par un ciment peu abondant. Elle est assez tendre et se laisse travailler avec facilité; sa couleur est le plus souvent jaunâtre, rarement blanchâtre. La couleur jaune, quelquefois assez crue et peu agréable à l'œil, s'éteint légèrement avec le temps et passe à une teinte adoucie et dorée que l'on admire dans les vieux édifices. La pierre est rarement gélive; on fait cependant, à ce point de vue de la résistance plus ou moins grande aux intempéries, de grandes différences entre les produits des diverses carrières, et la valeur de ces exploitations est principalement déterminée par ce caractère et par la grosseur des bancs. Les carrières qui sont de beaucoup les plus importantes, sont celles de Jaumont, ouvertes dans la forêt du même nom, sur le territoire de la commune de Raucourt. Elles sont reliées au chemin de fer de Metz à Thionville, à la gare de Maizières-lès-Metz, par une voie ferrée de 8 kilomètres environ, comprenant un plan incliné auto-moteur de 386 mètres de longueur qui descend le versant rapide du plateau jurassique. En 1866, les carrières de Jaumont ont occupé jusqu'à 80 ouvriers, et expédié :

4,674 mètres cubes de pierres de taille,
117 mètres cubes d'auges,
836 mètres carrés de moellons piqués,
6,423 tonnes de moellons bruts ;

le tout représentant, en gare de Maizières, une valeur de 126,000 francs à peu près. En 1867, l'extraction s'est accrue considérablement ; les pierres de taille ont atteint le chiffre de 7,800 mètres cubes et les moellons ont augmenté dans une proportion plus grande encore. Le développement continue sous la vive impulsion des travaux importants que l'État fait exécuter en ce moment à Metz et dans les environs. On expédie d'ailleurs des pierres de taille de Jaumont en Belgique, en Prusse et dans le grand-duché de Luxembourg ; on en a même envoyé jusque dans le nord de la Hollande. Les plus importantes des autres carrières ouvertes au même niveau géologique sont, en suivant du sud au nord la bande que forment les affleurements, celles de Saint-Julien-lès-Gorze, Chambley, Saint-Appolline (près la maison du Châtelet ou les Baraques), Erchelle, près Vionville; Rézonville, Gorze, Ancy, du Puits de Geai, de Gravelotte, des Géniveaux, d'Amanvillers, de Malancourt, Moyeuvre Grande, Hatrize, Valleroy, Auboué, la Malmaison (près Briey), Lantefontaine,

Mance, Neufchef, Ranguevaux, Angevillers, Havange, Fillières, Fontoy, Lommerange, La Grange-du-Sart, Bettainvillers, Norroy-le-Sec, Landres, Mont (près Bonvillers), Bazonville, Boulange, Bassompierre, Rochonvillers, Bure, Mercy-le-Haut, Mercy-le-Bas, Xivry-Circourt, Longuion, Saint-Jean (devant Marville), Mexy, Cosnes, le Pas-Bayard (sur la route de Villers-la-Chèvre à Tellancourt), la Malmaison, Allondrelle et Bromont.

En outre des formations dont nous venons de parler, diverses autres assises fournissent encore des pierres de taille dans le département de la Moselle, pour des usages restreints. On façonne des dalles avec les lits minces des quartzites dévoniens de Sierck et de Montenach.

On tire un peu de pierres de taille du grès des Vosges, qui fournit aussi, dans les environs de Mouterhausen, des matériaux réfractaires employés dans la construction des creusets de hauts-fourneaux et des fours de verreries.

Les assises dolomitiques de la partie supérieure du muschelkalck fournissent une pierre très-dure, coûteuse en raison des difficultés de la taille et des transports, mais d'excellente qualité au point de vue de la résistance et susceptible de prendre du poli. On l'exploite principalement à Servigny-lès-Raville, à Brouck, à Vancremont, et l'on s'en sert, dans un assez grand rayon autour de ces localités, à Metz, par exemple, pour faire des dalles, des marches d'escaliers, des bordures de trottoirs, des bornes. Les bancs oolithiques du calcaire conchylien fournissent aussi des pierres de taille de petites dimensions.

Dans quelques localités on en tire du grès infraliasique et du grès médioliasique. Dans les carrelages des vestibules, on associe souvent à la pierre de Servigny, qui est blanche, les calcaires de Guénangé et de Louvigny-sur-Seille, qui sont d'un noir assez foncé et qui prennent également le poli. Ces calcaires, que l'on trouve aussi fréquemment employés comme tablettes devant les cheminées, appartiennent au calcaire à gryphées arquées. Les gros bancs du grès d'Hettange fournissent des pierres qui servent à construire les creusets des hauts-fourneaux au charbon de bois. Ce grès résiste bien ; cependant on remarque qu'un retrait notable s'opère dans la masse et produit une division de la matière en prismes confus.

On trouve des pierres de taille à trois niveaux différents dans l'étage Bajocien. Les assises dont l'exploitation est la plus active sont celles qui règnent, à une faible distance au-dessous du calcaire à polypier, à Escherange, Wolmerange, Ottange, Audun-le-Tiche, et qui sont blanchâtres, lamellaires et un peu oolithiques. Les bancs ont souvent 2 mètres d'épaisseur et fournissent des matériaux de grandes dimensions. Un certain nombre d'entre eux résistent bien aux intempéries. Les carrières les plus importantes sont celles d'Escherange, qui ont fourni beaucoup de pierres à l'époque de la construction du chemin de fer de Thionville à Luxembourg, et celles d'Audun-le-Tiche. Ces dernières expédiaient, il y a quelques années, d'assez grandes quantités en Belgique ; mais elles ont été supplantées dans cette contrée par les calcaires de Jaumont. Elles sont inférieures à ceux-ci, en ce qu'elles ne se laissent pas tailler facilement, la nature lamellaire de la roche ayant pour effet de faire détacher sous le marteau de petits éclats. A la vérité leur couleur blanche est fort agréable à l'œil, mais elles ne tardent pas à noircir à l'air, ainsi qu'il arrive à beaucoup des plus belles pierres de la Meuse. En second lieu, on trouve encore des pierres de taille, mais de qualité inférieure, dans les gros bancs à avicules qui sont au-dessous des précédents ; ils fournissent une pierre grenue et peu résistante, tachée d'ailleurs par une grande abondance du fossile qui les caractérise. On les exploite principalement à Audun-le-Roman et dans plusieurs carrières du plateau au nord de Saulnes. Enfin, on en tire quelques-unes sur les versants de la Rupt-de-Mad des bancs lamellaires et oolithiques, associés au calcaire à polypiers. Dans la division la plus élevée de l'oolithe inférieure, les calcaires à points ocreux qui surmontent immédiatement les marnes de la base, ont fourni des pierres de taille pour constructions, notamment au Fond-de-la-Cuve, près Mars-la-Tour et près de Vionville. On les exploite beaucoup à Doncourt pour dalles et pierres de caniveaux. Le calcaire à oolithes de la même division en a donné aussi quelques-unes dans ces parages, aux environs de Tronville. Il est exploité assez activement, pour cet usage, au-dessus des villages de Grand-Failly et de Petit-Failly; mais tous les bancs de ces carrières ne résistent pas bien à la gelée.

Enfin, le tuf, quand il est bien agrégé, peut donner aussi des pierres, que l'on recherche à cause de leur faible pesanteur spécifique pour la construction des parties extérieures des cheminées et des voûtes qui ne sont point exposées à l'humidité. On l'a appliqué à ce dernier usage dans quelques édifices religieux, et il paraît que la voûte de la cathédrale de Metz en est formé. Les vallées où le tuf se trouve dans ces conditions sont principalement celles de l'Orne, de l'Alzette et du Coulmy.

L'importation des pierres de taille dans le département de la Moselle est très-faible; elle porte principalement sur les produits des carrières ouvertes dans le coral-rag, dans le département de la Meuse.

Moellons. — Toutes les assises d'où l'on peut tirer des pierres de taille fournissent naturellement aussi des moellons, et la plupart de ceux qui sont employés dans le département, viennent précisément des mêmes carrières que les pierres de taille, principalement de celles du grès bigarré et de l'oolithe. Mais on en extrait également dans d'autres bancs qui, n'étant pas assez suivis pour fournir des matériaux de dimensions, ou étant trop hétérogènes ou trop durs pour la taille, présentent cependant les qualités nécessaires pour pouvoir être débités en pierres irrégulières. C'est ainsi qu'en dehors des carrières dont nous

nous sommes occupé dans le chapitre précédent, on tire des moellons :

Du grès des Vosges; dans les constructions rurales on en emploie souvent, de cette provenance, qui s'égrènent facilement à l'air;

De toutes les assises solides du muschelkalk, et, en particulier, des calcaires minces qui se trouvent à la partie supérieure de la formation ; il en existe des carrières à Schweyen, Bettwiller, Œtingen, Folckling, Théding, Rémelfing, Sarreinsming, Frauenberg, Bliesebersingen, Bliesbrücken, Neunkirchen, Grossbliederstroff, Sarreguemines, Wœlfling, Vaudreching, Bouzonville, Rettel, Oberdorff, Bannay, Pontpierre, Faulquemont, etc.

De la dolomie moyenne du keuper, et du calcaire à gryphées arquées dans un grand nombre de localités; on ne tire de ces formations que des matériaux plus ou moins délitables et de mauvaise qualité, dont on ne fait usage que sur place, dans les constructions rurales, et seulement lorsqu'on ne peut s'en procurer d'autres à bon compte ;

Du grès infraliasique, et même du grès médioliasique, dans quelques cantons ;

D'un grand nombre d'assises de l'oolithe inférieure, notamment : dans le terrain Bajocien, des bancs solides régnant dans la moitié supérieure de l'étage au-dessous du calcaire à polypiers, et des bancs lamellaires et oolithiques associés à ce dernier ; Lessy, Plappeville, Lorry-lès-Metz, Saulny, Rozérieulles, Plesnois, Thil, Longuion, Cons-Lagrandville, Villers-la-Chèvre, Cosnes, etc., etc. Dans les deux divisions qui suivent ; de tous les calcaires oolithiques qui s'y montrent, mais principalement de ceux qui couronnent la plus élevée et qui fournissent des pierres de taille. Dans la dernière division ; des calcaires à points ocreux à Vernéville, Doncourt, etc.; des calcaires oolithiques, soit à grosses oolithes comme à Tronville, Vionville, Puxieux, Hannonville-au-Passage, Ville-sur-Yron; soit à oolithes plus fines comme à Jarny, à Grand-Failly et à Petit-Failly; enfin des calcaires plats régnant à différentes hauteurs dans cette division, suivant les contrées, mais principalement à la partie supérieure, Friauville, Lubey, Linières, Gondrecourt, Norroy-le-Sec, etc.

Pavés. — Les pierres qui fournissent les meilleurs pavés employés dans la Moselle, sont les quartzites de Sierck et de Montenach. Outre qu'ils possèdent une grande dureté, leur disposition en couches minces les rend très-propres à prendre la forme parallélipipédique qui est la plus convenable pour cet emploi. On commence à employer, en concurrence avec ces matériaux, pour le pavage de la ville de Metz, par exemple, les pavés en laitiers de hauts-fourneaux fabriqués à l'usine de Novéant. Les pavés naturels que l'on préfère, après ceux de Sierck, sont ceux que l'on tire du grès d'Hettange; on en façonne encore une assez grande quantité avec les bancs lamellaires associés au calcaire à polypiers, avec les bancs inférieurs des assises à pierres de taille de l'oolithe, et avec les couches supérieures du muschelkalk, principalement les assises oolithiques. On en fait également avec certaines couches dures du calcaire à gryphées arquées; mais ils sont peu résistants et l'on n'en rencontre plus que fort peu de cette espèce.

Pierres pour l'entretien des routes. — Les matériaux employés pour l'entretien des routes sont encore plus variés que les pierres à moellons, car ils sont empruntés pour ainsi dire à toutes les roches solides que la contrée renferme. On en tire des quartzites de Sierck dans les environs des points où ils sont exploités pour pavés et pour dalles. Les poudingues du grès vosgien, quand ils ne sont point trop agrégés, peuvent fournir un gravier quartzeux d'assez bonne qualité; mais on n'en fait qu'un usage très-restreint et borné, même dans la région orientale du département, où on les rencontre. On emploie, plus souvent, les plaquettes ferrugineuses du grès des Vosges mélangées avec des calcaires du muschelkalk.

Ceux ci fournissent une grande quantité de matériaux d'empierrement pour les routes qui traversent le grès des Vosges, le trias et même une partie du lias. La dolomie moyenne du keuper est un des matériaux les moins estimés. On l'emploie, faute d'autres, dans les environs de Grostenquin et de Morhange. Le grès infraliasique, le calcaire à gryphées arquées, le grès d'Hettange, sont employés dans quelques parties des arrondissements de Metz et de Thionville; mais ils sont peu résistants. Les routes de la partie du département située à l'ouest de la Moselle sont entretenues principalement avec les calcaires de l'étage oolithique inférieur et avec le calcaire à polypiers. Toutefois, dans la région sud du plateau, une assez large bande, vers la frontière de la Meuse, se sert des calcaires à grosses oolithes, des calcaires de Friauville, ou, en général, des divers calcaires plats tirés de la division la plus élevée de l'oolithe inférieure. Dans la vallée de la Moselle et dans tout le pays limitrophe on se sert du gravier de cette rivière. Le diluvium des vallées de Montigny, du Sablon, de Woippy sert également soit à l'empierrement des routes, soit au balastage des chemins de fer. On obtient d'excellents résultats, sur certaines routes des environs de Longwy, de l'emploi, soit seul, soit mélangé au calcaire à polypiers, des quartz jaspes associés aux minerais de la période tertiaire. Leur extraction se fait principalement dans les environs de Tellancourt. Depuis quelques années, l'emploi des laitiers des hauts-fourneaux sur les routes devient de plus en plus fréquent ; on les utilise seuls ou mélangés avec d'autres matériaux. C'est ainsi que la route de Paris à Verdun par Etain reçoit des laitiers jusqu'à la frontière du département de la Meuse.

Il faut noter enfin que la Compagnie des chemins de fer de l'Est a introduit, dans ces dernières années, pour l'empierrement des routes dont l'entretien est à sa charge, et qui aboutissent à certaines gares fréquentées, des pierres provenant du terrain silurien ardennais. Ce sont les seuls matériaux qui soient importés pour cet usage [1].

[1] Pour donner une idée de la manière dont les empierrements sont opérés dans les différentes parties du département, nous pouvons faire connaître l'origine et la distribution des matériaux employés sur quelques grandes routes traversant la Moselle, par exemple : celle de Paris à Mayence, celle de Metz à Longwy, celle de Metz à Sarrelouis, et celle de Metz à Longuion et à Briey.
Le calcaire à grosses oolithes, le calcaire à polypiers, le muschelkalk, le gravier de la Moselle et les laitiers des hauts-fourneaux sont les matériaux employés à l'entretien de la route impériale n° 3, de Paris à Mayence. Ils y entrent dans les proportions suivantes : 14 premiers kilomètres à partir de la limite commune de la Meuse et de la Moselle, calcaire à grosses oolithes provenant des territoires de Mars-la-Tour, Vionville et Rézonville et laitiers de l'usine d'Ars; du 15e au 22e kilomètre, ces mêmes laitiers mélangés au calcaire à polypiers du fond des Géniveaux et de la côte de Rozérieulles; sur les 7 kilomètres suivants, laitiers de l'usine d'Ars; du 32e au 40e kilomètre, gravier extrait de l'île du Saulcy; du 40e au 75e kilomètre, muschelkalk tiré des bans de Bionville, Servigny, Raville, Guinglange, Marange, Hallering, Zimming, Longeville et Folschwiller; enfin sur la dernière section de la route, depuis le 75e kilomètre jusqu'à la frontière prussienne, laitiers provenant de l'usine de Stiring.
Sur la route impériale n° 52 de Metz à Longwy, l'entretien est fait entre le 22e kilomètre, où elle s'embranche sur celle de Metz à Thionville, et le 57e, avec des laitiers provenant des usines de Hayange et d'Ottange; les 5 kilomètres suivants sont empierrés avec du calcaire à polypiers tiré du territoire de Villiers-la-Montagne et les 5 derniers kilomètres avec du quartz jaspe extrait des minières des environs de Longwy et de Longuion.
Sur la route impériale n° 54, de Metz à Sarrelouis, on n'a que deux espèces de matériaux; le gravier de la Moselle et le muschelkalk. Le premier est employé entre le 5e et le 11e kilomètre; il provient du Saulcy; le second sert à l'entretien du reste de la route, jusqu'à la frontière de la Prusse ; on l'extrait des carrières de Boulay, Denting, Helstroff, Racrange, Coumes, Tromborn, Gaweistroff, Remering, Villing et Berweiller.
Les matériaux servant à l'entretien de la route départementale n° 5, de Metz à Briey et Longuion, sont assez variés. Ils sont répartis de la manière suivante :

Gravier de la Moselle.	du 5e au 9e kilomètre
Calcaire à polypiers de la côte de Saulny. .	du 6e au 16e —
Laitiers des hauts-fourneaux de Moyeuvre	

Les carrières assujetties à la patente dans la Moselle sont, en tout, au nombre de 253, et emploient 721 ouvriers. Mais il faudrait ajouter à ces chiffres ceux qui se rapportent à un grand nombre de petites exploitations où le travail d'extraction n'est pas continu et est exécuté par le propriétaire même du sol.

Pierres à chaux. — Plusieurs espèces de calcaires servent, dans la Moselle, à faire de la chaux ; mais la fabrication la plus importante a lieu avec le calcaire à gryphées arquées, qui fournit une chaux hydraulique excellente. Les fours qui la produisent, sont répartis entre trois centres de production principaux. Celui de Metz est le plus important; de nombreux fours existent aux environs de la ville sur les territoires de Vallières, Lauvallière, Vantoux, Montois, Grigy, Villers Laquenexy, Avancy, et plus loin, aux Étangs, à Silly-sur-Nied, Gondreville, Silly-en-Saulnois, Pommérieux, Peltre, Rémilly; des établissements importants vont être fondés à Saint-Julien.

Le centre de Val-Ebersing et de Viller renferme également un grand nombre de fours disséminés à Val-Ebersing, Fremestroff, Lachambre, Biding, Altwiller, Lanning, Lixing, Viller, Thicourt, Bistroff, Grostenquin.

Celui de Metzerwisse est tout aussi connu ; les fours qu'il comprend sont établis à Metzerwisse, Luttange, Guénange ; il en existe aussi à Hettange et à Roussy-le-Village.

Les travaux considérables qui sont entrepris à Metz et dans les environs, donnent en ce moment, à la fabrication de la chaux hydraulique, une vive impulsion, qui ne peut manquer d'amener des progrès sensibles dans la pratique de cette in-

avec un peu de calcaire à polypiers. . .	du 17ᵉ au 36ᵉ kilomètre.
Calcaires appartenant au troisième groupe de l'oolithe inférieure, exploités à Mercy et à Preutin.	du 37ᵉ au 44ᵉ —
Calcaire à polypiers et quartz-jaspe provenant des territoires de Mercy-le-bas et Saint-Supplet, Arrancy et Procourt. .	du 45ᵉ au 66ᵉ —

dustrie. Les fours à la houille, encore rares, deviendront de plus en plus nombreux à mesure qu'on apprendra à mieux les conduire, et l'on verra prochainement s'établir des fours continus, dont aucun n'existe encore sur le calcaire à gryphées arquées.

La chaux de Vantoux, cuite à la houille, pèse, en gros morceaux, 725 à 730 kilogrammes le mètre cube; concassée à la grosseur du poing, elle pèse 800 kilogrammes environ. Son foisonnement est de 40 p. 100. Il y a jusqu'à présent une différence de prix de 6 francs par mètre cube entre la chaux hydraulique au bois et la chaux à la houille.

La plus grande partie de la chaux grasse fabriquée dans le département de la Moselle est faite avec les calcaires supérieurs du muschelkalk; une portion en est employée pour les usages agricoles. Les fours sont à Grossbliederstroff, Bliesguerschwiller, Loutzwiller, Noussewiller, Rolbing, Gaubiving, Farschwiller, Folckling, Spicheren, Forbach, Bousbach, Marienthal, Carling, Creutzwald, Bouzonville, Vaudreching, Hargarten, Apach, Belmacher, Halstroff, etc., etc. Les calcaires de l'oolithe inférieure, et principalement le calcaire à polypiers, servent aussi à faire de la chaux grasse. Il existe des fours pour cette fabrication dans les carrières de Jaumont, à Senelle, près Longwy, à la Sauvage dans la vallée du ruisseau de la Côte-Rouge. Dans ces deux derniers établissements, on cuit le calcaire avec des gaz de hauts-fourneaux, et l'on fait aussi un peu de chaux hydraulique avec de la pierre provenant des Ardennes belges.

Les calcaires oolithiques de la division supérieure de l'oolithe inférieure sont employés à la fabrication de la chaux grasse dans un établissement situé à Jarny; on y a fait également un peu de chaux hydraulique avec des calcaires marneux appartenant au niveau des dalles de Friauville.

Pierres à plâtre. — Le gypse ou pierre à plâtre est exclusivement tiré, dans la Moselle, du muschelkalk inférieur et du keuper; les autres terrains ne renferment aucun gîte exploitable de cette substance. Il est blanc ou gris, suivant la provenance et d'après la plus ou moins grande quantité de substances impures, principalement d'argile, auxquelles il est associé. Le plâtre gris pèse 100 kilogrammes, le plâtre blanc 80 kilogrammes environ l'hectolitre. Il y a une différence de 1 fr. 25 entre les prix de l'hectolitre de l'une ou de l'autre qualité. Bien qu'il soit assez estimé, le plâtre blanc que le département produit ne peut servir, comme celui de Paris, dans les parties des constructions qui sont exposées à l'air. Il s'en fait, malgré cela, une assez grande consommation, tant dans le département que dans les pays limitrophes où on l'exporte. Il est employé soit dans les revêtements intérieurs, soit pour l'amélioration des prairies artificielles.

Les carrières de gypse ouvertes dans le keuper sont très-nombreuses ; nous citerons les localités de Basse-Kontz, Rustroff, Kœnigsmacker, Veckring, Kemplich, Valmunster, Remelfang, Marivaux, Charleville, Pange, Villers-Stoncourt, Rémilly, Piblange, Voimehaut, Grostenquin, etc., etc. Les points où l'extraction dans le muschelkalk est avantageuse sont au contraire très-rares ; nous citerons Gaubiving et Schweyen.

Il existe des fours à plâtre à Boulay, Piblange, Voimehaut, Bouzonville, Thionville, Erstroff, Freybouse, Schweyen, Gaubiving, Fremestroff, Altrippe, etc.

Amendements minéraux agricoles. — Les substances minérales qui sont employées pour l'agriculture dans le département de la Moselle sont les suivantes :

1° Le plâtre, dont l'usage pour l'amélioration des prairies artificielles est assez répandu. Il se sème à la volée, réduit en poudre, en mars et en avril, au moment où la plante a commencé à croître et couvre déjà à peu près la terre. On en emploie ordinairement de 2 à 4 hectolitres par hectare. L'influence exercée sur la végétation est très-notable sur les terrains calcaires ou argilo calcaires. Il a été remarqué par certains agriculteurs qu'il ne produit aucun effet sur les terrains argilo-siliceux. Les nombreuses plâtrières que nous avons citées plus haut fourniraient facilement tout le plâtre nécessaire à la consommation agricole de la Moselle et des départements voisins ; la consommation de cette substance a encore à réaliser de grands progrès ;

2° La chaux. Son emploi est extrêmement avantageux dans les terrains sablonneux du grès des Vosges et du grès bigarré ; mais on n'en fait encore usage qu'en un nombre trop restreint de localités, dans les cantons de Grostenquin, de Forbach, de Volmunster, de Rohrbach et de Sarreguemines. Les calcaires avec lesquels les fermiers font généralement eux-mêmes la chaux nécessaire à leur consommation sont tirés du muschelkalk. On emploie de 50 à 150 hectolitres de chaux par hectare ;

3° Les marnes calcaires. On exploite, dans la partie nord-ouest du département, des amas de marnes calcaires formés dans les vallées par les dépôts des sources qui sortent de l'oolithe inférieure; elles servent à amender les terrains sablonneux du lias. On en fait en particulier un très-fructueux usage dans la région belge qui touche à la frontière française.

On transporte aussi de ces marnes, ou bien des marnes tirées de certaines couches des niveaux supérieurs de l'oolithe inférieure, dans les terrains trop argileux appartenant à ces mêmes niveaux géologiques.

Enfin les marnes de la partie supérieure du lias ont été aussi quelquefois utilisées pour améliorer le sol des portions inférieures de l'oolithe inférieure ou les terrains sablonneux du diluvium de la Moselle ; mais cet usage est encore extrêmement restreint.

4° Phosphates de chaux. On n'emploie que très-rarement, dans le département, les phosphates de chaux fossiles, achetés dans la Meuse ou dans les Ardennes.

Castine. — Le calcaire à polypiers ou les calcaires oolithiques et lamellaires qui lui sont subordonnés fournissent la castine, qui est employée par tous les hauts-fourneaux de la Moselle, sauf par ceux de Stiring-Wendel et de Monterhausen, lesquels s'alimentent dans les calcaires supérieurs du muschelkalk. La castine de l'oolithe inférieure est généralement pure et de bonne qualité; les carrières d'où on la tire sont, le plus souvent, ouvertes dans les crêtes des côtes au pied desquelles les usines sont placées; ce qui est une disposition très-favorable à l'économie des transports. La castine du muschelkalk renferme quelquefois des noyaux siliceux qui nuisent essentiellement à sa qualité; les carrières d'Œtingen, où l'on exploite celle qui est nécessaire aux usines de Stiring-Wendel, présentent une certaine importance.

Argile pour poteries. — On ne trouve point dans le département d'argile fine propre à la fabrication de la faïence; les faïenceries et porcelaineries de Sarreguemines, de Longwy, de Sierck, font venir toutes leurs terres de l'étranger. On fait seulement de la poterie commune à Audun-le-Tiche avec des argiles tirées des marnes supérieures du lias.

Terres à tuiles et à briques. — Les argiles propres à la fabrication des tuiles et des briques existent sur de nombreux points du département; celles qui donnent lieu à la fabrication la plus importante, sont celles des marnes du lias et de la base du muschelkalk. Les premières sont employées dans les établissements de Saint-Julien, Longeville-les-Metz, Saulny, Longeau, Plesnois, Corny, Fey, Erzange, Schrémange, Hettange, Roussy-le-Village, Audun-le-Tiche, etc., qui prennent leurs terres, les uns dans les marnes supérieures au grès médioliasique et les autres dans les marnes inférieures. Les secondes sont utilisées dans les tuileries et briqueteries de Forbach, Stiring-Wendel, la station de Saint-Avold, Folckling, Rimsing, Merlebach, Host, Porcelette, Grossbliederstroff, Bliesbrücken, Walschbronn, etc. Quelques-unes de ces dernières font usage d'une petite quantité d'argiles diluviennes, recouvrant la surface du grès des Vosges, qu'elles mélangent, dans certains cas, avec les glaises du muschelkalk. Parmi elles, la grande tuilerie et briqueterie de Forbach est sans contredit la plus importante du département; elle envoie ses produits en France dans un assez grand rayon, et fournit aussi en Prusse.

On trouve encore des terres à briques et à tuiles :

Dans les marnes irisées sur lesquelles reposent les établissements de Hombourg-sur-Canner, Pontigny, Remilly, Bistroff, Erstroff, Hellimer, Morhange, Altwiller, Diebling, Neufgrange, etc.;

Dans le calcaire à gryphées arquées, comme à Plantières, aux Bottes, à Landremont près Silly-sur-Nied, etc., etc.;

Dans les marnes à bélemnites surmontant ce dernier terrain, comme à Courcelles-sur-Nied et à la Grange-aux-Bois;

Dans les argiles qui forment la base de la quatrième division de l'oolithe inférieure (argiles de Gravelotte), comme à Havange, le Chénois etc.;

Dans les argiles qui couronnent cette division, comme à Jarny;

Dans les argiles de la base de l'oxfordien, comme entre Puxieux et Xonville;

Dans le diluvium, en différentes localités.

Quelques-uns des établissements qui ont été cités, fabriquent des tuyaux de drainage, tels que ceux de Longeville-lès-Metz, de Longeau, etc.

On a fait, dans ces dernières années, de grandes quantités de briques dans la vallée de la Chiers, pour la construction des usines à fonte nouvellement créées; elles ont été façonnées avec les terres d'alluvion qui forment le sol sur les bords de la rivière, et cuites en plein air suivant la méthode wallonne. Du reste, d'une manière générale, les établissements métallurgiques de la Moselle font eux-mêmes la presque totalité des briques qui leur sont nécessaires pour leurs constructions.

Matériaux réfractaires. — Le département ne fournit pas

d'argiles propres à la fabrication des briques réfractaires. Les usines métallurgiques qui font elles-mêmes les matériaux de ce genre dont elles ont besoin, et l'établissement de Sarreguemines, font venir leurs terres de l'étranger. Le quartz qui entre dans la fabrication de ces briques s'obtient en broyant les cailloux blancs de la Moselle, de la Sarre ou du grès des Vosges. Les masses quartzeuses provenant des terrains de transition de l'Ardenne belge ou du Hundsrück sont toujours un peu ferrugineuses dans quelques-unes de leurs parties et ne sont plus employées.

L'établissement de Sarreguemines fait de grosses briques pour les hauts fourneaux ; mais celles dont on se sert dans les usines du département viennent généralement d'Andennes ou du pays de Sarrebrück ; on se dispose, dans certaines forges, à en prendre en Angleterre.

Sable pour mortier, moulage. — Les alluvions de la Moselle fournissent, par criblage, en même temps que des cailloux servant à empierrer les routes ou à faire du béton, un sable d'excellente qualité pour mortier. On en tire également du diluvium quartzeux et granitique du Sablon et du diluvium exclusivement quartzeux de Woippy. Dans la partie du département qui s'étend à l'est de la Moselle, on trouve en abondance, dans le grès des Vosges, le grès du keuper, le grès infraliasique, le sable nécessaire aux constructions ; mais il n'en est pas de même sur le versant gauche. Dans cette contrée, le grès supraliasique seul peut fournir du sable, et il est généralement peu apprécié, comme étant un peu argileux. Quant aux terrains oolithiques, c'est-à-dire au plateau de Briey tout entier, ils ne renferment pas du tout de sable.

Dans la bande qui touche à la plaine de la Woëvre, et le long de la rivière de l'Orne, on emploie un sable calcaire extrait par criblage des alluvions de la Woëvre qui ont été décrites. Naturellement, il ne happe pas la chaux avec autant de force que les sables siliceux.

Dans toute la région industrielle, c'est-à-dire le long de la frontière nord du département, on se sert presque exclusivement de *claine*, nom qui est donné aux laitiers de hauts fourneaux réduits à l'état de sable. Autrefois, on prenait seulement les laitiers de hauts fourneaux au charbon de bois bocardés; mais depuis deux ou trois ans, on a fait de la claine avec les laitiers des hauts fourneaux au coke, en les étonnant dans l'eau à leur sortie du creuset, et ce procédé économique tend à être employé exclusivement.

Les hauteurs du versant droit de la Beller, qui dominent le village de Rédange, sont couronnées par les calcaires inférieurs du terrain bajocien, qui sont recouverts par un dépôt de sable diluvien de 2 mètres d'épaisseur environ. Ce sable, qui provient de remaniements du grès supraliasique, est d'une excellente qualité pour le moulage de la fonte, et est extrait en grande quantité par la plupart des forges du département.

APPENDICE

BIBLIOGRAPHIQUE ET CHRONOLOGIQUE

DES

TRAVAUX GÉOLOGIQUES ET MINÉRALOGIQUES

PUBLIÉS

SUR LA LORRAINE ET SUR LE PAYS MESSIN

VOLCYR DE SERROUVILLE. *Cronicque abrégée par petits vers huitains des Empereurs, Roys et ducz Daustrasie : Avecques le quinternier et singularitez du Parc d'honneur.* (Paris. 1550.)

BUCHOZ. *Valerius Lotharingiæ*, ou catalogue des mines, terres, fossiles, sables et cailloux qu'on trouve dans la Lorraine et les Trois-Évêchés. 1769.

MONNET. *Voyage minéralogique dans le Soissonnais, la Champagne et les Vosges en 1773-74.*

— *Description minéralogique de la France.* 1780.

DE SIVRY. *Journal des observations minéralogiques faites dans une partie des Vosges et de l'Alsace.* 1782.

DE DIETRICH. *Description des gîtes de minerais, forges, salines, verreries de la Lorraine méridionale.* 1798.

HÉRON DE VILLEFOSSE. *Statistique des mines et usines du département de la Moselle.* (Journ. Mines. T. XIV.) 1803.

CALMELET. *Description des anciennes mines de Reischeid.* (Journ. Mines. T. XXXII. 1812.)

D'OMALIUS D'HALLOY. *Notes sur l'étendue géographique du bassin de Paris.* (Ann. Mines. 1re série. T. I, 1816.)

— *Observations sur un essai de carte géologique de la France.* (Ibid. T. VIII. 1822.)

— 468 —

D'OMALIUS D'HALLOY. *Note sur les phénomènes qui ont donné aux Vosges leur relief actuel.* (Bul. Soc. géol. 1re série. T. VI, 1835.)

— *Sur le grès du Luxembourg.* (Bul. Soc. Géol. 2e série. T. II, 1845.)

GAILLARDOT. *Notice géologique sur la côte d'Essey.* (1818.)

— *Notice sur les carrières de Domptail.* (Ann. scienc. nat. T. VIII, 1826.)

STEININGER. *Geognostiche Studien am mittel Rhein.* 1819.

— *Geognostiche Beschreibung des Landes zwischen der untern Saar und dem Rhein.* Trèves. 1841.

— *Essai d'une description géognostique du grand-duché de Luxembourg.* (Mém. couronnés. Soc. royale. Bruxelles. T. VII, 1828).

HOLANDRE. *Aperçu géologique sur le département de la Moselle* Introduction à la flore du département. (Metz. 1819.)

— *Observations sur les ovoïdes ferrugineux du lias et principalement sur ceux qu'on rencontre aux environs de Fey.* (Bull. Soc. hist. nat. Metz. 1er cahier. 1843.)

CORDIER. *Notice sur la mine de sel gemme qui a été récemment découverte à Vic.* (Ann. Mines. 1re série. T. IV. 1819.)

DE BONNARD. *Notice géognostique sur la partie occidentale du Palatinat.* (Ann. Mines. 1re série. T. VI. 1821.)

DE GARGAN. *Note sur la géologie des environs de Vic.* (Ibid.)

ELIE DE BEAUMONT. *Notice sur les mines de fer de Framont et de Rothau.* (Ann. Mines. 1re série. T. VII. 1822.)

— *Note sur l'uniformité qui règne dans la composition de la ceinture jurassique du grand bassin géologique qui comprend Londres et Paris.* (Ann. Mines. 1re série. T. X 1825. — Ann. sc. nat T. XVII. 1829.)

— *Mémoire sur les différentes formations qui, dans le système des Vosges, séparent la formation houillère de celle du lias.* (Ibid. 2e série. T. II et IV. 1827. — Mémoires pour servir à une description géologique de la France. 1830 — Bull. Soc. géol. 1re série. T, VIII. 1837.)

— *Sur les gîtes de fer de Rancié et de Framont.* (Bull. Soc géol. 1re série. T. III. 1832.)

— *Observations sur des roches à surface usée et striée provenant de la vallée de Saint-Amarin (Vosges).* (Bull. Soc. géol. 2e série. T. II. 1845.)

Notice sur les systèmes de montagnes. 1848-1852.

J. Levallois. *Note sur la formation gypseuse des environs de Saint-Leger-sur-Dheune (Saône-et-Loire).* (Ann. Mines. 1re série. T. VIII. 1823.)

— *Mémoire sur les travaux qui ont été exécutés dans le département de la Meurthe pour la recherche et l'exploitation du sel gemme.* (Ann. Mines. 3e série. T IV et VI. 1833.)

— *Fouilles de houille de Rémering, Hilsprich, Lanning, Biding et Hombourg (Moselle).* (Revue de Lorraine. T. I. Nancy. 1835.)

— *Notice sur le keuper et le grès keuperien.* (Congrès scientifique de France. 5e session. Metz. 1837.)

— *Note sur un sondage exécuté à Cessingen, grand-duché de Luxembourg.* (Ann. Mines. 3e série. T. XVI. 1839.)

— *Mémoire sur le gisement du sel gemme dans le département de la Moselle et sur la composition générale du terrain de muschelkalk en Lorraine.* (Mém. Soc. royale Nancy et Ann. Mines. 4e série. T. XI. 1846-47.)

— *Note sur la roche ignée d'Essey-la-Côte, arr. de Lunéville.* (Mém. Soc. royale Nancy et Bulletin Soc. géologique. 2e série. T. IV. 1846-47.)

— *Notice sur les roches d'origine ignée avec talc et fer oxydulé observées à la côte de Thelod (Meurthe).* (Bull. Soc. géol. 2e série. T. IV. 1847.)

Notice sur la minière de Florange. (Mém. Soc. royale Nancy; Ann. Mines. 4e série. T. XVI et Bull. Soc. géol. 2e série, T. VII. 1849-50.)

— *Aperçu de la constitution géologique du département de la Meurthe.* (Mém. Acad. Stanislas et Ann. Mines. 4e série. T. XIX. 1850-51.)

— *Deuxième édition.* (Mém. Acad. Stanislas. 1862.)

— *Remarques sur l'Ostrea acuminata et sur l'Ostrea costata considérés comme fossiles caractéristiques.* (Bulletin Soc géologique. 2e série T. VIII et Mém. Soc. royale Nancy. 1851.)

— *Note sur le grès d'Hettange et sur le grès de Luxembourg.* (Bull. Soc. géol. 2e série. T. IX. 1852.)

— *La question du grès d'Hettange. Résumé et conclusions.* (Bull. Soc. géolog. 2e série. T. XX. 1863.)

— *Les couches de jonction du trias et du lias dans la Lorraine et dans la Souabe.* (Bull. Soc. géolog. 3e série. T. II.)

— *Remarques sur les relations de parallélisme que présentent, dans la Lorraine et dans la Souabe, les couches du keuper.* (Bull. Soc. géolog. 2e série. T. XXIV. 1867.)

Voltz. *Notice géologique sur les environs de Vic.* (Ann. Mines. 1re s. T. VIII. 1825.)

Darcet.   *Notice sur la mine de sel gemme de Vic, suivie du rapport fait à l'Académie des sciences.* 1825.

Von Oeyenhausen, von Dechen, und von Laroche. *Umrisse der Rheinlander.* 1825.

Engelspach-Larivière. *Description géognostique du grand-duché de Luxembourg.* (Mém. cour. Acad. royale. Bruxelles, 1828.)

Puillon-Boblaye. *Mémoire sur la formation jurassique dans le nord de la France.* (Ann. Sc. nat. T. XVII. 1829.)

H. Hogard.   *Mémoire sur le gisement des roches des Vosges.* (Bul. Soc. d'émul. Vosges. 1829.)
—   *Tableau des roches des Vosges.* Épinal. 1835.
—   *Description géologique et minéralogique des roches granitiques et arénacées du système des Vosges* (Ibid. 1837.)
—   *Observations sur les traces de glaciers dans la chaîne des Vosges.* (Ibid. 1840.)
—   *Observations sur les moraines et sur les dépôts de transport ou de comblement des Vosges.* Épinal, 1842.
—   *Esquisse géologique du val d'Ajol.* (Ibid. 1845.)
—   *Sur les traces d'anciens glaciers dans les Vosges.* (Bul. Soc. géol. 2ᵉ série. T. II, 1845.)
—   *Aperçu de la constitution minéralogique et géologique du département des Vosges.* (Ext. de la statistique de Lepage et Charton. 1845.)
—   *Notice sur deux petits dépôts de tuf calcaire à Vincey, Vosges.* Épinal, 1846.
—   *Coup d'œil sur le terrain erratique des Vosges.* Épinal. 1847.

E. Robert.   *Notes géologiques sur quelques localités de la Lorraine et de la Suisse.* (Bul. Soc. géol. 1ʳᵉ série. T. I. 1830.)
—   *Notes sur quelques coquilles fossiles observées près Nancy.* (Ibid.)

V. Simon.   *Notice sur le grès d'Hettange.* (Mém. Acad. roy. Metz, 1831.)
—   *Itinéraire géologique et minéralogique dans les départements de la Moselle, etc.* (Ibid.)
—   *Note sur une dent de rhinocéros trouvée à Gomelange.* (Mém. Acad. roy. Metz. 1832.)
—   *Notice sur les carrières de Gœnange.* (Ibid.)
—   *Notice sur la source d'eau salée du fort Bellecroix.* (Ibid.)
—   *Itinéraire géologique et minéralogique de Metz à Sarrelouis.* (Ibid.)
—   *Notice géologique sur les environs de Jussy et de Gravelotte.* (Ibid.)

V. Simon.	Description de la partie de la formation oolithique qui existe dans le département de la Moselle. (Mém. Soc. roy. Metz. 1833.)
—	Aperçu sur la géologie des environs de Sarrelouis, d'Oberstein et de Berncastel. (Metz.)
—	Mémoire sur le lias du département de la Moselle. (Mém. Ac. roy. Metz. 1836.)
—	Aperçu des chances plus ou moins favorables d'obtenir des puits artésiens dans le département de la Moselle. (Mém. Ac. roy. Metz. 1836.)
—	Aperçu de la géologie de la Moselle. (Congrès scient. de France. 5e session, Metz. 1837.)
—	Note sur les couches redressées au pied de la côte Saint-Quentin près Metz. (Bull. Soc. Hist. nat. 3e cahier. 1845.)
—	Note sur une couche de grès keuperien dont les galets siliceux ont été coupés nettement et parallèlement à la surface de cette couche. (Ibid.)
—	Observations sur les derniers temps géologiques et sur les premiers temps humains dans le département de la Moselle. (Bull. Soc. scien. nat. Metz. 6e cahier. 1854.)
Rozet.	Note géologique sur la région granitique de la chaîne des Vosges. (Bull. Soc. géol. 1re série. T. III. 1832.)
—	Sur les terrains anciens de la chaîne des Vosges (Ibid. T. IV. 1833.)
—	Description géologique de la partie méridionale de la chaîne des Vosges. 1834.
Peton.	Notice sur une plaque frontale de Saurien trouvée dans le grès bigarré de Ruaux. (Bull. Soc. géol. 1re série. T. VI. 1835.)
—	Métamorphoses et modifications des roches des Vosges. (Cong. scient. de France. 5e session. Metz. 1837.)
—	Cristaux cubiques du grès de Ruaux considérés comme épigénie du sel gemme. (Bull. Soc. géol. 1re série. T. VIII. 1837.)
—	Sur la leptynite des Vosges. (Ibid. 2e série. T. IV. 1847.)
Mougeot.	Note sur les restes organiques du muschelkalk des départements des Vosges et de la Meurthe. (Bull. Soc. géol. 1re sér. T. VI. 1855.)
—	Note sur quelques fossiles nouveaux rares et inédits ou déterminés d'une manière incertaine du trias des Vosges. (Ibid. 2e série. T. IV. 1847.)
—	Notice sur le Caulopteris Lesaugeana des carrières de Baccarat. (Ann. Soc. d'émul. Vosges. 1850.)

Mougeot.	Essai d'une flore du nouveau grès rouge des Vosges. (Épinal. 1852.)
Soleirol.	Note sur un os fossile trouvé dans les carrières de sable de la commune de Montigny près Metz. (Mém. Ac. royale. Metz. 1855-56.)
—	Mémoire sur les carrières des environs de Metz qui fournissent la pierre à chaux hydraulique. (Ibid. 1846-47.)
Gaulard.	Mémoire pour servir à une description géologique de la Meuse. (Verdun. 1856.)
Congrès scientifique de France.	Procès verbaux des séances de la 5ᵉ session. (Metz. 1857.)
Leblanc.	Observations faites dans les Vosges et dans le Jura. (Bull. Soc. géol. 1ʳᵉ série. T. IX. 1858.)
Lejeune.	Notice sur la position géologique du calcaire oolithique du Barrois. (Ibid. T. IX. 1858.)
—	Notice sur les carrières de Brouck. (Bull. Soc. hist. nat. Metz. 1ᵉʳ cahier. 1843.)
Monnier.	Note sur la constitution géologique des environs de Nancy. (Mém. So. royale. Nancy. 1839.)
Schimper et Mougeot.	Monographie des plantes fossiles du grès bigarré de la chaîne des Vosges. 1840.
Renoir.	Note sur les glaciers qui ont recouvert la partie méridionale de la chaîne des Vosges. (Bull. Soc. géol. 1ʳᵉ série. T. XI. 1840.)
Dufrénoy et Élie de Beaumont.	Explication de la carte géologique de la France. T. I. 1841. T. II. 1848.
Guibal.	Mémoire sur le terrain jurassique du département de la Meurthe. (Mém. Ac. Nancy. 1841.)
—	Mémoire sur les terrains du département de la Meurthe inférieurs au calcaire jurassique. (Mém. Ac. Nancy. 1842.)
—	Notice sur la géologie du département de la Meurthe (Extrait de la statistique du département par Lepage). (Nancy. 1843.)
A. Dumont.	Mémoire sur les terrains liasique et jurassique de la province de Luxembourg. (Mém. Ac. royale. Bruxelles. 1842.)
—	Mémoire sur les terrains Ardennais et Rhénan. (Bruxelles. 1845-46.)
d'Archiac et de Verneuil.	Memoir on the fossils of the oldes deposits in the Rhenish provinces. (Paris, 1842.)

DE BENNIGSEN FÖRDER. *Geognostische Beobachtungen im Luxemburgischen.* (Arch. für Min. und Geogn. de Karsten et de Decken. (V. XVII. 1843.)

BUVIGNIER. *Note sur les chances de succès que présentent les recherches d'eaux jaillissantes dans plusieurs parties du département de la Meuse.* (Mém. Soc. philom. Verdun. 1843.)

— *Mémoire sur quelques fossiles nouveaux des départements de la Meuse et des Ardennes.* (Ibid.)

— *Carte géologique du département de la Meuse, avec une description sommaire des terrains jurassique et crétacé.* (Bull. soc. géol. 2ᵉ série. T. I. 1844.)

— *Lettre sur la position du grès d'Hettange (Moselle).* (Ibid. T. IX. 1851.)

— *Nouvelles observations sur le grès d'Hettange.* (Ibid. T. IX. 1852.)

— *Sur les grès de Luxembourg et d'Hettange.* (Ibid.)

— *Description géologique, minéralogique et paléontologique du département de la Meuse.* (Verdun. 1852.)

— *Sur les calcaires à astartes et l'étage jurassique moyen de la Meuse et de la Haute-Marne.* (Bull. Soc. géol. 2ᵉ série. T. XIII. 1856.)

— *Sur le terrain jurassique de la partie orientale du bassin de Paris.* (Ibid. T. XIV. 1857.)

A. DAUBRÉE. *Sur la présence de l'axinite dans une roche fossilifère des Vosges.* (Bull. Soc. géol. 2ᵉ série. T. I. 1844.)

— *Sur la présence du bismuth natif dans le minerai de fer de Framont.* (Bull. Soc. géol. 2ᵉ série. T. VII. 1850.)

— *Sur les filons de fer de la région méridionale des Vosges et sur la corrélation des gîtes métallifères des Vosges et de la Forêt Noire.* (Ibid.)

— *Sur la présence de zircons dans les granites et syénites des Vosges et sur celle de l'or dans la Moselle.* (Ibid. T. VIII, 1851.)

— *Mémoire sur la relation des sources thermales de Plombières avec les filons métallifères et sur la formation contemporaine des zéolithes.* (Ibid. T. XVI. 1859.)

O. TERQUEM. *Note sur le genre Asterias.* (Bull. Soc. scient. nat. Metz. 2ᵉ cahier. 1844.)

— *Remarques critiques sur les belemnites du département de la Moselle.* (Ibid. 3ᵉ cahier. 1845.)

— *Observations sur le lias du département de la Moselle.* (Ibid. 4ᵉ cahier. 1846.)

— *Observations sur quelques espèces de Lingules.* (Bull. Soc. géol. 2ᵉ série. T. VIII. 1850.)

O. Terquem, — Sur le genre Ceromya. (Ibid. T. IX. 1852.)

— Sur un oscabrion fossile (Chiton Deshayesi) recueilli dans le lias moyen de Thionville. (Moselle. Ibid.)

— Sur le grès d'Hettange. (Moselle. Ibid. T. IX. 1852.)

— Sur un nouveau genre de mollusques acéphales. Hettangia. (Ibid. T. X. 1855.)

— Paléontologie du système du lias inférieur du grand-duché de Luxembourg et de Hettange. (Mém. Soc. géol. 2ᵉ série. Vol. V.)

— Observations sur les gryphées du département. (Bul. Soc. hist. nat. Metz. 7ᵉ cahier. 1855.)

— Paléontologie du département de la Moselle (Extrait de la statistique générale). Metz, imp. Pallez et Rousseau. 1855.

— Observations sur les études critiques des mollusques fossiles comprenant la monographie des Myaires de M. Agassiz. (Mém. Ac. imp. Metz. 1855.)

— Observations sur un fossile nouveau trouvé dans le département de la Moselle. (Bull. Soc. hist. nat. Metz. 2ᵉ cahier. 1855.)

— Observations sur le genre Myoconcha. Sow. (Ibid. 1859.)

— Six mémoires sur les foraminifères du lias. (Metz. — 1858-68.)

— Premier mémoire sur les foraminifères du Fuller's earth. (Metz. Imp. 1868.)

Terquem et E. Piette. Le lias inférieur de la Meurthe, de la Moselle, du grand-duché de Luxembourg, de la Belgique, de la Meuse et des Ardennes. (Bull. Soc. géol. 2ᵉ série. T. XIX. 1862.)

— Paléontologie du lias inférieur de l'est de la France. (Mém. Soc. géol. de France. 1864.)

A. Pomel. Sur quelques phénomènes géologiques de la vallée de la Brems près Sarrelouis. (Bul. Soc. géol. 2ᵉ série. T. III, 1845.)

— Note sur le lias de la Moselle et sur quelques gisements de végétaux fossiles. (Ibid. T. III. 1846.)

Ed. Collomb. Sur les traces du phénomène erratique dans les Vosges. (Bul. Soc. géol. 2ᵉ série. T. II. 1845.)

— Sur quelques vallées à moraines des Vosges. (Ibid. T. III. 1846.)

— Sur le terrain erratique des Vosges. (Ibid.)

— Sur le striage et le polissage des roches dans les Vosges. (Ibid.)

Ed. Collomb.	*Sur les glaciers temporaires des Vosges.* (Ibid.)
—	*Sur les dépôts erratiques des Vosges.* (Ibid. T. IV. 1847.)
—	*Analyse d'un ouvrage sur les anciens glaciers des Vosges.* (Ibid. T. IV. 1847.)
—	*De quelques particularités relatives à la forme extérieure des anciennes moraines des Vosges.* (Ibid.)
—	*Observations relatives au phénomène erratique des Vosges.* (Compt. rendus. V. XXII 1846. Bibl. univ. Genève. V. LX. 1845.)
—	*Observations sur un petit glacier temporaire des Vosges.* (Ibid. T. V. 1848.)
—	*Sur les blocs erratiques du col de Bramont (Vosges).* (Ibid. T. IX. 1851.)
—	*Note sur les moraines, les blocs erratiques et les roches striées de la vallée de Saint-Amarin.* (Comptes rendus. T. XIX. 1844.)
Monard.	*Notice sur les caractères anatomiques du fragment considérable de tête fossile rapportée à un individu voisin du genre Crocodile provenant de Chaudebourg.* (Bul. Soc. hist. nat. Metz. 4ᵉ cahier. 1846.)
Fournet.	*Résultats sommaires d'une exploration des Vosges.* (Bull. Soc. géol. 2ᵉ série. T. IV. 1846.)
Société géologique de France.	*Réunion extraordinaire à Epinal.* (Procès verb. des séances. Bul. 2ᵉ série. T. IV. 1847.)
A. Delesse.	*Mémoire sur la constitution minéralogique et chimique des roches des Vosges.* (Ann. Mines. 4ᵉ série. T. XII et XIII. 1847-48. — Bull. Soc. géol. 2ᵉ série. T. IV. 1847. — Mém. Soc. d'ém. Doubs.)
—	*Sur le porphyre de Ternay. Vosges.* (Ibid.)
—	*Quelques considérations sur l'ordre de succession des minéraux qui se trouvent en filons dans l'arkose des Vosges.* (Ibid.)
—	*Sur la pyroméride des Vosges.* (Ibid. T. IX. 1852.)
—	*Sur la présence de quelques lambeaux de calcaire dans le grès rouge des environs de Saint-Dié.* (Ibid.)
—	*Sur la terre verte de Framont (Vosges).* (Ibid. T. IX. 1855.)
—	*Sur la grauwacke métamorphique des Vosges.* (Ibid. T. X. 1853.)
Jordan.	*Entdeckung fossiler Krustaceen im Saarbrucken'schen Steinkohlen Gebirge.* 1847.
Kind.	*Recherches de houille dans les environs de Forbach (Moselle).* (Comptes rendus. Ac. scieu. T. XXVI. 1848.)

E. Jacquot. — Rapport fait à la commission municipale des eaux et usines sur le projet de forer un puits artésien dans l'enceinte de la ville de Metz. (Metz. 1848.)

— Mémoire sur les mines et les minières de fer de la partie occidentale du département de la Moselle. (Ann. Mines. 4e série. T. XVI.)

— Notice géologique sur les environs de Sierck. (Mém. Acad. imp. Metz. 1852-53.)

— Note sur la composition chimique des sources minérales des environs de Sierck. (Mém. Acad. imp. Metz. 1853-54.)

— Études géologiques sur le bassin houiller de la Sarre et sur les terrains qui lui sont superposés. (Paris. Imp. impér. 1855.)

— Esquisse géologique et minéralogique du département de la Moselle (extrait de la Statistique générale). (Metz. Imp. Pallez et Rousseau. 1855.)

— Quelques observations sur la disposition des masses minérales dans le département de la Moselle. (Procès verbaux. Ass. scient. Metz. 1855.)

— Sur la place qu'occupe le grès d'Hettange (Moselle) dans la série liasique. (Bull. Soc. géol. 2e série. T. XII. 1855.)

— Note sur la composition de quelques calcaires magnésifères des terrains vosgien et triasique en Lorraine. (Bull. Soc. hist. nat. Metz. 7e cahier. 1855.)

— Note sur la découverte de la houille à Creutzwald et à Carling. (Mém. Acad. imp. Metz. 1855.)

— Note sur les recherches qui ont été exécutées le long de la frontière nord-est du département de la Moselle pour y découvrir le prolongement du bassin de la Sarre. (Ann. Mines. 5e série. T. XI. 1857.)

— Études géologiques sur le pays Messin, ou nouvelles recherches sur le prolongement du bassin de la Sarre au-dessous de la partie centrale du département de la Moselle, avec une carte géologique des environs de Metz. (Ann. Mines. 5e série. T. XI. 1857.)

— Notice géologique et historique sur les mines de plomb et de cuivre des environs de Saint-Avold, de Hargarten et de Sarrelouis. (Mém. Acad. imp. Metz. 1857-58.)

— Notes géologiques. — Source jaillissante de la saline de Salzbronn. — Excursion dans la vallée de l'Orne. (Bull. Soc. hist. nat. Metz. 8e cahier. 1857.)

— Essai d'une statistique agronomique de l'arrondissement de Toul. (Paris. Imp. impér. 1860.)

E. Jacquot et Langlois. *Études minéralogiques et chimiques sur les minerais de fer du département de la Moselle.* (Ann. Mines. 4e série. T. XX. Mém. Acad. imp. Metz. 1850-51.)

E. Jacquot et Terquem. *Note sur quelques fossiles du terrain keupérien de la Moselle.* (Bull. Soc. hist. nat. Metz. 7e cahier. 1855.)

Husson. *Esquisse géologique de l'arrondissement de Toul.* (Toul. 1848. avec trois suppléments.)

d'Archiac. *Histoire des progrès de la géologie.* (T. II à VIII. 1848-60.)

Langlois. *Analyse de quelques minerais de fer du département de la Moselle.* (Mém. Ac. roy. Metz. 18..0.)

de Billy. *Esquisse géologique du département des Vosges.* (Ann. Soc. d'émul. Vosges. T. VII. 1850.)

Hennocque. *Notice sur le grès d'Hettange.* (Bull. Soc. hist. nat. Metz. 4e cahier. 1851.)

Carrière. *Sur la découverte de la Schéelite dans le gîte métallifère de Framont.* (Bull. Soc. géol. 2e série. T. X. 1852.)

Hébert. *Sur la position du grès d'Hettange dans la série liasique.* (Ibid.)

— *Les mers anciennes et leurs rivages dans le bassin de Paris.*

Poncelet. *Sur le terrain liasique du Luxembourg.* (Bull. Soc. géol. 2e série. T. IX. 1852.)

Société géologique de France. *Réunion extraordinaire à Metz.* (Procès verb. des séances. Bull. 2e série. T. IX. 1852.)

J. Haime. *Lettres sur la Lorraine.* (Athenæum. 1852.)

— *Description des Bryozoaires fossiles de la formation jurassique.* (Mém. Soc. géol. 2e série. T. V. 1854.)

Chapuis et Dewalque. *Description des fossiles des terrains secondaires de la province de Luxembourg.* Bruxelles. 1853.

G. Dewalque. *Sur les divers étages de la partie inférieure du lias dans le Luxembourg et les contrées voisines.* (Bul. Soc. géol. 2e série. T. XI. 1854.)

— *Sur les divers étages du lias moyen et du lias supérieur des mêmes contrées.* (Ibid.)

— *Sur l'âge des grès liasiques de Luxembourg.* (Ibid. T. XIV. 1857.)

— *Description du lias de la province de Luxembourg.* (Liége. 1857.)

E. Piette.	Sur les coquilles ailées trouvées dans la grande oolithe de l'Aisne, des Ardennes et de la Moselle. (Bul. Soc. géol. 2ᵉ série. T. XIII. 1855.)
—	Sur le gîte jurassique des Clapes (Moselle). (Ibid. T. XIV. 1857.)
von Dechen.	Geognostische Karte der Rheinprovinz und der Provinz Westphalen. (Berlin. 1856-65.)
Chapuis.	Nouvelles recherches sur les fossiles des terrains secondaires de la province de Luxembourg.
E. Dumortier.	Sur deux nouveaux gisements de calcaire à fucoïdes de l'oolithe inférieure dans les environs de Thouars et de Metz. (Bull. Soc. géol. 2ᵉ série. T. XX. 1862.)
Jutier et Lefort.	Etudes sur les eaux minérales et thermales de Plombières. (Paris. 1862.)
Kœcklin-Schlumberger et Schimper.	Mémoire sur le terrain de transition des Vosges. (Strasbourg. 1862.)
C. Clément.	Aperçu général de la constitution géologique et de la richesse minérale du Luxembourg. (Luxembourg. 1864.)

FIN

TABLE DES MATIÈRES

Avant-propos.   I

INTRODUCTION

Définition et but de la Géologie.   1
Roches.   2
Roches aqueuses.   2
Roches volcaniques.   3
Roches plutoniques.   4
Roches métamorphiques.   4
Trois classes de roches neptuniennes.   4
Roches arénacées.   5
Roches argileuses.   5
Roches calcaires.   5
Terrains, formations, étages.   6
Terrains d'alluvion et de transport.   7
Classification des terrains neptuniens.   7
Failles.   7
Filons.   7
Discordance de stratification.   7
Systèmes de soulèvement.   8

PREMIÈRE PARTIE

CONSTITUTION PHYSIQUE

Situation du département. 13
Limites. 14
Configuration. 14
Superficie. 15
Origine. Division administrative. 15

OROGRAPHIE

§ 1. — RÉGIONS NATURELLES

Grandes divisions orographiques	16
Pays de Bitche ou région montagneuse	17
Pays Messin ou région des plateaux	17
Woëvre ou plaine de Briey	20

§ 2. — BASSINS HYDROGRAPHIQUES

Division du département en bassins hydrographiques	23
Étendues comparées des divers bassins	24

HYDROGRAPHIE

§ 1. — EAUX COURANTES

Aperçu général	25
Composition de l'eau des rivières	25
Moselle	26
Sa pente	28
Oscillations de niveau	29
Débit	30
Vitesse	31
Tirant d'eau	31
Navigation	31
Affluents reçus dans le département	32
Orne	32
Seille	33
Pente et volume des principaux affluents de la Moselle	35
Affluents de la Moselle reçus en dehors du département	36
Sarre	36
Sa pente	37
Son débit	37
Ses crues	37
Canal des Houillères ou de la Sarre	38
Bliese	39
Nied allemande	39
Pente et volume des principaux affluents de la Sarre	39
Affluents de la Meuse	42
Affluents du Rhin	42

§ 2. — EAUX STAGNANTES

Étangs	44
Marais	44

DEUXIÈME PARTIE

CONSTITUTION GÉOLOGIQUE

CHAPITRE PREMIER
APERÇU GÉNÉRAL

Nomenclature des terrains compris dans le département.	45
Terrain dévonien.	46
Terrain houiller	46
Grès rouge.	47
Grès des Vosges.	47
Grès bigarré, muschelkalck et marnes irisées.	47
Grès infraliasique.	50
Lias.	51
Oolithe inférieure.	52
Oolithe moyenne.	53
Amas de minerais de fer en grains rapportés à la période tertiaire miocène.	53
Alluvions anciennes et modernes.	54
Répartition entre les quatre grandes périodes géologiques des dépôts qui constituent le sol de la Moselle.	54
Disposition de ces dépôts.	55
Plan suivi dans la description.	58

CHAPITRE II
TERRAIN DÉVONIEN

Limites, étendue et composition du terrain de transition.	58
Age des quartzites de Sierck	60
Usages économiques.	61

CHAPITRE III
TERRAIN HOUILLER

Le terrain houiller de la Moselle appartient au bassin de la Sarre. . . .	61
Étendue, composition et structure de ce bassin.	62

Causes qui ont amené la recherche du prolongement du Lassin dans la Moselle. 65
Quatre périodes principales dans l'histoire des travaux. 66
Première période : recherches des environs de Schœnecken 68
Deuxième période : travaux de la mine de Schœnecken. 69
Sondage à Teterchen. 71
Sondage du Klougenhof. 71
Troisième période : travaux de recherches dans la concession de Schœnecken de 1835 à 1847. 72
Quatrième période : reprise des recherches dans la concession de Schœnecken en 1847. 73
Explorations des environs de Forbach 75
Résultats obtenus. 75
Recherches entre Forbach et Sarreguemines. 76
Recherches de la plaine de Creutzwald. 76
Résultats des recherches. Etendue du bassin de la Sarre reconnue dans la plaine de Creutzwald. 82
Epaisseurs des morts-terrains. 84
Allure du terrain houiller sur le sol français. 85
Puissance des gisements reconnus 86
Qualité du combustible. 87
Concessions instituées dans la plaine de Creutzwald. 88
Travaux préparatoires d'exploitation. Résultats obtenus. 88
Travaux dans la concession de Schœnecken. 90
Puits foncés aux environs de Stiring. 91
Travaux de Petite-Rosselle. Puits Saint-Charles 93
Puits Saint-Joseph. 95
Mines Saint-Charles et Saint-Joseph. 96
Travaux d'Urselsbronn. Puits d'Urselsbronn et puits Wendel. 99
Travaux de la concession de Carling. Puits Saint-Max. 105
Fossiles. 108
Usages économiques. 110
Considérations théoriques 110

CHAPITRE IV

TERRAIN DU NOUVEAU GRÈS ROUGE

Aperçu général. 112
Extension probable, composition et gisement du nouveau grès rouge dans la Moselle. 112
Composition du nouveau grès rouge traversé par le puits de l'Hôpital. . 114
Fossiles. 115
Usages économiques. 115
Origine du grès rouge 115

CHAPITRE V

GRÈS DES VOSGES

Aperçu général. Étendue et composition du grès des Vosges dans la Moselle.	116
Fossiles.	119
Grès des Vosges dans le pays de Bitche	119
Grès vosgien dans la plaine de Creutzwald.	121
Coupe du puits Sainte-Stéphanie.	123
Gîte de calcaire magnésien à la partie supérieure du grès des Vosges.	126
Gîtes de fer, de plomb et de cuivre dans le grès vosgien des bords de la Sarre.	127
Disposition du grès des Vosges dans cette région.	128
Usages économiques.	128
Origine du grès des Vosges.	128
Terre végétale et cultures.	129

CHAPITRE VI

GRÈS BIGARRÉ

Disposition habituelle des trois groupes qui composent la série triasique dans la Moselle.	130
Aperçu général. Extension et composition du grès bigarré.	131
Uniformité d'allures du grès bigarré dans la Moselle.	134
Gîtes métallifères dans le grès bigarré.	135
Fossiles.	135
Usages économiques.	137

CHAPITRE VII

MUSCHELKALK

Aperçu général. Étendue et composition du muschelkalk dans la Moselle.	138
Muschelkalk entre la côte de Rohrbach et la Sarre.	141
Environs de Sarreguemines	144
Environs de Forbach et de Saint-Avold	146
Muschelkalk entre Longeville, Téterchen et Vaucremont; développement de l'étage dolomitique.	147
Minerais de fer dans le muschelkalk de la côte de Tromborn.	155
Muschelkalk aux environs de Sierck	155
Puissance du muschelkalk.	157
Fossiles.	157
Usages économiques.	160

CHAPITRE VIII

MARNES IRISÉES

Aperçu général. Étendue et composition des marnes irisées. 161
Entre Sarreguemines, Sarralbe et Puttelange. 166
Au sud de Saint-Avold. 166
Marnes irisées dans les cantons de Grostenquin et de Faulquemont. . . 167
Sondage de Remilly. Dolomie fossilifère de Flocourt. 170
Disposition des marnes irisées sur le revers nord-ouest du plateau conchylien. 174
Environs de Pange et de Courcelles-Chaussy. 175
Environs de Boulay et de Bouzonville. 176
Vallée de la Canner. 180
Environs de Sierck. 181
Marnes irisées au pied de la côte de Delme. 182
Puissance du terrain keupérien dans la Moselle 183
Fossiles. 183
Usages économiques. 184
Considérations générales et théoriques sur le trias. 185
Terre végétale et cultures. 187

CHAPITRE IX

GRÈS INFRALIASIQUE

Composition du grès infraliasique dans la Moselle. Étendue qu'il occupe.
Place de cet étage dans la série géologique. 188
Lachambre. Holbach. Lixing. 193
Chemery. Thicourt. Harsprich. 194
Basse-Beux. 195
Mont. Les Étangs. 195
Kédange. 196
Haute-Kontz. 196
Fossiles. 197
Usages économiques. 198
Terre végétale et cultures. 198

CHAPITRE X

LIAS

Aperçu général. Composition, puissance et étendue du lias. 199
Environs de Saint-Avold et de Faulquemont. 211
Lias au pied de la côte de Delme. Côte de Mécleuves. 212

Environs de Metz. Faille du Haut-Chemin.. 216
Environs de Thionville. Grès d'Hettange. 220
Vallées de la région Nord-Ouest. 227
Fossiles. 228
Usages économiques. 246
Considérations générales et théoriques sur le lias. 247
Terre végétale et cultures. 248

CHAPITRE XI

OOLITHE INFÉRIEURE

Aperçu général. Étendue occupée par l'oolithe inférieure dans la Moselle.
   Composition de ce terrain. 250
Côte de Delme. Oolithe inférieure entre la Seille et la Moselle. 269
Coteaux de la rive gauche de la Moselle aux environs de Metz. Corze.. . 270
Environs de Briey et de Conflans. Vallée de l'Orne. 274
Vallée de la Fensch. Coupe produite par le chemin de fer des Ardennes.
   Plaine d'Aumetz. 279
Environs de Longwy et de Longuyon. 286
Fossiles. 289
Usages économiques.. 299
Considérations générales sur l'oolithe inférieure. 300
Terre végétale et cultures. 301

CHAPITRE XII

OOLITHE MOYENNE

Aperçu général Composition et étendue de l'oolithe moyenne dans le dé-
   partement. 305
Usages économiques.. 306
Fossiles. 307
Terre végétale et cultures. 307

CHAPITRE XIII

TERRAIN DILUVIEN

Généralités. 308
Vallée de la Sarre. 309
Diluvium sur les bords des Nieds. 310
Environs de Metz. Diluvium de la Moselle et de la Seille. 310
Éboulements dans les côtes oolithiques. 312

Remaniements opérés sur les gîtes de minerais de fer de la période tertiaire. Blocs de quartz jaspé à la surface de la Woëvre. 313
Fossiles. 314
Usages économiques. Terre végétale et cultures. 315

CHAPITRE XIV

DÉPOTS DE LA PÉRIODE ACTUELLE

Nomenclature de ces dépôts. 316
Alluvions modernes. 316
Tourbe. 318
Tuf. 319
Éboulis. 321
Brèches de la vallée de l'Orne. 322
Fossiles. 322
Usages économiques. 323

CHAPITRE XV

GITES MÉTALLIFÈRES

Généralités. 323

§ 1. — GÎTES FERRIFÈRES

1° FILONS DANS LE GRÈS VOSGIEN

Filons d'hydroxyde de fer dans le grès des Vosges; âge de ces gîtes. . . 324

2° AMAS DE MINERAIS DE FER EN GRAINS

Gîtes de minerais de fer en grains remplissant des cavités dans l'étage
oolithique inférieur. Caractères généraux de ces gîtes. 327
Place qu'ils occupent. 329
Disposition des dépôts de minerais de fer en grains. 331
Mode de formation de ces dépôts. 331
Age des minerais de fer en grains. 333
Minerais de fer en grains dans le muschelkalk. 335

3° MINÉRAIS DE FER EN COUCHES

Composition et caractères généraux de l'oolithe ferrugineuse. Place et
étendue de cette assise dans la Moselle. 335
Vallées d'Ottange et de l'Alzette. 339

Vallées de la Côte-Rouge et de la Moulaine.	342
Vallée de la Chiers.	344
Vallée du Coulmy.	346
Vallée de la Chiers après sa réunion avec la Crusnes.	347
Vallées de la Feusch et de l'Orne.	347
Entre la vallée de l'Orne et Ars-sur-Moselle. Mine de Marange. . . .	349
Vallée de Mance.	350
Novéant. Arry.	351

4° GÎTES DILUVIENS

Minerais de fer en plaquettes associés à des sables diluviens.	352

§ 2. — GÎTES DE PLOMB, CUIVRE ET ARGENT

Situation, étendue et âge des gîtes de plomb et de cuivre de la Moselle.	356
Le Bleyberg.	358
Le Hauwald et le Castelberich.	359
La petite Saule.	359
Mine du bois de Berin.	360
La grande Saule.	360

CHAPITRE XVI

HYDROGRAPHIE SOUTERRAINE

Rapports de l'hydrographie souterraine avec la structure du sol. . . .	361

§ 1. — SOURCES

Niveau d'eau au contact du terrain houiller et du grès des Vosges. . .	362
Dans le grès des Vosges.	363
Dans le trias.	363
Dans le grès infraliasique.	366
Dans le lias.	366
Dans l'oolithe inférieure.	368
Dans l'oolithe moyenne.	372
Dans le diluvium.	372

§ 2. — PUITS ARTÉSIENS

Généralités.	373
Projets de forage à Metz. Sondage de Thionville.	373
Autres forages.	374

§ 3. — SOURCES MINÉRALES

Sources salines des environs de Sierck.	375
Source saline de Salzbronn.	377
Sources ferrugineuses.	378
Sources diverses.	380

CHAPITRE XVII
STRUCTURE DU SOL

Objet de ce chapitre.	381
Disposition d'ensemble des terrains stratifiés en Lorraine et dans le département de la Moselle.	382
Contrée située à l'est de la Sarre. Faille de Bitche.	384
Région comprise entre la Sarre et la Moselle. Accidents dirigés E. 30° N., O. 30° S.	385
Les accidents dirigés E. 30° N., O. 30° S. caractérisent le pays Messin.	389
Généralité de cette orientation dans la partie centrale du département.	389
Les accidents du pays Messin se rattachent à ceux du bassin de la Sarre.	392
Comment on les explique.	394
Les accidents n'ont point été simultanés.	395
Failles de la région occidentale du département: Gorze, Amanvillers, Hayange, Hettange, Fontoy, Audun-le-Roman, Crusnes.	397
Remarques générales sur les failles de la plaine de Briey.	405
Ridement entre Sierck et Hombourg, dirigé E. 50° S., O. 50° N.	407
Résumé.	408

TROISIÈME PARTIE

STATISTIQUE MINÉRALOGIQUE

PREMIÈRE CLASSE
CORPS SIMPLES FORMANT UN DES PRINCIPES ESSENTIELS DES MINÉRAUX COMPOSÉS

Quartz.	410
Arsenic sulfuré jaune ou orpiment.	411
Acide arsénique.	411

DEUXIÈME CLASSE

SELS ALCALINS

Potasse nitratée. 412
Sel gemme. 412

TROISIÈME CLASSE

TERRES ALCALINES ET TERRES

Baryte sulfatée. 412
Strontiane sulfatée. 413
Chaux carbonatée. 413
Dolomie. 413
Chaux sulfatée ou gypse. 414
Chaux anhydro-sulfatée ou anhydrite. 414
Chaux nitratée. 414

QUATRIÈME CLASSE

MÉTAUX

Fer sulfuré ou pyrite de fer. 414
Fer oxydulé. 415
Fer oligiste. 415
Fer oxydé hydraté. 415
Chamoisite ou silicate de protoxyde de fer. 416
Fer carbonaté. 416
Fer phosphaté. 416
Pyrolusite. 417
Zinc sulfuré ou blende. 417
Plomb sulfuré ou galène. 417
Plomb carbonaté. 418
Cuivre oxydé noir. 418
Cuivres carbonatés bleu ou vert. 418
Or natif. 418

CINQUIÈME CLASSE

SILICATES

Silicates d'alumine hydratés, argiles. 419
Zircon. 419
Mica. 419

SIXIÈME CLASSE

COMBUSTIBLES

Pétrole. Bitume. 419
Houille. 420
Lignite. 420

QUATRIÈME PARTIE

EXPLOITATION DES MINÉRAUX ET ROCHES UTILES

Houille. 421
Exploitation dans la concession de l'Hôpital. 424
    —   —   de Carling. 426
    —   —   de Shœnecken. 427
Production et avenir du bassin de la Moselle. 428
Combustibles pyriteux du keuper. 430
Tourbe. 431
Sel gemme. 434
Minerais de fer. 435
Minerais de plomb, de cuivre et d'argent. 447
Pierres de taille. 449
Moellons. 454
Pavés. 456
Pierres pour l'entretien des routes. 456
Pierres à chaux. 459
Pierres à plâtre. 460
Amendements minéraux agricoles. 461
Castine. 463
Argiles pour poteries. 463
Terres à tuiles et à briques. 463
Matériaux réfractaires. 464
Sable pour mortier, moulage. 465
Appendice bibliographique. 467

PLAN GÉNÉRAL

du *gisement houiller*

BASSIN DE LA SARRE

DANS LE DÉPARTEMENT

de la

MOSELLE

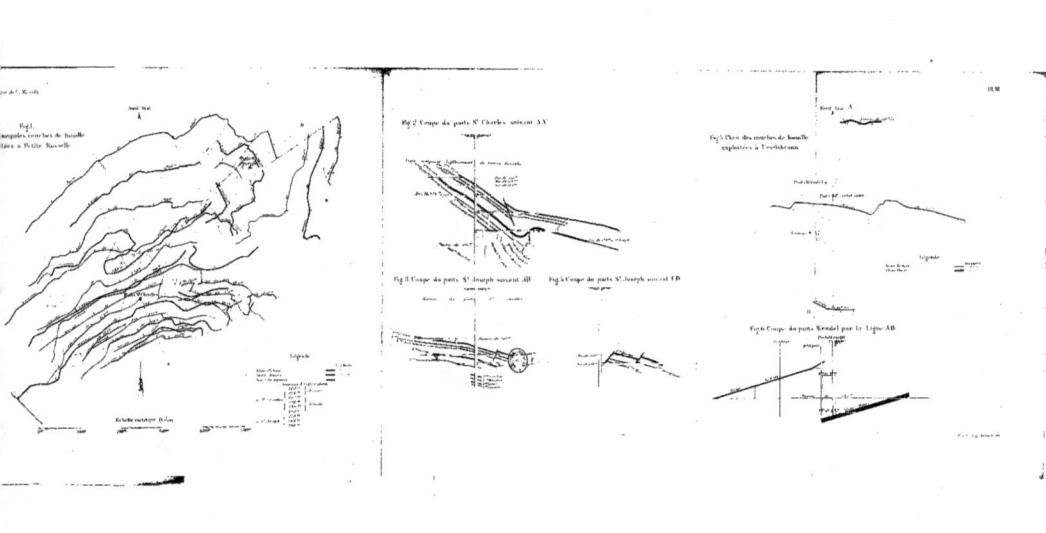

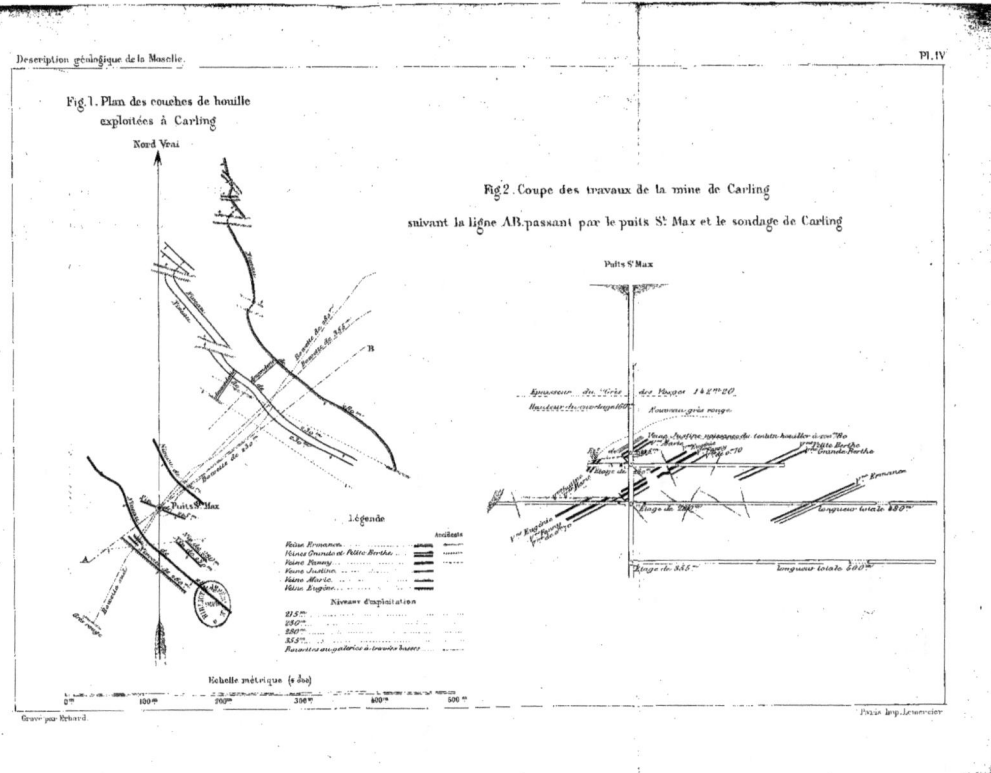

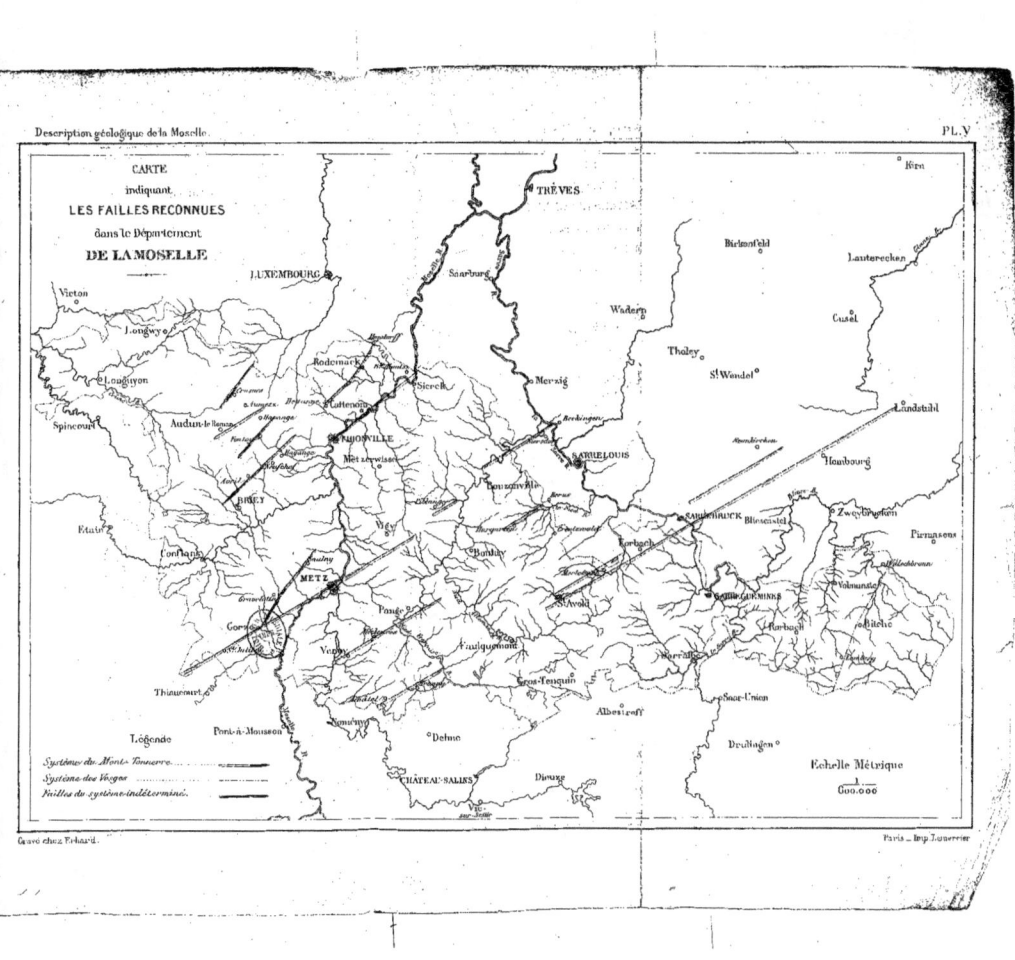

www.ingramcontent.com/pod-product-compliance
Lightning Source LLC
Chambersburg PA
CBHW051134230426
43670CB00007B/803